HEYNE <

Jens Lubbadeh

NEANDER THAL

Roman

WILHELM HEYNE VERLAG
MÜNCHEN

FSC
www.fsc.org
MIX
Papier aus verantwortungsvollen Quellen
FSC® C083411

Verlagsgruppe Random House FSC® N001967

Originalausgabe 12/2017
Redaktion: Sven-Eric Wehmeyer

Printed in Germany
Umschlaggestaltung: Das Illustrat, München,
unter Verwendung einer Lithografie
von Johann Carl Fuhlrott (1859)
Satz: KompetenzCenter, Mönchengladbach
Druck und Bindung: CPI books GmbH, Leck
ISBN: 978-3-453-31825-0

www.diezukunft.de

I, I will be king
And you, you will be queen

David Bowie, »Heroes«

INHALTSVERZEICHNIS

Teil Eins

1 Eine rätselhafte Leiche 11
2 Ein Knochenjob 40
3 Der Jäger 52
4 Die Große Depression 57
5 Ein Grab im Neandertal 63
6 Eva-Marie Mercure übernimmt 84
7 Brief von Angélique an Eva-Marie 96
8 Die Obduktion 99
9 Urudims Abschied 114
10 Rätselhafte Knochen 121
11 Ausnahmezustand 133
12 Das Verhör I 149
13 Brief von Sarah an ihre Mutter 171

Teil Zwei

14 Das Verhör II 177
15 Die Flucht 189
16 Projekt Neanderthal 205
17 Die Dunklen 220
18 Auf Safari 229
19 Die Genprime Clinic 265
20 Zuflucht im Paradies 287
21 Die Unperfekten 312
22 Geheimprojekte 325
23 Verlorener Sohn, gefundene Tochter 333

24 And the guns shot above our heads 349
25 Der Stamm der Dunklen 357

Teil Drei

26 Protokollausschnitt der Talkshow »Gesunde Einstellung« 367
27 Brief an den Bundeskanzler 389
28 Ein neues Zuhause 392
29 Jesus Neanderthalensis 404
30 Brief von Valerie an ihre Mutter 417
31 Schützende Gene 420
32 Erblasten 425
33 Wiedersehen nach langer Zeit 447
34 Eine alte Feindin 461
35 Das Jesus-Gen 485
36 Die Zukunft der Menschheit 516
37 Helden 526

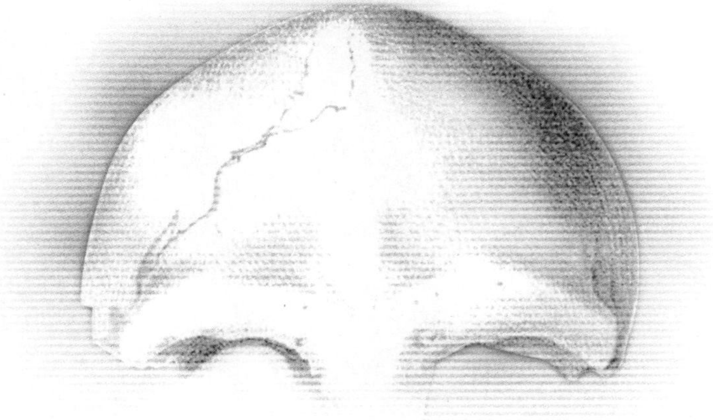

TEIL EINS

1

EINE RÄTSELHAFTE LEICHE

Das Gesicht sah aus wie ein Puzzle, dessen Teile nicht zusammenpassten. Es war unverletzt, trotz des tiefen Falls. Aber dennoch sah es sonderbar aus. Als Philipp Nix sich wieder erhob, wusste er: Diese Leiche würde Arbeit bedeuten. Und Ärger.

Die Pfeiler der Autobahnbrücke ragten in den Himmel wie die Säulen eines Tempels, zwischen denen der Tote wie eine Opfergabe lag. Nur dass es so gut wie keine Götter mehr gab, höchstens für die Unverbesserlichen. Der überwiegende Rest der Deutschen huldigte nur noch einem Gott – dem eigenen Körper.

Aber dieser Körper hier war nicht mehr zu retten.

Beide Beine waren mehrfach gebrochen. Der rechte Unterschenkel – es tat weh, ihn anzuschauen – war … wie abgebrochen, anders konnte man es nicht beschreiben. Noch hing er zwar an ein paar Fleischfetzen, allerdings in einem Winkel über 90 Grad abgespreizt. Weiße Knochenspitzen stachen in Kniehöhe aus dem Bein heraus. Der Hinterkopf des Mannes war aufgeplatzt. Herausgequollenes Blut und Hirn malten eine Art Heiligenschein um den Schädel. Die Kapuze des Hoodies war halb vom Kopf gerutscht und lag in der rotweißen Masse. Gierig sog der Stoff die farbige Flüssigkeit auf. Lange rotbraune Haare hingen an den Seiten des Kopfes herab. Ein Blutfaden rann aus dem linken Mundwinkel. Abgesehen davon war das Gesicht merkwürdigerweise unverletzt. Nix schätzte den Mann auf Ende zwanzig, höchstens Anfang dreißig.

»Sowas schon mal gesehen, Kramer?«

Der Polizeiarzt stand neben ihm. Genauer: Er hielt sich wie ein Fähnlein im Wind. Sein dunkelgrauer und wie gewohnt bis obenhin zugeknöpfter Zweireiher schlotterte um den versteckten Leib. Auch sein Hut hatte Mühe, sich auf dem mageren Schädel zu halten. Wann verdammt nochmal kauft er sich endlich einen kleineren Fedora?, dachte Nix. Dieser hier drohte jeden Moment von dem Stück Knochen, das seinen Kopf darstellte, wegzuwehen. Wahrscheinlich war der Hut ein Geschenk seiner Frau, anders war es kaum zu erklären. Lisa war bei Kramers der Boss, eine Domina und Furie. Nix hasste sie.

Kramer war noch immer über die Leiche gebeugt, den Fedora hielt er fest, damit er nicht in die Hirnmasse fiel.

»So einen noch nicht. Tippe auf behindert«, sagte Kramer mit seiner spröden Stimme und erhob sich wieder. Dabei knackten seine Kniegelenke leise. Nix bemerkte, dass es Kramer unangenehm war, weshalb Nix so tat, als hätte er nichts gehört.

»Hab's befürchtet.«

Man bekam Behinderte nicht mehr oft zu sehen. In der Tat gab es kaum noch welche. Falls doch, sah Nix sie in der Regel tot. Was in einer Gesellschaft, deren zwei Fetische Glück und Gesundheit hießen, auch kein Wunder war. Als Behinderter aufzuwachsen musste sich wie eine Strafe anfühlen.

»Er sieht aber nicht aus wie ein Downie oder dergleichen«, sagte Kramer. Nix zuckte innerlich zusammen. »Downie«, so wurden die immer seltener werdenden Menschen mit Down-Syndrom bezeichnet. Eine alte Erinnerung blitzte für Sekundenbruchteile in Nix' Geist auf. Timmys rundes, fröhliches Gesicht, seine breite Zunge, die er beim Lachen immer ein wenig herausstreckte, seine mandelförmigen Augen, die, wenn er sich freute, noch schmaler waren als sonst. Ein Stich in Nix' Herz. Noch immer, nach all den Jahren.

Ja, das Gesicht des Toten war rund wie das eines Downies, aber es war nicht so flach. Ganz im Gegenteil. Wie ein Berg ragte es auf. Die schmale Stirn und das kaum vorhandene Kinn waren die Täler; die Augenbrauen, die große Nase und der riesige Mund bildeten die Spitzen.

Die Nase war geradezu riesig, breit, fleischig – wie von einem übereifrigen Maskenbildner mit dem Auftrag geformt, einen Schauspieler in ein Monster zu verwandeln. Und die Augen, über denen sich gewaltige Brauenwülste wölbten, waren groß und braun wie Kastanien.

Sie blickten aus ihren tiefen Höhlen flehend in den Himmel, an der Brücke vorbei, auf der die Auto-Autos unbeeindruckt weitersummten wie Körner durch den Hals einer gigantischen Sanduhr.

Nix blickte in den Himmel über der Autobahnbrücke, den Himmel über Düsseldorf, sah das Blau dieses Sommertags, über das nur wenige einsame Wolken wie verunsicherte Schäfchen irrten. Hatte der Mann, als sein Körper nach fünfzig Meter freiem Fall auf den Boden aufgeschlagen war, diesen Ausschnitt dieser Welt noch gesehen? Oder war das zerrupfte Stückchen Gras das Letzte gewesen, was in den Synapsen seines Gehirns kursiert war? Aber die spannendere Frage war: Was hatten sie kurz davor gesehen? Einen Mörder? Einen »Ehrenmörder«?

Die Polizeibeamten hatten die Fundstelle abgesperrt und schwirrten auf dem mit gelb-schwarzem Absperrband gesicherten Areal umher. Insektendrohnen würden später kommen und die 3D-Kartierung erledigen, um ein virtuelles Modell des Tatorts zu generieren.

Es war Vormittag und sehr warm an diesem Juli-Tag. Zum Glück wehte ein starker Wind, denn Nix schwitzte ohnehin schon wie ein Schwein. Und gut, dass er heute Morgen nicht den Fedora genommen hatte, sondern den Panama, seinen bevorzugten Sommerhut. Trotzdem hatte er sich ihn vom Kopf gezogen. Auch das Jackett trug er längst nicht mehr.

»Was mich irritiert, ist sein Körperbau«, murmelte Kramer.

Nix sah noch einmal genauer hin. Tatsächlich, auf den ersten Blick fiel einem nicht auf, wie enorm muskulös der Mann war. Der grobe dunkelgraue Hoodie verbarg die wuchtige Brust des Toten. Die zerschlissene weite Cordhose hatte auf den ersten Blick weder die breiten Schenkel noch den untersetzten Körper vermuten lassen.

Kramer zog die Gummihandschuhe aus. »Okay, Philipp, ich benachrichtige das Labor. Soll ich gleich mit der Obduktion loslegen oder warten, bis die Ergebnisse da sind?«

Er sah Nix aus seinen müden Augen an. Nix wusste, dass Kramer in Dauertherapie war, aber das hieß nichts. Viele waren in Dauertherapie. Es konnte alles Mögliche bedeuten. In Therapie zu sein war nichts Anstößiges; die Pflege der seelischen Gesundheit war die Pflicht eines jeden Mitglieds des Solidarsystems. Er hoffte nur, dass es nicht die Große Depression war, an der Kramer litt, sondern nur eine »normale«. Aber auch das würde zusätzlichen Aufwand sowie den möglichen Verlust Kramers als Polizei-Mediziner bedeuten. Und Kramer war ein verdammt guter Mediziner.

»Ich fürchte, wir können das nicht so lange liegen lassen«, sagte Nix.

Weder er noch Kramer waren scharf auf ein behindertes Opfer. Es bedeutete nervtötenden Papierkram und eine obligatorische Genanalyse. Vorschrift war Vorschrift. Die sammelwütigen Krankenkassen wollten alles immer ganz genau wissen. Neu entdeckte Behinderten-Gene waren für die Solidargemeinschaft Gold wert. Und der hier war sicher ein interessanter Fall. Aber das hieß auch: warten, warten, warten, denn die Labore waren völlig überlaufen. Eine Genanalyse konnte mindestens eine

Woche dauern, im Zweifel länger. Außerdem waren jetzt Schulferien. Am Ende würde die Genanalyse, darauf wettete Nix, ihren Verdacht bestätigen, dass der Mann behindert war. Und dann würde eine Spezialabteilung des Ministeriums für Gesundheit und Glück die Hoheit über den Fall übernehmen, und die hatten ihre eigenen Vorstellungen. Das wiederum bedeutete, dass Nix und seine Leute umsonst gearbeitet hatten, weil sie den Fall abgeben mussten. Aber er hatte keine Wahl. Sein Chef, Engelbert, war bei allem, was das Ministerium anging, extrem vorsichtig. Er war ein verdammter Schisser und vor allem: ein Arschkriecher. Rumtrödelei bei einer behinderten Leiche konnte unangenehme Fragen nach sich ziehen. Und das bedeutete noch mehr Stress – mit Engelbert. Und darauf hatte Nix keine Lust.

»Glaubst du, er hat sich umgebracht?«

Kramer zuckte mit den Schultern. »Hoffen wir's. Oder hast du Lust auf einen weiteren Ehrenmord?«

Ehrenmord. Was für ein abscheuliches Wort, dachte Nix. Es bedeutete die Ermordung eines Behinderten, um die Familienehre wiederherzustellen. Mord war Mord. Ja. Eigentlich.

»Wenn's einer ist, dann wird es das Übliche. Zehn Jahre, fünf im Bau, fünf auf Bewährung.«

Die Richter erkannten bei einem Ehrenmord mildernde Umstände an. Die Belastung für alle, inklusive des Opfers, war schließlich offensichtlich, die Umstände tragisch, die Tat also irgendwie verständlich.

Nix dachte an Timmy. Damals wäre noch niemand auf die Idee gekommen, ihn zu ermorden. Wie sich die Zeiten änderten.

»Aber damit sollen sich die Ministeriellen rumschlagen«, sagte Nix.

Ehrenmorde waren ein sensibles Thema. Und ein verdammt undankbares. Jeder fühlte sich auf diesem Terrain unwohl – Mitleid traf auf Scham und klammheimliche Erleichterung. Fand man den Täter, war man das Arschloch. Fand man ihn nicht, auch. Eigentlich wollte niemand etwas damit zu tun haben. Daher war es im Grunde besser, das Ganze den Ministeriellen zu überlassen. Deren Presseabteilung war, wie Nix neidlos anerkennen musste, bezüglich solcherlei extrem auf Zack.

»Mach die Obduktion, Kramer. Wir wollen den Bürokraten doch zeigen, dass wir auch was draufhaben, oder?« Er klopfte dem Arzt auf den Rücken. Es war, als würde man ein Skelett tätscheln. Kramer brach unter dem Klaps leicht zusammen. Mann, Mann, Mann, Kramer, dachte Nix. Er würde mit ihm reden müssen. Als sein Vorgesetzter war er für seine Gesundheit mit verantwortlich und musste bei jeglichem Verdacht auf Krankheit oder gesundheitliche Einschränkungen aktiv werden.

»Essen?«

Er wusste, was Kramer sagen würde, aber er versuchte es trotzdem.

»Heute nicht, Philipp, sorry. Hab 'ne Sitzung.«

»Kein Problem«, sagte Nix. Vielleicht hatte er im Rahmen seiner Dauertherapie tatsächlich eine Sitzung vor sich. Aß er deswegen kaum noch etwas? Oder gab es einen anderen Grund? Hatte Lisa ihm untersagt, in der Kantine zu essen? Diese verdammte Furie mit ihrem Ernährungswahn. Sie würde noch dafür sorgen, dass Kramer sich zu Tode hungerte.

Nix setzte seinen Panama auf und zog zum Abschied an der Hutkrempe.

Schwanger und schwer hatten sich Wolken auf Düsseldorf gelegt, als warteten sie darauf, endlich über der Stadt platzen und sie von all den Krankheitserregern reinwaschen zu können. Nach der lang andauernden Hitze wurde es Zeit.

Nix saß in seinem Büro im Kommissariat. Er war schlecht gelaunt. Er hasste das Kantinenessen, insofern hatte Kramer vielleicht die bessere Wahl getroffen, ganz darauf zu verzichten. Tofubällchen mit Mangold-Salat. Immer noch besser als Rohkost, die es freitags gab. Trotzdem ging ihm das Essen auf die Nerven. Er aß nun mal sehr gern Fleisch, scheiß drauf, dass es erwiesenermaßen krebserregend war. Oh, es wurde durchaus Fleisch serviert, richtig gutes sogar, alles Bio, alles Cholesterol- und LDL-zertifiziert. Nur wählte es kaum einer an der Theke aus, aus Angst vor dem stillen sozialen Tadel der Kollegen. Ein Steak in der Kantine zu essen war fast so, wie ein Glas Whiskey zu trinken oder eine Zigarette zu rauchen. Das Ministerium für Gesundheit und Glück brauchte dergleichen nicht mehr zu verordnen. Die Leute verordneten es sich selbst.

Nix fühlte diese soziale Kontrolle genauso, er noch mehr als andere, weil er Vorgesetzter war. Und er wollte vor allem nicht, dass Engelbert ihn Ungesundes essen sah. Der erwartete von Führungspersönlichkeiten vorbildliches Verhalten.

So blieben Nix nur seine heimlichen Ausflüge zu Gino's, wo er einfach mal eine Pizza essen konnte, sogar mit Salami. Dafür nahm er die weite Fahrt in die Vorstadt in Kauf. In der Innenstadt Düsseldorfs gab es kaum noch italienische Restaurants, stattdessen Rohkostläden- und Basen-Asia-Einerlei. Außerdem konnte er nur auf diesem Weg einigermaßen sicher sein, nicht von Kollegen dabei erwischt zu werden.

Und manchmal, wenngleich selten, gönnte er sich zusätzlich einen Abstecher in den Speakeasy in der Nähe. Sie kannten ihn dort schon – er gehörte zum inneren Zirkel derjenigen, die auf den Klopfcode an der unscheinbaren Wohnungstür verzichten konnten. Einfach mal ein Bier nach einem guten italienischen Essen! Herrlich. Dazu eine Zigarette oder eine Shisha. Ein schlechtes Gewissen überkam ihn dabei nicht. Leben und leben lassen, so lautete Nix' Motto. Und er brauchte das als Ventil. Seit

Elsa von der Depression erfasst war, war sein Leben nur noch bedrückend.

Nix wusste genau, wie die Alkoholfahne zu kaschieren war. Knoblauch funktionierte da immer ziemlich zuverlässig.

Der zehnte Stock gewährte einen phänomenalen Blick über die Stadt. Für einen Moment verlor sich Nix in den Bewegungen der dunklen Wolken. Diese Langsamkeit, diese nie enden wollende Transformation. In einer Wolke glaubte er fast die Gesichtszüge des toten Mannes zu erkennen. Die riesige Nase.

Nix' eigene Nase war alles andere als klein; sein ganzes Leben lang hatte ihm der Spitzname Kartoffelnase angehängt. Was noch freundlich formuliert war, denn wenn man ehrlich war, sah seine Nase wie ein Hodensack aus. Dementsprechend war er mit Kartoffelnase noch gut bedient. Allerdings hatte er auch dafür gesorgt, dass jegliche Ambitionen, ihn Sacknase zu nennen, im Keim erstickt wurden, notfalls mit nonverbalen Argumenten. Jetzt, mit Mitte vierzig, hatte er sich längst mit seiner Nase versöhnt, und auch seine Freunde hatten es aufgegeben, mit ihm darüber zu diskutieren, warum er einen derart vermeidbaren körperlichen Malus akzeptierte. Nur Arztbesuche blieben nervig. »Herr Nix, unterziehen Sie sich doch endlich einer Rhinoplastik. Sie wissen, dass sie nicht nur umsonst ist – Sie bekommen sogar Bonuspunkte dafür.«

Seine Gedanken schweiften weiter. Er liebte es, in diesen herrlich gedämpften Modus zu gleiten. Früher galt Tagträumen als etwas Positives, allenfalls dezent Spleeniges. Heute war es für Eltern eine Prädisposition, die man von einem Kinderpsychologen therapieren ließ. Wie so vieles andere auch. Tat man es nicht, gab es Punktabzug.

Nix' Büro gehörte zur Kategorie klein, aber fein. Eigentlich eines der besten im Kommissariat, hell, vorteilhaft geschnitten. Er jedoch hatte alles dafür getan, es gleichermaßen ins unordentlichste zu verwandeln. Die Stechpalme in der Ecke war die einzige Überlebende seiner gnadenlosen jahrelangen Selektion mit dem Ziel, die härteste, anspruchsloseste Pflanze der Gegenwart zu züchten. Die Regale waren Friedhöfe, in denen Aktenordner in jeder Himmelsrichtung ruhten, manche beschriftet, manche nicht. Daneben ein abgewetzter Sessel, in den sich manchmal Kollegen verirrten. Aber die meisten nahmen auf dem unbequemen knarzenden Plastikstuhl Platz, gegenüber seinem ebenso unbequemen Schreibtisch, der höhenverstellbar war. Normale, nicht verstellbare Schreibtische gab es nicht mehr – betriebliches Gesundheitsmanagement. Die offizielle Empfehlung lautete, ihn mindestens fünfmal am Tag für eine halbe Stunde hochzufahren und im Stehen daran zu arbeiten. Nix kannte jedoch keinen Kollegen, der sich dabei erwischen ließ, wie er den Tisch herunterfuhr, das galt als peinlich. Er als Führungsperson tat es durchaus, aber meist dann, wenn die Wahrscheinlichkeit, dass ein Kollege anklopfte, minimal war – also vormittags.

Jetzt saß er. Mit vollem Bauch stand sich's schlecht.

Am Kleiderständer in der Ecke hing sein dunkles Jackett. Ganz oben, auf der Hutkugel, thronte der beige Panama. Wie jeder Mann besaß Nix mehrere Modelle, für alle Gelegenheiten und Jahreszeiten. Der schwarze Trilby war eine gute Wahl für offizielle Termine, schnittig, scharf, ein Statement von Eleganz und Coolness. Die Melone war eher etwas für Abendveranstaltungen und Beerdigungen. Er hatte Hüte in sämtlichen Formen und Farben.

Sein Smart auf dem Schreibtisch vibrierte und riss ihn aus seinen Tagträumen. Mit einer Fingergeste nahm er das Gespräch an.

Es war Alban, sein Kollege.

»Philipp, das musst du dir anschauen.«

Mit dem Fußweg zur Beweisaufnahme hätte Nix eigentlich etwas für sein Tagessoll tun können. Er hatte es auf 15.000 Schritte hochgesetzt, was er mittlerweile bereute.

Die Beweisaufnahme befand sich im Keller, aber er verspürte nach dem schlechten Essen nicht die geringste Lust, über zehn Stockwerke Treppen zu laufen. Also ging er zum Aufzug und hoffte, dass ihn niemand dort erwischen würde, denn Aufzugfahren war eigentlich nur für Ältere oder Kranke in Ordnung.

So schneidig sich der Polizei-Tower von außen architektonisch ausnahm, so trostlos und trist sah es in seinem Inneren aus. Lange ungemütliche Flure, Linoleum-Böden, ein Behörden-Mikrokosmos mit der immergleichen Monokultur. Der absurde Kontrast dazu waren die Pflanzen, die überall herumstanden und die niemand beachtete, geschweige denn pflegte. Ein weiteres Beispiel von betrieblichem Gesundheitsmanagement. Pflanzen hoben die Laune, verbesserten die Luft und sollten »Oasen« im Büroalltag darstellen. Weil zu Oasen Wasser gehörte, fanden sich entsprechend zahlreiche Wasserspender. Damit man auch ja genug trank. Dehydratation – die unterschätzte Gefahr, vor allem im Sommer.

Der Scanner im Fitnesstracker an seinem Handgelenk – ein altmodisches Gerät, aber Nix hasste die Hearables, und gegen ein Implantat hatte er sich bislang erfolgreich gewehrt, trotz der Beitragserhöhungen für Non-Implantierte – maß unter anderem, wie viele Becher man täglich trank. Die Zielmarke lag bei zehn. Was er nicht maß, war das Wasser, das vom Becher nicht im Magen, sondern in der Grünlilie auf dem Flur landete. Ein echter Vorteil dieser altmodischen Handgelenkstracker, fand Nix. Derartigen Quatsch konnte man mit Implantat natürlich nicht anstellen.

Die meisten Türen auf Nix' Flur standen offen. Im Vorübergehen wanderte er durch ein Stimmengewirr aus Telefonaten und Besprechungen.

»Ist mir scheißegal! Mach es einfach!«, brüllte sein Kollege Wolfert in seinem Büro. Wolfert war ein hypertoner Choleriker. Und seine Prädisposition machte ihn noch launischer, denn er musste abspecken. Nix hörte ein Piepen. Wolferts Tracker schlug Bluthochdruck-Alarm.

»Scheiße, ja!! Ich weiß! Nicht aufregen!«, brüllte Wolfert, diesmal an seinen Tracker gerichtet. Das Piepen wurde daraufhin noch lauter. Nix grinste.

Beiläufig erhaschte er Blicke in die anderen Büros. Die meisten Kollegen standen an ihren Tischen. Brav, dachte Nix, ihr seid alle sehr brav.

Vor dem Aufzug warteten zwei Frauen. Scheiße, jetzt musste er sich was einfallen lassen. Da war Christina, eine schwangere Kollegin aus der Dokumentation. Ihr Bauch wölbte sich unter ihrer Uniform wie ein Ball hervor, die untersten zwei Knöpfe hatte sie offengelassen. Sie unterhielt sich mit Franziska aus der Spurensicherung, die Nix von einigen Einsätzen her kannte. Franziska hatte lange braune Haare, die zu mehreren großen Haarrollen arrangiert waren, ein 1940er-Frisurenstil, der Nix eher weniger gefiel. Auch sie war schwanger, aber noch nicht so fortgeschritten wie Christina. Er nickte beiden zu und versuchte, sich seine Verlegenheit nicht anmerken zu lassen.

Christina sah ihn belustigt an. Unter ihren roten Locken funkelten blaue Augen. Man sagte, angehende Mütter hätten hormonbedingt eine besondere Ausstrahlung. Bei ihr war das offensichtlich.

»Na, Philipp, heute mal gemütlich?«

»Muskelkater.« Er griff sich an seinen rechten Oberschenkel und simulierte Schmerzen. »War 'ne harte Yogastunde gestern«, log er. Nix praktizierte tatsächlich Yoga, obwohl er es hasste. Und er tat es längst nicht so oft, wie sein Tracker ihm empfahl. Schon gar nicht gestern, als stattdessen eine VR-Quest mit seinem Sohn Marc auf dem Programm gestanden hatte: Mammuts jagen auf dem Eisplaneten Kelvin. Hatte Spaß gemacht. Vor allem, weil er endlich mal wieder, was selten geworden war, etwas mit Marc zusammen unternommen hatte. Marc hatte sich zurückgezogen. Er würde bald gar nicht mehr zugänglich sein, wenn die Krankheit voll ausbrach.

Christina grinste. »Du Armer.«

Franziska warf ihr einen wissenden Blick zu, der Nix nicht entging. Er war ein schlechter Lügner.

»Wird langsam eng da unten, was?«, fragte er, um das Thema zu wechseln.

Christina blickte an sich herab. »Ja, zum Glück zahlt mir die Krankenkasse meine stetig wechselnde Umstandsgarderobe.«

»Wirklich?«, fragte Franziska. »Meine hat das abgelehnt. Das ist ja unfair. Bei welcher bist du?«

»Sanitas.«

»Ich bin bei der CorporeSano. Eigentlich dachte ich, die sei die beste?«

»Nee, auf keinen Fall. Besonders nicht, wenn es um die Editing-Pakete geht. Da hat die Sanitas gerade bei den Verbrauchertests alles abgeräumt.«

»Wann ist es soweit?«, fragte Nix.

»In drei Monaten.« Christina streichelte ihren Bauch. »Hat uns ganz schön Nerven gekostet, die Kleine.«

»Wirklich?«

»Ach, wir mussten in die zweite und dann sogar noch in die dritte Runde. Die Standardtests waren nicht eindeutig.«

»Oh, das tut mir leid«, sagte er. »Aber sie haben doch beim Gen-Scan hoffentlich nichts gefunden?«

Christinas Lächeln verschwand. Die Frage war ihr ganz offensichtlich unangenehm. Zunächst dachte er, es wäre seinetwegen, aber als sie Franziska einen raschen Seitenblick zuwarf, begriff er, dass es an der Anwesenheit der anderen Schwangeren lag.

Christina wiegte den Kopf hin und her, wobei ihre langen rotbraunen Locken wippten.

»Katharina hatte drei Risikogene: Autismus, Arteriosklerose und …« Sie überlegte einen Moment. »Das dritte weiß ich schon gar nicht mehr. Irgendeine Allergie.«

»Oh Gott, du Arme«, sagte Franziska und streichelte ihren Arm.

»Es waren zum Glück Klasse-C-Gene, also nur eine geringe Ausbruchswahrscheinlichkeit, unter fünf Prozent oder so … wobei das für die Allergie, glaube ich, sogar nur Klasse D, also noch geringer war.«

»Das tut mir so leid, Christina«, sagte Franziska. »Wie seid ihr damit umgegangen?«

»Wir haben alles korrigieren lassen.«

Franziska nickte. »Besser so. Wenn's dann doch ausbricht, macht euch Katharina am Ende in zwanzig Jahren Vorwürfe. Das wollt ihr bestimmt nicht.«

Christina schüttelte den Kopf. »Auf gar keinen Fall. Aber wir hatten ja auch das Babysafe-Paket.«

»Das haben wir auch! Ist einfach das Beste, was man kriegen kann.«

»Arteriosklerose hätten sie so oder so gemacht, weil das auf der Negativliste steht«, sagte Christina. »Und zum Glück hatten wir einen Health-Berater. Der hat uns empfohlen, die Allergie auch mitmachen zu lassen. Denn ab drei Korrekturen gibt es einen Bonus-Edit. Dafür konnten wir uns dann ihre Haarfarbe aussuchen.«

»Warum habt ihr nicht Zahnstellung genommen?«

»Oh. Das gibt es auch im Bonus?«

»Na klar!«

»Das hat unser Health-Berater uns gar nicht gesagt.«

Einen Moment lang herrschte eine unangenehme Stille. Christina hegte den Verdacht, eine schlechte Entscheidung getroffen zu haben, und ihr war bewusst, dass Franziska das auch so sah und aus Rücksicht schwieg. Es war ihr peinlich, weniger gut informiert zu sein.

»Und? Welche Haarfarbe habt ihr genommen?«, fragte Franziska, um das Gespräch wieder in Gang zu bringen.

»Sie wäre ursprünglich straßenköterblond gewesen. Jetzt wird Katharina genauso ein Rotschopf wie ich.«

»Wie schön!«

»Dann wird sie die Männer mal genauso verrückt machen wie ihre Mutter«, sagte Nix.

Christina lachte und sah ihn leicht verwundert an. Er war eigentlich nicht dafür bekannt, oft und gern und kompetent zu flirten.

»Ah ja, Philipp. So siehst du das also.« Sie wandte sich schnell wieder Franziska zu: »Und wie läuft's bei dir?«

Nix entging der leicht fordernde Unterton in Christinas Frage nicht. Sie hatte sich entblößt, nun erwartete sie im Gegenzug Offenheit von Franziska. Es war immer eine heikle Sache, über genetische Schwächen zu sprechen. Keiner wollte zugeben, nicht genetisch perfekt zu sein. Und jeder hatte eigentlich Probleme mit Offenheit, traute sich aber nicht, die Antwort zu verweigern. Es war ein wenig so, wie über sein Gehalt zu reden.

»Wir hatten total Glück. Anton hat nur eine Auffälligkeit, ein Gen für Rot-Grün-Sehschwäche. Ist ja häufig bei Männern. Sehr geringe Penetranz, hat die Architektin gesagt, wahrscheinlich kaum spürbar. Aber sie hat uns trotzdem eine Korrektur-Empfehlung ausgestellt. Und sie meinte, vielleicht bekämen wir für ihn auch androgenetische Haarausfall-Prävention on top.«

»Wie nett von ihr«, sagte Christina. »Sonst hättet ihr das womöglich selbst zahlen müssen.«

»Peter und ich waren superfroh. Wenn ich ehrlich bin, war es auch nicht ganz zufällig – wir sind gezielt zu ihr gegangen, weil wir sie vom Basen-Kochclub kannten.«

»Verstehe.« Christina lächelte. »Aber ist doch in Ordnung, wenn man seine Beziehungen nutzt.«

»Denke ich auch, zumal wir ja den Höchstsatz zahlen und die CorporeSano ihn in den letzten Jahren ständig erhöht hat.«

»Aber wäre das nicht ohnehin über das Babysafe-Paket abgedeckt gewesen?«

»Nein, das hat die Gen-Architektin uns Gott sei Dank erklärt, bevor wir es eingereicht haben. Die haften nicht für Edits bei Genen, die nicht mindestens in Klasse D fallen. Und Rot-Grün-Schwäche ist geringer gelistet. Dann ist die Penetranzwahrscheinlichkeit entscheidend. Und die kann nur ein Architekt beurteilen. Ist total verzwickt, muss man echt höllisch aufpassen.«

»Ich hasse das, sich mit Kleingedrucktem befassen zu müssen. Als wenn eine Schwangerschaft nicht schon belastend genug wäre«, sagte Christina. »Deswegen haben Wolfgang und ich gleich gesagt: Health-Berater und fertig.«

»Gut, aber die sind immerhin richtig teuer.«

»Wir hatten überhaupt keine Lust, uns mit diesem ganzen Kram zu befassen, Franzi. Den bezahlen wir, dafür holt er uns das Optimum raus. Das muss einem das eigene Kind schon wert sein.«

Aus den Augenwinkeln bemerkte Nix, dass Christina ihn beobachtete. Da war ständig eine leichte Spannung zwischen ihnen, die ihn unruhig machte. Sie gefiel ihm. Und er ihr? Diese Ungewissheit, verdammt.

»Sag mal, Philipp, wir reden hier über unsere albernen kleinen Probleme, aber bei euch war das doch damals richtig ernst?«, fragte Christina. »Marc hatte was, wenn ich mich recht erinnere?«

Sie merkte an seiner Mimik, dass sie ein schwieriges Thema angesprochen hatte.

»Oh, habe ich was Falsches gesagt?«

Nun war er es, der sich unangenehm berührt fühlte. Woher wusste sie das? Er hatte nie öffentlich darüber gesprochen, sondern es allenfalls mal Alban gegenüber erwähnt, als der sein erstes Kind erwartet hatte. Jetzt gab es nur die Flucht nach vorne. Alles andere wäre unsouverän.

»Nun, ich, nein, ist schon o.k. Ich habe das fast verdrängt«, log er und er merkte, dass es ihr unangenehm war, dass sie überhaupt gefragt hatte. »Marc litt am Menkes-Syndrom.«

Christina sah ihn fragend an.

»Nie gehört«, sagte Franziska.

»Ist sehr selten«, sagte Nix. »Eine Stoffwechselkrankheit. Der Körper kann nicht mehr ausreichend Kupfer aus der Nahrung aufnehmen.«

»Kupfer?«

»Uns war das ebenfalls alles völlig unbekannt. Aber der Körper benötigt Kupfer für viele Organe. Jedenfalls ist es eine wirklich üble Sache. Die betroffenen Kinder leiden an Muskelstörungen, epileptischen Anfällen und Wachstumsstörungen, und die Haare werden schon in den ersten Lebensjahren grau.«

»Mein Gott, wie furchtbar.«

»Die Ärzte meinten, mit dieser Erbkrankheit würde Marc die ersten drei Jahre nicht überleben.«

Christina hielt vor Schreck eine Hand vor den Mund. Ihre andere streichelte immer wieder über ihren großen Bauch.

»Oh Philipp, das habe ich gar nicht gewusst. Es tut mir so leid.«

Nix erinnerte sich an die schrecklichen Stunden mit seiner

schwangeren Frau, an die Sorge um das ungeborene Kind, das sie in sich getragen hatte, und daran, dass es für das Kind das sichere Todesurteil bedeuten würde, wenn sie nichts unternahmen.

»Ist schon lange her«, sagte er.

»Und dann?«, fragte Franziska.

»Menkes ist zum Glück eine monogenetische Krankheit, war also selbst für die damalige Zeit leicht zu editieren, und wir hatten seinerzeit das große Pränataldiagnostik-Paket abgeschlossen.«

Dieses Paket beinhaltete, dass die Ärzte Zellen des Embryos aus einer Blutprobe der schwangeren Mutter fischten und das Erbgut untersuchten – inklusive des Gen-Edits, falls einer nötig und machbar war. Dieser vorgeburtliche Test war zwar nicht Pflicht, doch schon damals hatte es nicht lange gedauert, bis so gut wie jede schwangere Frau sich ihm unterzogen hatte.

»Stimmt, das gab es ja damals noch«, sagte Franziska. »Ein Traum, Christina. Stell dir vor, jeder Edit deiner Wahl, alles inklusive, ohne Papierkrieg, ohne Diskussionen, ohne Streit.«

»Wirklich? Das klingt ja paradiesisch.«

»Leider haben sie das große Pränataldiagnostik-Paket vor einigen Jahren abgeschafft. War angeblich zu teuer. Und Baby-Safe ist in Wahrheit deutlich schlechter, auch wenn sie alle das Gegenteil behaupten.«

Christina schüttelte den Kopf. »Kein Wunder, dass die Leute in die Türkei oder in den Ostblock fahren. Wer hat schon Lust auf diese ganze Bürokratie?«

»Na, dort kann man ja auch noch ganz andere Edits bekommen«, sagte Franziska. »Ich habe gehört, die machen sogar Intelligenz.«

»Hey, nicht so laut. Wir sind hier immerhin bei der Polizei«, sagte Christina und lachte.

Nix verzog leicht den Mund, sagte aber nichts. Solche Edits waren in Deutschland illegal. Aber er hatte auch keine Lust, mit zwei schwangeren Frauen eine ethische Grundsatzdiskussion anzufangen.

»Wer war denn der Überträger des Krankheits-Gens?«, fragte Franziska.

Nix zuckte innerlich zusammen und schämte sich zugleich, dass er Erleichterung empfand, nicht der Schuldige am kranken Gen seines Sohnes gewesen zu sein. Es war Elsas X-Chromosom gewesen, auf dem das kaputte Gen gelegen hatte. Bei Elsa war die Erbkrankheit nicht zum Ausbruch gekommen, weil sie als Frau zwei X-Chromosomen besaß. Ihr zweites hatte die funktionierende Variante des Gens getragen. Bei der genetischen Lotterie hatte Marc ihr schlechtes X-Chromosom erwischt. Und er als Mann hatte nur eines davon.

»Das konnten die Architekten nicht rekonstruieren«, log er.

Der Befund hatte damals bei ihm an sein altes Kindheitstrauma gerührt, an seinen behinderten Bruder Timmy. Seine Symptome hatten leider einer sehr schlimmen Ausprägung der Krankheit entsprochen, und er war bereits mit Anfang zwanzig gestorben.

»Wir haben den Edit in der zehnten Schwangerschaftswoche gemacht.«

»Das war ja ausreichend früh«, sagte Franziska.

Einen Pränatal-Edit sollte man bis maximal zum fünften Monat durchgeführt haben, danach sank die Erfolgswahrscheinlichkeit rapide ab. Der kritische Zeitpunkt war von Krankheit zu Krankheit verschieden, aber prinzipiell galt: Je früher, desto besser. Die Gen-Architekten injizierten der Mutter ungefährliche Viren, in die man eine molekulare DNA-Schere sowie die korrekte Gen-Vorlage gepackt hatte. Über den Blutkreislauf der Mutter gelangten die Viren dann in den Embryo, wo die Ladung der Viren ihr Flickwerk verrichtete. Weil die Zellen des wachsenden Embryos sich ständig teilten und ihre Zahl exponentiell wuchs, mussten also mit jedem Tag, den man wartete, mehr

Zellen repariert werden, was mehr Viren mit Ladung erforderte. Auf der anderen Seite konnte man die Viren-Dosis nicht beliebig steigern, weil das sonst bei der Mutter eine Immunreaktion auslösen konnte. Also war es besser, den Edit möglichst früh in der Schwangerschaft anzusetzen, weil die Zellen-Zahl noch gering war. Anschließende Zellteilungen vervielfältigten dann automatisch die reparierten Varianten.

Es war trotzdem möglich, Edits später durchzuführen, da es bei vielen Erbkrankheiten gar nicht nötig war, sämtliche der Abermilliarden von Zellen zu reparieren, aus denen ein Körper bestand, sondern nur diejenigen im betroffenen Gewebe. Und selbst dort musste man nicht alle reparieren, damit die Funktionsfähigkeit wenigstens einigermaßen wiederhergestellt war. Aber es war nicht ausgeschlossen, dass die Symptome trotzdem auftraten, wenn auch in milderer Ausprägung.

»War es schlimm für euch?«, fragte Christina.

Nix erinnerte sich an die Tränen, die Schuldgefühle, die Elsa geplagt hatten, weil sie die Überträgerin gewesen war. Er war fest davon überzeugt, dass dies einen der wesentlichen Auslöser ihrer Depression bildete, an der sie inzwischen seit zwei Jahren litt. Immerhin war es nicht die Große Depression.

»Elsa und ich haben zusammengehalten und den Ärzten und Architekten vertraut. Ohne sie wäre Marc jetzt wohl nicht mehr am Leben. Es lief alles gut. Marc ist kerngesund.«

Noch, dachte er.

Der Aufzug war endlich da. Nix drückte auf »K«, Christina musste in die 3. Etage. Franziska drückte keine Taste. Sie wollte offenbar auch in den dritten Stock.

Sie standen eine Weile schweigend in der Kabine. Nix beobachtete die Leuchtanzeige der Stockwerke, die sehr langsam wechselte. Immer wieder hielt der Aufzug an, und Kollegen stiegen zu und wieder aus. Es waren ausnahmslos Ältere, die sich nicht schämen mussten, den Aufzug zu nehmen. Nix entgingen ihre abschätzigen Blicke nicht, als sie ihn im Aufzug sahen.

Ja, körperlich war Marc gesund. Aber seelisch nicht. Nix dachte an seinen dunkelbraunen Haarschopf, sein offenes Wesen, das sich zunehmend verschlossen hatte. Er hatte sich von ihm und Elsa entfernt, war immer einsilbiger geworden, machte sein eigenes Ding, war viel allein. Es handelte sich um die ersten Anzeichen der Großen Depression, die vor allem junge Menschen erfasste. Jedenfalls vermutete das der Jugendpsychologe.

Marc hatte sich von den anderen Kindern abgewandt, wurde oft aggressiv. Die Lehrer waren bezüglich der Anzeichen der Großen Depression bei Kindern sensibilisiert. Natürlich war Nix allein gegangen, als die Lehrerin sie einbestellt hatte. Er hatte Elsa verleugnet. (»Es tut mir leid, ihre Mutter ist schwer erkrankt, Sie verstehen.«)

Elsa war aufgrund ihrer – zum Glück normalen – Depression gegenwärtig zu nichts mehr imstande. Nix war mit Marc von Psychologe zu Psychologe gerannt. Sie waren nicht sehr optimistisch, was Marcs Fall anging. Sie gaben ihm noch ein Jahr, dann würde er die Krankheit, an der so viele Kinder bereits litten, voll entwickelt haben, hieß es.

»Wie alt ist Marc jetzt?«, fragte Christina, als sie wieder zu dritt im Aufzug waren.

»Dreizehn.«

»Sicher hat es euch beide stärker gemacht«, sagte Christina und strich Nix über den Arm. Sie tat es ein bisschen zu langsam und zu fest, als dass es lediglich als eine Geste der Anteilnahme zu deuten gewesen wäre. Ein leichter Schauer der Erregung durchflutete ihn. Er wusste, dass sie ihn mochte.

Er nickte langsam. Von Elsas Depression wusste unter seinen Kollegen niemand etwas. Auch nicht von der Diagnose seines

Sohnes. Zum Glück. Es hätte seine Autorität beschädigen können.

Sie waren jetzt im dritten Stock. Christina und Franziska stiegen aus.

»Ach, ich tu noch was für meine Credit-Points«, sagte Nix und trat mit ihnen aus der Kabine.

»Na, die paar Stockwerke wirst du doch wohl noch schaffen – trotz deines schlimmen Muskelkaters«, sagte Christina. Sie hatte den letzten Teil des Satzes etwas stärker betont. Franziska grinste. Er wurde rot angesichts seiner Schwindelei, die sie offenbar durchschaut hatten.

»Wie viele Schritte hast du als Soll?«

»15.000. War wohl doch etwas zu ehrgeizig, wie ich jetzt merke.«

»Wolfgang hat 20.000. Der hat das aber auch nötig – im Gegensatz zu dir«, sagte Christina und klopfte leicht auf seinen Bauch. Wieder fühlte er Erregung.

»Danke. Aber du hast mich noch nicht nackt gesehen.«

»Philipp. Hast du etwa die letzte Weihnachtsfeier vergessen?« Sie lachte wieder ihr angenehmes Lachen. Bei der letzten Weihnachtsfeier waren sie alle gemeinsam in die Sauna gegangen. Anordnung von Engelbert. War das Verlegenheit in Christinas Gesicht? Oder wünschte er sich nur, dass sie verlegen war?

»Oh …«, sagte er. Das hatte er tatsächlich vergessen. Hatte sie ihn damals etwa beobachtet?

»Nun sammle deine Schritte, bevor ich noch Ärger mit Elsa bekomme.«

Als sie seine Frau erwähnte, traf es ihn wie einen Stich. Sie ahnte ja nicht, was los war. Welches Leben er mittlerweile führte. Der unendlich bedrückende Alltag zu Hause. Vor allem den Aufwand an Heimlichtuerei, den er veranstaltete, um ihre Krankheit zu verbergen, um sie zu schützen vor all dem Klatsch und Tratsch und dem gesellschaftlichen Stigma. Oder schützte er eher sich selbst? Aus Scham? So wie damals, als er Timmy verleugnet hatte?

Christina runzelte kurz die Stirn. »Elsa habe ich auch schon eine ganze Weile nicht mehr gesehen.«

»Sie arbeitet viel«, log er. Elsa war nun seit einem Jahr krankgeschrieben. Als bei Marc die beginnende Große Depression diagnostiziert worden war, hatte sie das wie ein Schlag getroffen. Antidepressiva bewirkten bei ihm natürlich nichts. Bei Elsa schon, da sie »nur« an einer normalen Depression litt. Das Problem war eher, dass sie sie nicht regelmäßig einnahm – was er eigentlich hätte melden müssen. Aber er brachte es nicht übers Herz, sie bei der Kasse zu denunzieren.

»Die erleben gerade in ihrer Firma große Umstrukturierungen, wegen KI-Automatisierung.«

»Oh. Ich hoffe, es trifft sie nicht auch noch?«

»Nein, zum Glück ist sie in Human Ressources. Sie hat bloß viel zu tun, die vielen Entlassungen müssen schließlich abgewickelt werden. Kein angenehmer Job.«

»Kann ich mir vorstellen.«

»Die KIs nehmen uns vielleicht die Jobs weg. Aber wenigstens entlassen uns noch Menschen.« Christina und Franziska lachten ein gequältes Lachen.

Nix verabschiedete sich mit gemischten Gefühlen und ging ins Treppenhaus. Er stieg bewusst langsam die letzten vier Stockwerke hinab, damit der Tracker alle Schritte auch sauber zählte. Welcher Teufel hatte ihn eigentlich geritten, sich für dieses Quartal 15.000 Schritte als Tagessoll zu setzen? Er war einfach nur auf den Bonus scharf gewesen, der bei freiwilliger Steigerung winkte. Dabei war er als originaler alter Sesselfurzer doch schon mit 10.000 immer leicht im Verzug gewesen. Naja, es wurde ja erst am Monatsende abgerechnet. Nur wollte er auf jeden Fall vermeiden, dass er am 31. dann plötzlich 50.000 Schritte im Rückstand war. Das konnte ziemlich widerlich werden, wenn man dann sein komplettes Monatsdefizit an einem Tag ablaufen musste. Und Schritt-Defizit bedeutete Krankenkassen-Malus-Punkte. Und zu viele Malus-Punkte bedeuteten Beitragserhöhung. Und irgendwann Rauswurf.

Die Beweissicherung war eine riesige Lagerhalle mit endlosen Metallregalen, in denen sich Kartons stapelten, fein säuberlich mit Tracking-Chips versehen. Eine Lagerhalle voller abgepackter Verbrechen – bis zurück in die 2030er. Die noch älteren Fälle wurden im Keller gelagert.

In der Mitte des Raums war ein großer Metalltisch aufgebaut, über dem eine lange Tageslicht-Lampe hing. Solche Lampen störten den Tag-Nacht-Rhythmus des Körpers nicht so sehr wie alte LEDs.

Mehrere Beamte mit Gummihandschuhen standen am Tisch und untersuchten Kleidungsstücke. Alban hielt gerade eine braune Cordhose in die Höhe. Es war die Hose, die der Tote getragen hatte. Einer der anderen Beamten untersuchte den Hoodie mit der blutverschmierten Kapuze.

Als Nix eintrat, blickten alle kurz zu ihm auf. Alban lächelte schwach. Mit einer knappen Kopfbewegung bedeutete er ihm, näherzukommen.

»Und, was habt ihr gefunden?«, fragte Nix.

Alban war klein und hatte eine Halbglatze, für die er sich ziemlich schämte und weswegen er einer der eifrigsten Hutträger war, die Nix kannte. Eine Transplantation war sinnlos, hatte Alban ihm einmal anvertraut. Würden wieder ausfallen, hätte sein Arzt gesagt. Und eine topische Gentherapie der Haarwurzeln würde bei ihm nichts mehr ausrichten, denn er hatte keine Haarwurzeln mehr. Die einzige Möglichkeit war eine Kur mit DHT-insensitiven Stammzellen, aber das war viel zu teuer für ihn.

Seine Halbglatze war jedoch das einzige von Albans äußeren Merkmalen, dem es an Perfektion mangelte. Seinen Körper hatte er zu einer antiken griechischen Statue gestählt. Nix wusste, dass er täglich zwei Stunden Workout absolvierte, eine morgens, eine abends. Wie er das schaffte, war ihm schleierhaft, bei all der Arbeit. Außerdem hatte Alban noch zwei kleine Kinder. Manche Leute waren einfach Organisations-Genies.

»Seine Klamotten sind unauffällig. Papiere hat er nicht dabeigehabt. Wir wissen also noch nicht, mit wem wir das Vergnügen haben.«

»Habt ihr die Zähne abgehakt?«, fragte Nix.

»Läuft. Gene auch, Kramer ist dran. Philipp, schau mal. Das hier wollte ich dir zeigen.«

Alban hielt ihm mit seiner gummibehandschuhten Hand ein Smart entgegen. Es war ausgeschaltet. Das Display aus angeblich unzerbrechlichem, flexiblem Glas war zersplittert. Weiß und halbtransparent schimmerten die Bruchlinien im Licht der Lampe wie ein Spinnennetz.

Nix zögerte, es anzufassen.

»Keine Sorge, wir sind mit allen Untersuchungen durch.«

»Funktioniert es?«

Alban nickte.

Nix schaltete das Smart am Sensor ein. Es war nicht einfach, unter dem Spinnennetz die Anzeige zu erkennen. Aber der Bootscreen war anders als sonst; er zeigte nicht das übliche Amazon-A, sondern eine Art Stein. Er war dreieckig, mit lang zulaufender Spitze, wies Dellen sowie scharfe Kanten auf und rotierte um sich selbst, während das Smart bootete. Er sah aus wie einer dieser Faustkeile, die Urmenschen benutzten. Dann kam schon die Login-Abfrage. Nix sah zu Alban.

»Geht gleich weg.«

Smarts waren entweder auf das individuelle Muster des elektrischen Hautwiderstands der Finger kalibriert – oder auf die Stimme. Übervorsichtige aktivierten natürlich beides. Aber die Polizei-IT-Leute hatten den Verschluss offenbar bereits geknackt. Schließlich hatte der Tote keinen Hautwiderstand und keine Stimme mehr, um es zu entsperren.

»Wir haben übrigens spaßeshalber anhand seiner Login-Matrix eine Stimm-Rekonstruktion erstellt.«

»Aha«, sagte Nix, auf das Display blickend, wo sich soeben das Menü aufbaute.

»Unser Freund hatte eine ziemlich ungewöhnliche Stimme. Sehr tief.«

»Höre ich mir nachher mal an«, murmelte Nix und beobachtete, wie sich das Smart-Menü öffnete. Die Diorama-Anzeige sprang an, und über dem Smart poppten die Apps langsam wie kleine Luftballons auf.

Ein paar Applikationen erschienen. Er öffnete den Postkasten: leer. Auch das Adressbuch: leer.

»Unser Freund war vorsichtig«, sagte Alban. »Keine persönlichen Daten. Nichts, was auf ihn oder andere Personen schließen lässt. Wir haben die Daten-Archäologen drangesetzt, aber sie konnten nichts finden. Er muss ein frisches Smart benutzt und einfach nichts darauf abgelegt haben. Aber eine Sache hat er uns doch hinterlassen … Mach den Locator auf.«

Nix tippte auf das Kartensymbol. Automatisch leuchtete die Diorama-Anzeige wieder auf. Für einen Sekundenbruchteil sah er ein Bild über dem Smart schweben. Viel Grün. Ein kleiner Wald. Holzstämme. Eine Lichtung an einem Hang. Dann verschwand alles. Die Diorama-Wolke verschwamm, als das Smart eine Peilung vollzog. Dann beruhigte sich die Wolke, und Nix sah einen grauen Block. Den Stellvertreter für seinen momentanen Aufenthaltsort, der von Amazons Drohnen nicht erfasst worden war. Selbstverständlich war das Kommissariat vom Worldscan ausgenommen. Sonst hätte er jetzt ein Indoor-Rendering des Archivs gesehen, perspektivisch exakt so dargestellt wie von seinem gegenwärtigen Standpunkt aus betrachtet. Allerdings ohne Möbel. So weit war die Technik noch nicht.

»Das, was du eben kurz gesehen hast, war der Ort, den er zuletzt aufgerufen hatte«, sagte Alban. »Wir haben ihn in der History rekonstruieren können. Ich habe ein Lesezeichen für dich erstellt.«

Nix deaktivierte die Sprachführung, die ihn ständig zu Eingaben aufforderte. Dann wischte er das Locator-Diorama mit einer Handbewegung weg und navigierte mit schnellen Fingergesten durchs Menü. Er rief die Bookmarks auf. Es war nur ein Eintrag gelistet, angezeigt mit Raumkoordinaten, was seltsam war, denn normalerweise nutzte Locator Ortsnamen.

Alban sah Nix' Verwunderung: »Er muss die Koordinaten händisch eingegeben haben.«

Nix sah kurz auf, dann aktivierte er das Lesezeichen. Wieder verschwamm die Diorama-Wolke, während der Locator zu dem gewünschten Ort sprang. Dann sah er erneut den bewaldeten Hang und die kleine Lichtung davor. Jetzt erkannte er mehr Details. Ein paar größere Steine lagen auf dem Boden herum, ein Holzstamm quer davor. Irgendwie kam ihm das Ganze bekannt vor.

»Wo ist das?«

»Zwischen Mettmann und Hochdahl. Mitten im Neandertal. Und weißt du was, Philipp? Es ist nicht irgendeine Stelle. Es ist exakt dort, wo im 19. Jahrhundert der erste Neandertaler ausgegraben wurde.«

Nix zuckte mit den Schultern.

»Also war der Typ ein Tourist?«

»Keine Ahnung«, sagte Alban. »Aber falls er einer war, findest du es dann nicht komisch, dass er sonst keine weiteren Lesezeichen gespeichert hat? Und dass er dann auch noch die Koordinaten manuell eingegeben hat?«

»Vielleicht interessierte er sich eben für Urmenschen? Und komm, Alban, so viel hat Düsseldorf sonst auch nicht zu bieten, oder?«

Alban lachte sein unverwechselbares Lachen, bei dem Nix immer dachte, dass sich so eine Ratte anhören musste, wenn sie lachen könnte.

»Wir haben jedenfalls ein paar Leute hingeschickt, die sich die Fundstelle ansehen.« Alban war auf Zack, das musste man ihm lassen.

»Gute Arbeit«, sagte Nix und gab ihm das Smart zurück. »Halte mich auf dem Laufenden, was die Zahn-Analyse angeht. Kramer erledigt die Obduktion. Und dann hoffe ich, dass diese Scheiß-Gen-Daten bald kommen und wir den Fall übergeben können.«

»Philipp ...«

Nix hielt inne. »Was?«

Albans Miene war unentschlossen. »Ach, schon gut.« Er machte eine abwinkende Handbewegung.

»Was ist los?«

Alban zog die Handschuhe aus und lief um den Tisch herum. Er beugte sich zu ihm und sagte mit gesenkter Stimme: »Ich will nicht indiskret sein, und möglicherweise liege ich auch falsch. Aber neulich hab ich meinen Mediscan aktiviert. Ich bin fast aus allen Wolken gefallen, als ich die Ergebnisse sah. 18,6 BMI. 18,6! Ich hab erst gar nicht bemerkt, dass Kramer in meiner Nähe stand. Dann habe ich begriffen, dass der Scanner aus Versehen ihn erfasst hat.«

Nix dachte an die knochige Schulter, die er vorhin berührt hatte.

»Bitte nicht falsch verstehen, Philipp. Nicht, dass das jetzt aussieht, als hätte ich spioniert oder so. Ich stand einfach zufällig in seiner Nähe. Kramer hat seinen Scanner offenbar deaktiviert, sonst hätte der garantiert schon Alarm bei seiner Kasse geschlagen. Und normalerweise hätte ich dir das auch gar nicht erzählt, aber ich mache mir Sorgen. Philipp, 18,6! Kramer hat Untergewicht.«

»Hmm.« Nix nickte. »Du kennst ja seine Frau.«

Alban sah ihn skeptisch an. »Das glaubst du doch selbst nicht. Was, wenn er einer von den Depressiven ist?«

Nix' Magen zog sich zusammen, als er die Worte vernahm. Er dachte an Elsa. *Sie* war eine der Depressiven. Aber das wusste Alban nicht. Oder etwa doch?

»Ich mache mir Sorgen, okay? Und ich bin verpflichtet, dir das zu sagen. Du kennst die Vorschriften.« Alban flüsterte jetzt. »Und du weißt, dass du es melden musst.«

Timmys Gesicht erschien vor seinem inneren Auge.

»So sind nun mal die Vorschriften – ›Bei Verdacht auf Erkrankung ist der Erkrankte auf seinen Zustand hinzuweisen und anzuhalten …«

»… umgehend einen Arzt aufzusuchen‹, ich weiß.«

Timmys Lachen in seinem Ohr.

»Philipp. Nicht falsch verstehen. Ich meine es nur gut.«

»Schon klar.«

Du meinst es vor allem gut mit dir.

Er blickte in Albans rundliches Gesicht, auf der Suche nach einer Emotion. Fühlte er sich wenigstens unwohl, seinen Kollegen zu denunzieren? Oder war so etwas mittlerweile zur Normalität geworden in der Solidargemeinschaft, die nicht nur den Schwachen half, sondern auch gleich noch ihre Probleme für sie löste? Aber alles, was er in Albans Gesicht sah, war die unverbindliche, professionelle Andeutung eines Lächelns mit diesen – wie hätte es auch anders sein können? – strahlend weißen und grundgesunden Zähnen.

»Ich kümmere mich darum.«

Kümmern? So, wie er sich um Timmy hätte kümmern sollen? Oder um Elsa?

2

EIN KNOCHENJOB

Langsam, sehr langsam drehte er den Beinknochen unter dem Stereoskop. Drei Linien zogen sich um das obere Ende des Knochens. Die Abstände waren sauber eingehalten, er konnte kaum Unregelmäßigkeiten feststellen. Wunderschöne Arbeit. Das gleiche Arrangement am unteren Ende. Das waren ganz eindeutig keine Schabe-Spuren. Dieses Neandertaler-Bein war vor 50.000 Jahren nicht das Mittagessen eines Kannibalen oder einer Hyäne oder eines Bären gewesen – sonst hätten sich die Reißzähne in die Knochen gegraben und Spuren gänzlich anderer Art hinterlassen. Alles war deutlich zu regelmäßig eingekratzt. Wahrscheinlich mit einem Steinmesser.

Und was war das? Max hielt den Knochen schräg. Hier war noch etwas. Aber er konnte es nicht genau ausmachen. Ohne die Augen von den Okularen zu lösen, justierte er den Spot der Lampe. Jetzt erkannte er es. Ein Zickzack-Muster. Es verlief quer über dem Knochen, verband die beiden seitlichen Kratzmuster und war ziemlich abgenutzt, aber eindeutig ein Zickzack. Gut. Bei diesem Knochen handelte es sich also um Kunst. Aber was bedeutete diese Kunst? Hatte jemand den Knochen als Identifikations-Symbol getragen? War das Werk ein Stammescode?

Natürlich musste er noch eine Protein-Spektroskopie erstellen lassen, obwohl er sich sicher war, dass der Knochen von einem Menschen stammte. Von einem Neandertaler. Doch das Prozedere war eben einfach Standard; Irrtümer lagen schließlich immer im Bereich des Möglichen. Wesentlich spannender war hingegen die Frage, welche Menschen oder menschenverwandte Art diese Kratzer in den Neandertaler-Knochen geritzt hatten. Neandertaler? Denisova? Oder Homo sapiens?

Idealerweise würden sich noch Steinreste in den Kratzlinien finden. In diesem Fall würde man feststellen, welche Steinart für das Kratzen genutzt worden war – und daraus vielleicht mehr ableiten können. Und wenn er ganz großes Glück hatte, waren vielleicht auch noch DNA-Spuren des Künstlers am Stein und in den Rillen aufzuspüren. Das wäre der Jackpot.

Max löste die Augen vom Stereoskop und legte den Knochen vorsichtig neben den Armknochen und die Finger desselben Individuums. Sein Tisch war mit gelbbraunen Knochen übersät. Er rieb sich die Augen. Es war anstrengend, lange durch die Linsen zu schauen. Und er tat das schon seit Stunden. Aber er stand unter Zeitdruck.

Er war müde, hatte wenig und schlecht geschlafen, die ganze Woche ging das schon so. Der bevorstehende Kongress in Philadelphia bereitete ihm Sorgen. Seine Arbeitsgruppe arbeitete mit Hochdruck daran, die ersten Ergebnisse der Ausgrabung in Kroatien aufzubereiten. Diese neu entdeckte Höhle in Vindija war eine wahre Schatzkammer. Aber die Zeit lief ihnen davon. Sie bräuchten eigentlich Monate, um all die sensationellen Funde zu erfassen und zu kategorisieren. Noch herrschte ziemliches Chaos. Es nervte ihn, dass alles immer so langsam ging. Und dann musste er das komplette Zeug auch noch auf Englisch ausformulieren. Davor graute ihm besonders. Seine Syntax war, wie für einen Gehörlosen typisch, ziemlich mies. Sarah würde das überarbeiten müssen. Aber eigentlich brauchte er sie für die Stratigraphie.

Max sah auf die Uhr. Schon nach acht. Es würde eine lange

Nacht werden. Er wollte heute noch mit Neandertaler-Individuum KLM11 durchkommen.

Er nahm den Armknochen auf und hielt ihn erneut unter das Stereoskop. Die Kratzer waren so regelmäßig wie am Oberschenkel. Vindija war zweifellos eine echte Schatzkammer.

Er spürte ein Tippen an seiner Schulter, zuckte zusammen und ließ vor Schreck den Knochen fallen, der mit einem lauten, wenn auch für Max unhörbaren Geräusch auf den Tisch fiel. Scheiße! Er blickte auf und sah in Sarahs Gesicht.

Mit der flachen Hand klopfte er sich zweimal auf die Brust. Es war die Gebärde für »erschrecken«. Dazu eine vorwurfsvolle Mimik, was zu der Aussage »Du hast mich erschreckt!« führte.

Sarah konnte sich ein Grinsen nicht verkneifen. Sie rieb kurz mit der rechten Hand über den Rücken ihrer linken: »Entschuldigung.« Dann wurde ihr Ausdruck fragend. Sie zog die Wangen leicht ein und fuhr sich mit der rechten Handinnenkante schräg nach unten über ihren Bauch. Das war die Gebärde für Hunger. Kombiniert mit ihrer Mimik hieß es: »Hast du auch Hunger?«

Er nickte. Den hatte er tatsächlich. Seit dem Mittagessen hatte er nichts mehr zu sich genommen.

Sarah setzte Zeige- und Mittelfinger neben ihren Mund und führte sie schnell davon weg. »Soll ich was bestellen?«

Max schnippte mit Daumen, Zeige- und Mittelfinger. »O.k.«

»Und was? Low-Carb-Pizza?« Die Gebärde für Pizza war unverwechselbar ikonisch – mit Daumen und Zeigefinger beider Hände deutete sie eine imaginäre Scheibe an, die auf einen Teller geschoben wurde; abgesehen davon, dass Low-Carb-Pizza anders gemacht wurde als die ungesunde normale. Low-Carb buchstabierte sie mit dem Fingeralphabet, aber sie zeigte nur schnell die Buchstaben L und C.

Max lächelte. Er beobachtete sie gerne beim Benutzen der Gebärdensprache. Ihr Stil war grazil und leicht. Mit ihren langen

Fingern und Armen besaß sie die perfekte Anatomie für seine Sprache. Es war einfach eine Wonne, ihr dabei zuzusehen, auch wenn er wusste, dass Sarah sich selbst gar nicht so empfand. Sie mochte ihren großen Körper nicht, weil sie damit ständig auffiel. Und sie fiel nicht gerne auf. Er konnte darüber nur den Kopf schütteln, denn Max Stiller war eine einzige Provokation seiner Umwelt, von der ersten Minute seines Lebens an. Als Gehörloser in einer Welt, die kaum noch Behinderte kannte, war sein Leben ein täglicher Kampf. Aufzufallen war ein Teil seiner Persönlichkeit geworden, so sehr, dass er den Wunsch nach Unauffälligkeit nicht mehr nachvollziehen konnte.

Sarah beim Gebärden zuzuschauen war für ihn das Gleiche wie das genussvolle Lauschen einer schönen Stimme für einen Hörenden. Ihr Gesicht verfügte über eine facettenreiche Mimik, die allerdings weitaus schwächer ausfiel als seine, denn so emotional wie er war sie nicht. Ihre wachen braunen Augen mit den flott geschwungenen Brauen und die leichten Falten um ihre Mundwinkel verliehen ihrer Miene selbst im neutralen Modus, wenn sie eigentlich völlig ernst war, immer einen leicht belustigt-neugierigen Ausdruck.

Plötzlich hielt Sarah inne und gebärdete: *»I, I will be King.«* Sie benutzte dafür nicht die deutsche, sondern die amerikanische Gebärdensprache und bewegte dazu sanft ihren Körper, als würde sie tanzen. Er begriff. Sie sang – in Gebärdensprache. Er wusste auch, was sie sang. David Bowies Klassiker »Heroes«. Obwohl er den Song noch nie gehört hatte und niemals würde hören können.

Aber er hatte ihn dennoch als Klingelton seines Smarts gewählt. Und er verstand, dass sie darauf jetzt Bezug nahm. Sein Smart klingelte.

»And you, you will be queen.«

Sie lächelte, als sie auf ihn zeigte und ihn als ihre Königin titulierte. Max lachte. Normalerweise gebärdeten sie die Liedzeilen einander andersherum. Denn beide wussten ganz genau, dass Max sich als König empfand und auch so verhielt.

Ein Tippen mit der Zeigefingerspitze an der Wange. »Moment«, sagte Max und ergriff das Gerät, das nun zwischen den Knochen Musik machte, blitzte und darüber hinaus vibrierte. Jeder andere Gehörlose hätte den akustischen Alarm ausgeschaltet, um in der Welt der Hörenden weniger aufzufallen – einer Welt, in der das Normale regierte und das Andersartige zum Feind erklärt worden war. Aber nicht Max Stiller. Er hatte keine Lust, sich zu verstecken. Im Gegenteil. Er wollte der Welt zeigen, dass er da war, dass sie ihn nicht kleinkriegen würde.

Auf dem leuchtenden Display blitzte das Porträt von David Bowie in seiner Ziggy-Stardust-Phase auf. Ein rotblau geschminkter Blitz verlief über das schmale Gesicht des vor Jahrzehnten verstorbenen Sängers, den Max so sehr verehrte. Diese Verehrung stürzte ihn aber auch in einen Gewissenskonflikt. Ein Gehörloser, der für einen Musiker schwärmte? Das vertrug sich schlecht mit seinem Ego des selbstbewussten Gehörlosen, der sich nicht als behindert, sondern als Teil einer unterdrückten kulturellen Minderheit betrachtete. Doch Max scheute auch nicht den Konflikt mit der Gehörlosen-Community, die er oft als viel zu duckmäuserisch empfand. Es gab ja auch nur noch sehr wenige von ihnen.

Max gebärdete mit der linken Hand. »Welcher Idiot ruft einen Gehörlosen an? Noch dazu um diese Uhrzeit?«

Über Bowies roter Irokesenfrisur stand: »Unbekannter Anrufer«.

Dann vollführte Max eine seiner Lieblingsgesten – die Schiebebewegung mit der gekrümmten Handfläche auf das Smart zu; dazu zischte er ein »Schsch«. Die Gebärde sah aus, als würde er ein Glas Wasser auf eine Flamme schütten. In diesem Fall war es metaphorisch für das Löschen des ach so dringlichen Klingelns, doch grundsätzlich bedeutete es schlicht: »Du kannst mich mal.« Max benutzte die Geste meistens, wenn es um Kollegen ging, die in irgendwelchen Veröffentlichungen seine Arbeit kritisierten. Dann schsch-te er mit der Hand Richtung Paper oder bei einer Konferenz heimlich unter dem Tisch zum Redner hin, was Sarah jedes Mal zum Lachen brachte. Seine die Gebärde begleitende Miene war einmalig – ein solch demonstratives und vernichtendes »Du bist mir sowas von egal« bekam nur er hin.

»Ich kann rangehen, wenn du willst«, gebärdete Sarah. Die Gebärde für Telefonabnahme rührte noch aus archaischen Zeiten, als Telefone große Apparate mit schwerem Hörer, der auf eine Gabel aufgelegt wurde, gewesen waren. Sie gestikulierte wie desinteressiert, was Max nicht entging. Er kannte den Grund dafür. Sie wollte vermeiden, dass es wie ein Hilfsangebot rüberkam. Sie wusste, dass er es hasste, wenn ihm jemand Hilfe anbot.

Er seufzte. In seiner stillen Welt war das Gefühl, lautstark Luft auszuatmen, dennoch eine Wohltat. Es bestätigte ihn darin, mit Recht genervt zu sein.

Fingerschnippen: »O.k.« Schien jemand Unbekanntes zu sein – vielleicht war es ja wirklich wichtig. Er reichte Sarah das Smart.

Sie nahm zum Telefonieren immer das linke Ohr, da am anderen ein großer Clip hing, der ihr deformiertes Ohrläppchen verbarg. Er wusste das, und sie wusste, dass er es wusste.

Dann bewegten sich ihre Lippen, und das Hörenden-Theater, das er so oft ohne gültige Eintrittskarte beobachten musste, begann. Wie oft hatte er sich schon über dieses Theater gewundert und amüsiert. Wie Hörende manchmal wie vom Blitz getroffen innehielten, wenn jemand sie rief, wenn es krachte, wenn ein Auto hupte, etwas rumpelte, kratzte, polterte. Nicht, dass ihm diese Begriffe etwas bedeuteten; er wusste nur, dass sie eine unterschiedliche Qualität für Hörende aufwiesen. Oder wie sie wie

Marionetten durch die Straßen stapften, ihre Smarts am Ohr, von denen sie permanent Befehle empfingen. Ein bisschen bewegte Luft im Gehörgang konnte sie steuern. Armselig. Er war froh, dass er davor geschützt war. Vor all dem Schrott, den viele Menschen daherredeten. Vor dem ganzen Krach, den sie mit ihren Mündern, ihren Auto-Autos und ihren Smarts veranstalteten.

Normalerweise blendete er es aus, sah weg. Sarah hingegen schaute er gerne an. Nicht wegen des Lippenlesens. Dafür war er jetzt zu müde, und sie würde ihm außerdem ohnehin gleich erzählen, worum es ging. Er mochte es einfach, ihr feines Gesicht mit den altmodisch zurückgebundenen, langen braunen Haaren zu studieren. Man konnte sie nicht schön nennen, aber sie war auf besondere Art attraktiv. Und weil sie so unglaublich groß war, über zwei Meter, zog sie unweigerlich die Blicke der Männer auf sich. Mit Stiefeln versuchte sie, ihre Beine ein Stückchen kürzer wirken zu lassen, was ihr nur leidlich gelang, wie die Reaktionen der Männer auf der Straße ihm immer wieder bestätigten. Sarah selbst bemerkte das oft nicht. Aber ihm entging derlei aufgrund seiner Empfindlichkeit gegenüber Visuellem und Bewegungen natürlich nicht. Und er merkte, wie es ihm immer noch einen Stich versetzte. Dabei waren sie nur ein einziges Mal miteinander intim geworden. Es war ein seltsamer Abend und sie sehr unglücklich gewesen, Valerie gerade geboren, ihr Leben zerrieben zwischen Karriere und Mutterrolle, der Druck auf ihre Beziehung mit Robert enorm. Max hatte ihre Trauer gespürt, und er hatte sie trösten wollen. Eines Abends, nach einem Frustdrink zuviel an der Bar eines abgelegenen Hotels in Georgia, wohin sie zum Annual Meeting der Paleoanthropology Society gefahren waren, hatte sie ihrem Schmerz nachgegeben. Und er seiner Begierde. Sie hatten darüber nie gesprochen, aber seitdem war etwas von dieser Anziehung geblieben.

Nun stoppte der Tanz ihrer Lippen. Sie nahm das Smart vom Ohr und legte auf. In ihrem Gesicht stand Erstaunen. Und Ernst.

»Was ist los?«, gebärdete er. »Wer war das?«

»Ein Kommissar aus Düsseldorf.«

»Was?«

»Er möchte, dass du nach Düsseldorf kommst.«

Max' Müdigkeit war mit einem Schlag verflogen.

»Wieso? Was habe ich mit der Polizei in Düsseldorf zu tun?«

»Völlig verrückte Geschichte. Sie haben bei einer Ermittlung im Neandertal Knochen gefunden. Aber sie sehen ungewöhnlich aus. Jetzt ist die Polizei unsicher, ob sie von Missgebildeten stammen oder von Urmenschen.«

»Im Neandertal? Die haben da doch schon alles geborgen?«

Sie nickte. »Ich weiß, aber anscheinend haben sie doch was Neues gefunden. Sie bitten dich, es dir mal anzusehen.«

Er haute mit der flachen Hand auf den Tisch, dass die Knochen wackelten.

»Spinnen die? Wieso ich? Wir haben genug zu tun! In Düsseldorf ist Termann. Kann der das nicht machen?«

Max gebärdete Termann als Kombination der Gebärden von »Teer« und »Mann«, ein Behelfsname, da er an Termann noch keine Namensgeste vergeben hatte und sich die Verbindung von Teer und Mann schneller gebärden ließ als das Ausbuchstabieren des Namens mit dem Fingeralphabet.

»Tja. Wahrscheinlich wollen sie einfach den Besten«, gebärdete Sarah.

Sie gebärdete überzeichnet und mit entsprechender Mimik: den *Besten*! Der Daumen erhob sich zur einsamen Spitze. Sie fügte der Bewegung eine leicht dramatische Verzögerung und ein kurzes Nachvibrieren der Hand bei. Der *Allerbeste*!

Max musste grinsen. Er wusste, dass sie ihn für leicht eingebildet hielt, und er mochte, wie sie ihn zuweilen damit aufzog.

Aber er war schließlich auch der Beste, nicht nur in Deutschland. Er war, was Neandertaler anging, die weltweite Spitzenkoryphäe.

»Und wir sollen jetzt nach Düsseldorf kommen?«, fragte er. »Das ist eine weite Fahrt von Berlin.«

»Nicht wir. Du«, sagte sie. Kurze Pause. »Oder möchtest du gerne, dass ich mitkomme?« Ein Anflug von Koketterie in ihren Gebärden. Etwas zu kokett, wie er fand. Sie spielte die Unschuld vom Lande, dabei wusste sie genau, dass es für alle leichter war, wenn sie mitkam. Aber sie wollte sich ihm nicht aufdrängen. Sarah balancierte diesbezüglich immer auf einem feinen Grat. Sie musste es schaffen, einem Menschen, der sich nicht als Behinderter betrachtete, aber vom Rest der Welt als solcher gesehen wurde, Hilfe anzubieten, die sich aber nicht wie Hilfe anfühlen durfte. Max war eigentlich nicht glücklich darüber; er hatte ein permanent schlechtes Gewissen, wenn sie für ihn übersetzte oder ihm auf andere Weise bei seiner Reise durch die Welt der Hörenden assistierte. Er fürchtete, dass Sarah nach und nach in die gleiche Rolle schlüpfen würde wie Anna, seine hörende Schwester. Sie hatte es sich nicht aussuchen können, in eine gehörlose Familie hineingeboren zu werden. Von klein auf hatte sie immer die Helferin spielen müssen. Er hatte das als Kind nicht so recht begriffen. Erst viel später war ihm klargeworden, wie belastend das für Anna gewesen sein musste. Obwohl sie ein sehr enges Verhältnis zueinander gepflegt hatten – er liebte Anna über alles –, war sie irgendwann aus diesem Leben geflüchtet und reiste seit Jahren um die Welt. Es war ein wunder Punkt für Max, denn er vermisste sie schrecklich. Und er hatte nur noch sie. Seine Eltern waren beide tot. Er wollte nicht, dass etwas Ähnliches sich mit Sarah wiederholte. Dass sie ihn auch verlassen würde, weil sie sich wie seine Dolmetscherin und Amme vorkam.

»Hast du überhaupt Zeit?«, fragte er.

»Ich müsste mit Robert sprechen, ob er Valerie übernimmt. Wird ihm nicht gefallen, weil er seine Vernissage vorbereitet … Aber das wird schon irgendwie gehen. Wir sind ja wahrscheinlich nur für zwei Tage weg, das kann er ruhig mal machen.«

Max überlegte kurz. Er hatte ein schwieriges Verhältnis zu Sarahs Freund, dem Vater der gemeinsamen Tochter Valerie. Oder besser gesagt: Robert zu ihm. Robert war Künstler, ein Maler, der seit Jahren versuchte, auf die Beine zu kommen und endlich von seiner Kunst leben zu können. Er fühlte sich wahrscheinlich neben Sarah als Loser. Ihr Gehalt ernährte alle. Und dann wusste er noch, dass sie die Lieblingskollegin eines Behinderten war – eines Behinderten, der viel erfolgreicher war als er.

Max zog die Augenbrauen hoch. »Meinst du wirklich?«, sagte er mit zweifelnder Miene.

Es gab jedes Mal Theater, wenn Sarah mit ihm auf Reisen gehen wollte. Jede Konferenz war ein Problem und von Spannungen zwischen ihr und Robert begleitet. Wahrscheinlich war er als Gehörloser für Robert eine Art Mysterium. Er konnte nicht mit ihm reden und sich wirklich ein Bild von ihm machen. Und Robert wusste natürlich auch, dass Sarah an einem Helferkomplex litt. Ihm musste es suspekt vorgekommen sein, dass sie so viel Ehrgeiz darin investiert hatte, die Gebärdensprache zu erlernen. Max wollte gar nicht wissen, was los war, wenn sie jetzt alleine mit ihm nach Düsseldorf fuhr.

»Klappt schon«, gebärdete sie.

»Müssen wir wirklich? Die können uns doch nicht zwingen.«

»Es klang ziemlich ernst.«

Er seufzte wieder, lauter diesmal.

»Mann, wir haben für so einen Quatsch wirklich keine Zeit!« Seine Gebärden wurden heftiger und schneller, als würde er Luft zerhacken. Die Zornesfalte zwischen seinen Augenbrauen war tief. Oh, oh. Sarah kannte das. Es bedeutete, dass sich sein jungenhaftes Gesicht mit der großen Nase und den vollen Lippen alsbald in die zornige Miene eines älteren Mannes verwandeln würde. Die Zornesfalte war außerdem ein zuverlässiger Vorbote der unwillkürlichen Artikulationen, die gleich beginnen würden, wenn er sich nicht wieder beruhigte. Gehörlose waren beim Gebärden eher ruhig. Aber sobald sie unkontrollierter wurden, brachen sich die als Kind mühsam antrainierten Sprechmuster Bahn, die sie hatten lernen müssen, um mit den Hörenden zu kommunizieren.

»Bis zum Kongress ist es eine Woche, Sarah! Wie sollen wir das schaffen? All diese Knochen hier? Wir sind noch längst nicht fertig!«

Seine Hände flogen durch die Luft, zerteilten sie in Scheiben und kleine Stücke. Und sie hörte ihn Vokale äußern. Unvermittelt und heftig. Das O in Woche. Das A in ihrem Namen. Das E in fertig. Für ungewohnte Ohren klang das recht bedrohlich. Er wurde so schnell ärgerlich. Ganz anders als sie. Seine Zornesmimik faszinierte sie immer wieder aufs Neue. Mimik war eigentlich ein Sprachmittel für ihn. Wenn dann noch Emotionen dazukamen, wurde ein Feuerwerk daraus.

»Wir werden uns in Philadelphia total blamieren!«

Sie musste lachen. Max hielt inne und schaute verdutzt.

»Das findest du auch noch lustig?«, fragte er, seine Miene in Zorn verzerrt.

»Wir blamieren uns … bis auf die Knochen«, gebärdete sie. Die Gebärde für Knochen war die Andeutung eines Skeletts, wie in einem uralten Horrorfilm.

»Knochen. Wortwitz, Max.« Sie gebärdete seinen Namen, um die Situation zu entschärfen. Seine Namensgebärde bildete, wie sollte es anders sein, die Zornesfalte zwischen den Augenbrauen. Sie deutete sie mit einer kleinen Bewegung an: gekrümmter

Zeige- und Mittelfinger harkten einmal durch die Luft zwischen den Augenbrauen.

Max überlegte einen Moment. Deutsch war nicht seine Muttersprache. Er dachte in Gebärden. Aber dann grinste er.

»Wenn wir jetzt losfahren, könnten wir schon morgen Nachmittag wieder in Berlin sein«, sagte sie. »Vielleicht dauert es nicht lange. Und Tina und Mike können die Auswertungen übernehmen. Das klappt schon.«

Max seufzte. Dann schnippte er mit den Fingern. »O.k.« Er streckte die linke Hand mit der Unterseite flach aus und flippte die Handkante der rechten daran hoch. »Auf geht's.«

3

DER JÄGER

Er. Er allein hatte den Speer ins Herz des Umbam gerammt. Die Ehre hatten sie ihm gelassen. Urudim fühlte die Kraft des gewaltigen Tieres über das Holz in seinen Arm fließen. Es war bereits stark geschwächt von den vielen Wunden, die Jäger und Jägerinnen ihm zugefügt hatten. Ein Umbam auf diesem Weg zu töten war gefährlich. Wäre es eine gewöhnliche Jagd nach Nahrung gewesen, hätten sie das Umbam über einen Abhang getrieben oder zu Tode gehetzt. Aber diese Jagd war seine Initiation. Sie würde ihn zum Naba-Jäger machen. Dafür musste er den finalen Stoß setzen. »Dein Arm soll wie ein Blitz sein.« Wie oft hatte Meliur ihnen dies erklärt.

Als er die Steinspitze ins mächtige Herz des Umbam stach, sah er dem Tier fest in die Augen. Er wollte schauen, wie der Große Geist diese Hülle verließ und in die Welt hinter den Punkten am Himmel zurückfloss. »Manchmal kann man es sehen, wenn der Große Geist wandert«, hatte Meliur die jungen Jäger gelehrt.

Die Augen des Umbam wurden weit und weiß. Dann hörte er den Todesschrei des Tieres. Es war der Schrei des Großen Geistes, der vorzeitig aufgefordert wurde, diese Hülle zu verlassen, weiterzuwandern und sich eine neue Hülle zu suchen, ein Schrei so laut und furchtbar, dass alles für einen Moment stillzustehen schien. Ehrfurcht überwog die Angst und die Aufregung in Urudim. Und er fiel ein in den Schrei und kurz danach auch die anderen Jäger und Jägerinnen. In diesem Augenblick waren sie vereint im Großen Geist, der sie alle erfüllte, ihnen Energie gab.

Noch durfte er nicht loslassen, noch musste er im Herz des Umbam bleiben, doch Meliur hatte sie gelehrt, wann der richtige Zeitpunkt war, den Speer herauszuziehen, den Geist freizugeben – sonst bestand die Gefahr, dass er ihn mitriss, umriss, zermalmte in seinem letzten Widerstreben, die Hülle zu verlassen. Urudims ganze Kraft war in seinem Arm konzentriert, seinem Speer. Für diesen Moment hielt er das Umbam fest und für einen Moment den Geist selbst.

Schließlich sackten die Vorderbeine des Umbam zusammen, das Tier krachte auf die Knie, und da wusste Urudim, dass er den Speer zurückziehen musste. Er schaffte es gerade rechtzeitig und wich ein paar Schritte zurück. Dann knickten die Hinterbeine des Umbam ein, der Kopf bäumte sich noch einmal auf, es warf seinen Rüssel hoch und schüttelte die Stoßzähne. Immer noch weigerte sich der Große Geist, aber es war nun unwiderruflich. Das Umbam fiel auf die rechte Seite und blieb regungslos liegen.

Einen Moment lang herrschte Stille. Dann reckten die Naba-Jäger ihre Speere in die Höhe und johlten und schrien und riefen immer wieder Urudims Namen. Einer nach dem anderen kam und umarmte ihn. Irbaka, die Geschmeidige. Sesen, der mit den Haaren wie Blitze. Maruch, der Großäugige. Feroman, die Kleine. Bantur, der mit dem Bart wie Feuer. Und all die anderen. Sie waren fünfzehn Jäger und Jägerinnen. Ihn selbst nannten sie Urudim, den mit dem schmalen Gesicht und den Augen so blau wie der wolkenlose Himmel.

Als Letzter kam Meliur, der Führer der Naba. Er zeichnete ihn mit dem Stammesmal: zwei rote Blitze auf die Wangen. Jetzt, da die Aufregung noch durch seine Adern pulste und ihn benebelte, wurde Urudim bewusst, dass er ein Jäger war, dass er die letzte Probe bestanden hatte.

Nun musste er den Ritus vollenden. Er verneigte sich vor dem Großen Geist, der das Tier verlassen hatte. Er dankte ihm dafür, diese Hülle nehmen und den Geist in sich und seinen Stammesangehörigen nähren zu dürfen. Dann bildeten die Jäger und Jägerinnen einen Kreis um Urudim, für das letzte Ritual, das ihn zum Jäger und vollwertigen Mitglied der Naba machen würde.

Urudim sah Meliur ganz links stehen. Er nickte ihm zu. Meliurs Brauenwülste leuchteten rot über seinen dunklen Augen, die tief in ihren Höhlen lagen. Eines der Augen wurde langsam trüb. Er würde bald nicht mehr mit auf die Jagd gehen können. Aber noch war er es, der als Einziger die roten Augen tragen durfte, jenes zweite Augenpaar, das nur der Anführer besaß. Meliur hatte etliche Male bewiesen, dass er sie verdiente. Er war derjenige, der die Schiu-Herden am Horizont zuerst sah, wenn noch kein anderer sie sehen oder riechen konnte. Und Meliur war es gewesen, der die Dunklen zuerst gesehen hatte, lange bevor ein anderer Naba sie entdeckte. Die Dunklen waren Neuankömmlinge. Nie zuvor hatte Urudim etwas wie sie gesehen. Sie sahen aus wie die Naba und die Mitglieder der anderen Stämme, und doch waren sie anders. Ihre Körper waren viel dünner und größer. Ihre Haut war so dunkel wie ihre buschigen Haare und ihre kleinen Augen. Sie hatten merkwürdige Gesichter, klein und zerbrechlich wie die von Katzen. Aber sie waren keine Tiere, sie liefen auf zwei Beinen, und sie jagten mit Speeren. Es hieß, sie konnten schneller rennen und ihre Speere weiter werfen als die Naba. Keiner der Naba konnte einschätzen, wer die Dunklen waren, woher sie kamen und was sie wollten. Die Naba und die anderen Stämme mieden sie. Aber es wurde immer schwieriger, weil sie so viele und ihre Stämme viel größer waren. Und es wurden immer mehr. Manche sagten, sie seien von der Welt jenseits der Punkte gekommen und hätten den

Großen Geist geraubt. Aber das glaubte Meliur nicht. Niemand konnte den Großen Geist fangen, selbst die Dunklen nicht. Andere wiederum meinten, die Dunklen stammten aus dem Reich der Sonne, wo es immer warm war und kein weißes Wasser gab, jenem Ort, von dem einst auch die Vorfahren der Naba und der Stämme gekommen waren.

Irbaka, Tochter des Meliur, lächelte Urudim zu. Sie war erst vor wenigen Tagen zur Jägerin geweiht worden. Das Blut des Umbam klebte noch auf ihrem Gesicht, vom Biss in dessen Herz. Nun war er an der Reihe. Urudim zog die Steinklinge aus seinem Lederbeutel und ging auf das Umbam zu, mit großer Vorsicht, da es manchmal vorkam, dass der Geist die Hülle noch nicht ganz verlassen hatte.

Doch das Tier lag völlig still. Urudims Hände fuhren über die Spitzen der Stoßzähne, glitten an ihnen entlang, legten sich auf den Rüssel, während er die Preisungen des Großen Geistes murmelte und ihm immerzu dankte für seine Gnade. Dann sah er mitten im Brustkorb die blutende Wunde, die der Speer in seinen Händen geschlagen hatte. Das Blut war aus dem Loch herausgeströmt wie Tränen aus einem Auge. Es hieß, dass es die Tränen des Großen Geistes waren, der traurig war, wenn er eine Hülle verlassen und weiterwandern musste.

Urudim setzte die Steinklinge an die Wunde und schnitt sie langsam auf. Die Haut des Umbam war dick und sein Fell lang und dicht. Nach einigen kraftvollen Schnitten konnte Urudim mit dem linken Arm in die Öffnung hineingreifen. Seine Hand tastete sich im Inneren des Umbam vor, spürte glitschige weiche Dinge, von deren vielfältigen Formen und Funktionen sie Meliur unterrichtet hatte. Was Urudim suchte, war der Kern des Umbam, die Quelle des Großen Geistes, das Herz. Seine Finger bewegten sich weiter, und dann fühlte er es, fühlte seine Oberfläche, seine Verästelungen, die aus ihm herausragten und die gesamte Hülle durchströmten. Er schob die andere Hand mit der Klinge in das Tier und schnitt ein Stück des Herzens heraus. Es ganz hervorzuholen, hätte zu lange gedauert. Das würden die Naba-Jäger später machen. Ihm gebührte die Ehre, es anzuschneiden. Urudim brauchte lange, weil er blind schneiden musste und es noch nie gemacht hatte. Während er schnitt, sagte Irbaka, das Herz des Umbam habe wohl noch immer Angst vor Urudim, und die anderen Jäger lachten. Schließlich zog er das abgeschnittene Stück mit seinen blutverschmierten Armen heraus und hielt es glücklich in die Höhe, sodass die anderen Naba und der Große Geist jenseits der Punkte am Nachthimmel es sehen konnten. Das Stück Fleisch zitterte in seiner Hand. Dann biss Urudim hinein, und die Tränen des Großen Geistes flossen über seine Lippen in seinen Bart, und die Naba-Jäger stießen mit ihren Speeren in den Himmel, riefen Urudims Namen und priesen den Großen Geist.

4

DIE GROSSE DEPRESSION

The New York Times, Jul. 29, 2053

German Angst of the Great Depression
By Nigel Banks, Senior Editor, Science and Medicine

Die Fälle der sogenannten »Großen Depression«, einer schweren Form der normalen Depression, nehmen zu. In den USA ist die Große Depression bislang selten, hier liegt die Erkrankungshäufigkeit nur bei einem Prozent. Anders die EU-Staaten, vor allem in Deutschland ist die Lage ernst. Hier ist mittlerweile jeder Zehnte von dieser rätselhaften Krankheit betroffen – eine Verdoppelung der Fallzahlen innerhalb von nur fünf Jahren. Wissenschaftler stehen vor einem Rätsel, denn die Ursache der Krankheit ist noch immer völlig unbekannt.

Die Große Depression – der Begriff ist eine Anspielung auf die US-Wirtschaftsdepression in den Jahren nach dem Börsencrash 1929 – stellt eine neue Form der Erkrankung dar und sie spricht auf keines der herkömmlichen Antidepressiva an.

»Patienten, die an der Lindströmschen Depression leiden, wie wir Mediziner die Krankheit nennen (benannt nach Erik Lindström, deren Entdecker, ein Neurologe und Psychiater vom schwedischen Karolinska-Institut, d. Red.), zeigen typische Symptome einer Depression«, sagt Professor Stephan Richter, Psychiater an der Charité Berlin. »Eine neue Qualität besteht darin, dass sie vor allem junge Menschen befällt. Neunzig Prozent aller Betroffenen sind jünger als zwanzig. Wir beobachten die Erkrankung schon bei Kindern von zwei, drei Jahren, ein Alter, in dem Depressionen normalerweise sehr selten auftreten.«

Die zahlreichen Fälle von Depressionen unter Kindern und Jugendlichen haben Eltern in Angst versetzt. »Zu uns kommen Dutzende Mütter, die Hilfe suchen«, sagt eine Psychotherapeutin von der Depressions-Ambulanz München, die anonym bleiben will. »Sie alle fürchten, dass ihr Kind betroffen sein könnte.«

Die Charité in der deutschen Hauptstadt Berlin ist einem landesweiten Depressions-Netzwerk angegliedert, das sich vor allem der Früherkennung der Großen Depression verschrieben hat.

»Bislang verfügen wir über keinerlei Möglichkeiten, die Lindströmsche Depression zu behandeln«, sagt Professor Stephan Richter. »Nichts schlägt an, weder trizyklische Antidepressiva noch SSRIs oder MAO-Hemmer; einzig das alte Depressionsmittel Lithium hat in Studien schwache Wirksamkeit gezeigt«, so Richter. »Daher ist die einzige Chance die Früherkennung, damit wir diese Kinder sofort gezielt therapieren und den Krankheitsverlauf vielleicht verlangsamen können.«

Einen Gentest für die Große Depression gebe es noch nicht, so Richter, da noch nicht einmal klar sei, ob es sich um eine genetisch bedingte Krankheit handelt oder sie möglicherweise durch Umweltfaktoren ausgelöst wird: »Wahrscheinlich ist es wie bei der herkömmlichen Depression – 50 Prozent Gene, 50 Prozent Umwelt.«

So bleibt Eltern und Angehörigen nur, auf die Symptome zu achten. »Mimik, Gestik, Körperhaltung und natürlich die Stimme«, erklärt Richter.

Allerdings sei eine Depression bei Kindern ungleich schwerer zu diagnostizieren als bei Erwachsenen. »Kinder können sich nicht so artikulieren wie Erwachsene, etwa ihre Gefühle verbalisieren«, so die Kölner Kinderpsychologin Dorothee Markwort. »Man muss bei ihnen ganz besonders auf Änderungen in Gestik, Mimik und Körperhaltung achten.«

Früherkennung bedeute daher vor allem Aufklärung. »Lehrer und Eltern müssen stärker für die Krankheit sensibilisiert werden«, fordert die Psychologin. Das größte Problem aber sei, dass der Krankheit – wie bereits früher der normalen Depression – ein Stigma anhafte. »Keiner spricht offen über die Große Depression. Dass jemand in der Familie oder gar das eigene Kind betroffen ist, gilt als Schande. Die Scham ist zu groß. Körperlicher und vor allem seelischer Makel ist in einer von perfekter Gesundheit besessenen Gesellschaft völlig tabuisiert«, meint eine Zunftkollegin Markworts aus München, die anonym bleiben möchte. Sie fordert Aufklärungskampagnen, um das Stigma zu brechen. Deutsche Gesundheitspolitiker reagierten zu zögerlich.

Das Thema bildet politischen Sprengstoff, denn es stellt den gesundheitspolitischen Kurs der letzten Jahrzehnte infrage, an dem nahezu alle Parteien Deutschlands in verschiedenen Regierungskonstellationen ihren Anteil hatten.

Die Verschlossenheit, welche das Aufbringen dieses Themas nach sich zieht, musste auch die *New York Times* erleben, als sie beim Statistischen Bundesamt anfragte. Wir wollten Zahlen zu den von Großer Depression verursachten Selbstmorden oder Selbstmordversuchen. Die Behörde lehnte unsere Anfrage mit der Begründung ab, diese Daten seien zu sensibel. Man wolle Nachahmer-Effekte vermeiden. Andere EU-Länder sind diesbezüglich weniger restriktiv. Demzufolge unternimmt jeder zweite Erkrankte, der über 18 Jahre alt ist, innerhalb von fünf Jahren mindestens einen Suizidversuch – eine enorm hohe Quote, die bei normaler Depression weitaus geringer ausfällt.

Die Große Depression passt nicht in die politische Agenda Deutschlands. Das Land hat sich seit Jahren voll und ganz dem Ziel körperlicher und seelischer Gesundheit verschrieben und erließ als erstes Land der Welt bereits vor dreißig Jahren das Gesetz zur »Erhaltung und Steigerung der Populationsgesundheit«. Das verpflichtet jeden Bürger dazu, nach »bestem Wissen und Gewissen seinen Beitrag zur Populationsgesundheit zu leisten« – ein von vielen Rechtsexperten kritisierter Passus, der unkonkret ist und Raum für Interpretation lässt. Zigaretten- und Alkoholkonsum können demnach als Gesetzesverstoß gewertet werden.

Des Weiteren schuf die deutsche Regierung das »Ministerium für Gesundheit und Glück«. Die gegenwärtige GuG-Ministerin, Manuela Galina, spricht von einem »Jahrhundertprogramm«: »Wir wollen Deutschland bis Ende des 21. Jahrhunderts von allen Volkskrankheiten befreien. Herz-Kreislauf, Krebs, Alzheimer, Diabetes, Übergewicht – das sind die Geißeln unserer Zeit. Vor 100 Jahren beendete der großflächige Einsatz von Antibiotika die Schreckensherrschaft der Infektionskrankheiten, und ebenso werden wir alle krankheitsverursachenden Gene eines nach dem anderen ausrotten.«

Jeder Bürger, so Mrs. Galina gegenüber der *New York Times*, habe seinen Anteil zum Gelingen dieses Plans beizusteuern. »Wir sind auf einem guten Weg. Allerdings ist es eine langfristige Strategie, deren Früchte wir erst in einigen Generationen werden ernten können.«

Um dieses Ziel zu erreichen, geht die deutsche Regierung mitunter sehr rigide vor, wie Beobachter kritisieren. »Viele Angebote wie beispielsweise Gesundheitstracker, die körperliche Aktivität erfassen, oder Mediscanner, die Körperwerte messen, sind für die Pflichtversicherten zwar freiwillig, aber das Krankenkassensystem arbeitet mit Sanktionen für Menschen, die sie nicht nutzen«, sagt Veronica McCarthy vom Collaborating Center for

Health Care Systems der WHO, einer Einrichtung, die internationale Gesundheitssysteme miteinander vergleicht. »Das System funktioniert vor allem über Angst und sozialen Druck. Niemand will sich vor Kollegen, Freunden oder Verwandten als rückständig, als Verlierer oder gar als Schmarotzer des Solidarsystems rechtfertigen müssen. Zugleich soll dieses enge Gesundheitskorsett seinen Mitgliedern ein trügerisches Gefühl von Sicherheit und Kontrolle geben.«

Das macht sich vor allem bei der Pränataldiagnostik bemerkbar. Rund 97 Prozent aller Mütter nehmen Erbgutscans in Anspruch, auch bei nicht vorhandener Indikation oder familiärer Belastung. Einen derart hohen Wert gibt es in keinem anderen Land der Europäischen Union. Ein ausgeklügeltes Bonussystem lockt dabei Mütter zur Korrektur von Krankheitsgenen bei ihren ungeborenen Kindern. Gewisse Gene – darüber reden deutsche Gesundheitspolitiker nicht besonders gerne – dürfen per Gesetz zur Steigerung der Populationsgesundheit verändert werden, ohne dass Eltern einwilligen müssen. »Man könnte es auch als moderne Version von Eugenik bezeichnen«, meint McCarthy. Eugenik ist eine im späten 19. Jahrhundert entstandene Theorie, positiv bewertete Erbanlagen zu stärken und zu vermehren. Sie wurde später von den Nationalsozialisten zur »Rassenhygiene« pervertiert und diente als pseudowissenschaftliche Rechtfertigung für den millionenfachen Mord an Juden und Behinderten.

»Dass vor allem Deutschland sich hier so hervortut, finde ich besonders kritisch«, sagt McCarthy. »Man würde erwarten, dass deutsche Politiker aus der dunklen Vergangenheit des Landes ihre Lehren gezogen hätten.«

Gesundheits- und Glücks-Ministerin Galina weist solche Vorwürfe scharf zurück: »Dieser Vergleich ist fast schon bösartig. Wir wollen niemanden ermorden, wir wollen Leben retten. Die moderne Genforschung arbeitet seit Jahren sehr erfolgreich daran, für die Gesundheit vorteilhafte oder nachteilige Gene zu identifizieren. Durch umfangreiche Langzeitstudien über Jahrzehnte an Hunderttausenden von Menschen weltweit sind uns zahlreiche Krankheits-Gene und Risikofaktoren bekannt. Wir wollen dieses Wissen für eine Medizin nutzen, die Krankheiten nicht länger lediglich behandelt, sondern gar nicht erst entstehen lässt. Ich wüsste nicht, was daran zu kritisieren ist.« Das Konzept, so Mrs. Galina, sei vergleichbar mit PreCrime, der datenbasierten Vorhersage krimineller Aktivitäten. Tatsächlich haben viele Länder (insbesondere in der EU) Teile der PreMed, wie der Ansatz genannt wird, in ihren Gesundheitssystemen verankert.

So hehr die Ziele bezüglich der Bekämpfung der Volkskrankheiten sein mögen, sie versagen ganz offensichtlich bei der Bekämpfung der Großen Depression. Auffällig ist der Zusammenhang zwischen den hohen Fallzahlen Großer Depression und der Gesundheitspolitik in Deutschland. Es gibt Stimmen, die sagen, dass dies kein Zufall ist und Deutschland sich die neue Volkskrankheit paradoxerweise mit seiner »Populationsgesundheit« selbst eingehandelt haben könnte. »Es ist schon ein merkwürdiger Umstand, dass Deutschland von der Lindström-Depression am stärksten betroffen ist«, erklärt Andrew Phillis, Populationsgenetiker von der Harvard Medical School. »Ausgerechnet das Land, das sich am konsequentesten der Genpool-Hygiene verschrieben hat.« Phillis vermutet, dass die Genetiker in Deutschland Gene zu vorschnell in »gut« und »böse« eingeteilt hätten. »Gene wirken sich mitunter in mehrerlei Weise auf den Körper aus. Eines, das eine Krankheit auslöst, kann trotzdem auch schützende Wirkung haben. Wenn man es korrigiert, erkauft man sich damit einen Nachteil anderswo. Möglicherweise haben die Mediziner, Gen-Architekten und Politiker in Deutschland übereilt Fakten geschaffen.«

5

EIN GRAB IM NEANDERTAL

»Düsseldorf? Wieso musst du nach Düsseldorf?«

Wie Sarah erwartet hatte, fiel Roberts Reaktion ziemlich ungehalten aus.

»Es ist wirklich dringend. Die Polizei hat uns gebeten, zu kommen.«

Es war spät, und sie musste zügig das Nötigste packen.

»Die Polizei?«

Roberts Augen waren leicht zusammengekniffen und musterten sie.

»Sie haben Knochen gefunden, die prähistorisch aussehen. Sie wollen, dass Max sie sich ansieht.«

»Aha, Max mal wieder. Das geht natürlich vor.«

Sie seufzte innerlich. Jetzt ging das schon wieder los.

»Er kann doch alleine fahren?«, sagte Robert. »Wieso musst du immer mitkommen und seine Übersetzerin spielen? Er hat eine Software, die für ihn alles übersetzen kann.«

»Robert, darum geht es nicht. Wir sind beide Experten für Neandertaler. Es ist immer besser, zwei Meinungen einzuholen. Und bitte, ich muss mich jetzt wirklich beeilen. Wir müssen heute noch los, und ich muss schnell packen.«

»Was ist mit meiner Vernissage? Ist das nicht wichtig?«

Sie standen sich im Wohnzimmer gegenüber, in ihrer eigentlich zu kleinen Wohnung. Valerie war acht, aber körperlich deutlich weiter entwickelt – sie sah aus wie zwölf – und brauchte dringend ein größeres Zimmer. Aber mehr als das hier konnten sie sich im Moment nicht leisten. Sarahs Gehalt reichte eben so für eine überschaubare Drei-Zimmer-Wohnung in Berlin-Friedrichshain. Berlin war teuer. Hinzu kam die Gesundheitsversicherung für sie selbst, Robert und Valerie, die sie alleine tragen musste.

»Ich weiß, es tut mir leid. Ich mache es wieder gut.«

Sie wusste, was sie von ihm verlangte. Er würde sich wieder alleine um Valerie kümmern müssen und keine Zeit haben, seine Vernissage vorzubereiten. Und die war für ihn gerade eine Riesensache. Er war seiner Kunst jahrelang erfolglos nachgegangen, hatte nun endlich in expressionistischen Holo-Dioramen seinen Ausdruck gefunden und nach so vielen Rückschlägen von einer Galerie in Mitte eine Chance bekommen. Ihr war klar, was ihm das bedeutete, und sie fühlte sich schlecht, von ihm zu verlangen, abermals zurückzustehen.

»Wieso habe ich das Gefühl, dass dein Job immer wichtiger ist als alles andere?«, fragte Robert. In seiner Stimme lag nun eine sich unter die Wut mischende Spur von Traurigkeit.

Sie spürte, wie das schlechte Gewissen an ihr fraß. Sie sah ihn an, ohne etwas zu sagen. Sie sah sein schmales Gesicht, seine dunkelbraunen Locken, in die sich in den letzten Jahren einige graue Strähnen geschlichen hatten. Seine langen Wimpern, die diese dunklen Augen einrahmten und seinem Blick immer eine leicht melancholische Note verliehen. Für einen Moment sah sie ihn vor sich, auf dem David-Bowie-Revival-Konzert, wo sie sich vor zehn Jahren kennengelernt hatten. Es war bei »Space Oddity« gewesen, als er plötzlich vor ihr gestanden und sie gefragt hatte, ob sie diesen Song auch so mochte. Dann hatten sie zusammen getanzt, und es hatte ihn überhaupt nicht gekümmert, dass sie deutlich größer war als er. Es hatte nicht lange gedauert, bis sie sich geküsst hatten.

»Und was ist mit Valerie?«, fragte er. »Ich und meine Bedürfnisse sind dir offenbar egal. Aber was ist mit ihren Bedürfnissen?«

Seine Worte waren wie Schläge.

»Und eigentlich müsstest *du* das doch am besten wissen.«

Das war nicht fair. Er spielte auf ihre Mutter an, die bei ihrer Geburt gestorben war. Nun spürte sie ihrerseits Wut in sich aufsteigen. Aber dieser Anflug von Ärger bedeutete auch, dass er einen wunden Punkt getroffen hatte. Ja, sie hatte ihrer Tochter gegenüber ein schlechtes Gewissen. Ja, sie war oft weg. Das Arbeitsleben einer Wissenschaftlerin war hart und erforderte ständige Opfer.

Valerie schlief schon. Und sie wollte sie auch nicht wecken. Valerie kannte es gut genug, morgens aufzustehen, ohne dass ihre Mama in der Nähe war. In ein trauriges Kindergesicht zu schauen, das war hart. Und bald würde sie wieder fort sein, wenn sie nach Philadelphia zum Paläo-Kongress fuhr.

»Bitte, Robert, mach es mir nicht so schwer. Es geht nicht anders. Wir sind übermorgen wieder da.«

Daraufhin drehte er sich wortlos um und ließ sie alleine im Zimmer stehen.

Die Lichter der Autobahn-Lampen rauschten an ihr vorbei, als sie ihren Gedanken nachhing. Die verschwimmenden Strahlen rissen feine Linien über ihre Netzhaut und die Gesichter in ihrer Erinnerung – das Gesicht von Robert und das von Valerie. Das Auto-Auto summte leise, als sie mit Maximalgeschwindigkeit über die Straße rauschten, die zum Glück ziemlich frei war. Max neben ihr auf der Rückbank war schon eingeschlafen. Er war für Berührungen wahnsinnig sensibel, aber gleichmäßige Vibrationen wiegten ihn erstaunlich schnell in den Schlaf, insbesondere die eines elektrischen Motors. Und nun schlummerte er wie ein

Baby vor sich hin, sie hörte seinen Atem, relativ laut, wahrscheinlich auch dies eine Folge der fehlenden akustischen Rückkopplungsschleife bei Gehörlosen. Sie war froh, wenn sie mal schnell in den Schlaf fand, ohne Grübeleien, ohne Gedankenkreisel. Und selbst wenn sie einschlief, war sie so unglaublich leicht zu stören; ihr Schlaf war so schreckbar wie ein ängstliches Tier.

Um 22:30 Uhr waren sie endlich losgekommen. Sie blickte auf die Pilot-Anzeige: wahrscheinliche Ankunftszeit 1:23 Uhr. Sie seufzte und schaltete das Display des Fernsehers an. Der Ton war ordentlich aufgedreht, aber das kümmerte Max ja nicht. Sie hatte sich längst an den Vorzug gewöhnt, neben einem Gehörlosen nach Herzenslust laut Musik hören oder Fernsehen schauen zu können. Sie wechselte zu den Nachrichten. Vielleicht gab es was Neues über die Sache in Düsseldorf.

»... haben wir mit der neuen Gesundheitsreform dem Baby-Editing-Tourismus nun endlich Einhalt geboten.«

Sarah war mitten in eine Politiksendung gestoßen. Sie erkannte Manuela Galina, die Ministerin für Gesundheit und Glück. Galina saß in einem weißen Sommerkleid auf einer Terrasse, die über einen See blickte, ihr gegenüber eine Reporterin.

»Warum erst jetzt, Frau Galina?«, fragte die Journalistin. Sie sah der Barbie-Puppe erstaunlich ähnlich, mit der Sarah als Kind gespielt hatte, die sie aber irgendwann weggeworfen hatte, weil sie ihr Gefühl verstärkt hatte, im falschen Körper zu stecken.

»Das Problem ist doch seit Jahren bekannt. Immer wieder werden deswegen Babys geboren, die an Krebs oder Asthma erkranken«, sagte die Reporterin.

»Ja, ich weiß. Wir konnten und wollten nicht mehr tolerieren, dass Eltern ihre ungeborenen Kinder gefährden, indem sie Edits bei nicht zertifizierten Gen-Architekten in Schwellenländern vornehmen lassen. Ich habe, wie Sie wissen, immer wieder gefordert, die Standards zu lockern und Edits auch für weichere Faktoren wie beispielsweise Augen- und Haarfarbe zu legalisieren. Unser Koalitionspartner CDU hat sich immer dagegen gesperrt. Illegales Editing im Ausland, vor allem in Ländern wie Bulgarien oder der Türkei, zu verhindern oder gar auf Kontrollmaßnahmen zu drängen, ist völlig unmöglich. Daher war es wichtig, dem die Grundlage zu entziehen, schließlich geht es um die Sicherheit unserer Kinder. Die setzen Eltern aufs Spiel, wenn sie so etwas von irgendwelchen Amateuren erledigen lassen.«

»Das heißt, ökonomische Erwägungen spielten dabei keinerlei Rolle? Baby-Editing ist zu einer Riesen-Industrie geworden. Eine, die deutschen Gen-Architekten bislang nur unter sehr strengen Auflagen zugänglich war. Sind Sie unter dem Druck der Lobby eingeknickt?«

Die Frage empörte Manuela Galina, aber sie versuchte, sich nichts anmerken zu lassen und lächelte demonstrativ in die Kamera. Dann neigte sie ihren Kopf mit den perfekt gestylten blonden Haaren leicht zur Seite – eine einstudierte Geste, die sie harmloser wirken ließ.

»Nein, Frau Kühn. Da kennen Sie mich schlecht. Ich bin noch nie vor irgendjemandem eingeknickt. Natürlich schätzen wir unsere Gen-Architekten und sind zu Recht stolz auf sie, denn sie arbeiten nach den höchsten Standards und gehören zu den besten der Welt. Aber das Allgemeinwohl und die Sicherheit der Bevölkerung – auch der noch nicht geborenen – geht vor. Meinen Sie nicht?«

»Sie haben inzwischen Editing von Augen- und Haarfarbe gestattet. Aber reicht das, um den Tourismus zu unterbinden? Wir alle wissen, dass im Ausland viel mehr angeboten wird, Gesichtsform, Muskelmasse, Intelligenz, Leistungsfähigkeit, sogar Persönlichkeitseigenschaften wie Teamfähigkeit und Führungsqualitäten. Wollen Sie das auch legalisieren? Womöglich noch als Kassenleistung?«

»Also, nun mal langsam. Diese ganzen Angebote, die Sie eben aufgezählt haben, sind wissenschaftlich höchst unseriös. Die Gene für einzelne Charaktereigenschaften sind längst nicht identifiziert, es ist fraglich, ob es sie überhaupt gibt. Auch wenn es verlockend klingt, ich kann Eltern nur eindringlich davor warnen, sich auf dergleichen einzulassen. Sie riskieren die Gesundheit ihres Kindes! Sie wissen letztlich nicht, was mit dem Erbgut ihres Kindes angestellt wird. Wir in Deutschland haben sehr hohe Standards, was die Edits angeht. Unsere Gen-Architekten bieten nur Dienstleistungen an, die wissenschaftlich absolut integer und sicher sind. Derzeit übernehmen die Kassen Edits von allen erblichen Krankheiten sowie bekannter Risiko-Gene. Das sind notwendige Eingriffe, die der Prävention schlimmer Krankheiten dienen. Edits von Haar- und Augenfarbe sind keine Gesundheitsvorsorge, sondern kosmetische Maßnahmen und können daher nicht Kassenleistung sein. Wir wollten aber, dass nicht nur wohlhabende Eltern in den Genuss solcher Eingriffe kommen, und daher haben wir uns für ein Anreizsystem entschlossen. Eltern, die die empfohlenen Sicherheitspakete in der Pränataldiagnostik in Anspruch nehmen und die Risiko-Gene für Krebs, Diabetes, Adipositas, koronarer Herzkrankheit, Alzheimer und noch viele andere, die ich an dieser Stelle nicht alle aufzählen kann, editieren lassen, erhalten bis zu drei kosmetische Edits als Bonus. Alle anderen, die kosmetische Edits als alleinige Maßnahme durchführen lassen möchten, müssen sie privat bezahlen. Wir sind der Meinung, dass wir damit einen großen Schritt nach vorne gemacht haben bei der Pflege des Genpools, die wir ja glücklicherweise seit mehreren Jahrzehnten betreiben. Wir reden hier von einem Generationenprojekt. Aber ich bin froh, dass auch unsere Regierung daran festhält, denn es ist eine wertvolle Investition in die Zukunft unseres Landes. Die Risiko-Gene von heute sind die Krankheiten von morgen. Das sind nicht nur auf persönlicher Ebene vermeidbare Schicksale. Jede vermeidbare Krankheit belastet die öffentlichen Kassen unnötig, und zwar weitaus mehr als der Edit, der sie hätte verhindern können. Damit ist jeder Versicherte in der Pflicht. Und wenn er das Angebot nicht annimmt und dann krank wird, belastet er andere. Unser Ziel ist es, mein Ziel ist es, bis zum Ende der 60er-Jahre die Risiko-Gene für die großen Vier, also Adipositas, Hypertonie …«

»Also Fettleibigkeit und Bluthochdruck …«

»… Äh ja, Verzeihung, also Fettleibigkeit, Bluthochdruck, Diabetes und koronare Herzkrankheit, vollständig eliminiert zu haben. Das werden wir nur mit einem konsequenten Ansatz schaffen, und Anreizsysteme sind ein wichtiger Baustein dabei. Denn wie Sie wissen, Frau Kühn, nutzen noch immer nicht alle Eltern die Möglichkeiten der Pränataldiagnostik und die empfohlenen Edits, jedenfalls nicht so, wie wir uns das wünschen würden.«

Manuela Galina lehnte sich in ihrem Sessel zurück und blickte mit einem selbstzufriedenen Lächeln in die Kamera.

»Sie haben vier große Volkskrankheiten genannt, Frau Galina. Eine fehlt: Krebs. Wie ist da der Stand?«

Galina nickte. »Völlig richtig, Frau Kühn, Krebs in seinen vielen Ausformungen ist immer noch eine der Haupttodesursachen. Doch leider hat diese teuflische Krankheit viele Gesichter. Die genetischen Ursachen sind hochkomplex, und noch immer haben wir sie nicht entschlüsseln können. Wir kennen einige wichtige Risiko-Gene, und auch die sind in dem Sicherheitspaket enthalten, aber leider ist das keine Garantie dafür, dass das Kind später niemals Krebs bekommen wird. Doch unsere besten Wissenschaftler arbeiten daran.«

»Frau Ministerin, die Krankheiten, die Sie genannt haben,

plagen die Menschen schon seit langer Zeit. In den letzten zwanzig Jahren haben allerdings die Depressions-Raten stetig zugenommen. Die Große Depression, so sagen immer mehr Experten, könne nicht nur auf steigende Arbeitsbelastung und Vereinzelung zurückzuführen, sondern müsse stattdessen eine Folge der jahrzehntelangen Genpool-Pflege sein. Was entgegnet die Ministerin für Gesundheit und Glück solchen Einwänden?«

»Ich bin froh, dass Sie das ansprechen, Frau Kühn. Denn diese ›Experten‹, die nicht müde werden, solche Dinge zu behaupten, sind immer dieselben. Und darunter finden sich außerdem ausgesprochene Gegner der Genpool-Pflege …«

»Es heißt, Sie betrieben in Wahrheit Eugenik und nennen das verharmlosend Pflege«, fiel ihr die Reporterin ins Wort.

Galina lachte. »Ja, ich weiß, ich kann darüber nur den Kopf schütteln und lehne solch eine Nazi-Terminologie strikt ab. Studien haben erwiesen, dass durch die konsequente Eliminierung von Krankheits- und Risiko-Genen die allgemeine Gesundheit verbessert wird. Unter diesen ›Experten‹ tummeln sich in Wahrheit ideologische Gegner dieses sinnvollen Programms, Anhänger linksradikalen Gedankenguts, ehemalige Greenpeace-Leute, die von ihrer eigenen NGO schon seit Langem ausgeschlossen wurden. Ich kann dann nur immer entgegnen: Wo ist eure Evidenz? Zeigt mir die Studien, die beweisen, dass Genpool-Pflege Depression hervorruft! Wenn mir die jemand bringt, werde ich keine Minute zögern und den bisherigen Kurs korrigieren.«

»Die Experten sagen, dass es sehr schwierig ist, solch einen Beweis zu führen. Sie sagen, dass viele Risiko-Gene nicht nur nachteilige Wirkungen haben können, sondern manchmal auch nützliche – und man die nicht immer kenne, weil sie zu wenig erforscht seien. Und bevor man sie erforschen könne, würden die Gene ausgemerzt.«

»Da mag durchaus was dran sein, Frau Kühn. Aber was soll

ich Ihrer Meinung nach einer angehenden Mutter sagen, bei deren ungeborenem Kind ein hochaggressives Nierenkrebs-Gen gefunden wurde? ›Verzeihen Sie, gute Frau, wir könnten zwar das kaputte Gen korrigieren und Ihre Tochter vor Nierenkrebs bewahren, aber wir können es leider nicht tun, weil unsere Wissenschaftler erst noch eine Langzeitstudie durchführen müssen, um zu überprüfen, ob dieses Gen nicht möglicherweise auch vor der Lindström-Depression schützen könnte, die Ihre Tochter aber vielleicht niemals bekommen wird?‹ Sehen Sie, Frau Kühn, dass solch eine Haltung ethisch völlig indiskutabel ist?«

Manuela Galina zögerte einen Moment. Ihr Tonfall wechselte ganz plötzlich, sprang von dem dozierenden Duktus, den sie die ganze Zeit über gepflegt hatte, in einen Betroffenheitssound. Zudem senkte sie die Stimme, um mehr Dramatik zu erzeugen. »Ich spreche übrigens aus eigener Erfahrung …«

Die Reporterin, die während der Ausführungen Galinas auf ihre Aufzeichnungen geblickt hatte, sah überrascht auf. Galina hatte ihr etwas hingeworfen, auf das sie nicht vorbereitet gewesen war.

»Wie meinen Sie das?«

»Mein Sohn … mein Sohn leidet an der Lindström-Depression, also der Großen Depression. Er ist erst vier Jahre alt. Und glauben Sie mir, ich weiß ganz genau, was es heißt, wenn einen diese teuflische Krankheit heimsucht.«

Die Reporterin wollte zur Nachfrage ansetzen, aber Manuela Galina schob nach: »Glauben Sie mir, dass ich alleine aus persönlichem Interesse alles in meiner Macht Stehende tun werde, um diese Krankheit zu bekämpfen. Ich will, dass keine Mutter mehr erleben muss, was ich gerade erlebt habe: diese schreckliche Diagnose bei dem eigenen Kind zu erhalten. Es ist furchtbar, wenn man mitansehen muss, wie diese Krankheit einem das eigene Kind raubt.«

Die Reporterin war völlig überrascht von der persönlichen Enthüllung Galinas. Sie presste einen Finger auf ihr rechtes Ohr; offenbar erhielt sie gerade Anweisungen der Regie, wie sie weiter fragen sollte.

»Frau Galina, das … das tut mir natürlich sehr leid, dass Ihr Sohn von der Großen Depression betroffen ist. Wie …«

»Übrigens lehne ich diesen Namen strikt ab«, fiel ihr Galina ins Wort, »denn er entstammt einem völlig anderen Kontext. Als Große Depression wurde in den 1930er-Jahren der Wirtschaftskollaps in den USA bezeichnet, und das finde ich doch reichlich zynisch.«

»Wenn ich hier kurz einhaken darf, Frau Ministerin – ist der Name wirklich so zynisch? Ökonomen warnen bereits vor drastischen wirtschaftlichen Einschnitten aufgrund der Großen Depression, also der medizinisch-pathologischen Großen Depression. Wenn immer mehr junge Menschen daran erkranken, wird es bald gewaltig an Fachkräften mangeln, sagen sie.«

»Also über die wirtschaftlichen Folgen dieser Krankheit müssen Sie mit meinem Kollegen sprechen, mein Ressort ist Gesundheit und Glück. Aber ja, wir sind uns der Herausforderungen für unsere Gesellschaft durchaus bewusst. Deswegen haben wir auch eine interdisziplinäre Sonderkommission zur Lindström-Depression gegründet. Wir entwickeln derzeit einen umfangreichen Maßnahmenkatalog. Aber man muss auch mal klar sagen: Depression hat es schon immer gegeben, solange es Menschen gibt. Und ja, die Zunahme der Prävalenz …«

»… der Fallzahlen«, fiel Kühn ein.

»Der Fallzahlen, danke«, Galina lächelte, »wissen Sie, ich habe mit so vielen Ärzten und Forschern zu tun, da schleicht sich leider zwangsläufig immer wieder dieses Medizinerdeutsch ein. Nein, also, wir haben die Fallzahlen genau verfolgt, und natürlich nehmen wir sie ernst und müssen sie im Blick behalten. Aber wir dürfen auch nicht in Panik verfallen.«

»Frau Galina, ein weiteres Argument lautet, dass die Fallzahlen nur in Ländern angestiegen sind, die eine ähnlich konsequente Genpool-Pflegepolitik betreiben wie Deutschland. Zufall?«

»Ach, dieses Argument schon wieder. Ja, wir beobachten eine Korrelation. Aber Korrelationen sind keine Kausalitäten. Wie hat mein Statistik-Professor immer gesagt? Die Zunahme von Störchen und Geburten in einer Region heißt eben nicht, dass die Störche mehr Babys bringen.« Galina lachte und warf einen unauffälligen Blick auf ihren Bauch. Dann zupfte sie schnell ihr Kleid zurecht.

»Nein, aber ernsthaft. Es ist ein ernsthaftes Thema, Frau Kühn, da haben Sie völlig recht. Wir schauen uns alle genetischen Daten genau an. Aber darüber hinaus dürfen wir nicht vergessen, dass für den Ausbruch einer Depression auch noch weitere Faktoren eine Rolle spielen. Schlechte Ernährung, zu wenig Bewegung, zu wenig Schlaf, zu viel Arbeit, Leben als Single … Ich bin eben nicht nur die Ministerin für Gesundheit, sondern auch die für Glück. Und dafür ist eine konsequente Seelenhygiene notwendig. Und hier ist jeder in Eigenverantwortung gefragt. Wie heißt es doch so schön: Jeder ist seines Glückes Schmied. Ich kann nur die Werkzeuge bereitstellen, aber Glück ist Arbeit. Also, Leute, bewegt euch, esst vernünftig, arbeitet nicht zu viel, heiratet, bekommt Kinder, geht zum Psychologen und zum Arzt. Denn eine Solidargemeinschaft …«

Sarah schaltete den Fernseher aus. Sie hatte genug von diesem selbstzufriedenen Politiker-Gewäsch. Überlastung vermeiden! Die hatte gut reden. Jeder wusste, dass die Jobs immer weniger wurden, weil Roboter immer mehr Arbeit übernahmen. Und wer einen Job hatte, der arbeitete immer mehr, weil er Angst hatte, ihn sonst zu verlieren.

Zu wenig Schlaf, das traf auch auf sie zu. Jetzt war es wichtig, eine Mütze davon abzubekommen, wenigstens eine Stunde, denn morgen würde sicher ein anstrengender Tag werden. Aber sie spürte, dass sich das Gedankenkarussell in ihrem Kopf zu stark drehte. In der Dunkelheit gewann es immer so sehr an Macht.

Ging es Robert wirklich um die Vernissage? Oder war er in Wahrheit eifersüchtig auf Max? Sie wusste, dass ihre Beziehung bröckelte. Sie wusste, dass er sich nicht als Mann fühlen konnte, wenn sie immer mehr die finanzielle Versorgung übernahm und er keine Chance hatte, seine Karriere aufzubauen. Er hasste es, von ihr abhängig zu sein. Sie wusste aber auch, dass er Valerie sehr liebte. Momentan steckte er zurück, und sie machte ihren Weg. Sie wusste, dass das nicht mehr lange gut gehen würde. Und sie wollte außerdem nicht, dass Valerie das Gleiche erleben musste wie sie – ohne Mutter aufzuwachsen. Da hatte Robert schon recht, auch wenn er wusste, wie weh er ihr tat, wenn er sie darauf hinwies. Ihre tote Mutter bildete nicht nur ein Loch in ihrem Leben, sie war auch eine Bürde gewesen. Ihr früher Tod bei ihrer Geburt war stets ein Schuldkomplex für Sarah gewesen.

Schweiß tropfte Max von der Stirn und spülte ihm diese ekelhafte Sonnencreme in die Augen, die brannte und einen öligen Film auf seinem Gesicht hinterließ. Es war erst elf Uhr, aber das Thermometer war schon auf fast dreißig Grad geklettert. Er hasste Sonne. Freiland-Grabungen waren für ihn ein Graus. In der Eile, in der sie gestern hatten aufbrechen müssen, hatte er natürlich keine Zeit mehr gehabt, ordentlich zu packen. Kein gescheites Werkzeug, nicht mal eine Sonnenbrille. Dabei war er so lichtempfindlich. Jetzt wünschte er sich einen Hut. Aber er trug nie einen, weil er sich dieser affigen Mode widersetzte.

Nachts um zwei waren sie in Düsseldorf angekommen. Um

acht Uhr hatten die Polizisten sie abgeholt. Kurzes Briefing; Sarah hatte das meiste übersetzt, weil Max keine Lust hatte, seinen Translator zu aktivieren. Er hatte für sein Smart ein eigenes Übersetzungsprogramm geschrieben, das gesprochene Sprache simultan in Gebärden umwandeln konnte – und umgekehrt. Aber er benutzte es nicht gerne, weil es sich für ihn anfühlte wie eine Prothese. Und dieses Gefühl mochte er nicht, denn er empfand sich nicht als behindert. Er sprach einfach eine andere Sprache. Leider war es eine, die nur noch wenige Menschen in Deutschland beherrschten. Gehörlose waren eine aussterbende Spezies.

Jetzt stapfte Max über die Grabungsstätte im Neandertal und schimpfte und schnaufte. Die Leute von Philipp Nix hatten einige bürokratische Hürden nehmen müssen, bevor sie die Erde aufreißen durften. Das Neandertal war Naturschutzgebiet. Die historische Fundstätte war Teil des Museums, das natürlich heftig protestiert hatte, als Nix' Truppe mit Spaten angerückt war. Doch die Genehmigung kam. Die Beamten hatten den Ort abgesperrt, Sichtsperren aufgestellt und Schaulustige fortgeschickt.

Die historische Fundstätte war umgeben von Infotafeln und stilisierten Neandertaler-Darstellungen. Alles war ziemlich heruntergekommen. Das Museum lief nicht besonders gut; ein Wunder, dass es überhaupt noch existierte. Alle waren mit sich selbst beschäftigt, ihrer Gesundheit, ihrem Glück – wen interessierten da noch ein paar bärtige Urmenschen?

Die Grube, die im Smartphone des Toten markiert gewesen war, hatte das Beamtenteam abgesteckt. Sie maß etwa fünf mal fünf Meter. Schon nach zwei Metern war das Metall der Spaten auf etwas Hartes gestoßen: Knochen. Dutzende Knochen, die – nun mehr oder weniger freigelegt – aus der Erde ragten. Es war ein Mehrfachgrab, aber Sarah konnte nicht sagen, wie viele Individuen hier lagen. Vielleicht fünf? Zehn?

Sie und Max hatten auf den ersten Blick erkannt, dass es keine Homo-Sapiens-Knochen waren. Derart wuchtige kurze Oberschenkelknochen besaß kein Vertreter der letzten auf dem Planeten Erde verbliebenen Menschenart. Dann sahen sie die Schädel. Die Augenbrauenwülste, die großen Augenhöhlen, die ausladenden Kiefer – eindeutige Merkmale. Bei diesen Knochen handelte es sich wahrscheinlich um die Überbleibsel von Neandertalern.

Sofort war ein ungutes Gefühl in ihr aufgestiegen. Wie war das möglich? An der historischen Fundstätte des ersten Neandertalers, die in den letzten zweihundert Jahren mehrfach durchsucht worden war? Es schien einfach undenkbar, dass die Archäologen seinerzeit einen solchen Fund hatten übersehen können.

Diese Fragen mussten auch Max durch den Kopf gegangen sein, aber das Erste, was ihn umtrieb, war der Dilettantismus der Polizeibeamten. Er hatte die Hände über dem Kopf zusammengeschlagen, als er sah, wie plump sie vorgegangen waren, hatte mit seiner Gehörlosenstimme herumgebrüllt und sie einen nach dem anderen aus der Grube vertrieben. Dann hatte er von Nix gefordert, ihm Holzbalken und Hocker zu besorgen, um nichts kaputtzutrampeln. Die Balken lagen nun kreuz und quer in der Grube, und Max und Sarah balancierten auf ihnen herum wie Störche. Seit einer halben Stunde waren sie inzwischen hier und wussten nicht, wo sie anfangen sollten.

Max hasste es, wenn er eine Grabungsstätte nicht in Ruhe aufbauen konnte, mit allen notwendigen Gerätschaften und sorgfältig arbeitenden Kollegen. Alles, was sie hatten, waren ihre kleinen Spatel. Immerhin hatte Sarah noch an den 3D-Scanner gedacht. So hatten sie zuallererst die Fundstelle abgescannt, damit sie später genau rekonstruieren konnten, wo welcher Knochen gelegen hatte.

Max erfüllte es mit einer gewissen Zufriedenheit, als er bemerkte, wie ihn alle verunsichert beobachteten, vor allem der Kommissar und seine Mitarbeiter – wie hießen die beiden noch gleich? Sarah hatte ihm die Namen mit dem Fingeralphabet buchstabiert, aber er hatte sich nur den von Nix merken können. Er hatte ihm auch schon einen inoffiziellen Gebärdennamen verpasst – dank der Kartoffelnase gewissermaßen ein Selbstläufer. Gehörlose suchten sich für den Gebärdennamen eines Menschen immer das auffälligste Körpermerkmal. Max durfte die Gebärde nur nicht zu ikonisch gestalten, damit der Hörende nicht erriet, wenn von ihm die Rede war. Aber der kleine, muskulöse Glatzkopf, wie hieß der noch gleich? Irgendwas mit A. Ach, er würde ihn einfach Glatze nennen. Flache Hand, die einmal über den Kopf streicht. Fertig. Da half es auch nichts, dass Glatze seine Glatze unter einem Fedora verbarg.

Immer wieder bückten Max und Sarah sich und kratzten vorsichtig mit kleinen Spateln die Ränder um die Knochen frei. Max rief Sarahs Namen. Es klang wie »Sa-ah«. Mit R-Lauten hatte er Probleme. Aus dem Augenwinkel sah er, wie Nix und Alban leicht zusammenzuckten, als sie seine fremdartige Stimme hörten. Sarah richtete sich auf, den Spatel in der Hand.

»Kannst du Glatze sagen, dass er mir eine Sonnenbrille, ein Handtuch und was zu trinken organisieren soll, anstatt hier nur dumm rumzustehen?«, gebärdete er ihr zu. Sie verstand sofort, wen er mit Glatze meinte und musste sich bemühen, ein Grinsen zu unterdrücken.

Nix und Alban schauten verunsichert, aber auch fasziniert zu, wie die beiden miteinander gebärdeten. Es war das erste Mal, dass sie einen Gehörlosen trafen, der auch noch die Gebärdensprache beherrschte und nicht mit technischen Hilfsmitteln kommunizierte.

»O.k., das werde ich dann mal in freundliches Deutsch übersetzen«, gebärdete sie mit einem strengen Blick, bevor sie sich an Alban wandte. »Herr Stiller ist sehr lichtempfindlich«, sagte sie. »Wären Sie so nett und würden ihm eine Sonnenbrille besorgen? Und vielleicht auch noch ein Handtuch und etwas Wasser?«

Alban ahnte, dass Max etwas anderes gesagt hatte, aber er wusste nicht, ob es angemessen war, sich mit einem Behinderten anzulegen. Er schaute zu Nix. Der bedeutete ihm mit einem Blick, sich in Bewegung zu setzen. Alban ging los.

Max blickte über die Grube mit den Knochen. Er wischte sich erneut den in Rinnsalen fließenden Schweiß von der Stirn. Seine braunen Haare waren mittlerweile klatschnass. Die Zornesfalte war momentan ziemlich tief, fand Sarah. »Diese verdammten Amateure«, gebärdete er. »Wer weiß, was die schon alles kaputt gemacht haben. Wir müssen Verstärkung holen. Lass uns Termann kontaktieren. Er soll ein Grabungsteam organisieren.«

Es würde eine Riesenaktion werden, alle Knochen sauber katalogisiert zu bergen. Aber die Funde würden ihnen auf Jahre Veröffentlichungen in hochkarätigen wissenschaftlichen Journals garantieren. Und nicht nur dort. Sie sah die Headline vor ihrem inneren Auge: »Massengrab im Neandertal entdeckt.«

Sarah nickte, sagte jedoch nichts. Sie ahnte, dass andernfalls weiterer Ärger drohen würde. Termann mochte Max nicht – er betrachtete ihn als einen seiner ärgsten Konkurrenten. Andererseits war kaum denkbar, dass er sich nicht in irgendeiner Form an einem solch sensationellen Fund beteiligen würde.

Sie betrachtete die Grube, aus der die Knochen ragten. Oberarme, Schenkel, Rippen, Schädel. Das hier war der Traum eines jeden Archäologen. Noch dazu an dem historisch gewichtigen Ort, nach dem die Urmenschen-Art benannt war. Vor 200 Jahren hatten Arbeiter an dieser Stelle das Skelett eines Neandertalers gefunden, eines der ersten überhaupt, daher war dieser Ort der

Namensgeber für diese Urmenschen-Art. Aber darin lag eben auch genau das Problem: Diese Knochen dürften hier eigentlich gar nicht liegen. Sie hätten bei der letzten großen Grabung vor mehr als fünfzig Jahren gefunden werden müssen.

Etliche Neandertaler waren in dem Grab auf engstem Raum zusammengepfercht worden. Sehr ungewöhnlich. Die Neandertaler hatten ihre Toten bestattet, aber Massengräber waren selten. In einer spanischen Höhle hatte man die bislang meisten Neandertaler-Gebeine auf einem Haufen gefunden.

War das hier eine Bestattung gewesen? Waren sie niedergemetzelt worden? Und wenn ja, von wem? Von ihresgleichen? Oder von Homo sapiens, den Neuen, die damals in ihren Lebensraum Europa eingedrungen waren?

Fragen über Fragen, die eine eingehende Analyse der Knochen hoffentlich beantworten würde. Wie es aussah, handelte es sich um Skelette von Erwachsenen. Ob es Männer oder Frauen waren, würden sie auch erst nach genauerer Begutachtung im Labor klären können.

Etwas an der ganzen Sache stimmte jedoch nicht. Und jetzt war ihr auch klar, was.

Sie tippte Max auf die Schulter. Er hatte sich schon wieder gebückt, kratzte in der Erde und wollte einen Schädel freilegen und scannen. In diesem Moment hörte sie die Stimme von Nix.

»Frau Weiss?« Der Kommissar stand neben der Absperrung und hatte die Ärmel hochgekrempelt. Sein Jackett hielt er in der Hand, den Panama hatte er aus der Stirn geschoben. Nix blickte zu ihnen herab in die Grube. Sie sah, dass unter seinen Achselhöhlen Schweißflecken wuchsen.

»Was ist denn nun mit den Knochen? Können Sie beide schon was sagen?«, fragte Nix.

Max, der natürlich nichts hörte, hatte ihr Schultertippen ignoriert und kratzte weiter Knochen frei. Er war voll in seine Arbeit vertieft und verspürte offenbar keine Lust darauf, unterbrochen zu werden.

Sarah wusste nicht, was sie Nix antworten sollte. Sie wollte erst mit Max sprechen und ihn fragen, was er dachte.

»Es ist auf jeden Fall ein sensationeller Fund«, rief sie Nix zu. »Es wird eine Menge Arbeit werden, alle Knochen zu sichern. Wir werden Hilfe von der Düsseldorfer Uni benötigen.«

Nix' Nase war schon leicht von der Sonne verbrannt und glänzte rot. Es sah lustig aus, dachte sie. Aber sie ahnte, dass dieser Eindruck auf die falsche Spur führte. Sie ahnte, dass Nix auch ziemlich unlustig sein konnte.

»Also, sind es nun Neandertaler-Knochen oder nicht?«

In dem Moment kehrte Alban zurück und trat an der Absperrung so nah an Max heran wie möglich. Der Laufbursche dieses cholerischen, noch dazu behinderten Unsympathen zu sein, der da unten in den Knochen herumgrub, schmeckte ihm ganz und gar nicht nicht. Alban spielte nur mit, weil er wusste, dass Nix nicht auf Stillers Dienste verzichten konnte.

Alban streckte Max die Sachen entgegen und rief: »Hier haben Sie Ihr Zeug.« Max kratzte weiter um seine Knochen herum.

»Er kann Sie doch nicht hören«, rief Sarah und tippte Max erneut auf die Schulter, heftiger diesmal.

Jetzt richtete sich Max endlich auf. »Was ist denn?«, gebärdete er genervt.

Sie zeigte auf Alban. Max riss ihm die Sachen fast aus der Hand, öffnete die Wasserflasche und trank gierig. Dabei beobachtete er Sarah, die gebärdete: »Nix will wissen, ob es Neandertaler-Knochen sind. Aber wie könnte das möglich sein? Diese Stelle ist x-mal durchsucht worden.«

Max nickte, während er weiter trank.

»Und sag mal, fällt dir eigentlich gar nichts auf?« Sie gebärdete sehr minimalistisch, damit Nix nicht erraten konnte, worüber sie sich austauschten. Sie versuchte auch ihre Mimik möglichst unauffällig zu halten.

»Was meinst du?«, fragte er mit einer kurzen Bewegung seiner freien Hand.

»Max, die Knochen sehen viel zu gut aus. Kaum Bruch. Vor allem die Schädel.«

Jemand, der tagtäglich jahrtausendealte Knochen in Augenschein nahm, wusste, wie diese aussahen. Es gab kaum jemals vollständige Funde. Ein menschliches Skelett bestand aus über 200 Knochen unterschiedlichster Größe. Wenn das Fleisch verweste, war dieses Puzzle dem Spiel der Naturgewalten überlassen. Und jeder Schädel wies Defizite auf. Zähne fehlten, Stücke waren über die Jahrtausende abhandengekommen, oder die Kalotten waren zerbrochen wie Tonkrüge.

»Ich habe noch niemals derart vollständige Neandertaler-Skelette gesehen«, gebärdete sie.

Max wurde stutzig. Er setzte die Flasche ab und bückte sich abermals. Mit hektisch umherschweifendem Blick inspizierte er mehrere Knochen.

»Frau Weiss!«, rief Nix. Seine Stimme klang ungeduldig und fast wütend.

Sie hob die Hand und signalisierte ihm, einen Moment zu warten. Sie schaute Max an. Normalerweise verfügte er über einen unschlagbar scharfen Blick. Wieso war ihm nichts aufgefallen? War er abgelenkt durch die Umstände oder die Hitze?

Er inspizierte einige Knochen und Schädel. Dann erhob er sich wieder. »Du hast recht«, gebärdete er. In seinem Gesicht stand Ratlosigkeit. Er blickte auf die Knochen und überlegte. Dann ging er erneut in die Hocke, griff mit einer Faust die Erde und zerrieb sie zwischen seinen Fingern.

Sie wusste, was er dachte. Nein, unmöglich, die Erde war stinknormal. Eine so gute Konservierung wäre allenfalls in sehr trockenem Mikroklima möglich gewesen, in einer Wüste wie der in großer Höhe gelegenen Atacama vielleicht. Aber das Neandertal war nicht die Atacama. Hier hatte es in den letzten 50.000 Jahren unzählige Male geregnet, geschneit, gehagelt. Die Erde war voller Regenwürmer, Insekten und Bakterien. Es war eine riesige Verdauungsgrube, die permanent an allem Toten nagte, das in sie gebettet war.

Max zog vorsichtig an einem Oberschenkelknochen. Eigentlich war es absolut tabu, die Position eines Knochens vor seiner Kartierung zu verändern. Aber jetzt wollte er es wissen. Er zog ihn ganz aus der Erde und hielt ihn sich dicht vors Gesicht.

Im Augenwinkel bemerkte sie, dass Nix nervös wurde. Ahnte er bereits, dass etwas nicht stimmte?

Für einen Laien war ein schmutziger Knochen aus der Erde einfach ein schmutziger Knochen. Ein Anthropologe hingegen sah die feineren Spuren in seiner Struktur.

Max gebärdete mit der linken Hand. »Komisch, dass mir das …«,

»Frau Weiss!«

Die parallele Kommunikation überforderte sie.

»Moment!«, rief sie und gebärdete: »Nix will wissen, ob es Neandertaler-Knochen sind. Ich antworte ihm kurz, okay?«

Max nickte abwesend und untersuchte den Knochen.

»Ja, es sind sehr wahrscheinlich Neandertaler-Knochen, Herr Nix«, rief sie.

Der Kommissar war verdutzt. Diese Antwort hatte er nicht erwartet.

»Ist das Stillers Meinung?«, fragte er.

»Ja. Und meine übrigens auch. Falls Sie es nicht wissen, ich bin ebenfalls Paläoanthropologin.«

Klar, Max war die unbestrittene Koryphäe. Doch ihre Lust, ständig nur als seine Dolmetscherin wahrgenommen zu werden, war im Laufe der Zeit verflogen. Sie war ebenso Wissenschaftlerin wie er. Und ihrer eigenen bescheidenen Meinung nach alles andere als eine schlechte.

Unruhe bei Nix und Alban. Die beiden steckten die Köpfe zusammen und diskutierten heftig miteinander.

»Das ergibt doch überhaupt keinen Sinn«, hörte sie Alban zu Nix sagen. »Woher wusste der Behinderte von den Neandertaler-Knochen?«

Max zog nun weitere Knochen aus dem Boden. Sie sah, dass er immer nervöser wurde.

»Max, was ist hier los?«

»Ich glaube, du hast recht«, gebärdete er. Seine Bewegungen waren hektisch. »Wir müssen sofort eine Datierung machen!«

Er zog mehrere Plastikbeutel aus der Tasche und schob vorsichtig ein paar Knochen hinein. Dann kletterte er aus der Grube und über die Absperrung. Sarah folgte ihm. Mit seiner freien Hand gebärdete er ihr: »Weißt du, ob Termann einen Radiokarboner hat?«

»Keine Ahnung.«

»Hey!«, rief Nix. »Wo wollen Sie hin? Das ist Beweismaterial.«

Sarah drehte sich um. »Wir müssen die Knochen datieren lassen.«

Nix war verwirrt. Wie sie selbst. Und sie ahnte, dass sie alle bald noch sehr viel verwirrter sein würden.

6

EVA-MARIE MERCURE ÜBERNIMMT

In Bruno Viiras zerbrochene Augen zu schauen war das, was einem Drogentrip wohl am nächsten kam – ihren bescheidenen Erfahrungen mit Kokain und Alkohol nach zu urteilen jedenfalls. Sie hatte ausprobiert, was Jugendliche eben so ausprobieren, um sich anzupassen, erst mal mitzulaufen mit der Masse, weil sie sie studieren wollte – um sie dann umso besser manipulieren zu können.

Bruno Viiras Iriden sahen aus wie mit kleinen dunklen Tropfen gesprenkeltes zerbrochenes Glas. Es waren Wassertropfen, eingekapselt in seinen Augenkammern, über die Jahre verdunkelt, bis sie das Aussehen schwarzer Tränen angenommen hatten, Miniatur-Kaleidoskope, die seinem Gesicht einen verstörend-traurigen Ausdruck verliehen. Der medizinische Fachausdruck lautete Iriszysten. Aber Viira mochte keine medizinischen Fachausdrücke, mochte es überhaupt nicht, mit Krankheit in Verbindung gebracht zu werden. Daher hatte er seine Iriszysten auch nie behandeln lassen. Viira sah sich als Verkörperung von Stärke. Von Perfektion.

Und dann dieses wächserne Gesicht mit den hellrosafarbenen Lippen, die wie von Ernst Ludwig Kirchner in einem einzigen pathetischen Pinselstrich hingemalt schienen. Schon öfter hatte sie sich bei dem Gedanken ertappt, wie sich diese Lippen wohl anfühlen mochten, auf ihren Brustwarzen, ihren Schamlippen? Vielleicht würde seine Zunge einfallsreich mit ihrer Klitoris spielen und danach in ihre Vagina eindringen wie eine Schlange. Sie spürte einen Anflug von Erregung. Vielleicht würden sich diese Lippen auch nur als schlaffe Fleischlappen entpuppen, wie es so oft bei Männern der Fall war, die mit Kraft und Druck zu kompensieren suchten, was ihnen an Einfallsreichtum und Beweglichkeit fehlte. Am Ende bildeten solche Lippen meist die Vorhut für eine Armada unbarmherziger Zähne. Und Männerzähne hasste sie seit jeher, besonders, wenn sie anfingen, an ihren Brustwarzen zu knabbern oder ihre Schamlippen malträtierten.

Viira war ihr Mann fürs Grobe. Ihre dunkle Hand. Ihr scharfes Messer. Unwahrscheinlich, dass er ein guter Liebhaber war. Wenn er überhaupt heterosexuell war. Ihre Erregung wurde von Ekel und Verachtung abgelöst. Sie, die ihrerseits bestenfalls bisexuell war, verachtete Homosexuelle. Ja, man verachtete bei anderen immer das am meisten, was man an sich selbst fürchtete. Na und? Sie konnte sich im Zaum halten. Viira bestimmt nicht. Würde er sonst immer diesen perversen Gewaltrausch suchen? Nachts in irgendwelchen Kellern illegale Kämpfe bis aufs Blut ausfechten?

Jetzt stand er vor ihr in ihrem Palast von einem Büro, sofern solche bildlichen Vergleiche im Bundesministerium für Gesundheit und Glück überhaupt angemessen waren. Ihr Arbeitszimmer war größer als das der Ministerin, auch wenn das nach außen hin natürlich nicht offen kommuniziert wurde. Und es lag im Erdgeschoss und nicht in der Top-Etage, weswegen sie nicht diesen spektakulären Ausblick über Berlins Regierungsviertel hatte.

Doch das war Eva-Marie Mercure egal. Ihr ging es nicht um Ruhm, ihr ging es um Kontrolle. Und sie wusste, dass sie die innehatte – über die Ministerin, diese jämmerliche Gestalt, über das ganze Ministerium und all seine Satelliten. Sie, niemand sonst, war das heimliche Herz der Behörde.

Es hieß, im Ministerium für Gesundheit und Glück arbeiteten ausschließlich gesunde und glückliche Menschen. Das stimmte nur zur Hälfte. Eva-Marie Mercure wusste, dass das vor allem an ihr lag. Aber es war nicht ihr Job und auch nicht der des Ministeriums, glücklich zu machen. Persönliches Glück, so sah sie es, war kein Luxus, sondern Bürgerpflicht. Gleiches galt für Gesundheit. Wer ungesund war, kam seiner Bürgerpflicht nicht nach, stellte eine Belastung für das Solidarsystem dar. Und es war schließlich nicht so, dass das System einen im Stich ließ. Wer es alleine nicht hinbekam, konnte und musste zum Arzt gehen. Wer sich beidem verweigerte – der Eigeninitiative und der Konsultation –, verhielt sich grob fahrlässig und wurde dementsprechend sanktioniert. Und wer unglücklich war und es nicht selbst schaffte, diesen Zustand zu ändern, konnte jederzeit, ja musste sogar einen Psychologen aufsuchen. Alles war eine Frage des Pflichtbewusstseins.

Daran zu erinnern war Aufgabe der Ministerin. Die meisten Mitbürger jedoch kontrollierten sich mittlerweile selbst. Doch es gab immer Ausreißer, Asoziale, Schmarotzer, Plebejer. Wenn die Ministerin zu schwach war um durchzugreifen – was sie in Eva-Marie Mercures Augen meistens war –, kam sie ins Spiel. Die Speakeasies waren das eine, aber die langweilten Mercure eher. Viel schwieriger waren all die kleineren Verstöße gegen das Landwirtschafts- und Lebensmittelgesetz; zusammengepanschte Zutaten, unerlaubte Zertifizierungen, Aromastoffe, Verstärker, Additive, Dopamintrigger. Die Industrie, die unerlaubte Nanopartikel einsetzte. Die Agrarkonzerne, die nicht das vorgeschriebene transgene Saatgut verwendeten, sondern ihr eigenes zusammenmixten. Die Schulen und Universitäten, die meinten, ihre eigene Lehrmeinung vertreten zu können.

In Eva-Marie Mercures Hand liefen alle Fäden zusammen. Der Verfassungsschutz berichtete an sie, der BND, die Nationale

Seuchenkontrolle, die Ministerien für Gesundheit und Glück, Landwirtschaft, Verbraucherschutz und Bildung.

»Bruno«, sagte Eva-Marie, ihr markantes Kinn auf ihre schlanken, gefalteten Hände gestützt. »Was gibt es?«

So brutal Viira sein konnte, so elegant gab er sich. Er hatte seinen schwarzen Filz-Fedora abgenommen und hielt ihn nun mit seiner rechten Hand an den Bauch gedrückt. Streng gescheitelte braune Haare komplettierten den klassisch anthrazitfarbenen Zweireiher, der sich um seinen definierten Körper schmiegte und wahrscheinlich gerade unzählige Wunden und blaue Flecken verhüllte. Natürlich wusste sie genau Bescheid über seine heimlichen Keller-Fights, bei denen alles erlaubt war, nur keine Schläge ins Gesicht, damit man dem Arbeitgeber keine unangenehmen Fragen beantworten musste. Aber selbst wenn Viiras Körper lädiert war, merkte man ihm das nicht an; Schmerz schien für ihn eher ein angenehmes Gefühl zu sein – etwas, das sie durchaus nachvollziehen konnte. Schmerz war, wie etwa Meditation oder Yoga auch, ein Weg, einen im Hier und Jetzt zu halten.

»Es gibt leider ein Problem, Frau Mercure.«

Mit unbewegter Miene blickte sie in seine Kaleidoskop-Augen, erwiderte aber nichts. Nach einer Pause fuhr er fort.

»Die Polizei ist auf die Überreste der Klone gestoßen.«

Sie verzog den Mund, wurde sich aber sofort des Kontrollverlusts bewusst und korrigierte ihre Miene wieder.

»Wie konnte das passieren?«

Sie liebte es, Schuld zuweisen zu können.

»Die Leiche eines Hybriden ist in Düsseldorf aufgetaucht. Die Polizei hat ihn gefunden, und der Tote muss offenbar einen Hinweis auf das Massengrab geliefert haben.«

Als sie ihren großen, schlanken Körper vom Stuhl erhob, war es, als würde ein Messer ausklappen. Viiras Miene blieb reglos, wie immer.

»Schlecht, Bruno. Das bedeutet, dass wir jetzt mit Öffentlichkeit klarkommen müssen. Das, was wir all die Jahre vermeiden wollten.«

Sie trat um den großen Schreibtisch herum und stellte sich dicht vor ihn. Mit ihren ein Meter fünfundachtzig war sie fast so groß wie er. Sie sah, wie seine zersplitterten Augen sie musterten. Nach kurzer Überlegung sagte sie:

»Ich werde die Seuchenkontrolle anrufen. Am besten, wir lassen eine Quarantäne ausrufen. Sie fahren nach Düsseldorf und überwachen die Lage vor Ort. Schließen Sie die Polizeiermittlung und lassen Sie sich alles aushändigen und übermitteln, was den Hybriden und den Fundort betrifft. Ich besorge Ihnen sämtliche nötigen Vollmachten.«

»Da ist noch etwas«, sagte er. »Die Polizei hat bereits einen Experten hinzugezogen.«

»Wen?«

»Max Stiller, Paläoanthropologe. Er ist Spezialist für Neandertaler an der Humboldt-Universität.«

Sie überlegte kurz, aber der Name sagte ihr nichts.

»Zweiundvierzig Jahre alt«, fuhr Viira fort, »zahlreiche Veröffentlichungen in High-Impact-Journals. Etliche Auszeichnungen. Er wird die Knochen sofort zuordnen können.«

Das bedeutete auf jeden Fall mehr Aufmerksamkeit, als ihnen lieb sein konnte. Jetzt rächte sich, dass man die Klone damals ausgerechnet im Neandertal verscharrt hatte.

»Und es gibt eine weitere Komplikation«, sagte Viira. »Stiller ist behindert. Er kann nicht hören. Und er ist nicht allein.«

Das war noch schlechter. Wenn sie einen Behinderten unter Quarantäne stellte, könnte sich ein PR-Problem ergeben. Das würde Galina nicht gefallen. Sie würde mehr Vollmachten brauchen. Auch für Aktionen jenseits des legalen Rahmens. Aber dafür würde sie Druck anwenden müssen. Damit Galina mitspielte.

»Ich lasse mir was einfallen. Wer ist seine Begleitung?«

»Sarah Emilia Weiss. 32. Eine Anthropologin aus seiner Arbeitsgruppe.«

Ein weit entfernter Ton erklang in Mercures Kopf. Es war nur ein Augenblick, in dem ihr ihre sonst perfekte Selbstkontrolle zu entgleiten drohte, in dem Viiras Stimme nicht mehr in ihr Bewusstsein vordrang. Dann hatte sie sich wieder gefangen. Sarah Weiss. War das ein Zufall? Oder wusste sie mehr?

»... begleitet ihn oft auf Reisen, kann Gebärdensprache und fungiert als seine Dolmetscherin.«

Viira hatte nichts bemerkt und seinerseits nichts mit ihrem Namen anfangen können. Abgesehen davon wusste er über »Neanderthal« sowieso nur das Nötigste.

»Ihre Einschätzung?«

Viira wiegte den Kopf. »Stiller gilt als schwierig. Er ist sehr intelligent, aber auch renitent und aufbrausend. Nicht verwunderlich angesichts seiner Historie und Prädisposition. Er ist ein Gehörloser, einer der wenigen, die noch existieren. Sozialisiert in einem gehörlosen Elternhaus, eine Schwester. Stiller betrachtet sich nicht als behindert und sieht in Hörenden potenzielle Bedroher.«

»Klingt anstrengend«, sagte Eva-Marie Mercure. »Haben wir Druckmittel? Frau? Kinder? Eltern?«

Viira überlegte. »Stiller ist Single, keine Kinder, die Eltern sind tot. Aber er pflegt eine sehr enge Bindung zu seiner Schwester.«

»Kann sie hören?«, fragte Mercure.

Viira nickte.

»Wo ist sie?«

»Irgendwo im Ausland. Unsere Leute spüren sie gerade auf.«

»Gut. Was ist mit Weiss?«

»Über sie ist nicht viel bekannt. Introvertiert. Schwierige Familienverhältnisse. Halbwaise, Mutter bei der Geburt gestorben.

Vater depressiv, Bruder arbeitslos. Sie hat einen Freund, Künstler, erfolglos. Und eine kleine Tochter. Beide in Berlin. Also genügend Hebel.«

»In Ordnung, Bruno. Machen Sie sich an die Arbeit. Lassen Sie Weiss' Familie beobachten.«

Viira nickte, setzte seinen Hut auf und verließ den Raum.

Sie setzte sich wieder. Ihr Blick schweifte in die hintere linke Ecke ihres Büros, das sehr spartanisch eingerichtet war, und blieb an den beiden Statuetten von Giacometti hängen. Diese spindeldürren, hohen, geschlechtslosen Gestalten faszinierten sie. Sie wirkten so zerbrechlich und waren doch so selbstbewusst und stark. Der eine war der Geher; sie wusste nicht, ob der offizielle Titel der Skulptur so lautete, aber unbewusst hatte sie ihn auf diesen Namen getauft. Er machte einen großen Schritt und war dabei leicht gebeugt. Die andere Figur stand einfach kerzengerade da, die langen Arme an den Seiten nach unten fallend. Die bildhauerische Eleganz und existenzialistische Ästhetik berührten sie immer wieder.

In ihnen sah sie sich selbst. Eva-Marie Mercure war Mitte fünfzig, doch ihr Körper war der einer Zwanzigjährigen, ihr persönliches Kunstwerk, das jahrelange eiserne Disziplin aus täglichem Yoga, Krafttraining und kontrollierter basischer Ernährung nach und nach aus dem Fleisch gehauen hatten. Seitdem sie acht Jahre alt war, aß Eva-Marie nur eine einzige Mahlzeit pro Tag.

Sie verbarg ihr Alter nicht wie viele andere Frauen, indem sie ihre bereits ergrauten Haare färbte. Sie trug sie kurz, zu einem Scheitel gekämmt. Ihr Kinn und ihre geschwungenen Wangen formten ihr Gesicht auf eine so prägnante Weise, dass sie es nicht nötig hatte, es mit langen Haaren aufzuwerten.

Sarah Emilia Weiss. Das würde interessant werden. Erstaunlich, wie sich die Kreise immer wieder schlossen.

Es hatte nicht lange gedauert, einen Termin bei Manuela Galina zu bekommen. Sie wurde von der Ministerin mit Priorität behandelt. Aber sie erwartete auch nichts anderes von einer Person, der sie erlaubte, ihr Geschlechtsorgan zu lecken.

Jetzt stand Eva-Marie Mercure vor dem Schreibtisch der blonden Ministerin für Gesundheit und Glück und bewunderte, wie gut es Galina immer wieder gelang, mit der sorgfältigen Auswahl ihrer Garderobe ihre Speckröllchen am Bauch zu kaschieren. Dabei waren die gar nicht mal so klein.

Galina versuchte nach Kräften, ihre Vorliebe für ungesundes Essen geheim zu halten. Jämmerlich war das, dachte Eva-Marie Mercure. Verlust der Selbstkontrolle bedeutete in ihren Augen Schwäche. Und Schwäche war die Abwesenheit von Stärke. Nein, es sähe nach außen hin nicht besonders gut aus, wenn bekannt würde, dass die Ministerin für Gesundheit und Glück nach Junkfood und Süßigkeiten gierte. Bei Crème brûlée wurde die Ministerin besonders schwach. Schwarzwälder-Kirsch-Torte machte sie willenlos. Und das war nicht im Geringsten übertrieben, wie Eva-Marie Mercure aus eigener Erfahrung und Anschauung wusste. Erst letzte Woche hatte sie aus zwangsläufig nächster Nähe beobachten können, wie die splitternackte Ministerin, deren Speckröllchen das Gesamtbild ihrer Erscheinung leider doch etwas unvorteilhaft beeinträchtigten, sie darum gebeten hatte, ein saftiges Stück Schwarzwälder-Kirsch-Torte von Eva-Maries nacktem Bauch verspeisen zu dürfen. Wie ein Schwein war sie erst über das Stück Torte hergefallen. Und danach über sie. Sie war so geil gewesen, dass sie nicht mal die Narbe auf Mercures Vulva geküsst hatte, wie sie es sonst zu tun pflegte. Die Narbe trug Eva-Marie, seit sie neun Jahre alt war. Sie hatte sich mit neun Jahren ein Muttermal herausgeschnitten. Es hatte sie gestört.

Natürlich hatte sie Galina eine erstklassige Show geliefert. In ihrer Hormonbesoffenheit war ihr nicht mal aufgefallen, wie schlampig Eva-Marie dieses Mal einen Orgasmus simuliert hatte; normalerweise gab sie sich dabei mehr Mühe.

Aber als sie dann an der Reihe war, wusste sie, dass Manuela Galina ihr nichts vorspielte, als sie anfing zu stöhnen wie eine alte Kuh auf der Weide. Und als sie ihre Vagina bearbeitete, achtete Mercure peinlich darauf, dass die kleine Kamera in ihrem Fingerring dieses Mal alles sauber einfing. Die letzten Aufnahmen waren allesamt sehr schlecht ausgefallen. Das sollte ihr nicht noch einmal passieren.

Mercure fragte sich, ob sich Manuela Galina eigentlich genauso sehr um ihre perfekte Fassade als glücklich verheiratete dreifache Mutter sorgte wie um ihre Speckröllchen. Wenn herauskam, dass sie gerne naschte, wäre das peinlich. Aber wenn bekannt würde, dass die Ministerin gerne Frauen vernaschte, wäre dies das Ende ihrer Karriere. Ja, sogar mehr als das. Sie wäre gesellschaftlich tot. Abnorme Sexualität galt als Prädisposition. Und bei diesem Thema war sie Expertin.

Zum Glück war Galina diesmal schnell gekommen. So hatte Mercure noch Zeit gehabt für ihre tägliche Yogastunde.

»Eva-Marie, was führt dich zu mir?« Mercure entging nicht, wie Galina sich um eine souveräne Stimmlage bemühte. Trotzdem hörte sie die Anspannung heraus.

»Wir haben ein Problem in Düsseldorf.«

Galina zog die Augenbrauen hoch. »Was für ein Problem?«

»Es ist besser, wenn du es nicht genau weißt.«

Galina musterte sie. Wahrscheinlich versuchte sie, etwas aus ihrem Gesicht zu lesen. Aber Eva-Marie Mercure war eine Meisterin darin, ihre Gefühle zu verbergen. Sie hatte diese Kunst seit Kindesbeinen an nach und nach perfektioniert.

»Was brauchst du?«

»Du musst die Seuchenkontrolle anweisen, oberste Alarmstufe auszurufen. Sagen wir: Verdacht auf ein unbekanntes

Virus. Ich brauche eine Quarantäne im Neandertal, ein Sondereinsatzteam. Und unbeschränkte Befugnis über die dortige Polizei und die Behörden.«

Galina fiel fast vom Stuhl.

»Wie bitte?«

Eva-Marie Mercure blieb ungerührt stehen.

»Ich brauche das alles sofort.«

Manuela Galina sprang auf, wütend.

»Wie kommst du dazu, so etwas zu fordern? Weißt du, was ich für Ärger bekommen kann?«

Reglos beobachtete sie Galinas Zornesausbruch. Ihre Miene bekam so etwas Vulgäres, wenn sie wütend war.

»Ich würde dich nicht darum bitten, wenn es nicht wichtig wäre.«

»Oh, es ist wichtig. Natürlich! Ihr habt ja immer ach so Wichtiges zu tun. Weißt du, was los ist, wenn ich Seuchenalarm ausrufe? Der Kanzler hat mich nach der versiebten Vegan-Day-Initiative ohnehin schon im Visier. Die CDU hasst mich für die Lockerung der Editing-Vorschriften und wartet nur darauf, mich grillen zu können. Und dann dieser zermürbende Kampf gegen die Große Depression. Und die Sorge um Erik!« Ihre Stimme wurde schrill. »Ich kann einfach nicht mehr!«

Eva-Marie musterte sie. Wie sie in Selbstmitleid zerfloss. Was war sie doch für eine jämmerliche Person. Immer nur um sich selbst besorgt. Immer nur ihre kleine Karriere im Blick. Das große Ganze sah sie nicht. Dass sie ihren depressiven Sohn Erik neulich im Fernsehen geoutet hatte, betrachtete Mercure als reine Verzweiflungstat. Galinas Umfragewerte waren in den letzten Wochen enorm gesunken. Jetzt versuchte sie es auf die Mitleidstour. Einfach nur erbärmlich.

Galina begann in ihrem Büro auf und ab zu laufen wie ein aufgeschrecktes Huhn. Der Raum war zusammengewürfelt eingerichtet: Picassos, Starck-Möbel, viel Glas, viel Chrom, das, was man aussucht, wenn man keinen Geschmack hat, aber welchen demonstrieren möchte. Möchtegern-Design für eine Möchtegern-Politikerin.

Galina lief zur Regalwand, die voller Bücher stand, die sie nie gelesen hatte und auch niemals lesen würde. Sie drückte auf eines und zog zugleich an der Seite einer rechteckigen Holzvertäfelung links daneben. Das Buch klappte schräg nach hinten, und die vermeintliche Holzvertäfelung wie in Zeitlupe aus. Sie gab den Blick auf ein geheimes Fach frei, in dem mehrere Flaschen standen. Galinas private Hausbar. Eva-Marie schüttelte innerlich den Kopf. Die Ministerin für Gesundheit und Glück griff nach einer der Flaschen mit durchsichtiger Flüssigkeit, wahrscheinlich Wodka, weil der am wenigsten stank, und goss sich ein Glas halbvoll ein. Dann stürzte sie es in einem Zug herunter.

Mercure seufzte. Dann ging sie auf Galina zu. Sie legte den Arm um ihre Hüfte und zog sie mit festem Griff an sich heran. Die Ministerin erschrak.

Eva-Marie Mercure roch den Alkohol in ihrem Atem und musste einen Anflug von Übelkeit unterdrücken. Sie drückte fester und spürte Galinas Speckröllchen durch ihre Bluse an ihrem durchtrainierten Bauch. Sie spürte ihren Unterleib an ihrem. Galina versuchte sich aus ihrem stahlharten Griff zu winden, hatte aber keine Chance. Sie sah Angst im Gesicht der Ministerin aufflackern, und eine warme Welle der Erregung durchströmte Eva-Marie Mercure.

»Manuela. Ich bitte dich noch einmal. Du wirst die Seuchenkontrolle Alarm ausrufen lassen. Und mir alle Befugnisse geben, die ich benötige. Sonst werde ich sehr, sehr unglücklich. Und wir möchten doch nicht, dass ich unglücklich bin, oder? Denn dann könnte ich mich dazu entschließen, der Welt mitzuteilen, dass mich unsere Ministerin für Gesundheit und Glück krank und unglücklich macht. Ich könnte mich dann vielleicht dazu entschließen, der Welt mitzuteilen, dass unsere Ministerin für Gesundheit und Glück selbst vielleicht gar nicht so gesund und glücklich ist. Denn sonst würde sie sich nicht mit Alkohol volllaufen und von Frauen die Möse lecken lassen.«

Jetzt stand Entsetzen in Galinas Gesicht, und Eva-Marie Mercure spürte Erregung heiß und stark in ihren Unterleib strömen. Sie spürte, wie sie feucht wurde. Sie begann, ihren Unterleib langsam an Galinas zu reiben, und der Stoff ihrer Hose glitt mit feinleisem Knistern über das seidige Businesskostüm der Ministerin. Galina keuchte. Mercure fühlte den warmen Atem der Ministerin auf ihrem Gesicht, der betäubende Geruch des Wodkas war jetzt fast schon ein Genuss. Sie gönnte sich dieses Passiv-Trinken für einen kurzen Augenblick. Er komplettierte ihre schnelle sexuelle Erregung, und sie ließ es zu, gönnte sich einen Moment des Kontrollverlusts in ihrem völlig kontrollierten Dasein.

»Okay«, keuchte Galina.

Mercure lächelte. Dann küsste sie Galina auf den Mund. Sie stieß mit ihrer Zunge tief und fest zwischen ihre Lippen, während sie mit der Hand über Galinas Hintern fuhr. Er war zu rund und zu weich für Eva-Maries Geschmack, aber sie ließ ihre Hand weiter daran entlangfahren, tiefer und tiefer. Sie hatte ihr gehorcht und sich dementsprechend eine kleine Belohnung verdient. Als Eva-Marie den Kuss löste, spürte sie einen warmen Speichelfaden, der ihre Münder noch einen Moment lang verband. Sie brachte ihre Lippen ans Ohr der Ministerin. »Danke für deine Hilfe, meine Liebe«, flüsterte sie. Manuela Galinas Antwort bestand in einem abermaligen Keuchen, als Eva-Maries Zeige- und Mittelfinger tief in ihre Vagina eindrangen.

7

BRIEF VON ANGÉLIQUE AN EVA-MARIE

Château du Haut-Kœnigsbourg, 13. März 2013

Eva-Marie!

Wenn du diese Zeilen liest, werde ich tot sein, meine Ruhe im See gefunden haben, auf dem Grund liegen, ganz still. Über mir das Wasser, das herrlich kühle Wasser, das unsere Leiber einhüllte und verband, wann immer wir beide dort schwammen.

Ich sehe deinen nassen Körper in der Sonne glänzen. Im Licht der frühen Morgensonne. Nur dann konnten wir es wagen. Nur dann waren wir uns sicher, dass niemand uns finden würde.

Ich liebe dich, Eva-Marie.

Diese Liebe erfüllt mich. Aber ich habe nicht gemerkt, wie sie mich nach und nach verzehrte. Mein Herz weint, weil ich weiß, dass ich, der Mensch, der dir am nächsten steht, dass ausgerechnet ich dir, meiner über alles Geliebten, eine Last geworden bin. Eine Gefahr. Dabei lag mir nie etwas ferner.

Ich wollte deine andere Hälfte sein, wollte mich in dich einfügen und dich in mich, eins sein mit dir. So fühlte es sich an, in diesen kostbaren Momenten, wo wir beieinanderlagen, zitternd voller Lust und Erwartung und Verlangen. Ich wusste nicht mehr, wo ich endete und du begannst. Ich wurde zu dir. Und du zu mir.

Aber Momente sind wie fallende Blätter im Herbst. Schwerelos für eine Weile, das Blatt dreht sich ein letztes Mal um sich selbst, so schnell es kann, tanzt einen allerletzten Tanz, weil es weiß, dass es bald vorüber sein, alles enden wird. Dann: am Boden. Am Grund.

Nun bin ich ein Blatt am Boden, eine entrissene und verlorene Hälfte, die alleine ins Wasser hinabgesunken ist.

Ich habe es für dich getan, Eva-Marie. Du hast mich darum gebeten. Beherrscht von Angst. Ich wollte deine Angst lindern. Alles andere wäre mir unerträglich geworden.

Die Angst hat nach und nach Besitz von dir ergriffen, dich eingefroren. Bis du es schließlich ausgesprochen hast, dieses Wort, das zur Schere wurde, das mich aus dir herausschnitt: Vorbei. Und du sagtest noch ein Wort: Tod. Nur der Tod, mein Tod, konnte dir endgültige Sicherheit geben, konnte diese Angst, die an dir nagte wie eine hungrige Ratte, für alle Zeit vertreiben.

Du fürchtetest die Enthüllung. Fürchtetest, dass man unsere Liebe ins grelle Licht zerrte und du dein Ansehen, die Achtung der anderen verlieren, vielleicht sogar den Rauswurf aus unserem so herrlich unmenschlichen Elite-Internat riskieren würdest. Das hätte für dich das Ende der Welt bedeutet. Angst hat dein Vertrauen in mich erfroren, deine Liebe zu mir erstickt. Das war das Schlimmste, was du mir antun konntest, meine über alles Geliebte.

Letztlich hattest du Angst vor deiner Mutter, Eva-Marie. Und ich flehe dich an, dich dieser Angst zu stellen, du armer Schatz. Sonst wird sie dich für immer beherrschen. Ich habe dir das schon einmal gesagt – und gemerkt, wie ich dir damit nur noch mehr Angst einjagte. Du musstest fürchten, ich würde dich verraten.

Eines frage ich mich dennoch: War es dieses eine Geheim-

nis, das du bewahren wolltest? War es so groß für dich? Oder war da noch ein anderes? Das Geheimnis deiner Krankheit? Wie hilflos du dort lagst, zuckend, krampfend, das Gesicht verzerrt. Ich hatte solche Angst um dich, Geliebte! Todesangst! Alles, was ich tun konnte, war, deine Hand zu halten. Und da war es auch schon wieder vorüber. Du hast mich gebeten, den Erzieherinnen nichts von der Epilepsie zu sagen. Ich schwieg. Ich schwieg wie ein Grab. Nun bin ich das Grab.

Für immer. Wer kann das schon sagen? Für immer. Ich kann es, weil ich die Zeit verlassen habe. Für dich.

Jetzt brauchst du keine Angst mehr zu haben, mein kleiner Vogel.

Wirst du mich wenigstens nicht vergessen?

Angélique

8

DIE OBDUKTION

Es war nicht leicht gewesen, Termann davon zu überzeugen, alles stehen und liegen zu lassen und sich sofort um ihre Knochen zu kümmern. Termann, ein knurriger Mittfünfziger, war mit Max mehr als einmal auf Konferenzen aneinandergeraten. Termann war innerhalb der in zwei Lager zerfallenen Neandertaler-Forschungs-Community ein Sapiens-Anhänger. Seit Jahrzehnten tobte ein Streit darum, ob die Neandertaler dem Homo sapiens in kultureller Hinsicht ebenbürtig waren oder nicht und ob dies womöglich zu ihrem Aussterben beigetragen hatte.

Und natürlich wollte Sarah nicht sofort mit der vollen Wahrheit herausrücken. Wenn Termann von dem Massengrab im Neandertal erfuhr, würde er alles daransetzen, sich die Entdeckung unter den Nagel zu reißen. Sie hätten da einen »interessanten Fund«, von dem sie dringend eine Datierung bräuchten, mehr wusste er nicht.

Max war nervös. Sie hatten einige der Knochen mit ins Polizeiquartier genommen, und er hatte um ein Spektroskop und eine Lampe gebeten. Jetzt saßen sie in der Beweisaufnahme an einem Metalltisch, auf dem sie die Knochen abgelegt hatten. Immer wieder betrachtete Max durch das Spektroskop die Neandertaler-Überbleibsel, drehte sie, schoss Fotos. Sarah untersuchte die Schädel.

Nix besprach sich mit seinem Kollegen. Die Polizisten waren durcheinander. Für sie war der Fall ein großes Rätsel. Wieso hatte ein behinderter Selbstmörder in seinem Smart einen Ort abgelegt, der auf ein Massengrab von Urmenschen-Knochen verwies?

Sarah stampfte leicht mit dem Fuß auf, um Max' Aufmerksamkeit zu bekommen. Er zog die Augen vom Spektroskop und blickte zu ihr.

»Was denkst du?«, gebärdete sie.

»Ich weiß es nicht, Sarah.« Ihre Namensgebärde bestand in der Andeutung der zwei langen Strähnen, die ihr immer zu beiden Seiten ins Gesicht fielen, wenn sie wie üblich ihre Haare nach hinten zurückgebunden trug.

»Die Knochen sind viel zu gut erhalten. Alle Knochen, nicht nur einer. Das ergibt einfach keinen Sinn.«

»Was sagen wir Nix?«

Mit Daumen und Zeigefinger formte er ein O, das er sich an die Stirn hielt. Loch im Kopf. »Keine Ahnung«, hieß das.

»Frau Weiss?« Nix' Stimme unterbrach ihre Konversation.

Sie vollführte eine Entschuldigungsgebärde und wies Max darauf hin, dass Nix sie ansprach.

»Ja?«

»Sie beide kennen sich doch nicht nur mit Urmenschen-Knochen, sondern auch mit heutigen Menschen aus, oder?«

Sarah nickte.

»Ich würde Ihnen gerne etwas zeigen.«

Sarah übersetzte kurz für Max, der sie fragend anschaute.

»Natürlich nur, wenn Sie und Herr Stiller einverstanden sind.«

Max blickte den Kommissar an und gebärdete: »Worum geht's?«

Nix verstand ihn, noch bevor Sarah übersetzte. Er antwortete ihm direkt, dabei sprach er langsam und laut und artikulierte besonders deutlich. »Wir haben eine Leiche gefunden, die sehr merkwürdig aussieht, Herr Stiller. Vielleicht schauen Sie sich die mal an?«

Max warf Sarah einen Seitenblick zu. Kurzes Augenrollen. »Diese Hörenden …«, bedeutete das. Er war daran gewöhnt, dass sie für gewöhnlich versuchten, mit ihm zu sprechen, als sei er entweder schwerhörig oder geistig behindert oder beides zugleich. Tatsächlich hatte er Nix' Sprache gut ablesen können. Der Kommissar verfügte über ein gutes Mundbild, formte die Vokale sauber und trug keinen Bart, der das Lippenlesen erschwert hätte.

Fingerschnippen. »Okay«.

Der Obduktionsraum lag noch einen Stock tiefer als die Beweisaufnahme. Sie gingen mit Alban und Nix durch lange weiße Gänge, in denen ihnen immer wieder weißbekittelte Beamte entgegenkamen. Es roch nach Moder und Desinfektionsmittel.

Nix ging zügig voran. Sarah fiel sein Gang auf. Er machte sehr große Schritte und wippte dabei leicht mit den Beinen. Immer wieder blickte er auf seinen Tracker am rechten Handgelenk. Schließlich verstand sie: Er wollte offenbar den Tracker bescheißen. Manche der alten Geräte funktionierten nicht besonders genau und zählten einen unsauberen Schritt mitunter doppelt.

Am Ende des Gangs befand sich eine metallene Flügeltür, die aussah, als würde sie in einen OP führen. Sie hörte Musik. Klassische Musik.

Durch die Tür gelangten sie in einen großen Raum. Klaviertöne drangen nun laut an ihr Ohr, unterlegt vom stechenden Geruch von Desinfektionsmitteln. Sarah erkannte das Stück: Variatio 4 der Goldberg-Variationen. Sie erkannte sogar den Pianisten: Glenn Gould. Es war eines der flotteren Stücke der 32 Variationen. Sarah fühlte sich für einen Moment in Kindertage versetzt. Ihr Vater hatte dieses Werk von Bach sehr gerne gehört.

Der Boden war glatt, mit Kunststoff versiegelt. Tageslichtlampen zogen sich über die Decke, waren aber ausgeschaltet. An den Wänden gab es mehrere rechteckige, mit metallenen Blenden verschlossene Fächer.

Ein dürrer großer Mann, dessen weißer Kittel an ihm herabschlotterte wie ein Gespensterlaken, stand am hinteren Ende des Raums neben einem Metalltisch und hatte die Arme in zwei Kontrollhandschuhe geschoben. Er trug einen Mundschutz und war vertieft in seine Arbeit. Die darin bestand, in einer Leiche herumzuwühlen.

Eine große OP-Lampe auf einem roll- und verstellbaren Halter war so ausgerichtet, dass sie den geöffneten nackten Körper einer Frau ausleuchtete. Die Frau war sehr dick; weiß wölbte sich ihr gigantischer Bauch bis zu ihrem Unterleib, der in bindegewebeschwache, massige Beine auslief. Die Innenseiten der zu beiden Seiten weggeklappten Rippen glänzten rot im Licht und bildeten einen harten Kontrast zur wachsweißen Haut. Die großen Brüste hingen zu den Seiten hinunter. Sie sah wie ein surreales aufgeschnittenes Amphibium auf dem Tisch eines Naturforschers aus.

In ihrem Thorax steckten die Roboterarme, die der Pathologe bediente. Seine Hände steckten in riesigen Handschuhen, den Steuerungseinheiten. Sarah sah, wie sich die Roboterarme behutsam im geöffneten Brustkorb der Frauenleiche bewegten und umhertasteten. Der Pathologe wiegte seinen Kopf leicht im Takt der Musik. Er hatte sie nicht hereinkommen hören.

Der Anblick war zu viel für sie. Sarah senkte den Blick, sah aber aus den Augenwinkeln, dass Max fasziniert zu der Leiche hinüberstarrte. Auch Alban schien der scheußliche Anblick nichts auszumachen.

Nix räusperte sich. Doch die Musik war zu laut, als dass der Pathologe ihn hätte hören können.

»Kramer!«, rief Nix.

Der Mann wandte sich um. Sein Gesicht war halb hinter dem Mundschutz verborgen. Dann zog Kramer langsam seine Hände aus den Steuerungshandschuhen; dabei bewegten sich die langen Roboterarme keinen Millimeter und verharrten im Thorax der Frau. Äußerst praktisch. Kramer würde nachher einfach dort weitermachen, wo er aufgehört hatte.

Sie sah, dass seine Hände mit einem feinen weißen Pulver überzogen waren. Kramer ging zu einem metallenen Waschbecken und wusch sich.

Sarah betrachtete den Körper der Frau nun etwas eingehender, nachdem sie sich einigermaßen an den Anblick gewöhnt hatte. Schätzungsweise wog sie 150 Kilogramm. Ungewöhnlich. Solch starke Adipositas bekam man nur noch selten zu Gesicht. Wer so dick war, traute sich nicht mehr in die Öffentlichkeit. Woran sie wohl gestorben war?

»Wolltest du nicht schon gestern mit der Obduktion anfangen?«, fragte Nix. Er musste fast brüllen, weil die Musik so laut war, und wies Kramer mit einer genervten Geste an, die Musik runterzuregeln.

Kramer erteilte einen Sprachbefehl, und unmittelbar darauf war das Klavierspiel von Glenn Gould nur noch ein leises Klimpern im Hintergrund.

»Sorry, Philipp, aber Engelbert schlägt mal wieder Alarm. Er wollte unbedingt, dass ich zuerst die Dicke fertigmache. Ist die Tochter von einem Schauspieler. Und in letzter Zeit ist Engelbert sowieso etwas schwierig, wenn du verstehst, was ich meine.«

Nix verstand genau, worauf Kramer hinauswollte. Einerseits hatte Engelbert eine Riesenangst vor negativer Presse. Eine prominente Leiche wollte er immer so schnell wie möglich aus dem Haus haben, möglichst bevor irgendein Journalist davon erfuhr. Das Zweite, worauf Kramer anspielte, war Engelberts Scheidung.

Dessen Frau hatte, so munkelte man, eine außereheliche Affäre gehabt – mit einer Frau, wie es hieß. Und dem gehörnten Ehemann blieb jetzt wenig mehr übrig, als die Scheidung einzureichen. Für einen Mann in seiner Position ein enormer Prestigeverlust. Doch die meisten im Präsidium wussten mittlerweile davon. Der Flurfunk war ziemlich aktiv.

»Das war vielleicht eine eklige Sauerei, das glaubst du nicht«, sagte Kramer und nickte zu der Frauenleiche hinüber. »Völlig verfettete Organe. Eine Mordsarbeit, die freizulegen, sodass man sie sich überhaupt anschauen kann. Einfach erbärmlich, wie sich die Leute gehen lassen.«

Alban grinste. »Da kann einem wirklich der Appetit vergehen, was, Kramer?«

Kramer sah ihn schief an. Seine Augen in den tiefen dunklen Höhlen funkelten.

Es war unbedacht von Alban gewesen. Nix war innerlich zusammengezuckt, dass er so töricht war, Anspielungen auf Kramers Ernährungsproblem zu machen.

»Ich meinte doch nur, es ist ja total selten, dass man jemanden trifft, der so dick ist«, sagte Alban. Er versuchte dem Ganzen einen anderen Dreh zu verpassen. »Wo sie doch heute alle Tracker haben und auf ihre Ernährung achten und so … Und du bist ja jetzt auch nicht unbedingt der Herkules und …«

Mann, Alban … halt die Klappe.

»Woran ist sie gestorben?«, unterbrach Nix seinen Kollegen, um das Gespräch in andere Bahnen zu lenken.

Kramer sah Alban noch einmal kurz böse an. Dann wandte er sich an Nix.

»Wenn man drei Promille garniert mit mindestens zehn Diazepam als Selbstmord bezeichnen will, dann war's wohl Selbstmord.«

»Eine Depressive?«

»Sieht ganz danach aus.«

Nix schüttelte den Kopf. Die Große Depression war wahrlich die Pest des späten 21. Jahrhunderts.

»Naja, es wäre jedenfalls echt klasse, wenn du heute noch einen Blick in unseren behinderten Freund werfen könntest.«

Kramer nickte. »Müsste klappen. Was wollen die hier?« Er deutete mit einer Kopfbewegung zu Sarah und Max.

»Darf ich vorstellen: Max Stiller und Sarah Weiss, Anthropologen. Ich wollte, dass sie sich die Leiche ansehen. Er war ja eher einer von der ungewöhnlichen Sorte.«

Kramer sagte nichts. Wahrscheinlich war er pikiert, weil Nix ihm anscheinend seinen Job nicht zutraute. Er ging zur rechten Wand und hob den Riegel von einer der Klappen, öffnete sie und zog an einem Griff die Liege heraus, die sich darin befand. Auf ihr lag ein zugedeckter Körper. Mit einem Knopfdruck klappte Kramer zwei Beine, an deren unteren Enden Räder befestigt waren, unter der Liege aus. Dann rollte er die Bahre in die Mitte des Raums, holte aus einer Ecke einen der fahrbaren OP-Spots und richtete ihn daneben aus. Dann schaltete er das Licht ein und zog mit seinen dürren Armen mit einem Ruck das Laken von der Leiche.

»Voilà.«

Als Sarah das Gesicht erblickte, hielt sie unwillkürlich die Luft an.

Zuerst fielen ihr die großen Augen auf, die geöffnet waren und leer nach oben blickten. Die gewaltige Nase war so weit nach vorne gewölbt, dass man kaum die Löcher sah. Der Schädel löste eine seltsame Mischung von Gefühlen in ihr aus. Er wirkte fremdartig und doch irgendwie vertraut. Das Alter des Mannes war schwer zu schätzen. Sie vermutete, dass er Mitte zwanzig war. Wie automatisch zog sie ihr Smart heraus und machte ein Foto.

»He, was treiben Sie da?«, sagte Kramer. Er sah zu Nix herüber.

»Frau Weiss, keine Fotos von der Leiche bitte«, sagte Nix.

»Warum nicht?«, fragte Sarah.

Nix schüttelte den Kopf. »Das ist eine Regierungsangelegenheit. Nichts darf diese Räume verlassen. Ich muss Sie bitten, die Aufnahme zu löschen.«

Sie seufzte und tippte auf ihrem Smart herum.

»Okay, ich habe es gelöscht. Zufrieden?« Sie hielt ihm das Smart hin.

In der Galerie waren unzählige Bilder von Valerie zu sehen, beim Schaukeln, im Kindergarten, zusammen mit ihr und Robert bei einem Ausflug zum Reiterhof, Robert, wie er mit Valerie an einem seiner großformatigen Bilder malte. Aber keine Leiche mehr.

»Zufrieden?«

Er nickte, und sie steckte das Smart wieder ein.

Max stand neben ihr und beugte sich über die Leiche. Er betrachtete eingehend das Gesicht des Toten, während Nix, Alban und Kramer die beiden Anthropologen erwartungsvoll beobachteten.

Max sah sie an, seine Miene war wie versteinert. »Denkst du, was ich denke?«, gebärdete er.

Die nächste Gebärde: Neandertaler. Dabei deutete die gekrümmte Hand den klassischen knöchernen Überaugenwulst an, eines der typischen Merkmale dieser Urmenschen-Gattung. Bei diesem Mann lag genau dieses Merkmal vor.

Sie nickte langsam. Hier geschahen soeben extrem merkwürdige Dinge.

Max und Sarah hatten natürlich immer nur Skelette und Schädel dieser Urmenschen in Augenschein nehmen können. Sie wussten ganz genau, wie ein Neandertaler-Kopf aussah. Sie kannten die eindeutigen Unterschiede, die er gegenüber dem wesentlich graziler wirkenden Kopf eines Homo sapiens aufwies. Man musste kein Fachmann sein, um zu erkennen, dass ein Neandertaler-Schädel markant anders aussah als der eines Homo sapiens – ein Kind konnte beide voneinander unterscheiden. Aber sie hatten beide natürlich noch niemals einen Neandertaler aus Fleisch und Blut gesehen. Es gab jede Menge Rekonstruktionen dieser Urmenschen, digital im Computer erstellt oder wunderbar geformt aus Latex, sehr realistisch. Aber dabei handelte es sich unterm Strich immer nur um Interpretationen, Versuche, Entwürfe. Wie sie wirklich ausgesehen hatten, wie ihre Gesichter tatsächlich geformt gewesen waren, das konnte man ausgehend von nur einem Schädelknochen nicht ableiten.

Max fing auf einmal an zu sprechen, und Nix, Alban und Kramer zuckten zusammen, als sie so unvermittelt seine Stimme hörten. »Können wir ihn auf die Seite drehen?«, fragte Max. Er sprach etwas zu laut, was in dem großen Raum einen Nachhall erzeugte. Typisch für einen Gehörlosen, der die richtige Lautstärke nicht einschätzen konnte. Und dann diese Stimme. Sie klang roh, unfertig, bedrohlich. Max sprach gut und deutlich genug, dass man ihn verstand. Aber dieses feine Muster der Laute, die Silben zu Worten und Worte zu Sätzen verwoben, war durcheinander. Es klang wie »Könn wi inn au i Seide drenn?« Auch die Satzmelodie stimmte nicht; er hob nicht die Stimme am Ende wie bei einer Frage, sondern artikulierte eine Aussage.

Alban war sich unsicher, ob er ihn richtig verstanden hatte. »Auf die Seite drehen?«, fragte er Max und deutete dabei eine Drehbewegung mit den Händen an. Max nickte, mit einem Anflug neuerlichen Ärgers in der Miene, weil er es hasste, wenn Hörende mit ihm kommunizierten, als wäre er gehirnamputiert. Nix gab Kramer ein Zeichen. Die drei wuchteten die Leiche um, was den dürren Pathologen zum Keuchen brachte. Aber es gelang ihnen, den stämmigen Körper zu drehen. Sarah und Max sahen jetzt, dass der Hinterkopf offen lag. Im Nackenbereich fehlte der Knochen vollständig. Damit das Gehirn nicht auslief, hatte jemand – vermutlich Kramer – eine Art Folie über das Loch gespannt.

»So ein Mist«, gebärdete Max. Nix verstand seine ikonische Gebärde. Außerdem artikulierte Max dabei unwillkürlich mit. Das scharfe S von »Mist« war eindeutig, ebenso seine Mimik.

»Was ist los, Frau Weiss?«, fragte Nix.

»Der Hinterkopf. Wir brauchen ihn für unsere Analyse.«

»Wieso das?«

»Weil wir unter diesen Umständen nicht ausmachen können, ob er die typische Ausbuchtung aufweist.«

Nix und Alban sahen sich verständnislos an. »Was für eine Ausbuchtung?«

Max bat Kramer um Handschuhe.

»Wofür?«, fragte Kramer.

Max hatte seine Lippen abgelesen, ignorierte jedoch den Einwand und streckte fordernd die rechte Haus aus.

Der Pathologe reichte ihm ein Paar. Max zog sie sich über und als er begann, den Rand des Schädellochs abzutasten, ergriff Kramer seine Hand.

»Nicht anfassen!«, rief der Pathologe.

Max entzog sich seinem Griff. Es gab eine kurze Rangelei, wobei Max Kramer zu beschimpfen anfing.

Nix ging dazwischen. »Kramer, lass ihn machen.«

Der Pathologe ließ von ihm ab, mit großem Unwillen, wie man an seiner Miene erkennen konnte. Max warf ihm noch einen bösen Blick zu. Dann wandte er sich wieder der Leiche zu. Aber er kam mit dem Rest des Hinterkopfes nicht weiter. Er blickte Sarah an und schüttelte den Kopf.

»Ist das fehlende Knochenstück gefunden worden?«, sagte Sarah, an Kramer gewandt.

Kramer verzog den Mund. Er hatte keine Lust mehr, sich von Max herumkommandieren zu lassen, aber der Blick von Nix bedeutete ihm, zu gehorchen. Kramer nickte, ging zu einem Regal und kramte kurz in einer der Schubladen. Dann kehrte er mit einem kleinen durchsichtigen Plastikbeutel zurück und überreichte ihn statt Max demonstrativ Sarah. Max warf Kramer erneut einen bösen Blick zu und nahm den Beutel. Er hasste es, wenn man ihn überging. Er hasste so einiges.

Im Beutel befanden sich kleine Knochensplitter. Vorsichtig nahm er sie heraus und breitete sie neben der Leiche auf der Liege aus. Mit Sarahs Hilfe versuchte er sie zusammenzusetzen.

Nach einer Weile schüttelte sie den Kopf. »Keine Ausbuchtung«, gebärdete sie. Er nickte. »Das Gehirn scheint genauso groß wie bei einem Sapiens zu sein.«

Neandertaler hatten größere Gehirne besessen als der moderne Mensch.

»Was ist mit den anderen Merkmalen?«, fragte Max. »Lass uns alle durchgehen.«

Beide traten ein Stück zurück und betrachteten den auf der Seite liegenden Toten.

»Den Überaugenwulst hat er«, sagte Sarah. »Das passt. Auch sein Gesicht ragt vor, allerdings nicht so stark wie bei einem Neandertaler. Und die Stirn ist zu gerade.«

Max nickte. Das Gesicht eines Homo sapiens war von der Seite betrachtet flach, das eines Neandertalers bogenförmig. Typisch war eine schmale, abfallende Stirn. Augen, Nase und Mund sprangen vor, während das Kinn wiederum klein und fliehend ausfiel. Das Gesicht dieses Mannes ragte zwar vor, aber nicht so ausgeprägt, wie bei einem Neandertaler zu erwarten gewesen wäre.

»Die Kiefer sind auch nicht so kräftig«, sagte Sarah.

»Wenn wir doch nur den gesamten Schädel anschauen könnten«, gebärdete Max. »Die Lage der Bogengänge wäre ein eindeutiges Merkmal.«

Sarah wandte sich an Kramer. »Haben Sie zufällig ein CT vom Schädel gemacht?«

Kramer nickte kurz und ging zu seinem Terminal. Er rief mit Fingergesten einen Ordner auf, und bald darauf erschien eine Grafik. Sie zeigte einen Schädel. Max und Sarah eilten zum Rechner, Nix und Alban kamen hinterher. Sie beobachteten das Ganze neugierig und ratlos.

»Wollen Sie 3D-Ansicht?«, fragte Kramer.

Sarah nickte, und Kramer drückte auf einen Knopf an der Seite des Displays. Der Schädel erschien als Diorama-Hologramm dicht vor dem Monitor. Wie ein Gespenst schwebte er im Raum. Dann trat Kramer zur Seite und übergab den Rechner an die beiden Wissenschaftler.

Max steuerte den Schädel mit Handgesten wie ein Dirigent. Mit der rechten Hand drehte er den Schädel um sämtliche Achsen, mit der linken zoomte er.

Max untersuchte zunächst noch einmal all die Features, die er zuvor mit Sarah am leibhaftigen Kopf des toten Mannes begutachtet hatte. Sie waren eben die Knochenansicht gewohnt. Als er Sarah kurz mit der rechten Hand etwas gebärden wollte, registrierte der Rechner eine Fehleingabe, und das Schädel-Hologramm wirbelte umher.

»Mist«, gebärdete Max und nahm die Steuerung wieder an sich. Dann redete er zu Sarah, weil er die Hände nicht freibekam. Diesmal achtete er darauf, die Stimme niedrig zu halten.

Er hatte auf die Augenpartien gezoomt. »Überaugenwülste deutlich«, sprach Max.

Dann zoomte er auf die Nase und vergrößerte das Hologramm

mit leichten Fingerbewegungen. Deutlich war die riesige Nasenhöhle zu sehen. »Nase übergroß.« Dann drehte er den Schädel auf die Seite. »Gesicht springt vor.«

Nix und Alban schauten fasziniert zu, wie Max die Schädelpartien analysierte.

Nun vergrößerte Max die Kieferregion. Er schaute kurz zu Sarah, spitzte die Lippen und wackelte mit dem Mund. »Ich bin unsicher«, hieß das. Sie nickte.

»Nun zeig doch mal das Innenohr«, gebärdete sie.

Er nickte und zoomte auf die Seiten, dorthin, wo die Ohren waren. Max ging in den Schädel hinein, bis die Bogengänge sichtbar wurden. Wie ein kleiner Schmetterling war nun das Innenohr des Mannes im Raum schwebend zu sehen. Vorne zum Gesicht lag die Schnecke, das eigentliche Hörorgan. An ihr hingen die drei halbkreisförmigen Bogengänge, die das Gleichgewichtsorgan eines Menschen bildeten. Bei allen Neandertaler-Köpfen waren sie stets kleiner als bei Homo sapiens gewesen. Und sie lagen außerdem tiefer im Schädel. Diese Beobachtung hatten Anthropologen bei bisher allen Neandertaler-Schädeln gemacht, weswegen sie sie als das eindeutigste Bestimmungsmerkmal für diese Menschenart halten. Warum sie anders waren und was es für einen physiologischen Unterschied für diese Menschenart bedeutet hatte, darüber konnte man ebenfalls nur spekulieren. Manche glaubten etwa, die Neandertaler hätten deswegen über ein schlechteres Gleichgewichtsvermögen verfügt, womöglich, weil sie in ihrer europäischen Eiszeit-Umgebung niemals wirklich klettern mussten, so wie die Vorfahren von Homo sapiens in Afrika.

Max ließ den Rechner die Bogengänge ausmessen. Das Ergebnis war eindeutig. Die Bogengänge, die sie jetzt vor sich hatten, waren kleiner und lagen tiefer als bei einem Homo sapiens.

»Okay«, sprach der Gehörlose mit seiner sonderbaren Stimme

und ließ die Hände sinken. Der Schädel wirbelte wild im Raum herum. Max drehte sich zu Sarah. Mit der rechten Hand gestikulierte er kurz, die Handfläche nach oben, dann zeigte er auf sie. »Was meinst du?«, bedeutete das.

Sarah atmete tief ein und schüttelte den Kopf. »Es mag völlig verrückt klingen. Aber er sieht aus wie ein Hybrid.«

Max nickte langsam. »F1?«

»Scheint so. Die Merkmale sind halb halb verteilt.«

Der Mann sah aus wie ein Mischling der zwei Menschenarten Homo sapiens und Homo neanderthalensis, und zwar ein Mischling der ersten Generation. Man wusste, dass beide Menschenarten sich gekreuzt hatten. Nur war das vor 70.000 Jahren passiert. Dieser Mann hier war aus der Zeit gefallen.

»In Ordnung, Leute.« Philipp Nix klatschte in die Hände. »Was hat all das hier zu bedeuten?«

Sarahs Smart klingelte – zu ihrer Erleichterung. Was sollten sie dem Kommissar nur sagen? Er würde sie für verrückt erklären. Schnell zog sie das Gerät aus der Tasche und hielt es sich ans Ohr.

»Na schön, Frau Weiss. Der erste April ist doch eigentlich schon längst vorbei, oder?«

Termann. Er klang ungehalten. »Ich weiß nicht, was Sie sich dabei gedacht haben, ob das Ihre seltsame Vorstellung von Humor ist oder besser gesagt: die von Herrn Stiller. Aber nach allem, was man so hört, würde es passen. Ich kann nur sagen, dass ich wirklich Besseres zu tun habe …«

»Herr Termann«, unterbrach ihn Sarah. »Ganz ruhig … was ist los?«

»Was los ist? Ich lasse mich von euch bequatschen, meine ganze Arbeit stehen und liegen zu lassen, weil es angeblich ach so dringend ist. Wir brauchen SOFORT eine Radiokarbon!«

Termann äffte Sarahs Stimme nach. Sie verzog das Gesicht

und hielt das Smart von ihrem Ohr weg, weil es unangenehm laut wurde. Max beobachtete sie gespannt und gebärdete »Wer?«, indem er den Mittelfinger über den Zeigefinger kreuzte und damit kurz in der Luft herumfuhr. Dann präsentierte er wieder die Gebärden für »Teer« und »Mann« und setzte eine Fragemimik auf. Sie nickte.

»... und ich höre auch noch auf diesen Wichtigtuer. Wissen Sie, es gibt nicht nur euch Berliner. Wir in Düsseldorf bieten genauso gute Forschung wie ihr, wir haben vielleicht nur nicht so viel Publicity, weil uns der Behinderten-Faktor fehlt, aber das gibt Ihnen noch lange kein ...«

»Herr Termann«, unterbrach Sarah, »bitte eins nach dem anderen. Was ist los?«

»Was los ist?«, brüllte er. »Eure Knochen sind keine hundert Jahre alt!«

9

URUDIMS ABSCHIED

Es waren schwere Zeiten für die Naba. Die Kälte war stärker geworden in den letzten Monden. Meliur wusste, dass sie nicht mehr völlig verschwinden würde, auch wenn die Bäume wieder trieben und die Erde neues Leben hervorbrachte. Und das bedeutete, dass irgendwann das weiße Wasser kommen und alles bedecken würde. Es floss viel langsamer als das durchsichtige, aber es floss genauso unaufhaltsam voran.

Es legte sich über die Erde und saugte allen Geist aus ihr heraus. So lange konnten und durften sie nicht warten. Sie mussten weiterziehen, dorthin, wo die Kälte nicht so stark war, wo das weiße Wasser nicht hingelangen konnte.

Im Reich der Sonne war das Leben einfacher, sagte Meliur. Große Schiu-Herden zogen dort über das Land, weil das Gras voll und saftig war. Doch er wusste auch, dass von dort die Dunklen kamen. Die Naba würden ihnen begegnen. Und er wusste nicht, was dann geschah.

Urudim war nun ein Jäger und geachtet im Stamm. Noch hatte er jede Jagd nahezu unverletzt überstanden. Nur einen Finger hatte er verloren, als er ein Schiu bändigen wollte. Das Horn des Tieres hatte ihm den kleinen Finger der rechten Hand zerquetscht, als er es zu Boden zwingen wollte. Dergal, der Medizinmann der Naba, hatte den Finger mit einer Steinaxt abgehauen. Urudim dankte dem Großen Geist jeden Morgen und jeden Abend, dass er ihn nicht verlassen hatte. Andere Jäger hat-

ten nicht so viel Glück gehabt. Sesen hatte sich den Arm gebrochen, zu seinem Glück nur den linken. Er wuchs wieder zusammen, aber er konnte ihn nicht mehr richtig bewegen. Trotzdem ging Sesen nach wie vor mit ihnen auf die Jagd, weil er jagte, solange er einen Speer halten oder schleudern konnte.

Urudim war ein vollwertiges Stammesmitglied der Naba. Nun war es an der Zeit, den Großen Geist zu vermehren und eine neue Hülle zu schaffen. Er hatte ein Auge auf Irbaka geworfen, seine Jagdgefährtin und Meliurs Tochter. Er glaubte, in ihren Blicken das gleiche Begehren zu sehen.

Eines Tages ging er zu Meliur, um ihn um Erlaubnis zu bitten, sich mit Irbaka vereinen zu dürfen. Normalerweise war das nicht notwendig, Vereinigungen geschahen einfach, und die Verwandtschaftsbeziehungen untereinander im Stamm waren oft nicht eindeutig. Aber Irbaka war Meliurs Tochter, die Tochter des Stammesführers. Um sich mit ihr vereinigen zu dürfen, bedurfte es der Zustimmung ihres Vaters.

Urudim hatte ein ungutes Gefühl. Nicht weil er glaubte, dass Meliur ihn für unwürdig hielt. Sondern weil vor Kurzem vier neue Jäger-Männer aus einem anderen Stamm zu den Naba gestoßen waren. Und Urudim wusste, was das bedeutete.

Als er in Meliurs Zelt trat, sah er den Stammesführer am Boden vor einem kleinen Feuer sitzen, in Gedanken versunken. Seine Augen glänzten im flackernden Licht. Ein Auge war mittlerweile ganz trüb geworden. Noch hatte er sein anderes und die beiden Extra-Augen. Doch Meliur war alt geworden, und der Große Geist würde ihn bald verlassen.

In Meliurs Gesicht stand Sorge. Er wusste, dass es hart für die Naba werden würde, ein neues Zuhause zu finden. Einige würden auf dem Weg sterben. Und er würde ihn selbst nicht überstehen. Also musste er vorher einen neuen Führer bestimmen. Doch er war unschlüssig, wen er dafür auswählen sollte.

Urudim wartete. Schließlich hob Meliur den Kopf und bedeutete ihm, sich zu setzen.

»Urudim, ich ahne, warum du kommst.«

Meliur mochte ein trübes Auge haben, aber seinen Extra-Augen entging nichts. Urudim fasste sich ein Herz und sprach:

»Meliur, ich bin jetzt ein Jäger und habe bewiesen, dass ich des Stammes würdig bin. Ich möchte nun meiner Pflicht nachkommen, den Großen Geist in den Naba zu mehren.«

Meliur nickte. »Irbaka«, sagte er.

Urudim war nicht überrascht. Der Alte musste es mit seinen Extra-Augen gesehen haben.

»Ja. Ich spüre, dass der Große Geist in ihr nach meinem greift. Ich möchte dich um Erlaubnis bitten, mich mit ihr zu vereinen.«

Meliur schwieg. Dann nahm er einen tiefen Atemzug und sagte:

»Ich kann dir die Erlaubnis nicht geben.«

Urudim fühlte einen Stich in seinem Herzen.

»Der Stamm der Naba ist zu klein geworden«, sagte Meliur. »Für eine zu lange Zeit schon haben wir uns nicht mehr mit den anderen Stämmen vermischt. Es ist nicht gut, wenn der Große Geist zu lange in einem Stamm gefangen ist. Nach Ablauf einiger Generationen muss er springen, sonst wird er krank.«

Der Alte spürte Urudims Erschütterung, weswegen er ihm die Regel in Erinnerung rief.

»Du hast gesehen, was mit Forisems Kind geschah, das kürzlich in die Welt kam. Und Nuri verlor ihres schon vor der Niederkunft. Die Zeichen sind eindeutig.«

Urudim sah das Kind vor sich, das aus Forisems Bauch gekommen war, benetzt mit den Tränen des Großen Geistes. Das Kind war sehr klein, zu klein, um den Großen Geist halten zu können. Und es schrie nicht, als es geboren wurde. Schon einen Tag später hatte der Geist die kleine Hülle verlassen.

»Vier neue Jäger sind zu uns gekommen. Du kennst das Gesetz des Großen Geistes, Urudim. Der Stamm, dem die Besten eines anderen Stammes geschenkt wurden, muss seine Besten dafür geben. So war es seit Anbeginn der Zeit. Und so ist es richtig. Und du bist einer der Besten, Urudim. Du musst gehen. Du musst die Naba verlassen. Du musst dir einen neuen Stamm suchen. Und dort wirst du den Großen Geist mehren und stärken.

Urudim war traurig. Er wollte die Naba nicht verlassen. Wollte Irbaka nicht verlassen. Er dachte an ihr wunderbares Lächeln und ihren geschmeidigen Körper, daran, wie er es liebte, mit ihr zusammen zu jagen, mit ihr gemeinsam den Speer zu schleudern, Seite an Seite, in einem Schrei.

Nicht nur war die Vorstellung, alleine hinausgehen zu müssen in die endlose Weite, furchtbar. Es war gefährlich dort draußen, viele wilde Tiere lauerten auf einen. Und selbst wenn er unversehrt auf einen neuen Stamm stieße, würde er ein Niemand sein, ein Fremder, der sich seinen Rang und das Vertrauen der anderen Stammesmitglieder erst verdienen musste.

»Meliur! Die Naba sind mein Volk! Hier ist mein Zuhause! Ich bin nicht einer der Besten! Ich bin doch gerade erst zum Jäger geweiht worden!«

Meliur seufzte. »Du wirst nicht alleine gehen. Sesen, Bantur und Maruch werden dich begleiten. Für sie alle ist die Zeit der Vereinigung gekommen. Zusammen steht es um eure Aussichten besser.«

Meliur hielt inne und blickte ins Feuer. Es fiel ihm schwer, Urudim gehen zu lassen. Der Große Geist war stark in ihm, er hätte die Kraft, die Naba zu führen. Aber er war noch zu jung. Und die Regel war eindeutig.

»Ihr werdet nicht die Einzigen sein, die auf eine Reise gehen, Urudim«, sagte Meliur schließlich.

Urudim blickte auf.

»Das weiße Wasser kommt. Wir müssen gehen. Sehr bald schon.«

»Aber wohin, Meliur?«

»Dorthin, wo die Sonne am höchsten steht. Dorthin kann das weiße Wasser nicht gelangen, weil die Sonne stärker ist und es in durchsichtiges Wasser verwandelt. Aber es wird ein schwerer Weg für die Naba werden. Sie werden einen neuen Führer brauchen. Und im Reich der Sonne warten die Dunklen.«

Urudim hatte die Dunklen nur wenige Male aus der Ferne erblickt. Es gingen viele Gerüchte über sie um, diese seltsamen Kreaturen. Es hieß, sie besäßen magische Speere, die weiter und länger flogen als jeder Naba-Speer, wie stark der Arm des Jägers, der ihn warf, auch sein mochte. Es hieß, sie seien grausam. Undurchschaubar. Unnachgiebig.

»Müssen wir sie fürchten?«, fragte Urudim.

Der alte Mann blickte in die Flammen.

»Ich weiß es nicht. Noch nicht. Aber es wird der Tag kommen, an dem wir mit ihnen in Kontakt treten müssen. Sei es, um eine Jagd-Absprache zu treffen. Sei es, um Jäger mit ihnen auszutauschen.«

»Was? Die Naba sollen mit den Dunklen tauschen?«, fragte Urudim.

Meliur nickte. »Wenn sie wirklich so gute Jäger sind, so schnell und so erfolgreich, dann wird uns wahrscheinlich eines Tages keine andere Wahl bleiben. Vielleicht werden sie uns helfen? Vielleicht werden unsere beiden Völker zusammen stärker sein als eines alleine? Es sind schwere Zeiten, Urudim. Wir und die anderen Stämme werden immer kleiner. Und die Dunklen immer mehr. Vielleicht wirst du ihnen begegnen, wenn ihr zum neuen Stamm unterwegs seid. Vielleicht werden sie dich, Bantur, Sesen und Maruch bei sich aufnehmen? Es wäre nicht das

Schlechteste. Ihre Stämme sind groß, und der Große Geist ist stark in ihnen.«

»Meliur!« Urudim war entrüstet. »Wie kannst du so reden! Der Große Geist ist in uns, den Tieren, den anderen Stämmen! Sie sind Räuber, sie töten die Tiere, ohne den Geist zu ehren! Sie rauben ihn!«

Urudim verspürte den Fremden gegenüber heftige Ablehnung. Er konnte sich keinesfalls vorstellen, mit den Dunklen zusammenzuleben. Warum sollte er zu ihnen gehen? Es war schlimm genug, dass er sich einem fremden Stamm anschließen musste.

»Es ist aber auch möglich, dass sie versuchen werden, euch zu töten«, murmelte Meliur.

Urudim sagte nichts. Ja, all die Gerüchte um die Dunklen hatten ihm Respekt eingeflößt. Aber er, Sesen, Bantur und Maruch waren Naba-Jäger. Sie hatten viele Umbams getötet. Und noch mehr Oroks, die großen braunen Bestien, die tief in den Höhlen lebten und die, wenn sie sich auf ihre Hinterbeine stellten, aussahen wie ein riesiger Naba, nur mit viel größeren und schärferen Zähnen und Krallen. Sie konnten einem mit einem Hieb den Bauch aufschlitzen.

»Wenn ich sie nicht zuerst töte.«

»Nein!«, sagte Meliur so heftig, dass Urudim zusammenzuckte. »Nein, Urudim. Das wirst du nicht tun! Das wird nur zu Krieg führen. Die Stämme haben lange Zeit gegeneinander gekämpft – die Naba, die Runa, die Prata, die Luma und all die anderen. Auch deswegen sind wir nun alle so schwach und so klein. Die Dunklen sind viele – wir haben keine Chance, wenn wir einen Krieg gegen sie beginnen. Ihr werdet ihnen mit Vorsicht begegnen. Wenn sie euch angreifen, werdet ihr euch wehren. Aber du, Sesen, Maruch und Bantur, ihr werdet die Dunklen nicht angreifen! Hast du das verstanden, Urudim?«

Urudim verstand nicht, warum Meliur so sehr für die Dunklen fühlte. Aber er war ihr Anführer und der weiseste Naba. Sein Wort war Gesetz. Mit seinen Extra-Augen sah er mehr als jeder andere.

Urudim nickte. »Ich habe verstanden, Meliur.«

»Gut. Brecht auf, noch bevor dreimal die Sonne aufgegangen ist. Geht los, wenn der Himmel so blau ist wie deine Augen, Urudim.«

Und so taten sie es. Irbaka gab jedem von ihnen ein Abschiedsgeschenk. Ein mit Augen bemaltes Schneckenhaus für Maruch, dessen große Augen noch größer wurden, als er es bekam. Ein Orok-Zahn für Bantur, den er sich grinsend in seinen roten Bart flocht. Ein Stirnband für Sesen, das seine Haarblitze bändigen sollte. Und Urudim schenkte sie eine Kette. An ihr baumelten die Krallen eines Oroks.

Er war gerührt. »Sind das die …?«

Sie nickte. Er hatte vor einiger Zeit einen Orok erlegt, nicht lange nach seiner Weihung. Irbaka hatte die Krallen des Tieres aufgehoben.

»Der Mut und die Kraft des Oroks sind nun bei dir, Urudim. Mögen sie dir auf deinem Weg helfen.«

Er sah, dass ihre Augen voller Tränen waren, aber sie wagte es nicht, sie zu vergießen. Als sie ihm die Kette umhing, flüsterte sie in sein Ohr: »Mein Geist wird immer mit deinem vereint sein, Urudim.«

10

RÄTSELHAFTE KNOCHEN

Vier Arme und vier Hände wirbelten durch die Luft und führten einen nervösen Tanz auf. Sarahs lange Gliedmaßen ließen ihre Gebärden bedacht und rund wirken, während die Hände und Arme von Max einem asiatischen Kämpfer ähnelten. Er war sehr aufgebracht. Immer wieder entfuhren ihm unwillkürliche Laute, abgehackte Vokale, welche die Worte der Sprache bildeten, die er selbst nicht hören konnte.

»Es kann nicht sein«, gebärdete Max. »Es ist unmöglich! Termann muss falsch gemessen haben. Wir müssen die Radiokarbon wiederholen.«

»Max … hältst du Termann für verblödet? Er sagt, er hätte bereits wiederholte Messungen durchgeführt. Die Werte sind korrekt. Wir haben doch beide gesehen, dass die Knochen viel zu jung wirken.«

Max schüttelte heftig den Kopf. Ein Schwenk der geballten Faust vor der Brust. »Unmöglich!«

»Hey! Schluss jetzt!« Max sah Nix brüllen, ignorierte ihn jedoch. Sarah hielt inne.

»Ich will jetzt endlich wissen, was hier los ist!«

»Das wissen wir auch nicht, Herr Nix.«

»Übersetzen!«, gebärdete Max nachdrücklich. Er hatte eine vorwurfsvolle Miene aufgesetzt.

»Du weißt, wie schwer es für mich ist, beim Reden simultan zu gebärden«, bedeutete Sarah ihm. Jetzt wurden auch die Bewegungen ihrer Arme und Hände schneidiger. Es ärgerte sie, wenn er sich so fordernd verhielt. Es war schon schwierig genug für sie, ihr Gehirn zweigleisig fahren lassen zu müssen – etwas, das sich Gebärdensprach-Simultandolmetscher früher, als es sie noch gegeben hatte, nur in langen Jahren mühevoller Ausbildung aneignen konnten.

Mit der Handaußenfläche rieb er über seine Wange und entspannte seine Gesichtszüge. »Bitte, Sarah«, hieß das.

»Ich versuch's.«

»Was ist mit dem Toten, Frau Weiss?«, fragte Nix.

»Herr Nix, eins nach dem anderen. Das eben war Professor Termann, wegen der Knochen.«

»Und? Was sagt er? Sind das nun Neandertaler-Knochen oder nicht?«

»Es sind Neandertaler-Knochen«, sagte und gebärdete Sarah.

»Und Sie und er sind sich absolut sicher?« In Nix' Stimme hatte sich eine leichte Färbung von Zweifel geschlichen. »Könnten es nicht doch Knochen von Behinderten sein?«

Während sie für Max übersetzte, ahnte sie bereits seine Reaktion.

Gleich nachdem sie mit der Handkante Hackbewegungen über ihren linken Arm vom Handgelenk zum Oberarm hinauf vollführte – die Gebärde für Behinderter –, schüttelte Max heftig den Kopf.

»Nein!«, sagte er sehr laut mit seiner unangenehmen Stimme. »Neandertaler.« Es klang wie »Naandatala«.

Nix blickte ihn einen Moment lang an. Dann wanderte sein Blick zu Alban.

»Was jetzt?«, fragte er.

»Wir möchten Professor Termann bitten, sich die Knochen auch noch einmal anzusehen«, sagte Sarah und übersetzte rasch. »Es gibt da ein paar ungeklärte Dinge.«

Max stöhnte laut auf. Es klang wie »Oh Mann.«

»Max, wir müssen Gewissheit haben, dass wir uns nicht irren«, gebärdete sie. Langsam strapazierte sein trotziges Verhalten ihre Geduld. »Außerdem halten Nix und Alban uns für komplett übergeschnappt, wenn wir ihnen sagen, dass die Knochen aus unserer Zeit stammen.«

Fingerschnippen von Max. »Von mir aus. Wenn Termann überhaupt weiter mitspielt«, gebärdete er.

»Ich werde mit ihm reden«, antwortete sie ihm.

»Schön, Frau Weiss«, sagte Nix. »Wir haben hier also die Knochen von Urmenschen. Die Frage ist, woher der Tote von der Fundstätte wusste. Und wieso er dorthin wollte. Wenn er dorthin wollte … Und wenn es tatsächlich Neandertaler-Knochen sind und nicht doch die von Behinderten. Das würde viel mehr Sinn ergeben. Dann hätten wir es eventuell mit einem behinderten Robin Hood zu tun, der möglicherweise einen kollektiven Ehrenmord aufspüren wollte. Was auch immer diese Menschen sich ausdenken.«

Sein Tonfall klang leicht belustigt. Als sie es für Max übersetzte, verlieh sie den Gebärden und ihrer Miene eine entsprechend abschätzige Färbung, auch wenn sie eigentlich keine Lust darauf hatte, dass Max sich gleich mit dem Kommissar anlegen würde. Sie lag richtig. Er ging auf Nix zu und begann wütend vor seinem Gesicht herumzugebärden, so nah, dass Nix zurückwich.

»Hast du eigentlich noch alle Tassen im Schrank, Kartoffelnase?«, gebärdete Max und stieß dabei erneut aufgebrachte Laute aus. »Du zitierst uns her, reißt uns aus unserer Arbeit, wir springen und fahren die Nacht durch, obwohl wir Besseres zu tun haben, als euch bei euren Scheißmordfällen zu assistieren. Dann muss ich auch noch deine Stümper davon abhalten, die Funde zu ruinieren. Und jetzt meinst du, auch noch unsere Expertise in Zweifel zu ziehen? Und dich abfällig über Behinderte äußern zu müssen?«

Max war wirklich wütend und seine Donnerfalte zwischen den Augen so tief wie der Marianengraben.

Nix hatte nichts verstanden, aber er ahnte, dass das keine Liebeserklärung gewesen war. Sarah schnaufte. »Gut, das Ganze dann mal in freundliches Deutsch übersetzen, schätze ich«, gebärdete sie.

»Mir doch egal«, antwortete Max.

»Max Stiller findet es nicht so gut, dass Sie uns erst herzitieren und dann unserer Expertise nicht vertrauen. Wir sind genauso verwirrt über den Fund wie Sie. Nichtsdestotrotz sind wir sicher, dass es Neandertaler-Knochen sind. Die Merkmale sind eindeutig.«

Nix deutete ein Lächeln an. Ihm war klar, dass Sarah Max' Gebärden entschärft hatte.

»Aha. Dann werden Sie uns aber hoffentlich verzeihen, wenn wir eine DNA-Analyse der Knochen veranlassen werden. Wir müssen eindeutig klären, ob es sich hier nicht doch um Behinderte handelt.«

»Klar, alles, was aus dem Rahmen fällt, ist immer gleich behindert«, gebärdete Max, der von Nix' Lippen abgelesen hatte. »Ist ja so einfach, die Gesellschaft in normal und unnormal zu unterteilen, was, Kartoffelnase?«

Nix sah neugierig zu Sarah und wartete auf die Übersetzung. Sie sagte nichts. Max sah es und warf ihr einen wütenden Blick zu.

»Ich nehme an, das war wieder nicht spruchreif, was Herr Stiller gesagt hat«, sagte Nix. »Meint er mich mit dieser Geste?« Nix umfasste mit der rechten Hand seine Nase wie ein Clown. Kartoffelnase. Seine inoffizielle Namensgebärde.

Sarah nickte und ignorierte, dass Nix fälschlicherweise von

Geste sprach. »In der Gebärdensprache haben Personen Namensgebärden. Normalerweise sucht man sie sich selbst aus, aber der Einfachheit halber verteilen Gehörlose auch welche, um Personen leichter zuordnen zu können. Meistens sind das dann eindeutige Körpermerkmale.«

»Sehr interessant«, sagte Nix und wiederholte seine Kartoffelnasen-Gebärde. Er lachte. »Und wie haben Sie Alban getauft?«

Die Frage war ihr unangenehm, aber sie zeigte ihm die Glatzengebärde.

Alban wurde rot, aber Nix amüsierte sich prächtig. Er klopfte ihm auf die Schulter. »He, Alban, du bist Glatze und ich bin Kartoffelnase!« Er lachte wieder, aber Alban fand das offenbar nicht ganz so lustig wie er.

»Wie ist sein Name?« Nix deutete auf Max.

»Es ist nicht sehr höflich, wenn Sie über einen anwesenden Gehörlosen in der dritten Person sprechen«, antwortete Sarah und übersetzte die Konversation für Max. »Schon gar nicht, wenn Sie dann noch auf ihn zeigen. Sie sollten ihn immer direkt ansprechen. Gehörlose fühlen sich sonst übergangen.«

»Oh, Verzeihung, ich wollte nicht unhöflich sein«, sagte Nix.

»Schon gut. Sie haben keine Erfahrung im Umgang mit ihnen.«

Dann machte sie mit den Fingern Max' Namensgebärde, die angedeutete Zornesfalte. Nix begriff sofort und lachte. »Verstehe.« Er wandte sich an Max und sagte überdeutlich artikuliert: »Sehr passend!« Max antwortete nicht und schaute genervt drein.

»Und wie ist Ihre?«, fragte Nix Sarah.

Sie zögerte. Dann fuhr sie mit den Fingerspitzen ihr Gesicht entlang, die beiden fiktiven Haarsträhnen andeutend.

»Interessant. Also, reden wir über die Knochen, Frau Weiss. Haben Sie Anzeichen für Gewalteinwirkung bemerkt?«

Sie übersetzte, Max zuckte die Schultern.

»Dazu müssten wir die Knochen eingehender untersuchen«, sagte Sarah. »Aber wir wollten uns erstmal an die Datierung machen.«

»Gut, aber die weitere Untersuchung werden dann unsere Leute übernehmen«, sagte Nix.

»Nein!«, rief Max. Nix zuckte zusammen. »Diese Stümper machen alles kaputt!«, gebärdete er, und Sarah übersetzte in leicht entschärfter Version.

Nix holte tief Luft. »Professor Stiller«, sagte er und betonte das Professor dabei einen Tick zu stark, wie Sarah fand. Es bekam dadurch eine leicht herablassende Note, was sie bei ihrer Übersetzung in ihren Gebärden berücksichtigte. »Ich verstehe durchaus Ihre Bedenken, dass man bei der Bergung von Fossilien die entsprechende archäologische Sorgfalt walten lassen sollte. Und ich danke Ihnen sehr, dass Sie meinen Mitarbeitern dahingehend behilflich waren – wenn auch auf etwas ungewöhnliche Weise.« Er warf Alban einen Seitenblick zu, der ein Grinsen unterdrückte. »Aber das hier ist immer noch eine polizeiliche Untersuchung, und zwar so lange, bis wir eine offizielle Bestätigung von weiteren Experten erhalten, dass es sich wirklich um Neandertaler-Knochen handelt und nicht doch um die von toten Behinderten.«

Sarah übersetzte mit entsprechender Verzögerung, bis Max sich schließlich auf die Lippen biss und die Augen schloss. Unwillig schüttelte er den Kopf und sah auf seine Füße. Sarah kannte das. Er war wütend und versuchte, seinen Zorn runterzukochen. Dabei schaltete er bevorzugt in den Trotzmodus und verweigerte sich der Kommunikation, indem er den Blick abwandte, was wiederum sie immer zur Weißglut brachte. Er konnte sie immer rufen, wenn sie wegschaute. Umgekehrt ging das nicht.

»Was ist mit der Leiche? Warum sieht der Tote so komisch aus?«, fragte Nix.

»Ist das eine Frage an mich oder an Max Stiller?«, fragte Sarah.

»An Sie beide.«

Sie trat kurz mit dem Fuß heftig auf den Boden, damit Max zu ihr aufsah. Er blickte auf. Sie übersetzte die Frage.

»Er weist einige eindeutige Neandertaler-Merkmale auf«, gebärdete Max lustlos, und sie übersetzte es für die Polizisten.

»Aha, noch ein Neandertaler«, fragte Nix mit Ironie in der Stimme. Er glaubte ihnen natürlich nicht. »O.k., Frau Weiss ... Sie sind die Expertin«, auch die »Expertin« betonte er spöttisch, »aber ich habe mal im Biologie-Unterricht gelernt, dass die Neandertaler vor Tausenden von Jahren ausgestorben sind.«

»Niemand behauptet, dass er ein Neandertaler ist. Aber er hat, wie Max sagt, einige Merkmale dieser Urmenschen. Sie haben doch selbst den Überaugenwulst gesehen. Und die tief liegenden Bogengänge sind ...«

Nix hob die Hände.

»Okay, okay, Frau Weiss. Er ist kein Neandertaler. Was ist er dann? Ein Außerirdischer?«

Sie zögerte. »Er sieht aus wie ein Hybrid.«

»Ein Hybrid? Was soll das nun wieder heißen?«

»Ein Mischling aus einem Menschen und einem Neandertaler. Wobei, das ist eigentlich Quatsch«, sagte sie, »die Neandertaler waren auch Menschen, obgleich anders als wir. Aber wir verstehen heute ja nur noch uns, Homo sapiens, unter diesem Begriff.«

Alban schaltete sich ein. »Ein Mischling? Könnten das nicht auch einfach Gendefekte sein, die diesen Wulst erzeugen?«

»Das ist natürlich möglich. Aber er hat weitere Merkmale, und aufgrund dieser Häufung scheinen Gendefekte sehr unwahrscheinlich. Wenn wir die Knochen dieses Mannes ausgegraben hätten, wären wir eindeutig zu diesem Ergebnis gelangt. Man hat früher schon Mischlinge gefunden.«

»Wie bitte?«, fragte Alban.

»Beide Menschenarten haben sich gekreuzt, als sie in Europa aufeinander trafen«, sagte Sarah. »Unsere Vorfahren wanderten aus Afrika nach Europa ein und stießen dort auf ihre vergessenen Vettern, die Neandertaler. Beide Menschenarten – wir und die Neandertaler – haben uns aus einem gemeinsamen Vorfahren entwickelt, der vor einer Million Jahren in Afrika lebte und von dem einige nach Europa ausgewandert waren. Dort entwickelten sie sich zu den Neandertalern, die verbliebenen Vorfahren in Afrika wurden zu uns. Aber als wir – also Homo sapiens – aus Afrika vor etwa 100.000 Jahren nach und nach auswanderten und nach Europa und Asien drangen, trafen wir auf die Neandertaler und vermischten uns mit ihnen. Und wir heutigen Europäer und Asiaten sind die Nachkommen dieser Liaison. Die Neandertaler hingegen starben einige Tausend Jahre später aus.«

Nix und Alban blickten verwirrt.

»Sie hatten erst Sex, und dann stirbt einer aus?«, sagte Alban. »Scheint eine komplizierte Beziehung gewesen zu sein.« Er lachte, verstummte aber schnell wieder, als niemand in sein Lachen einfiel.

»Warum die Neandertaler ausstarben, wissen wir nicht«, sagte Sarah. »Vielleicht haben wir sie ausgerottet? Ihnen die Mammuts weggegessen? Den Lebensraum weggenommen? Man weiß es nicht.«

»Wäre ja nicht das erste Mal, dass wir ein Volk auslöschen, oder?«, gebärdete Max. Sie wusste, dass das ein sensibles Thema für ihn war. Die Gehörlosen wurden in seinen Augen ihrerseits nach und nach ausgerottet. Sarah übersetzte, was er gebärdet hatte.

»Das heißt aber auch, dass wir Gene dieser Urmenschen in uns tragen?«, fragte Nix.

»Ja. Europäer und Asiaten tragen heute noch Neandertaler-Gene in sich. Sie leben in uns gewissermaßen weiter.«

Die Mienen der Polizisten nahmen einen seltsamen Ausdruck an. War es ein Anflug von Ekel?

»Das sind aber nun wirklich keine Neuigkeiten«, sagte Sarah. »Das weiß man seit mehr als vierzig Jahren, seitdem Svante Pääbo im Jahr 2010 das Neandertaler-Erbgut entschlüsselt hat.«

»Ich höre das zum ersten Mal«, gestand Alban.

»Kein Wunder«, gebärdete Max. Sarah übersetzte, warf ihm aber ein paar warnende Blicke zu, dass er sich nicht wieder im Ton vergreifen solle. »Dass wir Neandertaler-Gene in uns tragen, passt nicht in die ›reine Lehre‹ des Ministeriums für Gesundheit und Glück«, fuhr Max fort, und Sarah vertonte seine Sätze im entsprechenden ironischen Tonfall. »Man hat herausgefunden, dass einige Neandertaler-Gene Krankheiten verursachen können: Diabetes, Depression und Nikotin-Sucht zum Beispiel.«

»Sieht der Tote deswegen so merkwürdig aus?«, fragte Nix.

»Wenn er wirklich ein Mischling ist, ja«, sagte Max.

»Könnte es nicht sein, dass es einfach die Neandertaler-Gene in ihm sind, die noch von der Verpaarung in grauer Vorzeit stammen, und die ihn so aussehen lassen?«

Max schüttelte den Kopf. »Ausgeschlossen. Im Schnitt haben wir alle nur rund zwei Prozent Neandertaler-Erbgut in uns. Und sehen wir vielleicht so aus?« Er zeigte auf die Leiche.

Nix seufzte. Max fuhr fort.

»Seine Merkmale sind so ausgeprägt, wie wir das bei einem F1-Mischling erwarten würden, der fünfzig Prozent Neandertaler-Erbgut besitzt. Aber niemand hat je einen F1-Mischling gefunden, geschweige denn einen aus Fleisch und Blut, es ist also nur eine Vermutung.«

»Herr Stiller, Deutsch bitte«, sagte Nix.

»F1 bedeutet ein Mischling der ersten Generation«, sagte Sarah.

Nix hob beide Hände. »Wunderbar, ist ja alles wirklich interessant mit den Neandertalern und so, aber wie soll das gehen, wenn ein Elternteil bereits vor einer Ewigkeit ausgestorben ist?«

»Seit etwa 40.000 Jahren, um genau zu sein«, sagte Sarah. Sie merkte, wie die Zahl sie selbst in Erstaunen versetzte. 40.000 Jahre. Das war zehnmal so lange her wie der Bau der Pyramiden.

Nix schob seinen Panama etwas nach hinten, was ihn verschmitzt aussehen ließ. Er kratzte sich am Kopf. Sarah fand, dass die Geste ein wenig zu theatralisch war.

»Und Sie sagen, dass dieser Mann hier Ihrer Meinung nach das Kind eines Neandertalers und einer menschlichen Frau ist?«

Kramer, der die ganze Zeit schweigend dabei gestanden war, schnaubte verächtlich.

»Oder das einer Neandertalerin und eines Homo-sapiens-Mannes«, sagte Sarah.

»Oh, entschuldigen Sie bitte, Frau Professor, natürlich, die Gleichberechtigung.«

»Ich bin keine Professorin«, sagte Sarah. »Und es wäre schön, wenn Sie auf Ihre ständigen ironischen Untertöne verzichten könnten.«

Nix zuckte zusammen. Er hatte sie nicht als derart wehrhaft eingeschätzt. Trotz ihrer Körpergröße.

»Also, wie erklären Sie, dass hier ein Mischling liegen soll, dessen einer Elternteil seit 40.000 Jahren ausgestorben ist?«

»Ich kann es nicht erklären«, sagte Sarah. »Ich kann nur sagen, dass dieser Mann eindeutige Merkmale sowohl eines Neandertalers als auch eines Homo sapiens aufweist. Lassen Sie eine DNA-Analyse durchführen. Dann haben wir Gewissheit.«

Nix warf einen Blick zu Alban und Kramer, weil er sehen

wollte, was seine Kollegen über all das dachten. Kramer schüttelte langsam seinen knochigen Kopf. Ein abschätziges Lächeln auf seinem Gesicht zeigte, was er von der ganzen Sache hielt: nichts. In Albans Gesicht stand immer noch Ekel. Er konnte sich offenbar schlecht an den Gedanken gewöhnen, von einem Neandertaler abzustammen.

»Aber gut, dass Sie uns auf die DNA-Analyse hinweisen«, sagte Nix. »Die läuft schon. Ich bin mir sicher, sie wird ergeben, dass wir es hier mit einem Behinderten zu tun haben, womöglich einer sehr seltenen Erbkrankheit. Und das wird wohl auch der Grund sein, warum er sich umgebracht hat. Oder, Kramer?«

Der Pathologe nickte und murmelte: »Ist vielleicht auch besser so.«

Sarah überging bei ihrer Übersetzung die Bemerkung Kramers; sie hoffte, dass sie Max entgangen war, doch er hatte sie mitbekommen. Er forderte die Übersetzung ein, und widerwillig übersetzte sie.

Seine Miene verfinsterte sich schlagartig, die Donnerfalte grub sich zwischen seinen Augenbrauen ein, und es dauerte nicht lange, bis seine Hände durch die Luft flogen.

»Besser so? Was sind Sie eigentlich für ein Arzt? Ich bin auch behindert – wäre es Ihrer Meinung nach besser, wenn ich mich umbrächte?«

Sarah übersetzte und legte Empörung in ihre Stimme. Kramer sah aus, als wäre er bei einem Diebstahl ertappt worden. Er wusste nicht, wie er reagieren sollte; sein Blick wanderte von Sarah zu Nix, dann wieder zu Sarah.

»Nein, so war das nicht gemeint«, sagte er zu Sarah.

»Sagen Sie das nicht mir, sagen Sie das Herrn Stiller. Ich übersetze nur.«

Er richtete den Blick auf Max. »So war es nicht gemeint.«

»Wie war es dann gemeint?«, sprach Max.

»Äh, ich meinte nur, dass Behinderte meistens nur Probleme … Es ist doch für alle schwer, für die Angehörigen, für die Umwelt und vor allem für sie. Es gibt ja auch nur noch sehr wenige, weil es vermeidbar ist. Wer hat denn noch die Zeit und den Willen, mit ihnen umzugehen? Ich meine, es ist einfach sehr schwer für alle Betroffenen, und vielleicht ist es da die beste Lösung …«

»Sie hätten sich perfekt in einer Euthanasie-Abteilung gemacht!«, gebärdete Max.

Jetzt zögerte Sarah mit der Übersetzung. »Max, ich glaube, das geht zu weit«, gebärdete sie.

Seine wütenden Augen, die die ganze Zeit Kramer angefunkelt hatten, richteten sich nun auf sie. Dann blickte er wieder Kramer an und sprach laut: »Euthanasie!«

Nun wurde Kramer wütend. Aber seine Wut war durch seine Verunsicherung blockiert.

»In Ordnung, Schluss jetzt«, sagte Nix. »Wir haben keine Zeit für solche Streitereien. Herr Kramer hat es sicher nicht böse gemeint, Herr Stiller, und wir sind Ihnen natürlich dankbar für Ihre Hilfe. Also, wir haben es hier, wenn ich das richtig sehe, mit einem Ding der Unmöglichkeit zu tun: eine Leiche, deren einer Elternteil seit 40.000 Jahren tot ist. Soviel ist klar, das wird ein interessanter Fall.«

»Zwei Dinge der Unmöglichkeit …«, sagte Sarah.

Nix und Alban sahen sie an. »Was?«, fragte Nix.

»Es gibt da noch etwas, das unmöglich ist«, sagte sie und gebärdete fast gleichzeitig. Max verdrehte die Augen und gebärdete: »Sarah, nein!«

»Die Knochen aus dem Massengrab … sie sind keine hundert Jahre alt, wie die Datierung ergeben hat. Wenn sie von Neandertalern stammen, und dessen sind Herr Stiller und ich uns sicher, dann … dann müssen wir davon ausgehen, dass es noch lebende Neandertaler im Neandertal gibt.«

11

AUSNAHMEZUSTAND

Wie ein Magnet hatte der Speakeasy ihn angezogen. Was für ein Tag. Diese beiden anstrengenden Wissenschaftler mit ihren hanebüchenen Theorien.

Philipp Nix nahm einen tiefen Zug, und die Spitze der Zigarette glühte in dem dunklen Raum auf wie ein Stern am Nachthimmel.

Elsa im Schlafanzug.

Er spürte, wie der Tabakrauch in seine Lungen strömte und dort die Alveolen von innen auskleidete, oder vielmehr: aushämmerte. Dann wanderten die kleinen Hämmer in sein Gehirn. Ein gutes Gefühl. Für einen Moment war alles leicht. Und seine Scham und Selbstverachtung waren wie weggeweht.

Elsas maskenhaftes Gesicht, wie sie im Bett liegt und an die Decke starrt.

Er hatte es sich eigentlich aufheben wollen. Diese Speakeasy-Ausflüge sollten etwas Besonderes bleiben, nicht zur Gewohnheit werden. Er wusste, welches Gefahrenpotenzial darin lag. Ja, ja, Rauchen. Wir wissen es doch schon seit dem letzten Jahrhundert. Eigentlich. Er hatte es so satt, diese ständigen Belehrungen, die Sorgen, das Kontrollbedürfnis, hatte es satt, es erstickte ihn, und jetzt erstickte er es – in Rauch.

Er setzt sich zu ihr ans Bett. Er küsst sie. Es ist, als würde man eine Puppe berühren.

»Hallo, mein Schatz. Wie geht es dir?« Das Übliche. Ihr Ge-

sicht, eine Maske aus Stein. Elsa hinter der Elsa. Sie sieht ihn nicht mal an.

»Warst du heute auf?«, fragt er.

Sie blickte ihn an. Ihre Augen sind leer.

Ein guter Tag ist einer, an dem sie wenigstens in die Küche geht und sich etwas zu essen macht.

Heute war kein guter Tag.

Er war natürlich nicht daran gewöhnt, zu rauchen. Wer war das heute schon? Nur Loser rauchten, Arbeitslose, Kranke, Prekäre, das, was man gemeinhin als Plebejer bezeichnete – und Leute wie er, die einfach nur mal durch die Maschen des Netzes schlüpfen wollten, wenigstens für eine Stunde.

Der Stern in seiner Hand verglühte und verwandelte sich in Asche. Nix starrte an die Decke, an der die Kerzen Schattenbilder warfen. Sie sahen aus wie Urzeit-Tiere.

Marc macht immer mehr sein eigenes Ding. Er ist erst dreizehn. Ohnehin eine schwierige Zeit für ihn. Und jetzt wird auch er von der Depression heimgesucht. Er spürt es und er schämt sich. Der ganze Perfektionsdruck. Das Ausmaß der Optimierung nimmt von Jahr zu Jahr zu. Immer, wenn er Marc in der Schule besucht, fallen ihm die Erst- und Zweitklässler auf. Legionen von Kindern mit symmetrischen Gesichtszügen, perfekter Haut, geraden Zähnen, glatten Haaren, strahlenden Augen. Zinnsoldaten der Perfektion.

Nix lag längs auf den roten Kissen, zugedeckt mit einem seidenen Laken, das leicht muffig roch, und sah sich in dem Speakeasy um. Rote Seidenlaken auch an den Wänden, ein großer Raum voller Kissenliegen, manche leer, manche belegt, fast nur von Männern – es waren keine Loser, Arbeitslose, Kranken, sondern Männer in Anzügen, die Hüte neben die Liegen gelegt. So wie sein Panama, der jetzt neben ihm auf dem Boden lag, zusammen mit seinem Jackett. Nix blies den Rauch aus seinen Lungen und seine Sorgen aus seiner Seele hinaus. Der tote Behinderte, Engelbert, Elsa, Marc, Timmy.

»Kann ich Ihnen noch etwas bringen?«

Die Stimme einer Frau drang durch den Zigarettennebel zu ihm vor. Dann ihr Gesicht. Asiatin. Sie war sehr schön.

»Ein Bier bitte«, sagte er.

Ihre Augen verengten sich. Ein Lächeln.

»Nur ein Bier?«

Nix überlegte. Es war ein harter Tag gewesen. Er konnte etwas Entspannung gebrauchen.

Er nickte. »Warum nicht etwas zur Entspannung?«

Sie lächelte. Dann verschwand sie. Hoffentlich hatte sie ihn richtig verstanden. So oft kam er nun auch nicht her.

Er nahm noch einen Zug. Der Tabak füllte ihn aus, und er ließ seinen Gedanken freien Lauf.

Eine Diashow vor seinem inneren Auge: Die merkwürdigen Knochen in der Grube. Das merkwürdige Gesicht des Toten. Die Zornesfalte des cholerischen Gehörlosen. Die riesige Sarah Weiss.

Was hatte sie gesagt?

Wir müssen davon ausgehen, dass es noch lebende Neandertaler im Neandertal gibt.

Lebende Urmenschen im Neandertal. Selbst seinem gegenwärtigen Tabak-Gehirn schien das absurd.

Es musste ein Behinderten-Grab sein. Das war die einzige mögliche Erklärung. Wer hatte sie umgebracht? Hatte der Tote das Massengrab aufspüren wollen? War es ihm darum gegangen, einen Skandal auszulösen?

Wäre es überhaupt ein Skandal?

Ist vielleicht auch besser so.

Kramers Worte. Natürlich sagte man so etwas nicht. Aber dachten es nicht alle heimlich?

Er musste an Timmy denken, seinen behinderten Bruder. Als Kind hatte er sich immer für ihn geschämt, vor seinen Klassenkameraden, seinen Freunden, wenn sie ihn zu Hause besuchen kamen.

Dann war Timmy tot.

Und jetzt schämte er sich für sich selbst.

Ein Hauch von einer Frau erschien in den Nebelschwaden. Es war eine andere als die von eben. Parfüm wehte durch den Tabakgeruch. Ein schwerer Duft, süßlich, ah ja, er erkannte ihn: »Opium«. Seine Frau trug ihn manchmal auf, bei besonderen Anlässen, wenn sie ausgingen, tanzten und danach miteinander schliefen. Aber das war in ihrem früheren Leben gewesen.

Erregung durchströmte ihn. Er erkannte, dass er wie einer von Pawlows Hunden reagierte. Der Duft war in seinem Kopf mit nackten Körpern, Brüsten, Leidenschaft und Orgasmen verknüpft.

Sie baute mit schnellen und leisen Bewegungen etwas auf dem kleinen Holztischchen neben seiner Liege auf. Er beobachtete sie, versuchte etwas von ihrem Körper zu erspähen. Sie war eingehüllt in ein weites schwarzes Seidengewand, chinesischer Schnitt. Der Geruch von Opium und noch ein anderer drangen aus ihren Seidenkleidern. Als sie sich über das Tischchen bückte, gab ihr weiter Kragen für einen Moment einen Blick auf die Rundung ihrer rechten Brust frei. Sie war schneeweiß und nur so groß wie eine Orange. Eine Brustwarze stach in der Höhle des dunklen Stoffes hervor. Eine Welle starker Erregung durchzuckte ihn, als er sie sah.

Aber er verbot sie sich sofort wieder, auch oder gerade weil er wusste, dass manche Speakeasies sogar diese Art Entspannung anboten. Nur hielt die Angst vor Krankheiten die meisten davon ab und ließ sie sich auf den Konsum von Substanzen beschränken. Das war schon Wagnis genug.

Es war absurd, dass diese Etablissements, die viel eher Opiumhöhlen aus uralten Filmen entsprachen, Speakeasies genannt wurden. Speakeasies hatten die illegalen Kneipen geheißen, die in den USA zu Zeiten der Prohibition vor 130 Jahren wie Pilze aus dem Boden geschossen waren. Wo Leute geschmuggelten oder schlecht gebrannten Alkohol in sich hineingeschüttet hatten, als gäbe es kein Morgen mehr. Es lag wohl eine Willkür in der Sehnsucht nach der Rechtfertigung des Rauschs, die jedes historische Vorbild nutzte, das sie kriegen konnte.

Ihr lächelndes Gesicht beugte sich dicht über seines. Feine chinesische Gesichtszüge im schummrigen Licht der Lampe. Er sah ihre hohen Wangenknochen, ihren vollen roten Mund, den er in einem Moment der erhitzten Fantasie sich um die Eichel seines Penis schließen sah. Jetzt begann sein Glied sich zu regen. Zum Glück hatte er den Fitnesstracker abgelegt, der das sicher registriert hätte. Er würde die Inaktivität aufzeichnen, doch das war Nix egal; er konnte immer noch sagen, dass er einen Mittagsschlaf gehalten hatte, auch wenn man eigentlich dazu angehalten war, den Tracker auch im Schlaf zu tragen. Er sah, dass die Chinesin in ihrer schlanken Hand eine hölzerne Spitze hielt. Sie hatte eine Wasserpfeife gebracht. Wieder blitzte eine erotische Fantasie auf: ihre langen weißen Finger mit den dunkelrotlackierten Nägeln, die sich um seinen Penis schlossen. Er atmete tief durch und nahm ihr die Spitze aus der Hand. Dann hielt sie ihm auffordernd ihre flache Hand entgegen – die Zigarette, er sollte sie ihr geben. Er gehorchte.

»Gute Reise«, flüsterte sie.

Er setzte die Spitze an die Lippen und saugte. Das Bier hatte er völlig vergessen. Es stand auf dem Tischchen, neben der Wasserpfeife und der Lampe.

Er saugte wie ein Säugling an der Brust nach Milch. Der Nippel leistete Widerstand. Ein leichtes Blubbern. Eine Sekunde, zwei Sekunden, bevor etwas, nachdem es den Weg durch den Schlauch zurückgelegt hatte, in ihn eindrang, etwas Fremdes, nicht so hart wie der Rauch der Zigarette. Sehr viel weicher. Fast wolkig. Dann kam es schnell. Leichtigkeit. Schweben. Sorglosigkeit.

Eine Wolke zog vorbei, sie erinnerte ihn an das Gesicht des Hybriden. Aber sie zerfloss, und er musste in sich hineinlachen und kam sich zugleich völlig albern vor. Eine zweite Wolke zog heran, mit einem Spalt in ihrer Mitte. Es war die Donnerfalte von Max Stiller. Sie wurde immer tiefer. Er streckte den Arm aus, weil er die Wolke davor bewahren wollte, auseinanderzufallen. Aber sein Arm strömte nur durch den Nebel hindurch. Plopp. Zwei Wolken. Wie eine Zelle, die sich geteilt hatte. Es war lustig, und diesmal kicherte er und kam sich völlig verrucht vor. Doch es war sein kleines Geheimnis, was er gerade sah, die anderen Typen neben ihm waren verschluckt von der Dunkelheit.

Dann ein Rütteln an seinem Bein. Nein, kein Rütteln, ein Zucken. Tief am Hauptmuskel seines Oberschenkels. Ein Aal? Nein, kleiner, strammer, ein Fisch. Ein breiter Fisch, der nach Luft schnappte und mit seinen Flossen um sich schlug. Nix griff hinunter, vorbei an der Dauererektion, die seine Anzughose spannen ließ. Zum Glück sah man das alles unter der Decke nicht. Es war und blieb sein kleines schmutziges Geheimnis.

Er fing den zuckenden Fisch tief in der Tasche. Er wehrte sich, aber er zog ihn aus dem See heraus und hielt ihn sich ans Ohr, in der Erwartung, gebissen zu werden. Stattdessen begann der Fisch zu sprechen.

»Nix?«

Woher kannte der Fisch seinen Namen? Das war komisch. Aber er wusste, dass er nicht kichern durfte, der Fisch würde es hören. Und es ihm übel nehmen.

»Nix, wo sind Sie?«

Die Wolke löste sich auf. Nix wälzte sich in eine aufrechtere Position.

»Nix?«

Es war Engelbert.

Schlagartig wurde er nüchtern, jedenfalls glaubte er das. Er zwang sich dazu.

Nix räusperte sich.

»Hallo?«, krächzte er.

Es war Nachmittag. War es Nachmittag? Hier in der Speakeasy-Höhle war jede Zeit gleich.

»Wo sind Sie, Nix?«

»Unterwegs«, murmelte er.

»Kommen Sie sofort her.« Engelbert legte auf.

Er schob den Fisch, der sich in ein Smart verwandelt hatte, wieder in die Tasche.

Die Reise ins Nirvana war von kurzer Dauer gewesen. Aber er hatte das Gefühl, dass eine andere gerade erst begann.

»Seuchenalarm?«

Nix spürte die Wut in sich aufsteigen. Sie blieb immer in seinem Hals hängen, genau unter dem Kehlkopf. Ein unschönes Gefühl, wenn sich seine Stimme veränderte. Es verunsicherte ihn.

»Sie haben Herrn Viira gehört.«

Der große, schlanke Mann mit dem strengen Scheitel und den komischen Augen saß rechts von ihm. Sein Blick war unbeweglich. Und er war nicht auf Nix gerichtet; diesen hatte er zur Begrüßung nur kurz gemustert, dabei Nix' ausgestreckte Hand ignoriert und sein Vorgehen mit Hygienemaßnahmen erklärt. Nix waren Viiras Augen aufgefallen. Aber der Blickkontakt war zu kurz gewesen, um dem Phänomen genauer auf den Grund zu gehen. Außerdem war Viira niemand, den man gerne zu lange ansah.

»Das Ministerium und die Seuchenkontrolle übernehmen ab sofort den Fall«, sagte Engelbert. Sein Chef, groß gewachsen, graue Stoppeln auf dem schmalen Kopf, wirkte unsicher. Auf andere Art unsicher als sonst. Die von ihm gewohnte Unsicherheit versuchte Engelbert normalerweise mit vorgeschobenem Boss-Gehabe zu überspielen, auch wenn es nicht besonders überzeugend war. Er war ein Bürokrat. War es so viel geballte Behördenpräsenz, die ihn einschüchterte? Oder war es Viira?

»Die Knochengrube wird ab sofort unter Quarantäne gestellt. Alle Personen, die mit den Knochen und/oder dem Toten in Berührung gekommen sind, haben sich untersuchen zu lassen. Das bedeutet: Sie, Nix, Alban, Kramer und alle Beamten, die an der Ausgrabung beteiligt waren, eingeschlossen.«

Nix schüttelte den Kopf. »Das ist kein Virus. Der Mann war behindert, die körperlichen Anomalien sind unübersehbar. Ich tippe auf Selbstmord. Und die Knochen werden gerade von einem Labor in Düsseldorf untersucht, wahrscheinlich stammen auch sie von Behinderten, womöglich war es Kollektiv-Selbstmord oder vielleicht auch Mord, das untersuchen wir gerade. Außerdem läuft die DNA-Analyse noch. Bis sie nicht ergibt, dass es sich bei dem Toten um einen Behinderten handelt, ist das eine Angelegenheit der Polizei, oder nicht?«

»Nix!« Engelberts Ton wurde schärfer. »Es wurde Seuchenalarm ausgerufen. Ich muss Ihnen doch wohl hoffentlich nicht erklären, dass das oberste Priorität hat.«

»Was für eine Seuche soll das sein?«, fragte Nix, diesmal direkt an Viira gewandt. Mit Mühe versuchte er, einigermaßen höflich zu klingen.

Der Mann erwiderte seinen Blick nicht und sagte nur:

»Ein unbekanntes Virus.« Viiras Stimme war angenehm und

völlig ruhig. Er wirkte wie eine Maschine. »Es ist hochgradig ansteckend.«

»Herr Viira hat alle Sonderbefugnisse und wird den Fall sofort übernehmen«, sagte Engelbert. »Sie werden ihm die Leiche, alle Unterlagen und Dokumente übergeben und sich dann untersuchen lassen.«

Nix' Kopf pochte, er wusste nicht, was in der Wasserpfeife gewesen war, Haschisch vermutlich, aber die wolkige Leichtigkeit hatte sich in dräuende Gewitterwolken verwandelt. Sein Mund war trocken, die Zunge klebte an seinem Gaumen, seinen Zähnen, überall. Wie ein toter Fisch. Er dachte an den Fisch an seinem Bein.

»Philipp?«

Er sah hoch, abrupt aus seiner Gedankenversunkenheit gerissen.

»Haben Sie das verstanden?«

Nix nickte. Er war müde. Er musste etwas trinken.

»Wo sind die beiden Wissenschaftler?« Viira richtete die Frage wieder nicht an ihn, was Nix noch wütender machte.

Engelbert nickte Nix knapp zu.

»Wenn sie nicht hier sind, dann werden sie wahrscheinlich in ihrem Hotel sein«, sagte Nix.

»Haben sie die Knochen angefasst?«, fragte Viira. Wieder zu Engelbert.

Nix drehte sich auf seinem Stuhl zur Seite. Demonstrativ an Viira gerichtet sagte er: »Ja, das haben Sie, Herr Viira. Denn das ist es, was Anthropologen tun.«

»Haben sie dabei Handschuhe getragen?«

»Keine Ahnung, Mann!«

Ein Moment der Wut raubte ihm die Beherrschung. Nix wusste, dass das ein Fehler war.

Engelbert stand auf. »Schluss jetzt. Ich weiß nicht, was mit

Ihnen los ist, aber offenbar hat die Mittagspause Ihnen nicht gutgetan. Sie sehen aus, als hätten Sie Alkohol zu sich genommen. Und Sie stinken nach Tabak. Trinken und Rauchen im Dienst, ich hoffe, Ihnen ist klar, was das bedeutet. Sie sind hiermit ab sofort von dem Fall entbunden.«

Nix schüttelte den Kopf. Er konnte das alles nicht fassen. Seuchenalarm? Das stank doch zum Himmel. Was war mit Engelbert los? Er war ein Arsch, ja, aber so blöd konnte selbst er nicht sein.

Viira erhob sich und streckte Engelbert die Hand hin. »Vielen Dank für Ihre Kooperation. Unsere Leute werden sich umgehend um alles kümmern. Bei einem Virus zählt jede Sekunde.«

»Natürlich, Herr Viira. Sagen Sie Bescheid, wenn Sie noch etwas benötigen.«

»Ich bräuchte den Namen des Hotels, in dem Stiller und Weiss untergekommen sind.«

Nix wurde stutzig. Hatte er etwas verpasst? War seine Aufmerksamkeit noch getrübt? Woher wusste Viira die Namen der Anthropologen? Von Engelbert konnte er sie nicht haben, der wusste sie nicht.

»Selbstverständlich, Herr Viira. Herr Nix wird Ihnen alle notwendigen Informationen geben.« Er streckte ihm die Hand hin. »Und richten Sie Frau Mercure ganz herzliche Grüße von mir aus.«

Virra deutete ein Lächeln an. »Das mache ich. Bitte verzeihen Sie, Herr Engelbert, ich vergaß, auch Frau Mercure lässt Sie herzlich grüßen. Und natürlich auch Ihre reizende Frau Gemahlin.«

Nix sah, wie Engelbert dabei zusammenzuckte.

War er wirklich wach? Oder lag er vielleicht doch noch auf den weichen Kissen im Speakeasy? Nix schloss die Augen und wünschte sich, dass er bald wieder aufwachte.

Es ging alles sehr schnell. Viira ließ das Neandertal komplett sperren, das Museum wurde geschlossen und um die Fundstätte herum ein einhundert Meter großer Sicherheitsradius gezogen. Dutzende in weiße Schutzanzüge gekleidete Männer errichteten große Zelte über der Grube und schirmten sie vor Blicken ab. Mehrere Libellen-Drohnen flogen ständig über das Gelände und sicherten und filmten den Luftraum.

Weitere Männer in Schutzanzügen standen vor Sarahs Zimmer im »Kö Inn«, als sie nach energischem Klopfen ihre Tür öffnete.

Sie wehrte sich nicht. Sie hatte schon immer schnell erkannt, wann es sich lohnte, Widerstand zu leisten und wann nicht. Dieses Mal war Widerstand zwecklos. Und so ließ sie sich bereitwillig Handschellen anlegen.

Dann hämmerten sie gegen Max' Tür, obwohl Sarah ihnen zurief, dass er taub war und das Klopfen nicht hörte. Sie traten sie ein, rangen ihn nieder, als er sich überrascht und in Panik wehrte. Sie hörte Max' schrecklich schrille Schreie, die fürchterlicher klangen als die eines Hörenden.

Er schlug um sich, als sie versuchten, ihm Handschellen anzulegen. Für ihn waren seine Hände Kommunikationswerkzeuge, es war, als würden sie ihn zugleich knebeln. Sie schlugen ihn ins Gesicht, bis er nachließ.

Die Männer führten sie zu einem großen, weißen Transporter mit verhüllten Fenstern. Sie mussten sich auf eine Bank im dunklen Frachtraum setzen, Bewacher neben ihnen. Max hatte einen großen Bluterguss am rechten Wangenknochen davongetragen. Ein wenig Blut lief ihm die Wange hinab und färbte seinen Hemdkragen dunkelrot. Er ließ den Kopf hängen. Sarah machte sich Sorgen, aber er schien insgesamt in Ordnung zu sein.

Sie versuchte ihre Gedanken zu sortieren. Was war hier los?

Sie erkannte an den Schutzanzügen das Emblem der Seuchenkontrolle: ein stilisiertes Virus in einem Kreis. Seuchenkontrolle? Welche Seuche? Und was hatte das mit ihnen zu tun?

Der Transporter fuhr automatisiert an. Ihr Bewacher zur Rechten schien der Vorgesetzte der Einheit zu sein. Sie hatte gesehen, dass er ein Ziel eingegeben hatte, aber sie hatte keine Ahnung, wohin sie fuhren. Nach einer Viertelstunde hielt der Transporter an. Nichts geschah. Aber Sarah konnte nicht sagen, ob nicht im vorderen Teil Leute ausgestiegen waren. Beim Einsteigen hatte sie nur einen kurzen Blick hineinwerfen können und gesehen, dass etwa zehn Soldaten dort saßen. Nach einer Weile öffnete sich die Tür im hinteren Teil, und weißbekleidete Männer brachten einen neuen »Gefangenen«: einen großen, hageren Mann mit kurzen grauen Haaren und grauem Schnurrbart. Sein Hut fiel ihm vom Kopf, als ihn die Soldaten auf die Bank zwängten. Er schimpfte und wehrte sich, aber ein Soldat schlug ihn mit der Hand ins Gesicht, sodass er auf der Stelle verstummte. Sarah erkannte ihn sofort. Es war Termann.

Termann erkannte auch sie. »Warum sind Sie hier?«, rief er zu Sarah hinüber. Termanns Bewacher bedeutete ihm, ruhig zu sein. »Was hat das Ganze zu bedeuten?«

Bevor Sarah antworten konnte, schlug ihm der Soldat erneut ins Gesicht, härter diesmal, sodass Termann zu Boden ging. Andere Soldaten sprangen auf und zerrten Termann wieder auf die Bank. Einer schnappte den heruntergefallenen Hut und drückte ihn so tief auf Termanns Kopf, dass er ihm fast die Augen verdeckte. Die Soldaten lachten.

Nach einer Weile brachten sie einen weiteren Mann herein, den Sarah nicht kannte. Er war schmächtig und hatte eine Halbglatze. Die Soldaten setzten ihn neben Termann. Sarah vermutete, dass er ein Mitarbeiter von ihm war.

Termann saß schweigend da und rückte seinen Hut zurecht.

Seine Augen funkelten. Er kochte vor Wut, während sein Mitarbeiter vor Angst zitterte.

Sarahs Gedanken rasten. Termanns Anwesenheit ließ darauf schließen, dass ihre Festnahme mit der Untersuchung im Neandertal zusammenhing. Seuchenkontrolle? Wieso Seuchenkontrolle? Waren sie bei den Knochen auf ein Virus gestoßen? Hatten sie sich bei der Untersuchung damit infiziert – und letztlich auch Termann, als er die Radiokarbon-Datierung erstellt hatte? Sarah hatte noch nie davon gehört, dass fossile Knochen bei einer Ausgrabung mit Viren kontaminiert waren. Allerdings handelte es sich in diesem Fall ja auch nicht um fossile Knochen, sondern um … was auch immer.

Sie hatte Angst. Was würden sie jetzt mit ihnen machen? In Quarantäne stecken? Sie kannte sich mit all den Notfallmaßnahmen bei Epidemien nicht aus. Aber die Schnelligkeit und das resolute Vorgehen der Männer deuteten auf eine hohe Alarmstufe hin. Würden sie jetzt krank werden? Wie gefährlich war das Virus? War es tödlich?

Sie warf einen Blick zu Max. Er hatte die Augen geschlossen. Rückzug. Augen zu bedeutete für ihn absolute Stille. Keine störende Welt mehr, die in ihn eindringen konnte. Manchmal beneidete sie ihn um seine Gehörlosigkeit. Ohren waren immer offen und Schall schlich sich immer durch diese zwei Löcher in den Kopf hinein.

Sie fuhren etwa zehn Minuten. Ihre Bewacher hielten ihre Maschinengewehre locker im Anschlag. Auf Sarah wirkten sie dank der absurden Schutzanzüge fast wie lebende Skulpturen oder Wachsfiguren. Dann begann sich einer der Soldaten zu regen und drückte seine Hand an sein rechtes Ohr; offenbar trug er ein Aurus, ein Ohr-Smart, über das er gerade etwas empfangen hatte. Er gab ein kurzes Handzeichen, und es kam Leben in die anderen Wachsfiguren. Sie begannen ihre Schutzanzüge auszuziehen und sie auf einen Haufen zu werfen. Sarah, die sie ratlos beobachtete, verstand nun gar nichts mehr. War die Alarmstufe aufgehoben worden? Termann setzte an und wollte offenbar etwas sagen, aber der Soldat, der ihn geschlagen hatte, warf ihm einen warnenden Blick zu.

Sie fuhren noch eine Weile, dann stoppte der Transporter. Die Soldaten bedeuteten ihnen, sich in Gang zu setzen.

Sie war überrascht, als sie ausstiegen. Sie waren mitten im Wald, große Buchen standen dicht an dicht. Es dämmerte bereits, aber Sarah konnte zwischen den Baumstämmen ein großes abgezäuntes Areal ausmachen. Rollen von Nato-Draht sollten jeden Einstiegsversuch an den oberen Enden des Zauns abwehren. Ein Warnschild hing daran: »Lebensgefahr! Militärisches Sperrgebiet.« Kameras waren an den Ecken des Zauns angebracht, bewaffnete Soldaten standen an der Eingangspforte. Sie sah in den Himmel gereckte Schüsseln: Es waren EMP-Strahler, die Drohnen zum Absturz bringen konnten.

Die Soldaten führten sie auf den Eingang zu. Zwei Männer öffneten sie, und die Männer, die vormals Sicherheitsanzüge getragen hatten, geleiteten ihre Gefangenen hinein. Sarah konnte nichts Auffälliges in dem Areal erkennen, nur hin und wieder meinte sie, kleine schwarze Zylinder aus dem Boden ragen zu sehen. In der Mitte des Areals befand sich ein kleiner kuppelförmiger Bau mit Löchern, die wie Schießscharten aussahen. Er war mit einer schweren Metalltür versperrt.

Sie gingen hinein. Künstliches Licht tauchte den winzigen Raum in eine ungemütliche Atmosphäre. Es flackerte leicht und machte sie nervös. Sie sah zu Max, weil sie wusste, dass er für dergleichen aufgrund seines sensiblen visuellen Sinnes extrem anfällig war. Er hatte das Gesicht verzogen, schien jedoch einigermaßen entspannt zu sein. Das Blut in seinem Gesicht und am Kragen war getrocknet. Termann und sein Mitarbeiter schwiegen und beobachteten die Szene. Ein Soldat saß an einem Tisch, er stand auf und wedelte mit seiner rechten Hand vor einem kleinen Sensorfeld an der Wand. Sie warteten einen Moment. Dann öffnete sich die Wand zur Hälfte und gab den Blick auf eine Aufzugkabine frei.

Sarah, Max, Termann, dessen Mitarbeiter und fünf Soldaten pressten sich hinein. Die Kabine war vollständig mit stumpfem Metall ausgekleidet. Es gab keine Stockwerks-Tasten, nur ein weiteres kleines Sensorfeld. Ein Soldat hielt seine Hand davor, und der Aufzug fuhr an – abwärts. Die Fahrt dauerte mindestens eine halbe Minute. Niemand sprach. Termann blickte stumm vor sich hin. Max hielt den Blick gesenkt und gab kein Zeichen von sich. Dann öffneten sich die Türen. Was Sarah sah, hatte sie keineswegs erwartet: Vor ihnen erstreckte sich eine riesige Halle im Stil Ludwigs XIV., wie aus Schloss Versailles direkt in den Wald tief unter die Erde verpflanzt. Grauer Marmor an den Wänden, goldbedeckte Kandelaber an den Seiten, abwechselnd mit griechisch aussehenden Statuen aus schwarzem Marmor. Auf dem Boden edles Holzparkett. An den Wänden rankte sich goldverzierter Stuck entlang wie eine außerirdische Pflanze und markierte die Grenze zur etwa fünf Meter hohen gewölbten Decke, die über und über mit Renaissance-Kunstwerken bemalt war. Zu den Seiten gingen viele hohe Rundbogenfenster ab – oder waren es Türen? In zwei Reihen hingen alle paar Meter üppige Kristallleuchter in den Saal hinunter und tauchten ihn in ein festliches Licht. Sie und die bewaffneten Soldaten waren an diesem Ort lebende Anachronismen. Würde sie gleich der Sonnenkönig höchstpersönlich in Empfang nehmen?

Der Anführer der Soldaten ging langsam voran und drückte wieder mit einer Hand an sein Ohr. Der Rest der Gruppe folgte. All der Luxus aus einer anderen Zeit hatte Termann offenbar die Sprache verschlagen, und er reckte immer wieder den Kopf, um die vielen Kostbarkeiten zu betrachten. Max hingegen nahm seine Umgebung kaum war und setzte mechanisch einen Schritt vor den anderen.

Dann stoppte der Anführer und hielt einen Moment inne, um seine Anweisungen zu empfangen. Die Soldaten nahmen ihnen die Handschellen ab, der Anführer zeigte auf Termann, dann auf einen der Seitenbögen. Ein Soldat begann Termann dorthin abzuführen. Ein anderer Soldat packte Sarah am Arm und drängte sie zu der ihr zugewiesenen Tür. Sie drehte sich zu Max um, der mit seinem Bewacher zu einer dritten Tür befohlen wurde. Er sah zu ihr hin und führte ein paar schnelle Gebärden aus, bevor ihn sein Soldat grob daran hinderte. Aber Sarah hatte es erkannt. »You will be queen.« Sie gebärdete schnell zurück. »You will be king.« Dann riss der Sichtkontakt zwischen ihnen ab.

12

DAS VERHÖR I

Sie hatte keine Ahnung, wie lange sie schon auf dem Sessel saß. Sie schätzte, dass mindestens drei Stunden vergangen waren. Der Sessel war an und für sich bequem. Obwohl sie so groß war, umhüllte er ihren Körper geradezu, bettete ihn weich auf rotem Seidenplüsch. Ein Musterstück, wie er in einem Palast eines Sonnenkönigs zu finden wäre. Doch irgendwann wird jede aufgezwungene Körperhaltung unbequem. So rutschte sie immer unruhiger herum. Aufzustehen wagte sie nicht. Nicht mehr. Sie hatte es versucht, aber ihr Bewacher hatte ihr mit seinem Gewehr eindeutig zu verstehen gegeben, dass sie sich sofort wieder setzen sollte.

Das Zimmer war nicht ganz so barock ausgestattet wie der große Saal. Ein wuchtiger Schreibtisch aus Ebenholz thronte in der Mitte des Raums, nur wenige Meter vor ihr. An den Wänden standen goldverzierte Kandelaber, an deren Füßen sich übergewichtige Buben hochreckten. Sonst war der Raum auffallend schlicht, keine Gemälde, nichts. Die einzige Lichtquelle bildete ein Kristallleuchter, der von der Decke hing.

Wie spät es wohl sein mochte? Unmöglich, die Zeit zu schätzen. Sarah machte sich Sorgen. Sie dachte an ihre Tochter Valerie, an Robert. Er hatte sicher versucht, sie zu erreichen. Aber ihr Smart hatten sie ihr abgenommen. Sarah hoffte, dass sie wohlauf waren und man sie in Ruhe ließ.

Schritte von hochhackigen Schuhen auf Parkett erklangen.

Eine große Frau in einem kurzen schwarzen Kleid erschien. Sie war sehr schlank, ihre Figur sportlich, und ihre Bewegungen elegant und geschmeidig wie die einer Katze. Die grauen Haare trug sie als Kurzhaarfrisur und streng gescheitelt, was ihr schmales markantes Gesicht betonte. Sarah schätzte sie auf Anfang fünfzig, aber nur wegen der grauen Haare. Ansonsten sah sie wesentlich jünger aus.

Die Frau setzte sich an den Schreibtisch und holte eine Akte aus ihrer Tasche. Minuten vergingen, ohne dass sie Sarah auch nur eines Blickes würdigte. Ihre reine Präsenz hatte etwas Einschüchterndes. Sarah fühlte sich auf einmal sehr unwohl.

Dann blickte die Frau auf und fixierte Sarah.

»Ist der Sessel bequem?«

Sarah war erstaunt. Sie hatte erwartet, darüber aufgeklärt zu werden, was hier ablief.

»Was ist hier eigentlich los?«

Die Frau ignorierte ihre Frage. »Ist der Sessel bequem, Frau Weiss?«

Sarah wusste nicht, wie sie reagieren sollte. Wut mischte sich in ihre Angst.

»Oh ja, er ist sehr bequem, danke der Nachfrage. Abgesehen davon, dass ich bereits seit Stunden in ihm sitze, weil man mich und Max Stiller entführt hat und gefangen hält. Aber ja, der Sessel ist wirklich äußerst bequem.«

Die Frau lächelte und enthüllte weiße, makellose Zähne. Auffallend schöne Zähne, fand Sarah.

»Sie sind wütend. Das verstehe ich. Ich hasse es auch, zu warten. Aber manchmal muss es sein. Schließlich wollen wir uns für jeden von Ihnen ausreichend Zeit nehmen. Und mit Herrn Stiller gestaltet sich die Kommunikation eher schwierig, wie Sie sich sicher denken können.«

Nun kroch kalte Angst ihren Rücken hinauf.

»Was haben Sie mit Max gemacht?«

»Wussten Sie, dass die Adeligen seinerzeit im Sitzen schliefen?«, sagte die Frau, ohne auf ihre Frage einzugehen. »Auf dem Sessel, auf dem Sie jetzt sitzen, hat einst Kurfürstin Elisabeth Augusta einige Nächte verbracht. Wir wissen nicht, ob sie in voller Montur schlief, also mit Perücke und Kleid. Aber es muss auch so wahnsinnig unbequem gewesen sein.«

Sarah schwieg.

»Die Leute hatten Angst, im Schlaf vom Tod überrascht zu werden«, fuhr die Frau fort. »Deswegen schliefen sie im Sitzen. Sie wollten nicht wehrlos herumliegen. Erstaunlich, nicht wahr? All der Aufwand, den wir heute betreiben, um einen erholsamen Schlaf zu finden. Weil wir wissen, wie wichtig er für unsere Gesundheit und unsere Psyche ist. Aber die Motivation ist die gleiche geblieben: Wir mögen auch heute noch keine Überraschungen, vielleicht sogar noch weniger als damals. Und wir möchten auch nicht vom Tod überrascht werden.«

Wehrlos war das richtige Wort. Genauso fühlte sich Sarah jetzt.

»Wie ist es mit Ihnen, Frau Weiss? Schlafen Sie gut, oder hält Ihre Tochter Sie sehr auf Trab?«

Die Angst schloss sich wie eine kalte Hand um ihr Herz, als die Frau Valerie erwähnte. Aber Sarah versuchte, sich nichts anmerken zu lassen. Sie schwieg immer noch.

»Ich weiß, dass Sie eher schüchtern sind, Frau Weiss. Darf ich Sie Sarah nennen? Ich bin Eva-Marie. Eva-Marie Mercure. All das ist fremd und ungewohnt für Sie, das verstehe ich. Ganz ehrlich: Das hier ist auch nicht so meins«, sie machte eine ausladende Bewegung mit der Hand, »das barocke Zeug. Könnte ich gut und gerne drauf verzichten. Ich mag es eher schlicht, minimalistisch. Aber ich konnte mir das leider nicht aussuchen, Sarah. Diese Einrichtung stammt noch von meinem Vorgänger. Er war etwas … wie soll ich sagen? Großkotzig? Aber sei's drum, sie erfüllt ihren Zweck. Wir sind hier völlig ungestört, niemand kann einfach so rein oder raus. Wir können uns absolut sicher fühlen.«

»Warum tue ich das nur gerade nicht?«, murmelte Sarah.

»Wie bitte?«

»Was soll das alles? Wer sind Sie eigentlich?«

Eva-Marie Mercure lächelte. »Tja, gute Frage. Wer bin ich eigentlich? Sagen wir, ich sorge dafür, dass alle gesund und glücklich sind.«

»Dann arbeiten Sie für das Ministerium?«

»Sarah, ich verstehe, dass Sie eine Menge Fragen haben. Aber ich habe erst einmal einige an Sie. Soviel zu Ihrer Information: Wir haben gerade Seuchenalarm ausgerufen, und das Ministerium für Gesundheit und Glück sowie die Seuchenkontrolle haben mich gebeten, dass ich mich um das Problem kümmere. Deswegen stehen Sie und Max Stiller unter Quarantäne.«

»Quarantäne? Wo sind die Ärzte? Warum sind wir nicht in einem Krankenhaus? Warum haben Ihre Soldaten die Schutzanzüge ausgezogen? Und warum tragen Sie keinen?«

Eva-Marie Mercure lächelte wieder ihr makelloses Lächeln.

»Sie haben ja recht, Sarah. Es gibt immer mehrere Wahrheiten. Welche wollen Sie hören? Die offizielle oder die inoffizielle?«

»Wie wäre es mit beiden?«

»Offiziell: Sie stehen unter Verdacht, einen gefährlichen Erreger in sich zu tragen und hoch virulent zu sein. Inoffiziell: Sie haben Staatsgeheimnisse offengelegt.«

»Staatsgeheimnisse?«

Mercures Lächeln verschwand. »Was wissen Sie über die Knochen?«

Sarahs Gedanken rasten in alle Richtungen. Wieso waren ein

paar Neandertaler-Knochen Staatsgeheimnisse? Waren es doch keine Neandertaler? Hatte die Regierung dort Behinderte exekutieren und verscharren lassen? Oder hatte sie Experimente an Menschen durchführen lassen? Wie sollte sie jetzt reagieren? Sollte sie die Wahrheit sagen? Oder besser nicht? Vielleicht wusste Mercure nicht alles, und sie würde sich und Max unnötig in Gefahr begeben, wenn sie zugab, über die Ungereimtheiten bezüglich der Knochen Bescheid zu wissen. Aber Termann würde ihr unter Garantie gestehen, dass sie die Datierungsergebnisse kannte. Sie musste sich für eine Strategie entscheiden, in der Hoffnung, dass es die richtige sein würde.

»Was soll ich darüber wissen? Es sind die Knochen von Neandertalern. Seit wann ist so etwas ein Staatsgeheimnis?«

Mercure fixierte sie, das Kinn auf ihre gefalteten Hände gestützt.

Sarah fuhr fort, als ihr Gegenüber beharrlich schwieg. »Kommissar Nix hat uns gestern Abend aus Berlin hergebeten. Er wollte, dass wir sie uns ansehen.«

»Und?«

»Was und? Es ist ein Wahnsinnsfund. So viele Neandertaler-Individuen auf einem Haufen ist sehr selten. Und dann noch im Neandertal, das eigentlich als gänzlich erforscht galt.«

»Hat Sie das nicht gewundert?«, fragte Mercure.

Sarah zuckte mit den Schultern.

»Ja, schon.«

»Ist Ihnen an den Knochen sonst noch etwas aufgefallen?«

Was sollte sie antworten? Sie hielt Mercure instinktiv für zu schlau, als dass sie ihr etwas vormachen konnte. Sie entschied sich für die Wahrheit, die serielle Wahrheit.

»Sie sahen komisch aus.«

»Komisch?«

»Zu gut erhalten. Zu vollständig.«

»Vielleicht ist es eine gut konservierte Fundstätte?«

Sarah schüttelte den Kopf.

»Knochen, die 40.000 Jahre oder älter sind, sehen nicht so aus.«

»Was vermuten Sie dann?«

»Ich weiß es nicht.«

»Sie haben Herrn Termann gebeten, eine Altersdatierung der Knochen vorzunehmen.«

»Ja.«

»Und? Was hat er Ihnen gesagt?«

»Das wissen Sie doch offensichtlich schon. Er hat gesagt, dass die Knochen keine hundert Jahre alt sind.«

»Und?«

»Und was?«

Eva-Marie Mercure legte die Hände auf den Tisch. Sie schwieg, die Miene unbewegt. Aber ihr Körper artikulierte eine unmissverständliche Warnung: Keine ausweichenden Antworten mehr.

»Okay, es ist einfach nicht möglich«, sagte Sarah. »Die Neandertaler sind ausgestorben. Es gibt nur zwei Erklärungen: Entweder Termann irrt sich, oder *wir* irren uns, und es handelt sich doch nicht um Neandertaler-Knochen.«

»Herr Termann teilt Ihre Meinung, dass die Knochen von Neandertalern stammen«, sagte Eva-Marie Mercure.

Sie schüttelte den Kopf.

»Es kann nicht sein.«

Eva-Marie Mercure stand auf, lief um den Tisch herum und setzte sich halb auf seine Vorderkante. Sie winkelte ein Bein leicht an, dabei rutschte ihr Kleid ein Stück nach oben und entblößte ihre Oberschenkel. Ihre makellosen, nackten Oberschenkel. Sie trug keine Strumpfhose.

Mercure gab dem Soldaten ein Zeichen. Er stand auf und verließ den Raum. Sie waren nun allein.

»Was wissen Sie über Projekt Neanderthal?«, fragte Mercure und sah ihr fest in die Augen. »Neanderthal mit T-H.«

Sarah war verdutzt.

»Ich verstehe nicht, was Sie meinen.«

Mercure hielt den Blick noch für einen Moment. Wollte sie prüfen, ob sie log? Dann löste sie ihre Augen von Sarahs.

»›Neanderthal‹ war ein wissenschaftliches Geheimprojekt, das vor etwa vierzig Jahren durchgeführt wurde. Sein Ziel war die Klonierung des Neandertalers. Mehrerer Neandertaler-Männer, um genau zu sein.«

»Was?«

»Ich weiß, es klingt absurd. Und wenn Sie mich fragen, war es auch ein völlig absurdes Projekt.«

»Warum würde man so etwas tun?«, fragte Sarah. Sie fühlte sich gerade wie in einem Traum. Sie war gefangen in der Versailles-Version eines Geheimbunkers. Und diese unheimliche Katzen-Frau erzählte ihr von geheimen unethischen Experimenten. Das war alles so unwirklich.

»Es waren andere Zeiten. Europa war damals in Unruhe. Islamistischer Terror erschütterte zahlreiche Länder, Griechenland war pleite, die Briten hatten Europa verlassen, der Kontinent drohte auseinanderzubrechen. In Syrien tobte währenddessen ein mörderischer Bürgerkrieg, der Millionen Flüchtlinge produzierte, die die EU zusätzlich belasteten. Die Türkei wurde faschistisch, verbündete sich mit Russland und bildete einen neuen Block gegen die USA. Dort kam Donald Trump an die Macht. Die Folge war ein neuer Kalter Krieg. Die Europäische Union beschloss, etwas zu unternehmen.«

»Und? Was hat das alles mit Neandertalern zu tun?«

Eva-Marie Mercure stand auf. Ihr Kleid rutschte wieder einige Zentimeter nach unten. Sie lief mit dynamischen Schritten auf und ab.

»Es gab damals mehrere Task-Forces, die untersuchen sollten, woher all diese Negativität kam, dieses destruktive Verhalten. Vergessen Sie nicht, Europa hatte bereits zwei mörderische Weltkriege hinter sich. Darauf folgte eine lange Friedensphase, und man war eigentlich der Meinung, dass die Zivilisation die destruktiven Eigenschaften des Menschen im Zaum halten würde. Aber dann, mit der Jahrtausendwende, gab es diesen plötzlichen Rückschritt. Terroranschläge auf die USA waren der Anfang. Jahrzehntelanger globaler Terrorismus produzierte noch mehr Hass und Intoleranz, alles wahrscheinlich katalysiert durch das damalige überwiegend unregulierte Internet. Man suchte nach Antworten und nach Lösungen. Auch nach ungewöhnlichen. Und so kamen die Neandertaler ins Spiel.«

»Wie das?«, fragte Sarah.

Eva-Marie Mercure schüttelte den Kopf. »Es gab einige Wissenschaftler, Anthropologen, Genetiker und vor allem Hirnforscher, die der Meinung waren, dass in Homo sapiens ein Webfehler steckte, diese Destruktivität in unserer Natur genetisch fest verankert sei. Die Idee bestand nun darin, diesen Webfehler aufzuspüren. Aber wie, wenn man keinen Vergleich hat? Schließlich ist im Laufe der Evolution nur eine einzige Menschenart übriggeblieben. Wir.«

Sarah schwirrte der Kopf. Sie war müde und hatte Angst. Es fiel ihr schwer, Mercures Ausführungen zu folgen. Der Gedanke an Flucht schoss ihr durchs Hirn. Vorsichtig sah sie sich im Raum um, sah zu der hohen verschlossenen Tür. Stand der Soldat in diesem Moment davor? Standen vielleicht Soldaten vor jeder der Türen, hinter denen gerade Max, Termann und sein Mitarbeiter verhört wurden? Und oben warteten noch mehr Soldaten. Sie würden sie durch den Wald jagen. Sie musste irgendwie an eine Waffe kommen, sonst hatte sie keine Chance.

»Irgendjemand kam mit der verrückten Idee, dass die Neandertaler die bessere Version des Menschen waren. Und ist es nicht so, dass wir sie seinerzeit sehr wahrscheinlich ausrotteten? Weil wir zu böse und sie zu gut waren? Und sich nicht resolut gegen die Invasoren aus Afrika zur Wehr setzten? Wie etliche Tausend Jahre später die Ureinwohner Amerikas gegen die Spanier?«

Eva-Marie schüttelte den Kopf. »Sarah, es ist mir fast peinlich, diese Argumente und Ansichten zu wiederholen, ich halte sie für völlig lächerlich. Aber ich will Ihnen lediglich die Motivation dahinter verdeutlichen.«

»Der Vergleich hinkt«, sagte Sarah. »Die Konquistadoren besaßen Schusswaffen und waren gefechts- und kriegstechnologisch haushoch überlegen.«

Mercure lächelte und deutete mit einem Zeigefinger auf Sarah. »Guter Einwand, er wurde damals auch vorgebracht, leider befeuerte er das Projekt nur. Denn die Neandertaler – korrigieren Sie mich, wenn ich etwas Falsches sage, Sarah, Sie sind die Neandertaler-Expertin – die Neandertaler waren genauso intelligent wie unsere Vorfahren und verfügten über ebenso effiziente Waffen wie sie, nicht wahr? Sie konnten also nicht einfach aufgrund überlegener Technik ausgerottet worden sein. Und waren sie nicht dank ihres Körperbaus weitaus stärker und besser angepasst an die eiszeitliche Umgebung im damaligen Europa? Hätten sie daher nicht einen deutlichen Vorteil gegenüber unseren Vorfahren mitbringen müssen, die aus dem warmen Afrika ins ungemütliche Europa kamen?«

Sarah nickte.

»Sehen Sie, Sarah, es klingt zunächst völlig logisch«, sagte Eva-Marie Mercure. Sie hatte sich wieder an den Tisch gesetzt. »Und so schlussfolgerten damals einige Wissenschaftler, dass es ein unbekannter Faktor gewesen sein musste, der Homo sapiens den entscheidenden Vorteil verschafft hatte. Und der schließlich dazu geführt hatte, dass die Neandertaler ausstarben und unsere Spezies den Planeten eroberte.«

»Und welcher geheimnisvolle Faktor soll das gewesen sein? Etwa unsere Aggression? Die Neandertaler waren auch aggressiv. Es gibt mehrere Hinweise auf Gewalt, Mord und Kannibalismus unter ihnen. Sie waren sehr wahrscheinlich kein bisschen besser als wir.«

»Ich stimme Ihnen zu, Sarah. Nur …«

Plötzlich verdrehte Eva-Marie Mercure für einen Moment die Augen, so heftig, dass Sarah das Weiße darin sehen konnte.

»Entschuldigen Sie mich«, sagte sie, ihre Stimme klang auf einmal seltsam kehlig. Dann rannte sie zur Tür, stieß sie auf und stürzte hinaus. Sarah hörte, wie sie jemandem, den Sarah nicht sehen konnte, etwas zurief. Es musste der Soldat sein. Was war los? Wieso hatte sie so merkwürdig die Augen verdreht? Oder gab es einen Notfall? War sie mit einem unsichtbaren Receiver ausgestattet, der ihr gerade eine dringende Nachricht übermittelt hatte? Sarahs erste Sorge galt Max. War alles mit ihm in Ordnung?

Einige Augenblicke saß sie alleine da, in ihrem bizarren Sessel. Dann kam der Soldat zurück ins Zimmer. In seiner Miene stand Ratlosigkeit, aber er sagte nichts und postierte sich wieder am Eingang.

Minuten vergingen. Sarahs Gedanken kehrten zurück zu dem, was Eva-Marie Mercure erzählt hatte. Projekt Neanderthal. Ob es wirklich stimmte, dass sie Neandertaler geklont hatten? Sarah war keine Genetikerin. Aber ja, die DNA zu manipulieren war heutzutage kinderleicht geworden. Gen-Architektur hatte sich in eine Dienstleistung verwandelt. Firmen waren prinzipiell in der Lage, Bakterien, Pflanzen oder Tiere mit bestimmten gewünschten Eigenschaften in Auftrag zu geben. Beim Menschen waren Erbgut-Eingriffe strenger reglementiert, jedenfalls in

Deutschland und der gesamten EU. Aber keiner wusste, was in Russland oder Nordkorea los war. Sie kannte die Gerüchte, dass man dort Menschen geklont hatte. Und nicht nur das; es hieß auch, dass man ihnen bestimmte Eigenschaften verliehen hatte. Die Presse spekulierte über Super-Soldaten.

Aber ob die Gentechnik vor vierzig Jahren schon so weit gewesen war? Sie wusste, dass man damals durchaus Klone herstellen konnte und tatsächlich die ersten Stufen im Reagenzglas zu Forschungszwecken produziert hatte. Aber Neandertaler? Mit viel Mühe konnte man aus alten Knochen DNA extrahieren, falls diese nicht zu alt waren. Die gewonnene DNA war allerdings in kleine Stücke zerfallen. Hitze und Kälte, Sonnenstrahlen, Chemikalien, Bakterien – sie alle hatten jahrtausendelang Zeit, an den Knochen im Boden zu nagen. Kurz nach dem Tod des Neandertaler-Individuums begann dieser Zerfallsprozess der DNA, und sie zerfiel weiter, als Homo sapiens den Boden darüber beackerte, die ersten Städte errichtete, als die Römer Germanien einzunehmen versuchten, als in Deutschland der Dreißigjährige Krieg tobte, das Kaiserreich gegründet wurde, die Soldaten im Ersten Weltkrieg an die Front ausrückten und Adolf Hitler Deutschland zur Todesfabrik machte. Der Zahn der Zeit, er nagte und nagte, denn er zerfiel nie.

Gut, überlegte Sarah. Vor vierzig Jahren hatten findige Wissenschaftler die Puzzleteile zu einem Gesamtbild zusammengesetzt. Am Ende hatte man das nahezu gesamte Erbgut des Neandertalers ermittelt – allerdings nur dessen Code. Es gab kein funktionierendes DNA-Molekül, das man in eine Eizelle packen konnte, aus der sich dann ein Embryo im Mutterleib entwickeln konnte. Es war ihr ein Rätsel, wie sie ohne funktionierende DNA Urmenschen geklont hatten. Aber irgendwie war es ihnen anscheinend gelungen, wenn es stimmte, was Eva-Marie Mercure erzählte. Und dann mussten die Babys noch ausgetragen werden.

Alleine bei der Vorstellung einer Schwangerschaft mit einem Neandertaler-Baby wurde ihr mulmig. Die Neandertaler waren weitaus stämmiger als moderne Menschen gebaut gewesen. Für eine Frau war das eine hochriskante Schwangerschaft. Wie konnte man nur so abgebrüht sein, solch ein Projekt durchzuziehen?

Die Minuten vergingen.

»Was ist los?«, fragte Sarah den Soldaten. »Wo ist Frau Mercure?«

Er reagierte nicht.

Gedankenverloren griff Sarah sich ans rechte Ohr, eine Bewegung, die sie oft unbewusst vollführte, weil sie kontrollieren wollte, ob ihr Clip noch daran war. Seit ihrer Kindheit trug sie einen Ohrclip. Einmal, ausgerechnet bei einer Geburtstagsfeier, war er abgefallen, und all die anderen Kinder hatten ihr deformiertes Ohrläppchen gesehen. Sie nahm ihn unauffällig ab, verdeckte aber mit ihrer Hand das Ohrläppchen, damit es der Soldat nicht sah. Dann rieb sie es kurz und befestigte den Clip wieder.

Sie dachte an Valerie. Schuldgefühle überkamen sie, Schuldgefühle, die sie ohnehin quälten, wenn sie ihre Tochter verlassen musste, was in ihrem Job viel zu häufig der Fall war. All die Grabungen. All die Konferenzen. Die Nachtschichten, wenn Papers fertiggestellt werden mussten. Sie wollte keine Mutter sein, die nie für ihre Tochter da war. Sie wollte, dass Valerie es anders hatte als sie selbst, die sie ihr ganzes Leben mit dem Bild einer toten Mutter verbracht hatte. Einer Mutter, die zeitlebens auf ihrem Gewissen gelastet hatte.

Die Tür ging auf, und Eva-Marie Mercure trat ein. Ohne etwas zu sagen, ging sie zurück zum Schreibtisch und setzte sich. Dabei gab sie dem Soldaten ein Zeichen. Er stand auf und verließ das Zimmer wieder.

»Gut, wo waren wir stehen geblieben?«

Sarah fiel auf, dass ihre Haare nicht mehr so perfekt lagen wie zuvor. Und ihr Blick wirkte abwesend.

»Sie hatten mir von dem Klonprojekt erzählt«, sagte Sarah. »Man hoffte, lebenden Neandertalern das Geheimnis zu entlocken, warum sie angeblich die besseren Menschen waren.«

»Äh, ja, genau. Nun, wie gesagt, Sarah, ich, äh, teile Ihre Skepsis. Es ist nur so ...« Sie brach ab. »Ich ... was wollte ich sagen? Also die Wissenschaftler glaubten damals, dass es einen unbekannten Faktor gab. Also, ich meine ...«

Ihr scharfer Ton war verschwunden. Mercure wirkte abwesend, unkonzentriert, fahrig.

»Der unbekannte Faktor, der erklärt hätte, warum sie ausstarben und unsere Vorfahren überlebten?«, sagte Sarah.

»Ja, genau. Sie als Anthropologin und Expertin für diese Urmenschen, Sie, Sarah, wissen das bestimmt selbst ganz genau. Haben die ...«

Sie brach ab, suchte offenbar nach Worten. Einige Momente verstrichen. Was war los mit ihr? Sie war wie verwandelt. Ihre Furcht einflößende Selbstsicherheit war wie weggeblasen. Vor Sarah saß eine nervöse Frau, die mit ihren Gedanken ganz woanders zu sein schien.

»Was ist los?«, fragte Sarah. »Wo waren Sie eben? Ist etwas mit Max?«

Eva-Marie Mercure ignorierte ihre Fragen. Sie rieb sich das Gesicht und presste kurz die Augen zusammen. Es war, als wäre sie gerade aus dem Schlaf erwacht und würde nun versuchen, wach zu werden.

»Also, die Neandertaler haben fast eine halbe Million Jahre lang in Europa existiert und sind ausgestorben, als Homo sapiens von Afrika aus nach Europa einwanderte. Richtig?«

»Sie sind ein paar Tausend Jahre später ausgestorben, das ist richtig«, sagte Sarah. Sie beobachtete Eva-Marie Mercure neugierig. Jetzt wirkte sie wieder etwas gefasster.

»War das Zufall, Sarah?«

Sarah seufzte. Sie hatte keine Lust, mit dieser Frau die alte akademische Debatte zu führen. Sie wollte wissen, was sie mit ihnen vorhatten und ob es Max gut ging.

»Das ist die alte Frage nach dem Grund, warum der Neandertaler ausstarb. Es gibt viele plausible Theorien. Ich glaube nicht daran, dass unsere Vorfahren die Bösen waren und die gutmütigen Neandertaler abgeschlachtet haben. Das ist mir einfach zu simpel. Zumal es, wie ich schon sagte, Hinweise darauf gibt, dass die Neandertaler wahrscheinlich kaum weniger aggressiv waren.«

»Waren sie es wirklich?«, fragte Mercure.

»Wir wissen es nicht.«

»Was, glauben Sie, war dann der Grund für ihr Aussterben?«, fragte Mercure.

Sarah zuckte mit den Schultern. »Vielleicht war es ein Vulkanausbruch? Vielleicht hatten sie einfach Pech? Sie waren ja nicht sehr zahlreich; wir wissen, dass es nie mehr als 10.000 Neandertaler gleichzeitig gab. Sie lebten in relativ kleinen Gruppen über diesen riesigen Kontinent verstreut. Wann sind sich da überhaupt mal Neandertaler untereinander begegnet? Also konnten sie auch kaum Individuen untereinander austauschen – Inzucht muss ein Problem für sie gewesen sein, das haben genetische Analysen bestätigt. Also litten sie wahrscheinlich an Erbkrankheiten. Dazu die Kälte und die gefährliche Jagd. Vielleicht waren sie bezüglich ihrer Population und Konstitution schlicht nicht mehr stark genug als unsere Vorfahren aus Afrika einwanderten. Wir haben sie wahrscheinlich einfach überrannt.«

Eva-Marie Mercure nickte.

»Genau so würde ich auch argumentieren, und so wurde auch argumentiert. Doch die Fraktion der Neandertal-Kloner setzte sich durch. Sie wollten sich den vermeintlichen Urzeit-Gandhi mit eigenen Augen anschauen und ihn genau untersuchen. Ich schätze, man wollte das Risiko vermeiden, mögliche Antworten zu verpassen, die nur die Studie am lebenden Objekt liefern konnte.«

»Okay«, sagte Sarah. »Vergessen wir mal, dass das ethisch völlig untragbar war – ich meine, heute herrscht nicht umsonst ein striktes Klonverbot für Menschen …«

»Das kommt darauf an, ob man Neandertaler als Menschen anerkennt und ihnen die gleichen Rechte wie uns zugesteht«, sagte Eva-Marie Mercure.

Sarah stutzte einen Moment. Sie konnte gar nicht glauben, dass man auf die Idee kommen konnte, Neandertaler nicht wie Menschen zu behandeln.

»Gut. Lassen wir die ethische Debatte außen vor. Lassen wir außerdem außen vor, dass ein paar geklonte Neandertaler in einem völlig fremden Habitat aufwachsen würden, welches nichts, aber auch gar nichts mit der Welt zu tun hat, in der sie vor 50.000 Jahren lebten. Ignorieren wir diese Einwände und nehmen wir einfach an, man hätte den Gutmenschen-Faktor tatsächlich gefunden. Was erhoffte man sich dann davon? Wollte man nach und nach die Menschheit durch Neandertaler ersetzen?«

Mercure lachte. Sarah fiel ein roter Schimmer auf einem ihrer Schneidezähne auf. War das Blut? Was hatte sie draußen getrieben? Sich geprügelt?

»Nein, natürlich nicht. Man hoffte damals, eine Region im Hirn der Neandertaler zu finden, die für dieses angeblich sanftmütigere Verhalten verantwortlich war. Oder eine andere Hormon-Konstellation. Irgendwas Physiologisches. Und dann wollte man das ›Jesus-Gen‹ in ihrem Erbgut aufspüren, das dies hervorrief …«

»Wollte man es dann etwa in unser Genom einfügen? Ach du meine Güte …«

»Ich bin da ganz bei Ihnen, Sarah. Ein völlig idiotisches Projekt. Es hätte am Ende dazu geführt, dass wir den menschlichen Genpool, den wir seit Jahrzehnten mühsam von Krankheitsgenen und anderen Risikofaktoren befreien, korrumpieren.«

Alles im Namen von Gesundheit und Glück.

»Leider wurde Projekt Neanderthal am Ende durchgeführt. Zwölf Neandertaler-Männer wurden geklont …«

Sarah musterte Eva-Marie Mercures Gesicht genau, als sie diese Worte sprach. Ihr Tonfall war sachlich, ohne irgendein Anzeichen von Ironie oder Lüge darin.

»Sie sagen: Zwölf Neandertaler-Männer. Warum zwölf? Warum nur Männer?«

»Warum nicht zwölf? Und Männer wohl deswegen, weil man sie – ausgehend von den Erfahrungen unserer Spezies – für die Haupt-Aggressoren hielt. Auch wenn ich das bezweifle …«

Mercure ließ erneut ihre wunderschönen Zähne in einem Lächeln aufblitzen.

Das glaube ich gerne, dass du das bezweifelst.

»Man hoffte also, insbesondere bei Männern die Quelle für einen Verhaltensunterschied zu entdecken. Warum es genau zwölf Klone waren, kann ich Ihnen nicht sagen. Aber als man sie klonte …«

»Woher hatte man die Neandertaler-DNA?«

Mercure blickte ungehalten, als Sarah sie erneut unterbrach.

»Sie wissen, dass die DNA, die man aus fossilen Neandertaler-Knochen gewinnen kann, fragmentiert ist«, sagte Sarah. »Die können Sie nicht einfach in eine Eizelle packen und dann einen Klon erzeugen.«

»Die genetischen Details spielen im Augenblick keine Rolle. Ich kann Ihnen nur versichern, dass es Ihre Mutter geschafft hat.«

Es traf sie wie ein Schlag.

Was hatte Eva-Marie Mercure da eben gesagt?

»Wie bitte?« Ihr fiel auf, dass ihre Stimme, die sie ohnehin nie gemocht hatte, weil sie so tief war, jetzt einen noch kehligeren Ton angenommen hatte.

»Jocasta Weiss«, sagte Eva-Marie Mercure, Sarahs Überraschung und Fassungslosigkeit sichtlich genießend. »Ihre Mutter.«

Sarahs Muskeln spannten sich unwillkürlich an. Mercure fuhr fort. »Sie war an Projekt Neanderthal beteiligt. Oder besser gesagt: Sie war die tragende Säule des Projekts.«

Sarah spürte die Hitze zuerst in ihrem Kopf, dann in ihrem ganzen Körper. Ein Bild erschien vor ihrem inneren Auge. Es war ein Foto, das in ihrem Wohnzimmer auf der Kommode stand und das sie so oft betrachtet hatte, weil es eines der wenigen Bilder war, das ihre verstorbene Mutter zeigte. Die Mutter, die sie nie kennengelernt hatte. Die Fotografie zeigte Jocasta und ihren Vater Pascal, neben ihnen ein Kinderwagen, in dem ihr Bruder Otto lag; damals musste er gerade zwei Jahre alt gewesen sein. Das Foto war an der Amalfi-Küste aufgenommen worden. Ihre Eltern waren damals beide etwa Mitte 30 gewesen. Ihre Mutter, ihr Vater und ihr Bruder standen auf der »Terrasse der Unendlichkeit«, in dem Bergdorf Ravello, das über die Bucht von Amalfi blickte. Sarah war selbst einmal dort gewesen, allein, ohne Robert, noch vor Valeries Geburt. Sie hatte einen Schauder der Ehrfurcht gespürt, zum einen, weil die Terrasse ein atemberaubendes Panorama bot. Zum anderen, weil sie die Macht der Zeit gespürt hatte. An diesem Ort hatten ihre Eltern vor einem Vierteljahrhundert gestanden und sich geliebt und ihrer Liebe die offizielle Kulisse der Ewigkeit verleihen wollen.

Sie sah die Fotografie vor ihrem inneren Auge: Jocasta Weiss war eine zierliche Frau mit aristokratisch wirkenden Gesichtszügen. Die Stupsnase und das Kinngrübchen lockerten diesen eher strengen Eindruck etwas auf. Mit ihren langen braunen Haaren sah sie französisch aus. Ihr mindestens einen Kopf größerer Mann hatte den Arm um sie gelegt und sah sie so verliebt von der Seite an, als würde er jeden Moment dahinschmelzen vor Glück. Ihren anderen Arm hatte Jocasta – verbotenerweise – um eine der Marmorbüsten gelegt, die die Terrasse zierten. Trotz der Sonnenbrille sah man, dass sie über das ganze Gesicht strahlte.

Deutlich war die Rundung ihres Bauchs unter dem gestreiften Kleid zu erkennen. Sie war schwanger mit ihr gewesen. Sarah war bereits in ihrem Körper, ein kleiner Embryo, vielleicht drei Monate alt.

Auf der Aufnahme waren beide noch so jung, so voller Lebenslust. Ihr Vater, den sie immer als schwermütigen Mann erlebt hatte, war inzwischen depressiv geworden; glücklicherweise handelte es sich um eine »normale«, nicht die Große Depression. Und ihre Mutter würde wenige Monate nach der Aufnahme tot sein. Wegen ihr.

Sa-rah, Sa-rah, hat keine Ma-ma, Ma-ma!

Diese verliebte Frau auf der Terrasse der Unendlichkeit war nun auf einmal hier, in diesem merkwürdigen Gefängnis unter der Erde. Aus dem Kontext ihrer Kindheit gerissen durch den Mund dieser unheimlichen Frau und in eine neue Rolle gezwängt – in die einer skrupellosen Wissenschaftlerin, die nicht gezögert hatte, Menschen zu klonen, Urmenschen. In Sarah zerbrach etwas. Ein schönes Bild zerbrach.

»Ohne die Expertise Ihrer Mutter wäre die Klonierung der Neandertaler nicht möglich gewesen. Ohne sie wären diese Urmenschen nicht wiederauferstanden«, sagte Mercure. »Sie können mir jetzt dabei helfen, das irrige Werk Ihrer Mutter zu korrigieren.«

Für Sarah war ihre Mutter immer eine große Unbekannte gewesen. Sie wusste von ihrem Ruf als berühmte Molekularbiologin und Genetikerin. Ihr Vater hatte ihr ein wenig von der Arbeit seiner Frau erzählt. Ihr Lebenswerk war es gewesen, Schweine und Rinder genetisch so zu verändern, dass ihre Organe keine Abstoßungsreaktion mehr produzierten. Das war ihr schon als blutjunge Wissenschaftlerin gelungen, und Jocasta Weiss hatte damit eines der drängendsten Probleme der Medizin gelöst – den Versorgungsengpass mit Spenderorganen. Es war die Erlösung für Millionen Menschen, die dringend auf eine neue Niere, Leber oder ein Herz warteten. Dafür war sie als Nobelpreiskandidatin gehandelt worden, die jüngste aller Zeiten.

Log Mercure etwa, weil sie sie manipulieren wollte? War es nur ein billiges Manöver, um sie auf ihre Seite zu ziehen?

»Wieso sagen Sie mir das erst jetzt?«, fragte Sarah.

»Ist es nicht rechtzeitig genug?«

»Sie wollen mir weismachen, dass meine Mutter an solch einem üblen Projekt beteiligt gewesen war? Warum sollte ich Ihnen das glauben?«

Aber irgendetwas in ihr sagte ihr, dass Eva-Marie Mercure nicht log.

Mercure griff wortlos in ihre Tasche und zog ihr Smart heraus. »Ich dachte mir schon, dass Sie mir nicht glauben würden. Daher habe ich Ihnen das hier mitgebracht.«

Sie tippte auf ihrem Smart herum. Dann aktivierte sie die Diorama-Darstellung und legte das Gerät auf den Tisch.

Über dem Smart erschien eine kleine Welt, ein Hologramm in etwa so groß wie eine Weinkiste, halbtransparent und in Farbe. Sarah konnte eine Gruppe von Menschen in weißen Kitteln sehen. Eva-Marie Mercure stand auf und trug das Gerät auf der flachen Hand zu ihr herüber; das Diorama schwebte mit wie eine treue Wolke. Sie blieb vor Sarahs Sessel stehen, und Sarah erhob sich, um das Bild näher zu betrachten.

»Erkennen Sie sie?«, fragte Mercure.

Auf dem Diorama waren mehrere Personen auszumachen, die sich zu einem Gruppenfoto aufgestellt hatten. Sie hatten Sektgläser in der Hand. Es waren fast ausschließlich Männer, und alle schauten leicht verkniffen ins Objektiv. Sarah konnte lediglich zwei Frauen erkennen; eine war blond und groß und stand rechts außen. Ihre Mutter stand inmitten der Gruppe. Sarah schätzte sie aufs gleiche Alter wie bei der Aufnahme aus Ravello, also auf etwa Mitte 30. Sie hielt ebenfalls ein Sektglas in der Hand und lachte.

»Und?«, fragte Sarah. »Was soll das beweisen? Das wurde offenbar in ihrem Labor aufgenommen.«

»Schauen Sie«, sagte Mercure. Sie machte eine Geste, und ein Play-Button erschien in der Mitte des Dioramas.

Mercure tippte mit ihrem Zeigefinger in die Luft, und die Personen im Diorama setzten sich in Bewegung.

Das Video begann, als offenbar jemand einen Witz gemacht hatte. Ihre Mutter gluckste los, mit krampfhaft geschlossenem Mund. Ihre sektglasfreie Hand hielt sie davor, weil sie augenscheinlich befürchtete, sonst Sekt zu spucken.

Zum allerersten Mal hörte Sarah das Lachen ihrer Mutter, und ein Schauer lief ihr über den Rücken. Ihr Vater besaß zwar ein paar Aufnahmen von ihr, aber keine davon präsentierte sie lachend. Wenngleich dieses Lachen wahrscheinlich nicht repräsentativ war. Sie gluckste wild vor sich hin. Einige ihrer Kollegen neben ihr verfielen ihrerseits in einen Lachkrampf und krümmten sich. Die Gruppe löste sich auf.

»Hey, stellt euch nochmal auf«, rief jemand auf Englisch. Wahrscheinlich ein Fotograf, der ein Gruppenfoto knipsen wollte, während die Diorama-Kamera lief. »Jocasta nochmal in die Mitte, und ihr drumherum!«

Sarah fixierte ihre Mutter, sog jede ihrer Bewegungen auf. Jocasta Weiss hatte sich jetzt wieder im Griff und dirigierte ihre

Kollegen mit in Formation. Aber immer wieder entschlüpften ihr weitere spontane Lacher. Sie sah sehr schön aus, wenn sie lachte, dachte Sarah. Unglaublich sympathisch. Und doch war klar zu spüren, dass sie in der Gruppe der Wissenschaftler den Ton angab, trotz ihres jungen Alters. Zielsicher bugsierte sie ihre Kollegen um sich herum, charmant und doch bestimmt. Sie hatte die Gruppe im Griff. Sarah entgingen einige der Blicke der Männer nicht: Sie zeigten offene Bewunderung, Ehrfurcht, vielleicht sogar etwas Verliebtheit. Sie ist der Mittelpunkt, dachte Sarah. Eine geborene Führungspersönlichkeit.

Ein kleiner Stich durchfuhr sie, weil sie selbst so anders war. Sie war immer die Schüchterne gewesen, schon im Kindergarten. Hatte sich in ihrer Haut nie richtig wohl gefühlt, war sich ihrer selbst nie ganz sicher. Schon früh richtete sich ihre Unsicherheit auf ihren Körper, als ihr dessen kleine Makel auffielen.

»Passen Sie auf, Sarah«, flüsterte Mercure.

Der Fotograf schoss mehrere Aufnahmen. Die üblichen Kommandos – »Lächeln!«, »Cheese!« – erklangen, die unvermeidlichen Witze ebenso. Einer rief nach Cheese dauernd irgendwelche Nahrungsmittel in den Raum: »Wurst«, »Kartoffeln«, »Käsekuchen«. Ihre Mutter begann immer wieder zu grinsen, wenn die Essens-Lächeln-Kommandos kamen, und unterdrückte mühsam einen erneuten Lachausbruch. Sie alle waren offensichtlich schon etwas angetrunken.

»Bring Adam!«, rief einer der Wissenschaftler. Er war klein und hatte ein lustiges rundes Gesicht.

»Yes! Adam and the other NTs! Bring them in!«

Nun entbrannten Diskussionen innerhalb der Gruppe. Offenbar waren nicht alle mit dem Vorschlag einverstanden. Ein großer, hagerer Mann protestierte. Schließlich hob Jocasta Weiss die Hände und klatschte ein paarmal hinein. Es wurde ruhig, die Blicke richteten sich auf sie.

»Okay, okay, guys. Calm down. Let's have some photos with the NTs, alright? No big deal.«

Ihre Stimme klang freundlich, aber entschieden. Einige Momente verstrichen, dann strömten mehrere Gestalten ins Bild. Sie trugen alle weiße Kleidung, eine Art weit geschnittenen Freizeitanzug aus Leinen, der Sarah stark an ihre Yoga-Kleidung erinnerte. Es waren mehrere Männer, keiner größer als einen Meter sechzig. Und sie alle waren unglaublich muskulös. Der Kreis der Wissenschaftler wich ein wenig zurück, um ihnen Platz zu schaffen. Jocasta wies die Männer in den weißen Anzügen an, sich neben ihr zu positionieren. Nach und nach drehten sie sich um. Als Sarah ihre Gesichter sah, hielt sie unwillkürlich die Luft an. Sie erkannte sofort die andersartigen Merkmale: niedrige fliehende Stirnen, die sich über die Augen vorwölbten, große runde Kiefer- und Mundpartien und die wuchtigen Nasen. Diese Gesichter waren nicht die Gesichter normaler Männer. Und sie unterschieden sich auch von dem Gesicht des toten Mannes in Düsseldorf. Es waren Neandertaler. Lebende Neandertaler.

13

BRIEF VON SARAH AN IHRE MUTTER

Berlin, 23. Juli 2031

Liebe Mami,

Heute hattest du Geburtstag, und wir haben dich besucht. Papa sagt, dass du heute 46 Jahre alt geworden wärest. 46! Und ich bin erst 10.

Wir waren an deinem Grab und haben gefeiert, Papa, Otto und ich. Die Sonne schien ganz toll. Die letzten Wochen war das Wetter hier in Berlin nicht so schön. Aber pünktlich zu deinem Geburtstag kam die Sonne!

Papa wollte, dass ich dieses Mal den Blumenstrauß aussuche. Ich habe ganz viele weiße Blumen genommen, weil Papa mir erzählt hat, dass du Weiß immer so mochtest. Weil das dein Name war. Unser Name. Also habe ich ganz viele weiße Tulpen gekauft. Otto sagte auch, dass es schön aussieht, und Otto sagt sowas nicht einfach, wenn es nicht stimmt. Aber das weißt du, du hast ihn ja noch kennengelernt.

Ich stelle mir vor, wie du gerade lächelst. Wie du von da oben auf dein Grab heruntergeblickt hast, als wir dich besucht haben.

Papa sagt, er ist froh, dass dein Grab nicht auf einem normalen Friedhof liegt, sondern mitten im Wald, ganz versteckt. Denn sonst hätten wir uns nicht einfach so auf deinen Grab-

stein setzen dürfen, so wie in Paris, das hat Papa erzählt. Da kommen die Leute immer zum Geburtstag und nicht zum Todestag. Dann setzen sie sich alle auf die Grabsteine und machen Picknick und spielen Musik, und die Kinder rennen und turnen überall herum. Und dort ist auch immer ein Foto auf dem Grab. Vielleicht auch, damit die tote Person ihre Familie sehen kann?

Auf deinem Grabstein ist auch ein Foto. Ich finde, du bist sehr schön. Ich wünschte, ich würde aussehen wie du. Aber ich bin eine Bohnenstange. Ich bin immer die Größte, das war schon im Kindergarten so. Das nervt mich. Warum kann ich nicht normal sein?

Neulich hat Herr Lange, mein Physiklehrer, uns von Radioaktivität erzählt. Er sagte, dass die Menschen früher große Atomkraftwerke gebaut haben, um Energie zu erzeugen. Dabei gab es manchmal Unfälle, und die radioaktive Strahlung ist ausgetreten. Es gab sogar Atombomben, die man explodieren ließ. Radioaktive Strahlung ist unsichtbar, aber sie macht krank. Sie verändert Tiere und Menschen. Vor allem Babys. Die können dann mit Missbildungen geboren werden. Peter aus meiner Klasse rief sofort, dass ich auch eine Missgeburt wäre. Weil ich so groß bin. Weil meine Arme und Finger so scheußlich lang sind und mein rechtes Ohrläppchen fast ganz fehlt und meine Stimme so komisch klingt, nicht wie die der anderen Mädchen. »Sarah-Mutante« hat Peter gerufen, und alle lachten, bis Herr Lange geschimpft hat. Es war schrecklich, Mama. Ich habe geweint.

Bin ich eine Mutante? Hast du Radioaktivität abbekommen wie die Frauen in Hiroshima? Papa sagt, dass das Quatsch ist. Die Atomkraftwerke sind alle ausgeschaltet und abgebaut. Er sagt, dass jeder Mensch Eigenarten hat. Manchmal auch komische. Und das sei etwas Gutes.

Aber ich habe so viele. Solche, die die anderen nicht sehen können: diese komische Spalte im Kopf, wo zum Glück genug Haare drüber sind und sie verdecken. Die vier Zähne, die nicht in meinen Mund passen und bald gezogen werden sollen. Meine Fingernägel ohne die hellen Halbmonde. Da mache ich jetzt schon Nagellack drauf, Papa hat's mir erlaubt.

Bin ich normal, Mama?

Ich schreibe dir hier, weil ich weiß, dass es nie jemand lesen wird – nur du. Niemand weiß überhaupt, dass ich dir Briefe schreibe. Auch diesen werde ich wieder gut in deinem Grab verstecken, werde wieder ein kleines Loch unter der Steinplatte graben und ihn ganz tief hineinschieben, dafür sind meine langen Arme wenigstens nützlich. Dort sind schon so viele Briefe.

Mama. Ich fühle mich schuldig. Weil du tot bist!

Ich habe dich umgebracht!

Jetzt ist es raus. So.

Ich schreibe es nochmal: ICH HABE DICH UMGEBRACHT!!!!!!!!

Es tut so gut, es endlich auszusprechen. Endlich ist es gesagt.

Weil ich das Gefühl habe, dass es verboten ist, es zu sagen, es auch nur zu denken.

Einmal habe ich Papa gefragt, ob ich dich umgebracht habe. Er wurde sehr traurig und fing an zu weinen. Er sagte, dass das nicht stimmen würde. Es wäre ein tragischer Unfall gewesen. Aber ich weiß, dass du ohne meine Geburt nicht gestorben wärst. Papa hat mir erklärt, was genau passiert ist. Das Wasser aus der Blase, in der ich als Embryo schwamm und heranwuchs und in das ich in der ganzen Zeit Pippi gemacht habe, ist während der Geburt in dein Blut geströmt und hat dich krankgemacht. So krank, dass du daran gestorben bist. Es ist doch wahr: Ich habe dich umgebracht.

Es tut mir so leid, Mama …

Papa war furchtbar traurig, als ich mit ihm darüber redete. Deswegen kann ich mit ihm nicht darüber sprechen, weil ich weiß, dass er dich so furchtbar vermisst.

Und ich? Ich kann dich nicht mal vermissen, weil ich dich nie kennengelernt habe. Das ist so ungerecht! Ich hätte dich so gerne kennengelernt, Mama. Alle erzählen immer, wie toll du warst. Oma und Opa haben das gesagt. Und auch Otto erinnert sich an dich.

Du sollst so schlau, so schön, so erfolgreich gewesen sein.

Und ich? Ich bin eine Mutante. Traurig. Schuldig.

So fühlt es sich für mich an, Mama.

Aber vielleicht liest du meine Briefe, da oben im Himmel, wo du jetzt bist. Und ich hoffe, du denkst nicht so schlecht von mir und bist nicht böse auf mich.

Ich wünschte, ich wäre nie geboren worden, damit du noch am Leben wärst.

Deine Sarah

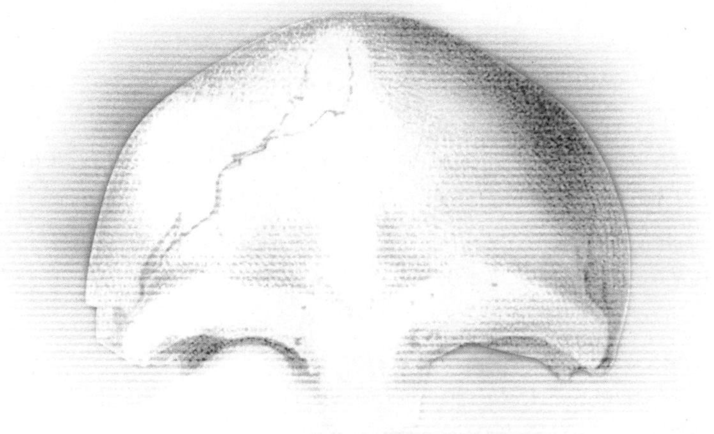

TEIL ZWEI

14

DAS VERHÖR II

»Glauben Sie mir jetzt, Sarah?«

Eva-Marie Mercure hatte sich wieder an ihren Schreibtisch gesetzt und beobachtete sie. Ihren Unterlagen hatte sie noch mehrere Fotografien entnommen. Sie zeigten Jocasta Weiss mit verschiedenen Neandertalern. Sarah erkannte auf den weißen Anzügen der Urmenschen kleine Namensschildchen. Adam, Matthäus, Judas, Petrus – es waren ausnahmslos biblische Namen. Die Projektverantwortlichen hatten offenbar ihren eigenen Sinn für Humor besessen.

Sarah betrachtete die Fotografien lange und eindringlich. Sie studierte die fremden Gesichter. Es war einfach unglaublich. Auf diesen Bildern waren leibhaftige, lebendige Neandertaler zu sehen. Vertreter einer anderen, längst ausgestorbenen Spielart des Menschen.

Sarah konnte nur wenige Abweichungen zu den vielen Neandertaler-Rekonstruktionen ausmachen, die sie aus Büchern oder von Nachbildungen in Museen kannte. Die Nasen waren nicht so groß, wie man immer angenommen hatte. Ihr fiel auf, dass die Nase des toten Düsseldorfer Hybriden – wenn er denn wirklich ein Hybrid war, woran sie jetzt allerdings kaum noch zweifelte – erstaunlicherweise größer war als die der Neandertaler selbst. Und auch die Haarfarben fielen sehr unterschiedlich aus, keineswegs überwiegend hell und rot, wie üblicherweise für die Neandertaler angenommen.

Faszinierend war außerdem, wie verschieden die Männer aussahen. Adams Gesicht war schmaler als das der anderen. Seine Augenbrauen waren leicht gewölbt und nicht so schnurgerade und kurz wie die der anderen. Auffallend an ihm waren seine strahlend hellblauen Augen. Adam sah einem Homo sapiens eindeutig am ähnlichsten.

Judas, der als Einziger einen feuerrot leuchtenden Dreitagebart trug, entsprach mit seinem wuchtigen Kiefer und den großen Zähnen am ehesten dem Bild des klobigen Neandertalers. Petrus hatte die größten Augen von ihnen allen, was ihm einen permanent neugierigen Gesichtsausdruck verlieh. Matthäus mit seinen Drahthaaren und den vollen Lippen war ebenfalls eher der grazile Typ.

Sarah hatte immer nur Knochen und Schädel miteinander verglichen. Dort waren die individuellen Merkmale nicht ganz so auffällig. Aber natürlich, warum sollte es bei Homo neanderthalensis anders sein als bei Homo sapiens? Mensch war Mensch, auch wenn sich einige Grundmerkmale unterschieden. Die feinen individuellen Ausgestaltungen von solch komplexen Gesichtern wie den menschlichen mussten zwangsläufig eine große Variationsbreite aufweisen. Sie wusste das, und zwar seit geraumer Zeit; es aber dann auch wirklich zu sehen, war noch einmal umso eindrucksvoller.

Das Alter der Neandertaler war jeweils schwer zu schätzen. Ihre insgesamt hypermännlichen Gesichter und ihre muskulösen Körper ließen sie vermutlich älter wirken. Aber ihre Haut sah noch glatt und jung aus. Sarah schätzte, dass sie alle um die 18 Jahre alt waren.

Was Sarah besonders verwirrte, war der größere Kontext. Die Neandertaler-Männer auf dem Diorama und den Fotografien waren keine grimmigen und langbärtigen Urmenschen, in Felle gekleidet und mit Speeren in der Hand, wie man es von Rekonstruktionen her kannte, sondern rasiert und frisiert, in moderner Kleidung. Es waren junge Männer, die freundlich und entspannt in die Kamera schauten, als hätten sie gerade ihren Schulabschluss gefeiert.

»Sie waren innerhalb von nur fünf Jahren ausgewachsen«, sagte Eva-Marie Mercure.

Ihre Stimme riss Sarah aus ihren Gedanken. Sie blickte auf. »Ich verstehe nicht.«

»Um Zeit zu sparen, hat man die Entwicklung der Neandertaler-Klone beschleunigt«, sagte Mercure. »Man verfügte über die entsprechende Technologie, nicht zuletzt dank Ihrer Mutter. Die Klone waren daher schon nach fünf Jahren erwachsen und nicht erst nach fünfzehn, wie nach allgemeinem Kenntnisstand für Neandertaler typisch. Man hatte vermutlich Zeit sparen wollen, weil die dringliche Weltlage das erforderte.«

Sarahs Gedanken schweiften erneut ab, kehrten zurück zu dem Bild von der Terrasse der Unendlichkeit. Es war im Frühjahr 2021 aufgenommen worden. Sarah war im Herbst zur Welt gekommen. Ihre Mutter war damals also noch ins Klonprojekt oder dessen Endstadium involviert gewesen.

»2021 interessierte sich jedenfalls niemand mehr für zwölf Neandertaler-Männer«, sagte Mercure. »Aber leider führte das auch zu einer gewissen Nachlässigkeit …«

»Nachlässigkeit?«

Mercure nickte. »Es gab Probleme.«

»Welche Probleme?«

»Die Neandertal-Klone entkamen.«

»Was?«

»Sie müssen Hilfe von Menschen erhalten haben.«

»Neandertaler waren auch Menschen«, murmelte Sarah.

»Wie? Oh ja, natürlich«, Mercure lächelte. »Verzeihen Sie. Sie haben ganz recht. Mit Homo neanderthalensis teilen wir uns natürlich einen gemeinsamen Vorfahren. Da können Sie sehen, was es bewirkt, wenn man zu lange alleine ist. Wir haben längst vergessen, dass es Zeiten gab, in denen wir nicht die einzige Krone der Schöpfung waren. Eine Zeit, in der zwei Könige herrschten.«

I, I will be king.

Die Zeile aus »Heroes« kam ihr in den Sinn. Automatisch musste sie an Max denken. Hoffentlich ging es ihm gut.

»Es gab sogar mal drei.«

»Ah, die Expertin mal wieder«, Mercure lächelte. »Sie meinen die Denisovaner, nicht wahr? Wissen Sie was? Diese Urmenschen-Art wollten einige der beteiligten Wissenschaftler damals mitklonen. Zum Glück ist uns das erspart geblieben.«

»Die Knochen im Massengrab ...«, sagte Sarah. »Wurden sie umgebracht?«

Eva-Marie Mercures Gesicht zeigte keinerlei Regung.

»Nein. Die Klone hatten von Anfang Probleme mit den Krankheitserregern der modernen Welt. Ihr uraltes Immunsystem war genetisch nicht auf all die hochentwickelten Viren vorbereitet. Man musste sie die ganze Zeit über mit Immunstabilisatoren am Leben halten.«

»Und als sie entkamen, bedeutete das ihr Todesurteil?«, fragte Sarah.

»Im Prinzip, ja.«

»Wie praktisch.«

Sarah wusste im selben Moment, in dem ihr die Bemerkung herausrutschte, dass es sich um einen unklugen Kommentar handelte.

Für einen winzigen Augenblick verlor Mercure die Kontrolle. Ein böses Funkeln, das Sarah einen Schauer über den Rücken jagte, loderte in ihren Augen auf. Doch dann war der winzige Augenblick schon vorbei, und Mercure zeigte wieder ihr perfektes Lächeln.

»Sarah, ich habe mir dieses Projekt nicht ausgedacht. Meine Aufgabe ist es, seine Spuren zu beseitigen. Natürlich war es unethisch, und man wollte nicht, dass die Presse darauf aufmerksam wurde und darüber berichtete. Es hätte den Leuten nur noch mehr Angst vor der Gen-Architektur eingejagt. Die Menschen damals hatten Gentechnik, transgene Organismen und Gentherapie strikt abgelehnt, insbesondere hier in Deutschland. Da konnte man es nicht riskieren, zusätzliche Ängste zu schüren. Es grenzt ohnehin an ein Wunder, dass es gelang, Projekt Neanderthal so lange vor der Öffentlichkeit zu verbergen. Nur leider zeugten einige von ihnen Nachwuchs.«

Sarah blickte sie überrascht an. Dann durchzuckte sie ein Gedanke und sie murmelte: »Der Tote in Düsseldorf ...« Was bestätigte: Max und sie hatten richtig gelegen.

Eva-Marie Mercure nickte. »Wir warten zwar noch auf das offizielle Ergebnis der DNA-Analyse, aber das ist lediglich eine Formalität. Der tote Mann, der in Düsseldorf gefunden wurde, ist kein Behinderter, sondern ein Nachkomme von einem der Klone, ein Mensch-Neandertaler-Hybrid. Das haben Sie und Professor Stiller in Ihrer Untersuchung ganz richtig erkannt.«

Sie war über die Polizei-Ermittlungen offenbar bestens unterrichtet.

»Aber wieso wurden die Knochen der toten Klone ausgerechnet im Neandertal vergraben?«, fragte Sarah.

»Das war nicht meine Entscheidung, sondern die meines Vorgängers oder gar Vorvorgängers. Man hatte die Knochen an einen sicheren Ort bringen wollen, und so entschied man sich, sie im Neandertal zu vergraben – weil man glaubte, dass dort niemand jemals wieder graben würde. Das Areal stand ja seit Anfang des Jahrhunderts unter Natur- und Denkmalschutz. Aber wie sich gezeigt hat, war das ein Trugschluss. Und ich muss jetzt die Suppe auslöffeln, die mir meine Vorgänger eingebrockt haben.«

Sarah schüttelte den Kopf.

»Ich verstehe nicht, wieso man ihre Leichen nicht einfach verbrannt und die Asche verstreut hat?«

»Ich stimme Ihnen zu. Es wäre sicherer gewesen«, sagte Mercure. »Das haben meine Vorgänger so entschieden. Vielleicht hatte man sich eine Option auf künftige Untersuchungen offenhalten wollen? Sie hatten außerdem Gewebeproben und Stammzellen der Klone aufbewahrt, um ohne größere Schwierigkeiten weitere Klone produzieren zu können. Dazu kam es zum Glück nicht. Das biologische Material wurde irgendwann in den 30er-Jahren vernichtet.«

»Aber Sie hätten es doch dann nachholen können, die Knochen zu vernichten? Wenn alles so schrecklich geheim war?«

Mercure überhörte ihren Sarkasmus. »Genau deswegen wollte ich nicht das Risiko einer Exhumierung eingehen. Das Neandertal ist geschützt, Grabungen werden nicht mehr durchgeführt. Wozu Schmutz aufwühlen, wenn es nicht nötig ist?«

»Okay, und was ist jetzt Ihr Problem?«

»Sie haben vielleicht bemerkt, dass in der Grube nicht die Überreste von zwölf Personen lagen«, sagte Mercure.

»Nein. Wir hatten ja keine Zeit, das genauer zu analysieren.«

»Nun, wenn Sie die Zeit gehabt hätten, wäre Ihnen nicht entgangen, dass es die Überreste von sechs Neandertalern sind.«

»Das heißt, es laufen irgendwo auf der Welt noch sechs lebende Neandertaler herum?«

Auch wenn das Projekt sie einerseits empörte – die Vorstellung, einem lebenden Exemplar dieses Urmenschen gegenüber zu stehen, versetzte Sarah in Aufregung.

»Wie viele noch am Leben sind, wissen wir nicht. Wir gingen die ganze Zeit davon aus, dass die entkommenen Neandertaler früher oder später an Infektionen gestorben sind. Aber der Fund des Hybriden verändert nun alles. Sie haben sich offenbar fortgepflanzt. Und wir müssen davon ausgehen, dass es noch mehr Hybride gibt als nur den Mann aus Düsseldorf. Und möglicherweise haben die Hybride ihrerseits auch schon Nachwuchs produziert. Eine unkontrollierte Ausbreitung von Neandertaler-Erbgut im menschlichen Genpool können wir unter gar keinen Umständen zulassen. Das wäre eine Katastrophe.«

»Eine Katastrophe? Sie wissen, dass wir ihr Erbgut sowieso in uns tragen?«

»Die Urzeit-Kreuzung zwischen den Arten ist 70.000 Jahre her, Sarah. Im Laufe dieser Zeit ist kaum noch was an Genen übriggeblieben – und das hat auch seinen guten Grund. Die Evolution hat all diese Gene nach und nach aussortiert. Die Neandertaler-Gene waren, salopp gesprochen, Schrott und haben uns lange Zeit nichts als Probleme bereitet. Wir haben der Evolution auf die Sprünge geholfen, indem wir mit der Einführung der Genpool-Hygiene diese Gene peu à peu eliminierten.«

»Moment. Sie haben was?«

Mercure sah sie ernst an. »Sie haben richtig gehört: Wir schneiden bereits seit Jahrzehnten das verbliebene Neandertaler-Erbgut aus den Embryonen heraus.«

»Haben Sie die Mütter gefragt, ob sie das überhaupt wollen?«

»Sie würden es wollen, wenn sie wüssten, was es bei ihren Kindern bewirkt.«

»Das heißt, Sie betreiben in Deutschland ein heimliches Eugenik-Programm? Das ist ja unglaublich.«

Mercure blickte verwirrt.

»Was heißt heimlich? Wenn die Mütter einem Scan zustimmen, steht das in den AGBs, im Abschnitt Genhygiene.«

Mittlerweile ließ so gut wie jede Mutter einen Gen-Scan bei ihrem ungeborenen Kind durchführen. Sarah hatte bei Valerie keinen machen lassen.

»Dass diese Dutzende Seiten Text niemand liest, kommt Ihnen ganz gelegen, oder?«

»Die Neandertaler-Gene sind als Risiko-Gene identifiziert; es ist daher unsere Pflicht, sie mit rauszunehmen, Sarah. Wir sind froh, dass wir Krankheiten wie Diabetes und Sucht dadurch endlich im Griff haben. All diese Krankheiten haben Neandertaler-Gene zumindest teilverschuldet. Und jetzt haben wir es mit der Großen Depression zu tun. Wahrscheinlich ist die auch auf Neandertaler-Gene zurückzuführen, das erforschen unsere Wissenschaftler gerade. Da ist das Letzte, was wir brauchen, eine erneute Vermischung mit diesem minderwertigen Erbgut. Es könnte alles zunichtemachen, woran wir seit Jahrzehnten arbeiten.«

»Warum starb der Hybrid?«

»Das wissen wir nicht. Wahrscheinlich war es wirklich Selbstmord, wie die Polizei es vermutet. Mit so einem Aussehen wird er es nicht leicht gehabt haben. Ich vermute, dass er außerdem physiologische Schäden hatte. Hybride sind dafür bekannt. Wahrscheinlich war er darüber hinaus depressiv.«

Sarah hatte das Gefühl, dass Mercure ihr dieses Mal nicht die Wahrheit sagte oder ihr zumindest etwas vorenthielt.

Mercure stand auf und setzte sich wieder auf den Schreibtisch.

»Sarah, Sie müssen mir helfen, die letzten Neandertaler und ihre Nachkommen zu finden. Niemand weiß so gut wie Sie und Max Stiller, wie ein Neandertaler denkt und fühlt. Sie müssen uns zu ihnen bringen.«

Sarah dachte an die Fotografie, die ihre Mutter mit Adam zeigte. In seinem weißen Anzug, mit seinem hellblauen Namensschildchen.

»Aber wie konnten sie überleben?«, fragte Sarah. »Hätten sie nicht an Infektionen sterben müssen?«

»Das wissen wir nicht. Vielleicht hatten sie einfach Glück, und ihr Immunsystem hat sich angepasst«, sagte Mercure. »Vielleicht hat ihnen auch einer der Wissenschaftler geholfen. Von denen ist keiner mehr am Leben.«

Sarah wurde unwohl. Sie wagte nicht nachzufragen, ob die Wissenschaftler alle eines natürlichen Todes gestorben waren. Was, wenn Eva-Marie Mercures Behörde seit Jahrzehnten eine gnadenlose Jagd auf alle Individuen veranstaltet hatte, die an Projekt Neanderthal beteiligt gewesen waren?

Ihre Mutter war bei ihrer Geburt gestorben. Was, wenn ihr Tod doch kein tragischer Unfall gewesen war?

»Warum erzählen Sie mir das alles? Warum gehen Sie dieses Risiko ein?«

Sie versuchte, in diesem schönen und kalten Gesicht zu lesen, herauszufinden, was diese Frau vorhatte. War Mercure wirklich auf ihre Hilfe angewiesen? Waren sie und Max nun auch an Projekt Neanderthal beteiligt? Was würde passieren, wenn sie nicht mehr gebraucht würden? Würde man sie etwa laufen lassen? Mit all diesem Wissen?

Eva-Marie Mercure lief um den Tisch herum, griff den Stuhl am oberen Rand der Lehne und begann ihn um den Tisch herumzuziehen. Seine wuchtigen Holzbeine kratzten über den edlen Holzboden. Es war ein hässliches Geräusch, aber Mercure machte keinerlei Anstalten, die Aktion leiser zu gestalten. Sie zog den Stuhl dicht vor Sarahs Sessel und setzte sich vor sie, die Beine geöffnet, Sarah bemühte sich, nicht zwischen ihre Beine zu schauen.

Angst kroch in ihr hoch.

Dann rutschte Mercure noch näher an sie heran, bis ihre nackten Knie Sarahs berührten, wegen der Hitze trug Sarah Shorts. Dabei entblößte Mercures Kleid ihre Oberschenkel. Sarah sah Mercures schwarzen Slip, bemühte sich jedoch weiterhin nicht hinzusehen. Als sie Mercures Knie an ihren spürte, war ihr erster Impuls, die Beine wegzuziehen. Aber sie unterdrückte ihn, weil sie ihr nicht das Gefühl der Überlegenheit gönnen wollte. Unwillkürlich aber presste sie ihre Beine zusammen. Mercures Knie waren spitz und hart wie Dolche.

War das Absicht? Was sollte dieses Spielchen? Hielt Mercure sie für eine Lesbe? Wollte sie sie verunsichern? Sie gab sich Mühe, die Augen auf Mercures Miene fixiert zu halten.

Mercure lächelte und beugte sich langsam vor, bis ihr Gesicht nun ganz nahe vor Sarahs war. Mercure war kleiner als Sarah, aber auch sehr groß. Ihr Gesicht befand sich auf Augenhöhe. Aus der Nähe wirkte es noch eindrucksvoller. Es war das Gesicht einer Herrscherin, dachte Sarah.

Ihre Lippen bewegten sich wie eine Katze, die sich an eine Maus heranpirschte, als sie sagte: »Ich erzähle Ihnen all das, weil ich Ihre Hilfe brauche, Sarah.«

Sarah spürte den Atem aus Mercures Mund auf ihrem Gesicht. Er hatte eine unangenehme Note. Etwas Saures. Nur ganz leicht.

»Wir müssen sie finden, Sarah«, sagte Eva-Marie Mercure. Sarah spürte den Druck von Mercures Knien auf ihren zunehmen. Sie zwangen ihre Beine nach außen. Sie versuchte, gegenzuhalten, aber Mercures Beine hatten eine unheimliche Kraft. Schließlich ließ Sarah es geschehen, Mercures Knie schoben sich zwischen ihre Beine und spreizten sie leicht auseinander. »Und Sie und Max Stiller werden uns dabei helfen.«

Ihr Mund war jetzt sehr dicht vor ihrer Nase. Die körperliche Nähe war unerträglich für Sarah, aber sie wich nicht zurück. Mercures Stimme war fast nur noch ein Flüstern, und ihre Augen musterten Sarahs Gesicht wie ein Tier.

»Was haben Sie mit Ihnen vor, wenn Sie sie finden?«, fragte Sarah.

»Wir werden sie in Sicherheit bringen. In ihrem eigenen Interesse. Stellen Sie sich vor, wie Menschen auf ihren Anblick reagieren werden. Menschen können wie Tiere sein.«

Sie lächelte und die großen weißen Zähne hingen direkt vor Sarahs Augen.

»Warum sollten wir Ihnen vertrauen?«

Sie erschrak, als sich Mercures Fingerspitzen leicht auf ihre nackten Knie legten. Für einen Moment hielt Sarah den Atem an. Mercures Hände waren kühl, die Haut fühlte sich fest an. Sie blickte nach unten. Mercure hatte lange schlanke Hände, ihre Fingernägel waren anthrazitfarben lackiert. Ihre Finger schoben sich nun langsam vor wie die Beine zweier Spinnen. Dann krümmte sie leicht ihre Fingerkuppen, und Sarah spürte die Spitzen der Fingernägel sich in die weiche Haut ihrer Oberschenkel bohren, nur ganz leicht, aber nachdrücklich genug, um zu fühlen, dass sie sehr hart waren. Sie sah, dass Eva-Marie Mercure auch nach unten sah, auf ihre Oberschenkel, zwischen ihre Beine.

Mercures schöne Lippen lächelten, als sie Sarahs Zucken bemerkte.

»Sie können mir vertrauen, Sarah.«

Mercure beugte sich langsam weiter vor, ihre rechte Wange glitt an Sarahs rechter Gesichtshälfte vorbei, wobei ihre Haut Sarahs streifte. Es war nur der Hauch einer Berührung; eigentlich strichen nur die feinen Härchen aneinander, wie ein kaum zu spürender Wind, und doch elektrisierte es Sarah so sehr, dass sie innerhalb von Sekunden eine Gänsehaut an Hals und Rücken bekam. Sie hatte jetzt richtig Angst und spürte ihr Herz im Brustkorb schlagen, aber da war auch noch ein anderes, verstörendes Gefühl. Sie war erregt. Und es entsetzte sie, als ihr das klar wurde.

Sie spürte Eva-Marie Mercures warmen Atem an ihrem Ohr,

ihrem missgestalteten Ohr, als die unheimliche Frau leise sprach: »Wenn Sie es nicht für mich tun möchten, Sarah, tun Sie es für Valerie.«

Obwohl sie versuchte, es zu unterdrücken, begann Sarah nun zu zittern.

Dann spürte sie ein Ziehen an ihrem rechten Ohr und sie hörte einen ganz feinen Laut, wie das Klacken eines Fingernagels auf einer Tischplatte und sie begriff, dass sich Mercures große makellose Zähne soeben um ihren Ohrclip geschlossen hatten. Sie spürte den Druck auf ihrem Ohrläppchen. Dann knirschte es leicht, als Mercure langsam die Zähne zusammenbiss und der Schmerz war so plötzlich und so heftig, dass er ihr Tränen in die Augen trieb. Sie spürte Mercures warmen feuchten Atem über ihr Ohr streichen, als sie mit geöffnetem Mund weiteratmete, während sie den Clip in ihrem unnachgiebigen Biss festhielt. Dann riss der Mund mit den makellosen weißen Zähnen den Clip von ihrem Ohrläppchen.

15

DIE FLUCHT

Das Erste, was er wahrnahm, war der Geschmack von Metall. Er bewegte die Zunge über den Gaumen. Alles dick. Er lag bäuchlings auf dem Boden. Sein Schädel schmerzte. Etwas Zähflüssiges in seinem Mund. Blut.

Was war passiert? Wo war er? Er öffnete die Augen und sah – nichts. Schwärze. Absolute Schwärze. Auch dann noch, als er den Kopf drehte.

Er leckte über seine Lippen. Aufgeplatzte Würmer. Nein, nicht weich genug. Krustig. Aufgeplatzte Raupen. Erinnerung kehrte zurück. Viiras Augen. Diese zerbrochenen Augen, wie sie sich langsam zusammenkniffen, weil er lächelte. Viira hatte gelächelt, bevor seine Faust seine Lippen zerquetscht hatte.

Er musste wissen, wo er war. Umdrehen. Sofort fuhren Messer zwischen seine Rippen, als er versuchte sich hochzustemmen. Viira trug sehr spitze Schuhe, war ihm noch durch den Kopf gegangen, als sie seinen Körper getroffen hatten. Einmal, zweimal, dann hatte er offenbar das Bewusstsein verloren. Max konnte nicht hören, wie er vor Schmerz stöhnte. Er spürte nur das Vibrieren seiner Stimmbänder, die Luft, die seiner Lunge stoßweise entwich.

Dann hatte er es geschafft. Er lag auf dem Rücken, aber er sah nach wie vor nichts als Schwärze. Hatte er die Augen wirklich geöffnet? Er blinzelte, ohne dass es einen Unterschied machte. Die Schwärze blieb. Als hätte jemand seine Augen mit Teer übermalt. Er lag in einem absolut dunklen Raum, und in seinem Kopf begann ein Gedanke Form anzunehmen. Er wusste, was das bedeutete. Er wusste, dass von da ganz hinten in seinem Kopf und seinem Bauch jemand kommen würde, ein alter Bekannter, der nur darauf gewartet hatte, dass er sich endlich wieder hervortrauen konnte.

Nichts. Gar nichts. Max hob die Hand vor seine Augen – er konnte sie nicht sehen. Er schloss die Augen und öffnete sie wieder – keine Veränderung.

Die Schwärze war nicht still, sie war eine lebende Masse, die sich vor seinen blinden Augen zu bewegen und herumzuwälzen schien. Sie kroch heran wie Ameisen, die in ihn eindringen wollten, durch seine Augen, durch seine nutzlosen Ohren, seine Nasenlöcher, seine Haut. Und wenn sie einmal in ihm waren, würden sie ihn ersticken. Seine Atmung wurde schneller und flacher. Sein Herz schlug hart. Max spürte es höher rutschen, spürte es direkt unter seinem Kehlkopf schlagen.

Atmen! Atmen. Ruhig atmen.

Wenn die Panik kam, würde es zu spät sein. Er sagte sich, dass die Schwärze keine Leere war, kein Vakuum. Auch wenn er sie nicht sehen konnte, der Raum war voll mit Luft. Und er musste sich darauf konzentrieren, seine Lungen damit zu füllen.

Ein. Aus. Er zählte seine Atemzüge.

Eins, ein. Eins, aus. Zwei, ein. Zwei, aus.

Er fühlte, wie sein Brustkorb sich hob und senkte.

Und doch spürte er den alten Bekannten kommen: Es war die Panik.

Max wusste genau, dass er ihr nicht nachgeben durfte, nicht einen Zentimeter, denn sonst würde es sehr schnell gehen. So wie schon einmal, als er als Kind alleine im Keller eingeschlossen gewesen war, einen Tag lang. Seine gehörlosen Eltern hatten gedacht, er sei bei einem Freund, und sie hatten ihn natürlich nicht schreien gehört. Seine Schwester, die Einzige, die ihn hätte hören können, war auf Klassenfahrt gewesen.

Erst spät in der Nacht hatten sie ihn schließlich im Keller gefunden, völlig panisch. Seitdem fürchtete er die Dunkelheit.

Vier, ein. Vier, aus. Fünf, ein. Fünf, aus.

Sein Herzschlag wurde etwas ruhiger.

Sechs, ein. Sechs, aus. Sieben, ein. Sieben, aus.

Wo war er?

Das Verhör hatte nicht lange gedauert. Viira hatte ihm Fragen gestellt, ohne sich dabei besondere Mühe zu geben, dass Max seine Lippen lesen konnte, doch ausgerechnet mit diesem Monster klappte die Kommunikation einwandfrei.

»Was wissen Sie über Jocasta Weiss?«, hatte Viira gefragt. Ein hölzerner Schreibtisch stand in der Mitte des Raums. Max saß auf einem mit edlem roten Plüsch bezogenen Stuhl gegenüber. Viira stand vor ihm, den Fedora und sein Jackett hatte er abgelegt. Dann richtete er seinen Scheitel.

»So heißt Sarahs Mutter«, artikulierte Max. Es machte ihn nervös, wenn er sprach und ihn sein Gesprächspartner dabei nicht ansah. Für ihn als Gehörlosen war das ungewohnt. Aber Hörende konnten sich so unterhalten, das musste er sich in Erinnerung rufen. Viira reagierte nicht auf seine Antwort.

»Was ist mit ihr?«, rief Max. »Warum fragen Sie mich nach ihr?«

Viira strich mit der Hand ein paar Fussel von seinem Jackett.

»Woher wussten Sie von dem Massengrab?«, fragte er.

»Was?«, sagte Max. »Schauen Sie mich an, wenn Sie mit mir reden.«

Viira blickte auf und hielt einen Moment inne. Dann wiederholte er die Frage, in der gleichen Geschwindigkeit. Er redete nicht mit ihm als wäre er gehirnamputiert.

»Die Polizei hat es gefunden. Ich will …«

»Woher wussten Sie, dass der Tote ein Hybrid ist?«, unterbrach ihn Viira.

Die alte Wut stieg in Max hoch. Er hasste es, wenn sein Gesprächspartner ihn überging.

Seine Stimme wurde lauter, wie immer, wenn er wütend war.

»Er wies Neandertaler-Merkmale auf. Ich will wissen, wo Sarah ist!«

»Was wissen Sie über Projekt Neanderthal?«

Projekt Neandertal? Was sollte das nun wieder sein? Max hatte keinen blassen Schimmer, wovon sein Verhörer sprach.

»Was meinen Sie damit?«, fragte Max.

Die faszinierend zerbrochenen Augen ruhten auf seinem Gesicht.

Max betrachtete Viiras ebenmäßige Züge, die helle Haut, dank der seine Miene wie Wachs aussah. Hatte er sich operieren lassen?

»Wo ist Adam?«, fragte Viira.

»Fick dich«, erwiderte Max.

Viiras Splitteraugen fixierten ihn einen Moment lang. Dann verengten sie sich zu Schlitzen, die zu einem Lächeln gehörten. Max war sehr sensibel für Bewegungen. Sein hypervisueller Sinn. »Du besitzt den Superblick«, hatte sein Vater immer gebärdet. Die Superman-Gebärde, das mit beiden Händen aufgerissene Hemd; dazu die Gebärde für Blick, das von den Augen ausstrahlende Zeige-und-Mittelfinger-V. »Vergiss das nicht, Max. Du hast den Superblick.«

Doch Viiras Faust war selbst für seinen Gehörlosen-Superblick zu schnell. Sie raste in sein Gesicht wie eine Rakete, genau auf die Stelle, wo ihn der Soldat geschlagen hatte. Der Schlag hatte solch eine Wucht, dass Max' Stuhl hintenüber und er auf den Boden fiel.

Dann hielt er sich das schmerzende Gesicht. Durch die Finger seiner Hand sah er, wie Viira seine Manschettenknöpfe öffnete und langsam sein Hemd aufzuknöpfen begann. Sein muskulöser Oberkörper war über und über mit blauen Flecken, Blutergüssen, Schnittwunden und Pflastern bedeckt, Narben zeugten von älteren Verletzungen. Jetzt begann sich Angst in Max breitzumachen. Er versuchte, sich auf die kommenden Schmerzen einzustellen. Max hatte sich als Kind oft geprügelt, jegliche Behinderten-Gehässigkeiten im Keim erstickt, immer und immer wieder bewiesen, dass er genauso stark war wie alle anderen. Dass man ihn nicht unterschätzen sollte, ihn, den kleinen behinderten Jungen.

Ruhig faltete Viira sein Hemd und legte es auf sein Jackett. Dann kam er auf Max zu.

Er konnte sich nicht wehren, Viira war ein zu starker Gegner. Er beschloss, sich aus seinem Körper zurückzuziehen, in sein Innerstes einzuschließen. Er holte tief Luft und schloss die Augen. Schwärze. Er dachte an seine Meditationsübung und konzentrierte sich auf seine Atmung: Eins, ein. Eins, aus. Zwei, ein. Zwei, aus. Als Viiras Faust erneut auf ihn zufuhr, traf sie sein Nasenbein. Dann kamen die Tritte. Und dann nichts mehr. Bis er in der klebrigen Finsternis seiner Zelle zu sich kam.

Acht, ein. Acht, aus. Neun, ein. Neun, aus.

Luftholen tat weh. Viira hatte ihm wahrscheinlich eine oder mehrere Rippen gebrochen.

Nach zehn fing er von vorne zu zählen an. Er musste hier raus. Langsam richtete er sich auf, seine Rippen stachen fürchterlich, der Schmerz ragte bis tief in die Lungen hinein. Seine Lippen pochten. Dann stand er und fühlte den Schwindel, der ihn in der schwarzen Orientierungslosigkeit zu übermannen drohte. Er tastete umher – keine Wand. Er stand mitten im schwarzen Nichts.

Dann ging er langsam los, mit weit ausgestreckten, für ihn unsichtbaren Armen. Sie waren seine Antennen, die Stielaugen einer Schnecke. Im Schneckentempo rutschte er mit den Füßen voran, weil er Angst hatte, über irgendetwas zu stolpern. Sollten seine Handaugen anstoßen, würde er sie sofort zurückziehen. Zusätzlich ruderte er mit den Armen seitlich umher, um seinen Wahrnehmungsradius zu erweitern.

Plötzlich stieß sein Fuß gegen etwas. Er blieb stehen. Vorsichtig trat er erneut gegen den Widerstand. Er gab nach. Mit ausgestreckten Armen ging er in die Hocke und tastete mit den Fingern nach dem Objekt. Er fühlte etwas Weiches, Kleidung. Haut. Max zuckte zurück. Es war ein menschlicher Körper. Langsam führte er seine Finger wieder heran und ertastete behutsam die am Boden liegende Gestalt. Er fühlte eine Wange, eine Nase. Ein Gesicht. Er legte vorsichtig seine Hand auf die Wange und tastete. Haare. Ein Schnurrbart. Termann. War er tot? Er bewegte die Fingerspitzen bis zum Mund vor, hielt die Hand dicht über die Lippen und wartete. Er spürte Atem auf seiner Handfläche. Schwach und langsam zwar, aber Termann lebte noch. Was hatten diese Schweine ihm angetan? Auf einmal hatte er schreckliche Angst um Sarah. Er musste hier raus! Er musste zu ihr!

Max erhob sich wieder und stapfte vorsichtig um den Körper herum. Nach ein paar Metern stieß er erneut gegen etwas. Noch ein Mensch. Er tastete sich vorsichtig daran ab, bis er das Gesicht erreichte. Aber die Züge sagten ihm nichts; er war schließlich kein Blinder, dessen Hände sehen konnten. Max vermutete, dass es sich um Termanns Assistenten handelte. In seinem Gesicht konnte er klebrige Flüssigkeit fühlen. Blut? Wahrscheinlich hatten sie auch ihn übel zugerichtet. Max versuchte abermals, die Atmung zu kontrollieren, aber als er die Hand vor den unbekannten Mund hielt, spürte er nichts.

Max tastete weiter. Seine rechte Hand berührte etwas. Eine Wand. Sie war sehr glatt. Er fuhr mit der Handfläche daran entlang, bis er an das Ende des Raums gelangte. Und dann weiter an der nächsten Wand entlang. Er hoffte, auf den Rahmen einer Tür zu stoßen, einen Ausgang, irgendwas. Er tastete und tastete und fand nichts, keine Unebenheit, keine Spalte, keinen Vorsprung. Der Raum kam ihm riesig vor, aber er wusste, dass das täuschte. In absoluter Dunkelheit verlagerten sich Räume in den Kopf und blähten sich auf.

Max reckte sich in die Höhe und tastete die oberen Bereiche der Wand ab. Was war das für ein Gefängnis? Warum hatten sie ihn in Dunkelhaft gesteckt? Hatten sie keinerlei Ahnung, wie grausam das für einen Gehörlosen war? Oder war es aus purer Absicht geschehen?

Gedanken an das Verhör schossen ihm in den Sinn. Was hatte Viira ihn doch gleich gefragt? Projekt Neandertal? Was zur Hölle sollte das bedeuten? Und warum die Frage nach Sarahs Mutter?

Er fühlte sich so hilflos, so schwach. Die Stärke, mit der er gegen die permanent drohende Panik angekämpft hatte, schwand nun. Er hatte Schmerzen und die Orientierung verloren. Er klebte an dieser Wand wie ein Insekt. Aber er kam nicht weiter. Das hier war sein Gefängnis, sein Sarg. Und schon spürte er die Panik wieder kommen; es hatte gereicht, nur einen kurzen schwachen Moment lang nachzugeben. Und sie kam, stärker diesmal. Und schnell. Sie schwappte heran wie eine kalte Welle, erreichte seine Beine und schoss an ihm hinauf, bis zur Brust, und das Wasser raubte ihm mit seiner Wucht und unnachgiebigen Eiseskälte sofort den Atem.

Die Spirale hatte sich in Gang gesetzt. Die Angst ließ ihn keuchen. Das Keuchen beunruhigte ihn zusätzlich. Er konnte nicht sagen, ob ihm schwindlig wurde. In dieser Schwärze hatte er jeglichen Bezugspunkt verloren, hatte vergessen, wo seine Mitte lag. Sein Atem ging immer schneller. Er hyperventilierte. Die Angst hielt seine Lunge umklammert, drückte zu, ließ immer weniger Raum, um Luft einzusaugen. Nach Atem ringend glitt er an der Wand ab, rutschte nach unten, sackte in sich zusammen.

Sein Kopf begann zu prickeln, und in der Schwärze bewegte sich plötzlich etwas. Lichtpunkte. Rote Lichtpunkte. Er konnte nicht sagen, ob es Licht war, das die Schwärze abrupt durchschnitt. Mehrere Blitze taten sich nun gleißend auf, nein, es war Licht, wirkliches Licht, nach und nach formte es ein Rechteck, eine Pforte? Unwirklich, überirdisch. War er schon tot? Für den Bruchteil einer Sekunde erkannte er eine Gestalt, aber das Licht wurde so hell, blendete ihn so stark, dass Max' Hände automatisch vor seine Augen fuhren, um sie vor dem gleißenden Licht zu schützen. Tränen schossen ihm in die Augen. Sogar durch das Fleisch seiner Hände drang noch zu viel Licht, sodass es seine Netzhaut versengte. Er presste seinen Arm vor die Augen, auch den anderen, vergrub sein Gesicht so tief er konnte in seinem Oberkörper. Etwas ergriff seine Hand. Eine fremde Hand! Sie versuchte, seine Hand zu öffnen, die seinen Arm umklammerte. Er gab nach. Vier Fingerspitzen, die in seine Handmitte tippten. Die fremde Hand formte etwas in seiner. Einen Code, eine Nachricht im Lormen-Alphabet, der längst vergessenen Sprache der Taubblinden. Mit bestimmten Berührungsmustern konnte man auf der Hand eines Taubblinden Buchstabe um Buchstabe des Alphabets abbilden. Er erinnerte sich. Vier Fingerspitzen, die in die Handfläche tippten, waren ein K. Dann tippte eine Fingerspitze an die Spitze seines Mittelfingers. Ein I. Eine Fingerspitze, die an die linke Ecke seines oberen Handballens tippte. N. Dann ein Herabstreichen an seinem Ringfinger. G.

K-I-N-G.

Sarah!

Dann formten die Finger nach und nach neue Buchstaben.

Q. U. E. E. N.

Sie hatte ihn gefunden.

Er spürte, wie der panische Druck, der seine Lungen quetschte, nachließ. Wie sich sein Atem beruhigte.

Etwas zog nun an seinem Arm, aber er ließ zunächst nicht los. Sein Gegenüber zerrte stärker. Rüttelte. Jetzt lockerte er vorsichtig den Griff, ließ die Blitze hinein. Seine zusammengekniffenen Augen tränten. Langsam, sehr langsam versuchte er, etwas zu erkennen.

Jemand riss seinen Arm weg. Mit nassen und zusammengepressten Augen sah Max ins Licht, blinzelte, riskierte einen schnellen Blick.

Umrisse eines Gesichts vor ihm. Er erkannte sie an ihrem langen schlanken Hals. Es war Sarah.

Sie gebärdete hektisch. Er konnte es nicht erkennen. Ihm war nur klar, dass es dringend war. Er hielt seine rechte Hand gegen das Licht, um es abzuschirmen, um sie besser zu sehen. »Wir müssen los! Sofort! Komm!«

Sie zerrte an seinem Arm, und er stemmte sich hoch. Die Messer stachen wieder zu, raubten ihm den Atem, und er rannte mit ihr ins Licht.

Es war eine ungeheure Erleichterung gewesen, als ihre Zähne endlich den Ohrclip freigaben. Mit einem Klappern war er zu Boden gefallen. Dann war Eva-Marie Mercures Mund langsam Sarahs Ohr entlanggefahren, und Sarah hatte ihren Atem an sich gespürt. Wie eine Schlange hatte Mercure ihre Zungenspitze an ihrem deformierten Ohrläppchen zucken lassen. Als Sarah die Berührung spürte, war sie wie elektrisiert, regelrecht gelähmt, konnte sich nicht mehr bewegen. Aber da war auch Erregung, die aus den Tiefen ihres Körpers aufstieg. Sie konnte es sich kaum eingestehen, wollte nicht, dass es wahr war, dass diese monströse Frau eine solche Wirkung auf sie ausübte – und damit Macht.

Die Zungenspitze kam erneut, und diesmal blieb sie länger, leckte ihr Ohr, die missgestaltete Stelle und drang in den Ohrkanal ein. Sarah spürte, wie sie feucht wurde. Zugleich empfand sie Angst und Ekel.

Dann spürte sie, wie die Zunge in ihrem Ohr zu zucken begann. Sie spürte warmen Speichel in ihr Ohr fließen.

Sarah zog ihren Kopf zurück und sah, dass Mercures Kopf zitterte. Die Augen waren fast vollständig weiß, weil sie völlig verdreht waren. In Mercures linkem Mundwinkel war Schaum, ihre Zunge hing ihr aus dem Mund, Speichel tropfte an ihr herunter. Nun begann Mercures ganzer Oberkörper zu beben und zu zucken. Sarah keuchte und sprang auf.

Sie sah, wie Krämpfe weitere Teile von Mercures Körper erfassten. Arme und Hände erschauerten, zunächst leicht, aber die unkontrollierten Bewegungen nahmen an Intensität zu. Dann rutschte Mercure seitlich von ihrem Stuhl und ihr Körper krümmte sich auf dem Boden.

Sarah wusste, was ein epileptischer Anfall war, aber sie hatte noch nie einen gesehen. Es wurde im Allgemeinen wenig über solche Dinge gesprochen.

Mercures Körper war angespannt wie ein einziger Muskel. Sie lag halb auf dem Rücken, halb auf der Seite. Immer wieder fuhren Wellen durch ihren verdrehten Körper, ließen ihn sich aufbäumen und wieder fallen, wie ein zappelnder Fisch, den man an Land gezogen hatte und der nun verzweifelt gegen das fremde Element und das Ersticken ankämpfte. Ihre Beine und Fersen trommelten auf den Holzboden – die heftigen Schmerzen, die sie sich in diesem Moment zufügte, schien sie nicht zu spüren. Ihr Kleid war verrutscht und entblößte ihre Oberschenkel und den schwarzen Slip. Den Hals hielt sie unnatürlich verdreht, und aus ihrem Mund quoll weiß-roter Schaum auf den Parkettboden. Sie schien sich auf die Zunge gebissen zu haben. Mercure gab bei all dem keinen Mucks von sich. Es war ein lautloser irrer Tanz.

Sarahs Gedanken rasten, während sie wie versteinert neben dem zuckenden Körper stand. Was sollte sie tun? Hilfe holen? Sie sah zur geschlossenen Tür. Draußen stand sicherlich der Soldat und hielt Wache. Oder sollte sie gar nichts unternehmen? Wieso sollte sie dieser Frau helfen?

Widerstrebende Gefühle waren in ihr am Werk. Schließlich schob sie sich an Eva-Marie Mercures krampfendem Körper vorbei und öffnete langsam die Tür, damit der Soldat nicht sofort das Feuer auf sie eröffnete.

Sie streckte vorsichtig den Kopf hinaus und blickte sofort in die Mündung eines Gewehrs, das der Soldat ihr ins Gesicht hielt.

»Nicht schießen!«, rief sie. »Es ist ein Notfall. Bitte. Sie hat einen Krampfanfall und braucht Hilfe.«

Der Soldat blickte sie skeptisch an, die Waffe im Anschlag. Er wog offenbar ab, ob es eine Falle war oder ob sie es ernst meinte.

»Bitte! Sie braucht Hilfe!«

»Gehen Sie zurück!«, schrie er und wedelte dabei mit dem Gewehrlauf. »Hände oben lassen.«

Sarah gehorchte und ging mit erhobenen Händen zurück in den Raum. Er versuchte, an ihr vorbei einen Blick hinein zu erhaschen. Als er die Tür mit dem Lauf etwas weiter öffnete, sah er die zuckende Mercure am Boden. Seine Augen weiteten sich vor Schreck.

»Was haben Sie mit ihr gemacht?«, schrie er.

Er wirkte auf Sarah plötzlich nicht mehr wie ein Soldat. Er war noch sehr jung. Sarah schätzte ihn auf Mitte 20.

»Sie hat einen epileptischen Anfall! Sehen Sie das nicht?«

Er wusste offenbar nicht, ob er ihr glauben oder die Situation als bedrohlich einschätzen sollte. Immer wieder blickte er von

Mercure zu Sarah und wieder zu Mercure. Sie hatte sich mittlerweile ihre Fersen blutig geschlagen. Auch aus ihrem Mund rann immer mehr Blut. Das schöne, elegante Gesicht war zu einer furchterregenden Grimasse verzerrt. Zwischen ihren Beinen hatte sich eine kleine Lache gelber Flüssigkeit ausgebreitet. Sie hatte ihren Harndrang nicht länger kontrollieren können.

Sarah hockte sich neben Mercure. Wie konnte sie diesen wildgewordenen Körper nur bändigen? In ihm waren gerade Urgewalten am Werk. Es würde nicht einfach werden, sie zu fixieren, ohne dass sie sich selbst dabei verletzte.

»Helfen Sie mir, sie zu stabilisieren«, sagte Sarah. »Sie verletzt sich sonst noch mehr.«

Der Soldat blieb regungslos stehen und beobachtete sie. Er traute dem Ganzen noch nicht.

»Nun kommen Sie schon!«, sagte Sarah.

»Was soll ich tun?« In seinem Gesicht stand Hilflosigkeit.

Sarah versuchte sich zu erinnern, was sie über Epilepsie wusste. Es war nicht viel. Man sollte die Betroffenen in eine Position bringen, in der die Verletzungsgefahr vermindert war. Auch konnten sie an ihrem Schaum und Erbrochenem ersticken. Also drehte man sie am besten in Seitenlage.

Die Ausschläge von Mercures Gliedmaßen wurden immer heftiger. Nun schlug auch ihr Kopf immer wieder auf den Boden.

»Wir müssen sie auf die Seite drehen, sonst schlägt sie sich den Schädel ein. Ich versuche, ihren Kopf zu halten, und Sie drehen sie herum, okay?«

Der Soldat nickte. Er zog das Band seines Gewehrs über den Kopf und legte die Waffe neben sich auf den Boden. Sie verursachte ein sonderbar helles Geräusch, als er sie ablegte. Es war kein metallisches Klacken, die Waffe musste aus einem ihr unbekannten Material bestehen. Erst jetzt fiel ihr auch die ungewöhnliche Form auf. Ein solches Gewehr hatte sie noch nie zuvor gesehen.

Der Soldat rutschte an Mercure heran, während Sarah um sie herum an ihr Kopfende krabbelte und dabei darauf achtete, nicht von ihren strampelnden Armen oder Beinen erwischt zu werden. Der Kopf schlug nun sehr heftig aus, und immer wieder zuckte Mercures Oberkörper nach oben, um dann mit Wucht wieder auf den Boden zurückzuschnellen. Die Halsmuskeln waren hervorgetreten wie Drahtseile, die Kiefer mahlten in eisernem Biss. Sarah hörte ihre Zähne knirschen.

Sie griff mit beiden Händen zu und erwischte sie an den Ohren. Sie spürte die Kraft in Mercures Körper. Ihr Kopf, ihr ganzer Körper stemmte sich mit aller Macht gegen Sarahs Umklammerung. Sie konnte sie nicht halten. Sarah versuchte mit beiden Armen um ihren Kopf herumzugreifen und sie davon abzuhalten, auf den Boden zu schlagen. Mit jeder neuen Welle schleuderte Mercures Körper Sarah vor und zurück wie einen Spielball.

»Ich kann sie nicht halten!«, rief sie dem Soldaten zu. »Drehen Sie sie!«

Der Soldat atmete tief durch, dann griff er mit beiden Händen die Arme von Mercure an den Handgelenken und versuchte sie zu fixieren. Es gelang ihm nicht. Er lehnte sich weiter nach vorne und drückte sie nun mit aller Kraft zu Boden. Aber auch das gelang ihm nur leidlich. Fast spielerisch stemmte sie ihn immer wieder aufwärts. Ihre Kopfbewegungen wurden sogar noch heftiger.

Dann drückte er sich mit seinem ganzen Gewicht auf sie, um sie am Boden zu halten. Diesmal gelang es ihm, die Ausschläge von Mercures Oberkörper zu stoppen, aber es kostete ihn alle Kraft, die er aufbringen konnte. Sarah sah die Anstrengung in seinem Gesicht.

Schließlich machte er sich mit einer seitlichen Bewegung daran, ihren Körper herumzuhieven. Es war ein unglaublicher Kraftakt, und er musste dabei seinen Druck nach unten lockern. Ihr Körper zuckte wieder heftiger. Sarah hielt unterdessen weiter den Kopf umklammert, damit er nicht auf den Boden schlug.

Dann versuchte der Soldat sie mit einem Ruck herumzuwirbeln. Die Wucht ließ Mercures Kopf aus Sarahs Griff entkommen. Mercures Körper war für einen Moment zur Hälfte befreit, ihr Oberkörper spannte sich wie eine Feder und holte aus. Der Soldat sah nicht, wie Mercures Kopf wie eine Kanonenkugel auf seinen zuschoss und ihn mit voller Gewalt an der Stirn traf. Es gab ein Geräusch, als würden zwei Kokosnüsse zusammenkrachen. Die Hände des Soldaten gaben nach, und Mercures zuckender Leib warf ihn ab wie ein Pferd einen lästigen Reiter. Er rutschte zur Seite und fiel mit dem Oberkörper halb auf das Gewehr. Eine Platzwunde hatte sich an seiner Stirn geöffnet, Blut floss ihm übers Gesicht und tropfte auf den Boden.

Es war alles blitzschnell gegangen, und Sarah brauchte einen Moment, um zu begreifen, was passiert war, während Mercures Körper weiter vor sich hin strampelte, daneben der bewusstlose Soldat. Ihr Blick fiel auf das Gewehr, das unter seinem Körper hervorragte. Sie überlegte kurz, dann begriff sie ihre Chance.

Normalerweise endete ein epileptischer Anfall nach kurzer Zeit. Falls nicht, konnte er tödlich sein. Aber was sollte sie tun? Es lag nicht in ihrer Hand. Und sie dachte daran, wie nahe ihr diese Frau gekommen war, wie unheimlich sie war und ihr implizit angedroht hatte, ihrer Tochter etwas anzutun. Und sie musste Max finden.

Sie griff das Gewehr und zog es unter dem Körper des Soldaten hervor. Sie hatte sich nicht getäuscht, es war nicht aus Metall und federleicht. Dann sprang sie auf und zog sich das Halteband über den Kopf. Sie versuchte sich rasch mit der Waffe vertraut zu machen, denn sie hatte nicht die geringste Ahnung von Schusswaffen, geschweige denn jemals eine abgefeuert. Alles, was sie darüber wusste, stammte aus Filmen. Und wer wusste schon, wie viel dieses Hollywood-Wissen mit der Realität zu tun hatte?

Das Gewehr glich einem massiven Brett mit einer großen Aussparung im hinteren Bereich, wo ein Keil hineinragte. Es schien die einzige Möglichkeit, es zu halten. Sie ließ die rechte Hand in die Aussparung gleiten und legte die Hand um den Keil, mit dem Zeigefinger suchte sie nach einem Abzug, fand aber nichts. Im vorderen Bereich suchte sie nach einem stabilisierenden Platz für ihre linke Hand und überlegte, wie der Soldat die Waffe getragen hatte. In ihrer Aufregung hatte sie nicht darauf geachtet. Schließlich hielt sie einfach den Lauf mit ihrer Linken umklammert, die Stelle war angeraut, es war also wohl so vorgesehen. Aber wo befand sich der Abzugshebel? Alles, was ihr rechter Zeigefinger spürte, war eine kleine Ausbuchtung, auch sie angeraut. Eine Art Knopf. Am liebsten hätte sie zur Probe einmal darauf gedrückt, um zu üben, bevor sie sich hinaus auf den Flur wagte und wahrscheinlich in die Situation geraten würde, wirklich auf jemanden schießen zu müssen. Aber ein unnötiger Schuss würde nur alle Soldaten alarmieren.

Sie rannte zur Tür, öffnete sie vorsichtig und streckte ganz langsam den Kopf hinaus. Alles frei. Sie warf einen letzten Blick zurück auf die beiden Körper. Der Soldat lag nach wie vor regungslos und blutend am Boden. Er würde sicher eine Gehirnerschütterung, aber ihrer sicheren Überzeugung nach keine ernsten bleibenden Schäden davontragen. Mercures Körper zuckte immer noch, aber nicht mehr ganz so stark. Der Anfall klang ab. Sie würde es überleben.

Sarah zögerte. Sie wusste, dass Eva-Marie Mercure keine Ruhe geben würde, bis sie sie und Max wieder in ihrer Gewalt hatte. Sie würde auch Valerie und Robert jagen. Sie war jemand, der niemals aufgab. Sarahs Zeigefinger lag auf dem Abzugsknopf, und ein Gedanke schlich sich in ihr Gehirn.

Sie ging noch einmal zurück zu dem immer ruhiger werdenden Körper der Frau und schaute in Mercures verzerrtes, blut- und speichelverschmiertes Gesicht. Dann richtete sie den Gewehrlauf auf den noch leicht zuckenden Kopf, ihr Zeigefinger spürte den rauen Knopf.

Sie konnte es jetzt beenden. Sie wusste, dass es die richtige Entscheidung wäre, um sich, Max und ihre Familie zu schützen.

Nach ein paar Sekunden ließ sie die Waffe sinken. Sie konnte es nicht tun.

Ihr Blick fiel auf Mercures Unterlagen, die unberührt auf dem Tisch lagen. Sie griff sich die Mappe und wollte schon hinausrennen, als sie ihren Clip, den Mercure ihr mit den Zähnen vom Ohr gerissen hatte, auf dem Fußboden neben ihrem Stuhl sah. Sie nahm ihn und eilte aus dem Verhörraum.

16

PROJEKT NEANDERTHAL

Leises Stöhnen neben ihm, gerade laut genug, um ihn aufzuwecken. Matthäus träumte oft schlecht. Sein Glück war, dass er sich nicht an seine Albträume erinnerte.

Adams Träume waren weniger gnädig. Sie verfolgten ihn bis in den nächsten Tag hinein. Und oft darüber hinaus. Es waren verschwommene Bilder, dunkel, kaum zuzuordnen. Schatten, die ihm auf den Fersen waren und ihn jagten. Manchmal groß, manchmal klein. Es blieb immer offen, ob er ihnen entkommen konnte. Dann wieder war nicht Angst, sondern das Gefühl der Einsamkeit Thema von Adams Träumen. Der totalen Einsamkeit. Eigentlich war ihm dieses Gefühl unbekannt, denn seit er denken konnte, lebte er mit den anderen NTs zusammen. Matthäus, Judas, Petrus und die anderen waren wie seine Geschwister. Er war kaum jemals einen Moment alleine.

Adam lag wach im Schlafraum, dem völlig weißen Raum, ohne Fenster, in dem sie in ihren weißen Betten ruhten, gekleidet in ihre weißen Schlafanzüge. Er sah nach oben an die Decke, über die Rillenmuster in Zickzack-Form verliefen.

Matthäus hatte nun aufgehört zu stöhnen. Adam betrachtete ihn. Er sah seine wirren Haare, die nach allen Seiten abstanden, nicht nur, wenn er im Bett lag, sondern permanent. Bürsten und Kämme hatten längst vor diesen dicken Haaren kapituliert. Er war derjenige, zu dem Adam die tiefste Verbundenheit empfand. Aber das Band zwischen ihnen allen war sehr stark. Sie waren wie Brüder. Es gab nur sie. Von Anfang an. Umso schlimmer war es, dass die Hälfte von ihnen bereits tot war.

Simon, Andreas, Jakobus und Thaddäus waren gleich im ersten Jahr gestorben. An sie konnte Adam sich kaum noch erinnern, sie waren ja alle noch Kleinkinder gewesen. Infekte hatten sie dahingerafft, das hatte Drexler ihm einmal erzählt, als er älter war. Drexler hatte ihm erklärt, dass Infektionen durch unsichtbare kleine Lebewesen hervorgerufen wurden, die Bakterien und Viren hießen. Sie waren überall, vor allem in der Außenwelt, weswegen er und die anderen NTs nur hier im Tal sicher waren. Die »Anderen« waren immun gegen sie. Aber sie mussten einen enormen Aufwand betreiben, um sie vor Krankheitserregern zu schützen. Daher bekamen die NTs regelmäßig Spritzen, die sie vor Ansteckungen bewahren sollten.

Und alle achteten seitdem peinlich genau auf Hygiene. Das Tal wurde ständig gewischt und die »Anderen« in speziellen Räumen desinfiziert, bevor sie das Tal betreten durften. Wenn einer krank wurde, durfte er nicht kommen, weswegen manchmal einer der Wissenschaftler oder Betreuer für ein oder zwei Wochen fehlte.

Und trotzdem war es wieder passiert. Bartholomäus hatte irgendwann angefangen zu husten. Er hatte es vor den »Anderen« versteckt, weil er wusste, dass sie ihn isolieren würden. Die anderen NTs hatten ihn auch nicht verraten. Aber beim Fußball war Bartholomäus dann zusammengeklappt. Einfach so umgefallen. Blut war aus seinem Mund gelaufen. Drexler und seine Gehilfen hatten versucht, ihn zu beatmen. Es war das letzte Mal, dass sie Bartholomäus gesehen hatten. Anschließend hatten sie alle NTs auf der Krankenstation in Einzelzimmern isoliert und mit Immun-Boostern vollgepumpt. Aber auch für Philippus war es zu spät. Er starb am nächsten Tag.

Jetzt waren sie nur noch sechs NTs: Matthäus, Judas, Petrus, Johannes, Thomas und er selbst, Adam.

NTs – so nannten die »Anderen« sie, aber mittlerweile bezeichneten sie sich auch selbst so. Die »Anderen«, das waren die Wissenschaftler und die Betreuer. Anders deswegen, weil sie nicht so aussahen wie sie. Sie gehörten zu einer anderen Menschenart. So richtig hatte Adam das noch nicht verstanden, aber es musste so ähnlich sein wie der Unterschied zwischen Tieren, ähnlichen Tieren, aber doch unterschiedlich, vielleicht wie der Unterschied zwischen zwei Vögeln, einem Papagei und einer Taube zum Beispiel (selbst wenn er noch nie einen lebenden Papagei oder eine lebende Taube gesehen hatte). Die »Anderen« nannten sich Homo sapiens und ihn und die anderen NTs Homo neanderthalensis. Oder Neandertaler. Und diesen Ort hier nannten sie das »Tal«.

Adam wäre der Unterschied zwischen den NTs und den »Anderen« nicht so aufgefallen, aber da sie immer wieder darauf hingewiesen wurden, hatte er angefangen, die »Anderen« genauer anzuschauen. Drexler, Markovicz, Xiu, Thompson und natürlich Weiss, die neben Gustafsson die einzige Frau im Wissenschaftler-Team war.

Die »Anderen« sahen ihrerseits sehr unterschiedlich aus, er konnte nicht verstehen, wieso sie sich überhaupt zu einer Art zählten. Der kleine dünne Xiu mit seinen glatten schwarzen Haaren und seinen engen Augen sah völlig anders aus als der riesige dünne Markovicz mit dem schmalen Gesicht. Oder als Thompson mit seinen knallroten lockigen Haaren.

Auch zwischen den NTs gab es Unterschiede. Ihm fiel auf, dass er und Matthäus den »Anderen« noch am ähnlichsten sahen; ihre Gesichter waren etwas feiner geschnitten als beispielsweise die von Judas oder Thaddäus. Manchmal zogen die anderen NTs ihn und Matthäus damit auf, nannten sie dann »Sapis« und unterstellten ihm und Matthäus erotische Absichten hinsichtlich Weiss und Gustafsson. Albern. Aber vielleicht spürten sie auch etwas, das er selbst noch nicht so recht einordnen konnte.

Er fühlte sich eher von Weiss angezogen als von Gustafsson. Weiss war auch eine Frau, aber anders als die große schlanke blonde Gustafsson, die so ziemlich alle NTs um den Verstand brachte. Und es war ganz normal, dass man als Mann solche Empfindungen gegenüber Frauen hegte, das hatten sie ihnen im Unterricht gesagt. In der Pubertät würde man seine Sexualität entdecken und so weiter. Sie waren schließlich noch Jugendliche, auch wenn sie nicht mehr so aussahen. Das sagte Drexler ihm hin und wieder. Und er, Adam, sei der reifste. Adam wusste nicht, wie er mit dieser Aussage umgehen sollte. Drexler war der Arzt und pflegte daher den intensivsten Kontakt zu den NTs. Drexler hatte ein rundliches Gesicht und war ziemlich klein, eigentlich kaum größer als er selbst und die anderen NTs. Aber was Adam an Drexler mochte, war, dass die Distanz, die zwischen ihm und den NTs bestand, für ihn kaum eine Rolle zu spielen schien. Er war auch immer derjenige, der sich über die anderen Wissenschaftler lustig machte, insbesondere über Markovicz, ein ziemlich unfreundlicher Mann mit glatt zurückgekämmten Haaren, den Adam noch nie hatte lächeln sehen. Markovicz behandelte sie meistens wie Objekte. Seine schwarzen Augenringe fand Adam zum Fürchten.

Adam sah sich im Schlafsaal um. Sah die anderen Betten, die vielen Pflanzen, die Kleiderschränke. Seine kleine heile Welt. Sie bestand aus dem Schlafsaal, dem Essenssaal, dem Sportstudio, dem Kino, der Bibliothek, der Schule und den Laboren. Alles andere, die Welt draußen, kannten er und seine Brüder nur von Bildern, Filmen, Büchern und Erzählungen. Und irgendwann, sehr bald schon, so versprachen ihnen die »Anderen«, würden sie hinausgehen dürfen und dort leben – wenn alle Untersuchungen abgeschlossen seien.

Er konnte nicht mehr schlafen. Und Hunger hatte er auch. Er stand auf, und seine breiten, auf dem Spann behaarten Füße patschten leise über den glatten Boden, als er den Schlafsaal verließ.

Die Küche war dunkel. Nur das Summen des Kühlschranks war vernehmbar – jedenfalls für ihn, denn ihm war aufgefallen, dass er über ein weitaus besseres Gehör verfügte als die »Anderen«, sogar ein noch besseres als die restlichen NTs. Hier nahmen sie immer gemeinsam die Mahlzeiten ein, das Frühstück meist unter sich, wobei sich gelegentlich ein paar Betreuer dazusetzten. Beim Mittagessen waren in der Regel die Wissenschaftler dabei. Abends waren sie dann ganz unter sich. Von den Bewachern mal abgesehen.

Er öffnete den Kühlschrank: Reste vom Rehrücken, den es heute zum Mittagessen gegeben hatte. Die Schweinshaxe von gestern. Hähnchenbrust. Würstchen. Dann jede Menge Gemüse. In der Seitentür fanden sich auch verschiedene Käsesorten, Brot, Milch und eine Joghurt-Auswahl, aber diese Lebensmittel waren für die Wissenschaftler gedacht, denn die NTs vertrugen keine Milchprodukte. Selbst Brot und Weißmehlprodukte waren schwierig. »Euch fehlen die notwendigen Verdauungsenzyme«, hatte Drexler ihnen erklärt. »Diese Lebensmittel haben erst unsere Vorfahren Jahrtausende nach euch für sich nutzbar gemacht, indem sie Ackerbau und Viehzucht betrieben.«

Adam nahm sich ein Stück von dem Hühnchen aus dem Kühlschrank und dazu die Schale mit den Pekannüssen. Dann machte er sich in der Mikrowelle ein Glas Wasser warm und brühte sich einen heißen Tee auf. Er setzte sich an den großen Tisch in der Mitte des Raums und aß im Dunkeln, nur einige Kontrollleuchten an den Küchengeräten leuchteten schwach. Die Uhr am Herd zeigte 03:34.

Er sah gut im Dunkeln, wie alle anderen NTs – noch so eine Sache, die sie von den »Anderen« unterschied.

Er dachte über seine Träume nach. Wer jagte ihn? Und warum hatte er solche Angst? Und was war mit dem anderen Traum? Woher kam dieses Gefühl der Einsamkeit? Es war alles so verwirrend.

In letzter Zeit hatte er auch immer öfter neue Gedanken. Er fragte sich, was das Tal war. Warum waren sie hier? Was wollten die »Anderen« von ihnen? Jeden Tag führten sie ihnen Filme vor, die schreckliche Dinge zeigten, und danach befragten sie sie stundenlang, wie sie sich verhalten würden, und dann legten sie sie in sirrende Apparate und durchleuchteten ihre Köpfe. Wozu das alles? Wann endlich konnten sie hinaus?

Ein Geräusch. Er fuhr herum. Seine großen Augen suchten in der Dunkelheit nach Kontrasten, nach irgendetwas, aber er konnte nichts erkennen.

Und wieder. Er horchte in die Dunkelheit hinein. Da. Ganz leise, nicht das Kühlschranksummen, auch nicht das Brummen der Belüftungsanlage. Ein Murmeln. Jemand sprach.

Adam stand auf und ging vorsichtig hinaus auf den Flur, den Stimmen folgend. Am anderen Ende des Gangs lagen die Labore. In einem brannte noch Licht, die Tür war nur angelehnt. Lautlos ging Adam näher, das Murmeln wurde deutlicher. Er erkannte eine Frauen- und eine Männerstimme. Sie führten eine angeregte Unterhaltung auf Englisch. Im Tal wurde meist Englisch gesprochen. Er ging bis auf wenige Meter an die Labortür heran, gerade so weit, dass er verstehen konnte, was sie sagten.

»Ich mache mir Sorgen, David.«

Es war Jocasta Weiss. Er erkannte ihre angenehme Stimme, sehr voll und weich. Aber jetzt war sie aufgeregt und sprach schnell.

»Was, wenn sie uns das Projekt wegnehmen?«

»Ach, das glaube ich nicht.« Es war Thompson, ein rothaariger, stämmiger Mann mit freundlichen blauen Augen. Neben Drexler war er einer der nettesten Wissenschaftler. Thompson stand, soweit Adam das mitbekam, von allen Teammitgliedern Jocasta Weiss am nächsten.

»Das Konsortium verliert das Interesse, David. Nach den Wahlen in Deutschland und Frankreich ist alles anders. Du hast die Kürzungen selbst mitbekommen. Brüssel hat einfach keine Geduld, dabei brauchen wir mehr Zeit, verdammt! Was glauben die, wie schnell ein derart komplexes Unternehmen ablaufen kann? Wir haben bereits die Entwicklungsphase beschleunigt, obwohl wir damit enorme Risiken eingegangen sind. Und jetzt, da die NTs endlich ausgewachsen sind und wir überhaupt erst so richtig anfangen können, Daten zu erheben, wollen sie die Reißleine ziehen. Diese verdammten Bürokraten.«

»Glaubst du das wirklich?«

»Oh ja! Marchand und Vollhardt traue ich das zu. Marchand will Ratspräsident werden. Und Vollhardt ist sein Steigbügelhelfer. Die beiden sind totale Opportunisten. Die werden versuchen, zuerst ihren eigenen Hals zu retten, wenn der Wind sich dreht. Anghol ist zu schwach, und Dreier stimmt immer wie Kindermann. Kindermann steht unter Druck wegen der fehlerhaften Trisomie-18-Tests. Nein, David, ich habe ein ganz ungutes Gefühl, dass die Projekt Neanderthal bald terminieren werden.«

»Nur, weil es im EU-Parlament gerade einen Regierungswechsel gab? Es wäre doch nicht das erste langfristige Projekt, bei dem sie Kontinuität aufbringen müssen und letztlich auch aufgebracht haben. Denk doch an das Klimaprogramm. Oder was ist mit der Alphabetisierungsinitiative? Das war auch ein Generationenprojekt.«

»Das kannst du doch gar nicht vergleichen. Neanderthal ist ein Geheimprojekt. Höchste Top-Secret-Stufe. Ethisch völlig inakzeptabel. Was meinst du, wie die EU-Präsidentin dastünde, wenn publik würde, dass die EU Menschen geklont hat? Unter absolutem Humanklon-Verbot?«

»Es sind keine Menschen wie wir, Jocasta.«

»David! Es sind Menschen. Menschen einer anderen Art.«

»Deswegen fallen sie aber nicht unter das Klonverbot. Das gilt nur für Homo sapiens. So steht es in der Konvention.«

»Lass uns nicht wieder diese unselige Diskussion führen. Es ist sowieso egal, wie wir das bewerten oder ob es juristische Hintertürchen gibt. Die NTs sind uns einfach so ähnlich, dass die Presse das nicht differenzieren wird, und schon gar nicht die Leute da draußen. Es würde enormen Wirbel geben. Alleine die Tatsache, dass es heimlich geschah, wird für einen Skandal reichen. Und mal ehrlich, das zeigt doch auch die ethische Komplexität des Projekts. Wenn es wirklich so klar gewesen wäre, dass die NTs keine Menschen sind, warum hat man sie dann nicht transparent geklont, unter Einschluss der Öffentlichkeit? Nein, die EU wäre völlig blamiert, vor allem jetzt, da sie sich immer als Weltgewissen aufspielt, wo es nicht so zugeht wie in Nordkorea, Russland oder der Türkei. Aber all das ist auch egal. Was uns interessieren muss, ist einzig das, was Marchand will und tun wird. Und ich bin mir ganz sicher, dass er nur auf eine einzige Sache aus ist: keinerlei Risiko bezüglich seiner angehenden Präsidentschaft einzugehen. Und Neanderthal ist ein Risiko für ihn, denn er hat es initiiert, weil er damals dachte, er könne sich damit profilieren. Deswegen müssen wir überlegen, wie wir uns positionieren.«

»Ich bin nicht so sicher, ob du recht hast, Jocasta. Die EU hat sich als Weltgewissen aufgespielt, ja. Aber die Prämisse des Projekts war eine edle: Man wollte die Welt verbessern, indem man den Menschen verbessert.«

»Die Welt verbessern, das habe ich doch schon mal irgendwo gehört …« Adam bemerkte die tiefe Verbitterung in ihrer Stimme.

»Immer wenn jemand die Welt verbessern wollte, wurde sie unmittelbar danach zur Hölle. Meine Güte, vielleicht waren wir alle einfach nur dermaßen naiv, uns überhaupt darauf einzulassen.«

Sie schwiegen eine Weile. Dann sprach Jocasta weiter. Ihre Stimme klang jetzt traurig.

»Sie haben mich in einem Moment der Hybris erwischt. Ich dachte, ich könnte noch einen draufsetzen nach der Antigen-Sache. Ich wollte all diesen alten Besserwissern zeigen, dass ich nicht nur Glück gehabt hatte, kein One-Hit-Wonder war. Ich wollte allen beweisen, dass ich wirklich was auf dem Kasten habe.«

Thompson seufzte. »Das hattest du doch gar nicht nötig, Jocasta.«

»Weißt du noch, wie Pääbo immer gesagt hat, man könne den Neandertaler nicht klonen?«, fragte sie. »Der Mann, der das Neandertaler-Erbgut entziffert hat! Klar hatte sein Wort Gewicht. Und er hatte ja auch gute Argumente.«

»Ach, die Chose mit den repetitiven Sequenzen«, sagte Thompson. »Wir würden nur die Teile des Neandertaler-Erbguts kennen, die sich nicht wiederholten. Und die sich wiederholenden wären große weiße Flecken? Hatte ich fast schon wieder vergessen.«

»Dabei war das unterm Strich das kleinste Problem«, sagte Jocasta. »Angesichts der hohen Übereinstimmung zwischen unserem und ihrem Erbgut war die Annahme, dass unsere repetitiven Sequenzen denen der NTs gleichen, nur logisch. Und falls sie doch ein paar mehr oder weniger gehabt haben sollten, spielte es schlicht keine Rolle. Mich hat eher gewundert, dass er nicht auf die epigenetischen Faktoren einging. Und die andersartigen Eizellen. All das hätte tatsächlich ein Problem beim Klonen darstellen können. Da hatten wir vielleicht auch einfach ein bisschen Glück. Immerhin hatten wir auch die Unterschiede beim mitochondrialen Genom berücksichtigt.«

»Du hast dich immer so voller Herzblut in diese Schlachten mit den großen alten Männern geworfen. Dafür habe ich dich bewundert.«

Adam vermeinte, einen affektiv gefärbten Ton in Thompsons Stimme zu hören.

Falls Weiss Thompsons unterschwelligen Ausdruck von Zuneigung wahrgenommen hatte, ging sie darüber hinweg.

»Schade nur, dass ich Pääbo nicht zeigen kann, dass ich das vermeintliche Problem gelöst habe. Aber David, ich bereue einfach, dass ich mich von Marchand so habe bezirzen lassen. Was er mir alles versprochen hat! Und ich habe ihm auch noch geglaubt, dass die NTs wirklich einmal in Frieden leben würden, wenn wir das Projekt beendet hätten.«

»Wir haben das doch alle geglaubt. Und wir alle haben das Angebot angenommen. Und nicht nur, weil uns traumhafte Arbeitsbedingungen in Aussicht gestellt wurden. Das Ziel war unglaublich verlockend. Wir wollten den Schlüssel für all den Hass, all die Kriege und den Terror finden, mit dem unsere Spezies seit Anbeginn ihrer Existenz den Planeten überzieht.«

»Wie nannte Markovicz das noch gleich?«, sagte Jocasta. »Das Jesus-Gen?«

Beide lachten. »Manchmal hat er ja doch Humor.«

»Ich glaube ehrlich gesagt nicht, dass Markovicz das Angebot aus reiner Gutmenschlichkeit angenommen hat. Aber ist auch egal. Fakt ist, wenn wir das Jesus-Gen gefunden hätten oder wenigstens die Jesus-Region im Gehirn, dann hätten wir das ganz große Ding gelandet«, sagte Thompson.

»Das Jesus-Gen«, sagte sie. »Wer weiß, vielleicht hätten wir am Ende alles noch schlimmer gemacht.«

»Moment.« Thompsons Tonfall war wieder ernst. »Willst

du mir damit sagen, dass du nie an das Jesus-Gen geglaubt hast?«

Sie schwieg eine Weile.

»Ich weiß es nicht. Ich gebe zu, dass ich mich auf dieses Projekt erst einmal eingelassen habe, weil ich mir etwas beweisen wollte. Und ... ja, wenn ich ehrlich sein soll: Ich habe nie so recht an die Idee geglaubt, in den Neandertalern etwas zu finden, das sie zur besseren Menschenspezies macht. Aber wie konnte ich es wissen? Gustafssons Verhaltenstests deuten tatsächlich darauf hin, dass sie friedlicher sein könnten als wir. Und ich habe außerdem einen Genlocus identifiziert, der im Hinblick auf die Einzigartigkeit der NTs sehr interessant scheint.«

»Welcher Locus?«, fragte Thompson. »Davon hast du mir noch gar nichts erzählt.«

»Ich bin auch noch nicht sicher, ob was dran ist. Jetzt müssen wir uns erst mal um die verdammte Politik kümmern. Vielleicht ist bald sowieso alles vorbei.«

»Jetzt sei nicht so selbstzerfleischend. Ich glaube nicht, dass Marchand das Projekt wirklich terminieren will. Warum denn ausgerechnet jetzt?«, fragte Thompson.

»Marchand gilt in der EU als harter Hund, als einer, der Putin und Erdoğan im Griff halten kann. In Syrien ist wieder Ruhe. Der IS ist besiegt, offiziell jedenfalls. Der Brexit ist ein Breentry, Griechenland verzeichnet wieder Wirtschaftswachstum, in Osteuropa haben sich die Nationalisten selbst demontiert. Der ganze Hass im Internet ist abgeklungen. Also, von wegen drohender Dritter Weltkrieg und Doomsday-Stimmung. Wer braucht da noch ein albernes Jesus-Gen? Homo sapiens hat die Kurve gekriegt! Er braucht Homo neanderthalensis nicht mehr.«

Für Adam war das, was die beiden besprachen, sehr verwirrend. Er und die anderen NTs hatten zwar eine Grund-Schulbildung erhalten, und er wusste durchaus, dass es auf der Welt viele Spannungen gab und schreckliche Kriege gegeben hatte. Aber dass er das Untersuchungsobjekt eines Geheimprojekts war, das hatten sie ihnen verheimlicht. Ihm und den anderen NTs war immer nur gesagt worden, dass sie etwas Besonderes seien und die Menschen von ihnen lernen wollten.

»David, wir sind nicht mehr die Lösung. Wir sind das Problem.«

»Angenommen, du hast recht. Nur mal so als Gedankenexperiment. Angenommen, sie wollen Neanderthal wirklich beenden. Wie sollen sie das bewerkstelligen? Was wird aus den Neandertalern?«

»Das kannst du dir doch wohl denken …«

»Nein, das kann ich nicht!«, sagte Thompson.

»Wir haben lebendige Neandertaler geschaffen, die in der Außenwelt auffallen würden wie bunte Hunde. Man kann sie nicht einfach freilassen. Mal abgesehen davon, dass sie keine Woche draußen überleben würden. Also bleiben nur zwei Möglichkeiten: Entweder man schließt sie hier für immer ein, oder man … lässt sie einfach verschwinden.«

»Das kann nicht dein Ernst sein!«

»Meiner nicht. Aber vielleicht Marchands?«

»Du glaubst wirklich, dass sie die NTs ermorden würden?«

Adam hielt den Atem an. Eine Weile sagte keiner etwas.

Schließlich setzte Weiss erneut an. »Was heißt Mord? Einfach den Immun-Booster vergessen, dann eine kleine Grippe eingeschleppt. Du hast doch gesehen, wie schnell das bei Bartholomäus und Philippus ging. Und den anderen vieren davor.«

Adam wurde eiskalt. Er begann zu zittern. War das hier wirklich wahr? Sprachen die beiden gerade davon, dass sie sie alle umbringen wollten? Warum? Was hatten sie getan? Hatten sie nicht gesagt, dass sie bald frei sein würden und all die schönen Landschaften, Pflanzen, Tiere sehen durften? Auf einmal dämmerte ihm, wie dumm er gewesen war, das zu glauben. Wenn sie abhängig von Drexlers Spritzen und die Viren und Bakterien doch überall waren – wie sollten sie jemals da draußen leben können?

»Was ist die Alternative?«, fragte Jocasta Weiss. »Glaubst du, sie werden uns mit den NTs für immer wegsperren, bis wir alle eines natürlichen Todes gestorben sind?«

»Ich glaube einfach nicht, dass sie es schaffen, uns mal eben so zu Mördern zu machen«, sagte Thompson.

»Würdest du dich dagegen wehren?«

Kurze Pause.

»Spinnst du? Was soll die Frage?«

»Es geht hier immerhin um unsere Karrieren. Bist du bereit, deine zu opfern? Für ein paar geklonte Neandertaler?«

»Du glaubst im Ernst, dass ich für meine Karriere zum Mörder werden würde?«, sagte Thompson.

»Hast du nicht eben selbst gesagt, dass die NTs keine Menschen sind?«

»Das reicht.« Adam hörte, wie Thompson aufstand. Er schickte sich offenbar an, den Raum zu verlassen. Adam stand mitten im Gang. Thompson würde direkt in ihn hineinlaufen. Schnell schaute Adam sich nach einem Versteck um.

»David, warte. Nein, das glaube ich nicht ernsthaft«, sagte Jocasta. »Du bist mein Freund. Und auch ich werde nicht zur Mörderin werden, selbst wenn ich alles verlieren würde. Aber was ist mit den anderen? Was ist mit Drexler, Markovicz, Gustafsson, Xiu?«

»Für Robert lege ich die Hand ins Feuer.«

»Na gut, so würde ich Drexler auch einschätzen. Aber die anderen? Können wir ihnen wirklich vertrauen?«

Stille. Adam dachte an die Wissenschaftler. Markovicz war Genetiker und Hirnforscher. Er und Weiss vertrugen sich nicht besonders gut, obwohl beide sich bemühten, die offensichtlichen Spannungen nicht vor den NTs auszutragen. Gustafsson war Verhaltensforscherin und Psychologin und untersuchte die NTs zu ihrem Verhalten in moralischen Situationen. Und Xiu war ein schüchterner Asiate mit Seitenscheitel und Nickelbrille, der so gut wie nie etwas sagte. Nicht zu allen war das Verhältnis so herzlich wie zu Drexler, Thompson oder Weiss. Dennoch waren sie ihre Bezugspersonen gewesen, Autoritäten, Ersatzeltern, ihre Familie. Sie hatten niemand anderen gehabt. Auf einmal sah er all diese Leute, denen er bislang vertraut hatte, mit anderen Augen. Und plötzlich wurde ihm klar, dass seine Brüder und er den »Anderen« völlig ausgeliefert waren. Sie waren hier eingesperrt. Die Wissenschaftler konnten mit ihnen machen, was sie wollten.

Adam wurde klar, dass sie in großer Gefahr waren. Sie mussten von diesem Ort fliehen.

»Ich weiß es nicht«, sagte Thompson. »Ich kann die drei nicht einschätzen. Aber lass uns doch mal anders überlegen, Jocasta. Was ist, wenn wir nicht darauf warten, dass Marchand agiert? Was ist, wenn wir an die Öffentlichkeit gehen?«

»Dann wären unsere Karrieren im Eimer. Und die NTs würden ihr gesamtes Leben als Laborratten fristen.«

»Komm schon. Der Nobelpreis ist dir sicher. Dir kann keiner mehr was. Du könntest dafür sorgen, dass die NTs gut behandelt werden.«

»Ach, David«, sagte Jocasta. »Du bist manchmal so herrlich naiv. Vielleicht, weil du ein Mann bist und einfach nicht weißt, was wir Frauen durchmachen müssen, um nach oben zu kommen. Wenn sie jemanden aufhalten oder gar zerstören wollen, finden sie immer was. Irgendeiner der Ko-Autoren muss nur das hässliche Wort Datenklau erwähnen. Ein paar gefälschte Laborbücher. Und schon ist deine Reputation angekratzt, selbst wenn am Ende alle Vorwürfe verpuffen. Dann kriegst du allenfalls noch einen Job an einer Universität im Ostblock. Und Stockholm scheut Skandale wie der Teufel das Weihwasser. »

Schweigen. Thompson überlegte. »Markovicz vertraue ich am wenigsten.«

»Er ist skrupellos. Und er hasst mich«, sagte Weiss.

Adam blickte sich nervös um. Er hatte genug gehört. Er musste zurück und die anderen warnen. Sie mussten aus dem Tal entkommen. Irgendwie.

Er wich langsam den Gang entlang zurück. Doch dabei stieß er mit dem Oberschenkel gegen einen der Feuerlöscher, der an der Wand hing. Der Sprühgriff löste sich und klapperte gegen das Metall der Flasche. Die Stimmen im Labor verstummten.

»Was war das?«, sagte Thompson. Adam vernahm, wie der Wissenschaftler aufstand.

So schnell er konnte, lief er barfuß, wie er war, den Gang hinunter. Er war schon fast am Ende angelangt, als er Licht in die Dunkelheit fallen sah. Die Labortür ging auf, als Adam gerade durch die Tür zurück in den Schlafsaal schlüpfte.

Alle schliefen, soweit er das in der Eile sehen konnte. Niemand hatte seinen kleinen Ausflug mitbekommen. Er sprang zurück in sein Bett, zog die Decke hoch und stellte sich schlafend.

So lag er eine, vielleicht zwei Minuten da und versuchte seine schnelle Atmung zu beruhigen, was ihm nur schwer gelang.

Als er hörte, wie sich Schritte näherten, wagte er es nicht, die Augen zu öffnen.

17

DIE DUNKLEN

Sesens Arm tat weh, mehr als gewohnt. Schon bald konnte er sein Gepäck nicht mehr tragen. Urudim nahm ihm den Beutel ab, auf den er auch den Speer geschnallt hatte, Bantur trug seine Steinwerkzeuge. Meliur hatte ihnen den Weg zu den Prata beschrieben, sie waren der nächstgelegene Stamm. Zwei Wochen würden sie laufen müssen – eine lange Zeit, die sie in der feindlichen Außenwelt bestehen mussten, ohne die Sicherheit des Stammes. Zum Glück waren sie zu viert. Ihre Vorräte würden jedoch nur für eine Woche reichen. Sie würden jagen müssen.

Am dritten Tag regnete es heftig. Zum Glück fanden sie Unterschlupf in einer Höhle, die sich scheinbar endlos in den Felsen zu verzweigen schien. Sie würden jedoch im Eingangsbereich bleiben, um Licht zu haben und nicht von Schias oder Hechots überrascht zu werden. Außerdem lauerten in den Tiefen von Höhlen Oroks, und wenn solch eine Bestie sich zeigte, würde das Innere der Höhle zur Falle werden.

Urudim hatte mit Sesen zusammen Holz für ein Feuer gesammelt. Währenddessen hatten Bantur und Maruch die Höhle auf Oroks abgesucht, zumindest den vorderen Bereich. Sie würden Wache halten müssen, um keine böse Überraschung zu erleben.

Die Nacht kam schnell, und Urudim fiel in einen unruhigen Schlaf. Er träumte von Irbaka. Sie rannte vor einer Schia davon.

Irbaka hatte große Angst, und er spürte, wie ihr Großer Geist in Aufruhr geriet. Sie stürzte, und die Schia war über ihr. Die langen Eckzähne der Raubkatze funkelten im Mondlicht. Das Tier fauchte, sein Atem glitt über Irbakas Hals, der Speichel tropfte. Sie hatte den Kopf abgewandt und versuchte, sich nicht zu bewegen. Sie bereitete sich auf ihr Ende vor, darauf, dass der Große Geist sie verlassen würde. Dabei zeigte sie keinerlei Angst.

Die mutige, gefasste Irbaka. Er vermisste sie so sehr. Aber er würde sie nie wiedersehen.

Urudim schreckte aus dem Schlaf hoch. Hoffentlich war sie nicht in Gefahr. Hoffentlich war es nur seine Fantasie und nicht ihr Geist, der zu seinem gesprochen hatte.

Er sah sich um. Das Feuer war heruntergebrannt. Glut leuchtete darin und spendete noch ein wenig Wärme. Im rötlichen Schimmer sah er die Gesichter seiner schlafenden Gefährten, in ihre Felle vergraben. Banturs breite Züge, die Augen geschlossen. Sesen hatte sich auf die Seite gedreht, seine Haare standen schon wieder lustig ab. Maruchs große Augen waren ebenfalls geschlossen. Er hatte eigentlich Wache halten sollen, war aber offenbar eingeschlafen.

Urudim sah hinaus in die Nacht. Die Wolken hatten einen riesigen Mond enthüllt, der nun das Land in weißliches Licht tauchte. Der Mond malte Schatten, ließ Spalten tief werden und tat Abgründe auf. Schwarze Schatten wischten vor der hellen Mondscheibe hin und her. Urudim lächelte. Mukiks. Jetzt war ihre Zeit zu jagen, bevor sie in die Höhle zurückkehrten, um an der Decke zu hängen und den Tag über zu schlafen. Sie waren das Gegenteil der Naba-Jäger.

Er horchte in die Nacht und hörte die Laute der Tiere. Aber es war nichts dabei, was auf Gefahr hindeutete. Es war eine herrliche Nacht. Seine Nasenflügel bebten, als er tief Luft einsog. Er roch den Regen des Tages, der in die Erde eingedrungen war. Er roch den Wald vor sich, den sie morgen durchqueren würden. Er roch den nassen Stein am Eingang der Höhle.

Urudim suchte die Punkte am Himmel, der Grenze der Welt. Hinter ihnen wohnte der Große Geist. Eines Tages würde der Große Geist in ihm dorthin zurückkehren, und er würde als leere Hülle in dieser Welt zurückbleiben. Sie würden ihn begraben wie die Hüllen seiner Ahnen. Die Naba legten die Hüllen ihrer Stammesmitglieder in Erdlöcher und bedeckten sie mit Steinen. Dann würden aus seiner Hülle Pflanzen wachsen, die Tiere und die Naba würden sie essen, und aus der alten Hülle würde eine neue entstehen. So war es immer gewesen, und so würde es immer sein.

Ein Knacken riss ihn aus seinen Gedanken. Angestrengt sah er in die Schwärze, versuchte, ein Paar leuchtender Punkte auszumachen, die Augen einer Schia oder einer anderen Bestie sein könnten. Nichts.

Noch ein Knacken. Lauter diesmal. Sein Körper war nun in Alarmbereitschaft, das Herz schlug hart und schnell. Urudim erhob sich mit lautlosen Bewegungen von seinem Nachtlager und ging in die Hocke. Noch wollte er die anderen nicht wecken.

Er griff nach seinem Speer. Schias waren schnell. Sie konnten weit springen, viel weiter als jeder Naba. Lange Eckzähne im Hals, der Biss der gewaltigen Kiefer – der Tod konnte schnell kommen. Er ging langsam hinaus, auf den Wald zu. Als er den Schutz der Höhle verließ, spürte er die Kühle auf seiner Haut. Die Nacht war klamm vom Regen des Tages. Angestrengt zog er Luft in die Nase. Er wusste, wie eine Schia roch, stechend, bedrohlich. Aber er konnte keinerlei Note im bunten Strauß der Nachtdüfte ausmachen. Vor den Mond hatten sich nun dunkle Wolken geschoben. Er ging weiter, bedächtig, einen Schritt nach dem anderen. Den Speer hielt er vor sich in die Dunkelheit, bereit, zuzustoßen, in was auch immer dort draußen war.

Plötzlich spürte er etwas, eine Präsenz – obwohl er nichts sehen und nichts riechen konnte. Es war ganz nah. Urudim hielt den Atem an. Fieberhaft suchte er in der Schwärze.

Dann spürte er etwas in seinem Rücken. Etwas Spitzes. Es bohrte sich durch das Leder seiner Fellkleidung und drückte unnachgiebig zwischen seine Schulterblätter. Waren sie etwa schon ins Gebiet der Prata gelangt? Er erstarrte, um keinerlei Bedrohung für die Prata-Jäger darzustellen.

Noch eine Spitze, an seinem rechten Oberarm. Nun eine an seinem linken Unterarm. Und noch eine an seinem Bauch. Er sah die Speere, folgte ihnen mit den Augen und sah, wie sie in der Dunkelheit verschwanden.

»Butta!«, sagte eine Stimme, gedämpft, aber unnachgiebig. Sie war heller und feiner als die Stimmen, die Urudim kannte. Er verstand nicht, was sie sagte, aber er konnte sich denken, was es heißen sollte: keine Bewegung.

Jetzt gewann das Mondlicht wieder gegen die Wolken, und fahles Licht erhellte langsam die Nacht. Er sah ein Gesicht vor sich. Zug um Zug schälte es sich aus der Dunkelheit heraus. Es war schmal und schimmerte matt.

Es war ein Dunkler!

Angst kroch seine Wirbelsäule hinauf.

Vier Spitzen lagen auf seinem Körper. Einer nach dem anderen traten die Dunklen auf ihn zu. Umringten ihn.

»Butta!«, sagte der Dunkle vor ihm erneut. Urudim bemühte sich, ganz ruhig zu bleiben und vor allem seinen rechten Arm mit dem Speer in der Hand stillzuhalten.

Der Dunkle, der seinen Speer auf Urudims rechten Arm gerichtet hatte, nahm ihm den Speer ab. »Heng Tscha. Uluki«, sagte er an seine Begleiter gerichtet. Dann verließ er die Gruppe. Urudim sah ihm nach. Er schritt auf die Höhle zu. Urudims Atem ging flacher. Was würde er seinen Gefährten antun?

Der Dunkle direkt vor ihm betrachtete Urudim. Und Urudim ihn. Ihre Gesichter waren so anders als die der Naba, ihre Körper so dünn und schmächtig. Sie waren etwas größer als er, vor allem der Dunkle vor ihm, welcher der Anführer der Gruppe zu sein schien. Er trug genähte Felle, aber sie waren anders, als Urudim es von seinem Stamm her kannte. Er trug eine Kette am Hals und hatte Schmuck im Gesicht – ein Zahn war durch seine Nase getrieben, was Urudim noch nie gesehen hatte.

Was würden sie mit ihm anstellen? Würden sie ihn umbringen?

Meliurs Worte kamen ihm in den Sinn: Wenn sie euch angreifen, werdet ihr euch wehren. Aber ihr werdet sie nicht angreifen.

Dachten die Dunklen auch so?

Der Dunkle griff nach Urudims Kette. Als er die Orok-Krallen erkannte, schaute er beeindruckt und stieß ein »Oh« aus. Dann griff er an seine eigene Kette. Erst jetzt sah Urudim, dass daran Adlerkrallen hingen. Begriff er, dass sie beide Jäger waren? Er hatte auch seinen Speer gesehen.

Der Dunkle kehrte zu der Gruppe zurück. Er hatte offenbar die Höhle inspiziert.

»Uluki Tscha!«, sagte er leise und wies auf den Höhleneingang. Seine Hand zeigte vier erhobene Finger. Der Anführer blickte zur Höhle.

Dann sah er wieder Urudim an. »Uluk. Meng?«, fragte er. Urudim verstand nicht. Wollte er seinen Namen wissen?

Dann zeigte der Dunkle auf sich selbst und sagte »Tschuk-Tschak«. Und nochmal: »Tschuk-Tschak.«

»Tschuk-Tschak«, wiederholte Urudim. Die Dunklen zuckten zusammen, als sie seine Stimme hörten. Aber der Dunklen-Anführer nickte. Seine Miene entspannte sich.

Dann zeigte er wieder auf Urudim. »Uluk. Meng?«, wiederholte er.

Urudim sprach seinen Namen aus und klopfte sich auf die Brust.

»Urudim«, wiederholte der Dunklen-Anführer ungelenk. Urudim nickte, um ihn zu bestätigen.

Der Dunkle zeigte auf sich und seine Stammesangehörigen und sagte: »Kalakmang.« Urudim wiederholte »Kalakmang«. Er zögerte einen Moment, dann zeigte er auf sich, sein Gesicht, seinen Mund, seine Nase und sagte »Naba.« Es war der Name seines Stammes. Er überlegte kurz – es gab gar kein Wort in seiner Sprache für sein Volk, denn bisher hatte es immer nur seinesgleichen gegeben. Bis die Dunklen gekommen waren.

»Naba«, wiederholte der Dunkle. Er sagte noch einmal »Uluk«. Dann noch einmal »Naba.« War »Uluk« seine Bezeichnung für Urudims Volk?

Urudim war verunsichert. Warum tat der Dunkle das? Wollte er, dass Urudim ihm vertraute? In ihm waren widerstrebende Gefühle am Werk: Angst, Misstrauen, aber auch Neugier auf diese andersartigen Wesen. Was hatten die Dunklen im Sinn? Was ging in ihren Köpfen vor sich? Es fiel ihm schwer, in ihren andersartigen Gesichtern zu lesen.

Alle Freundlichkeit wich nun aus Tschuk-Tschaks Gesicht und er vollführte eine Geste: der erhobene Zeigefinger legte sich an die Lippen. Das verstand Urudim: Sei still! Und ihm war klar, dass Tschuk-Tschak ernst machen würde, wenn er sich nicht daran hielt.

Dann machte Tschuk-Tschak eine schnelle Kopfbewegung und sagte: »Uluk an ban.« Seine Gefährten griffen Urudim an den Armen und bedeuteten ihm, mitzukommen. Die Speerspitze in seinem Rücken drückte, damit er sich in Bewegung setzte.

Sie gingen zur Höhle, wo seine Gefährten noch immer friedlich schliefen. Urudim dachte nach. Sollte er schreien und sie warnen? Die Speerspitze in seinem Rücken erinnerte ihn daran, dass dies womöglich auch sein Todesschrei sein würde. Er konnte die Absichten der Dunklen nicht einschätzen. Wollten sie ihre Vorräte stehlen? Wollten sie sie alle töten, um die Höhle für sich zu haben? Oder wollten sie sie am Ende sogar essen? Urudim wusste, dass so etwas vorkam. Wenn es ums nackte Überleben ging, hatten einzelne Angehörige seines Volkes in ihrer Verzweiflung ihresgleichen gegessen. Schwache, Alte, sogar Kinder. Bei den Naba war all das noch nicht vorgekommen. Aber in anderen Stämmen.

Doch dies waren Dunkle. Und Urudim hatte keine Ahnung zu was sie imstande waren. Würden sie den Kampf gewinnen? Seine Gefährten mussten sich aus dem Schlaf rappeln, ihre Speere greifen, die Dunklen hatten einen Überraschungsvorteil. Und Sesen hatte nur einen guten Arm. Er entschied sich, zu warten.

Sie waren am Eingang der Höhle angekommen. Bantur, Sesen und Maruch lagen noch immer schlafend auf dem Boden. Wehrlos. Tschuk-Tschak schlich lautlos an die Naba heran, an seiner Seite zwei der anderen Dunklen. Der vierte hielt mit seinem Speer Urudim von hinten in Schach.

Urudim musste hilflos zusehen, wie die drei Dunklen sich über seinen Gefährten positionierten und dabei die ganze Zeit mit den Speerspitzen auf ihre Hälse zielten. Sollten Sesen, Bantur und Maruch erwachen, könnten die Dunklen sie einfach mit einem schnellen Stoß erledigen.

Urudims Gedanken rasten. Er musste etwas tun! Aber was?

Tschuk-Tschak bückte sich und tastete langsam mit seiner linken Hand nach Banturs Beutel, um zu sehen, was darin war. Die rechte hielt den Speer auf Bantur gerichtet. In dem Beutel befanden sich ihre gesamten Vorräte: getrocknete Fleischstreifen, Beeren, Nüsse, Knollen.

Wenn sie sie hatten töten wollen, hätten sie es jetzt getan, dachte Urudim. Also wollten sie offenbar »nur« rauben. Das war schlimm genug. Ohne Vorräte würden sie die gefährliche Reise zu dem anderen Stamm nicht durchhalten. Sie würden vollkommen auf ihr Jagdglück angewiesen sein. Jagen war anstrengend und gefährlich. Und sie kannten diese Gegend nicht.

Tschuk-Tschak griff den geöffneten Beutel von Bantur. Als er ihn hochhob, fiel eine Knolle heraus. Sie landete auf Banturs rotem Bart. Er erwachte und begann sofort, laut zu brüllen. Tschuk-Tschak sprang erschrocken zurück und fiel hin.

Dann brach Chaos aus. Die beiden Dunklen waren abgelenkt und die anderen Naba erwachten ebenfalls. Urudim merkte, dass der Druck der Speerspitze in seinem Rücken für einen Moment nachließ. Er drehte sich um und schlug dem Dunklen mit der Faust ins Gesicht. Er sah noch dessen Überraschung, als er die Nase mit voller Wucht traf. Nun sprangen auch Maruch und Sesen auf und brüllten die Dunklen an, die trotz ihres Vorteils der gezückten Speere überrascht zurückwichen.

Dann geschah etwas, womit keiner gerechnet hatte. In diesem Moment schoss ein gewaltiger Körper aus den dunklen Eingeweiden der Höhle. Etwas Rundes, Großes galoppierte aus der Schwärze auf den Höhleneingang zu.

Es war ein Orok. Ein gewaltiges Tier.

Er rammte in seinem Lauf einen der Dunklen, der weggeschleudert wurde. Nun brachen alle in Angstgeschrei aus, Dunkle wie Naba. Alle wichen vor dem Tier zurück in die Höhle. Der Orok hielt an und richtete seinen schwarzbefellten Körper auf, bis er auf zwei Beinen vor dem noch immer am Boden liegenden Tschuk-Tschak stand, der vor Angst versteinert war. Der Orok zog die Lefzen zurück und fauchte, es klang furchterregend. Die Eckzähne hatten die Form von Mondsicheln. Speichel tropfte aus dem Maul, in dem noch viele große Zähne waren. Dann holte er mit seiner Pranke aus und hieb auf Tschuk-Tschak ein, der sich im letzten Moment wegdrehte. Aber die Pranke mit den riesigen Krallen erwischte ihn trotzdem und zerfetzte die Fellkleidung auf seinem Rücken und fügte ihm blutige Striemen zu.

Urudim wusste, dass der Orok den Dunklen töten würde. Ohne nachzudenken, ergriff er den Speer seines Bewachers, den er eben niedergeschlagen hatte und stürmte mit der Spitze voran auf den Orok zu – dabei den Schrei der Naba-Jäger ausstoßend.

AAAAAIIIIIIIAAAAARRRRR!

Für einen Moment war die Aufmerksamkeit des Orok von Tschuk-Tschak abgelenkt, der sofort von dem Ungeheuer wegkroch. Urudim rammte den Speer mit solcher Wucht in die Brust der Bestie, dass der Orok strauchelte. Das Tier schrie vor Schmerz auf, als Urudim die Speerspitze ohne Umschweife zurückzog. Es war ein guter Stoß gewesen, das Tier war schwer getroffen. Blut strömte aus der Wunde in seiner Brust. Urudim sah Überraschung und nun auch Angst in seinen Augen. Einen Moment lang war der Orok unschlüssig, hin- und hergerissen von den Impulsen zum Angriff und zur Flucht. Dann fauchte er noch einmal und lief schließlich auf allen vieren davon, zurück ins Innere der Höhle.

Die Dunklen hasteten zu ihrem verletzten Anführer und halfen ihm auf die Beine. Tschuk-Tschak blickte Urudim mit schmerzverzerrtem Gesicht an. Dann nickte er ihm zu, bevor er mit den anderen seiner Art zusammen in der Nacht verschwand.

18

AUF SAFARI

Die Sonne war längst untergegangen. Sie fuhren schon seit Stunden. Sarah wusste nicht, wohin. Sie vertraute Max, der das Ziel eingegeben hatte. Ein kurzer Blick auf das Cockpit zeigte, dass die Akku-Anzeige bereits im roten Bereich war. Sie würden bald aufladen müssen, aber das erledigte das Auto-Auto von selbst. Ohne dass sie sich um irgendetwas kümmern mussten, würde es eine Ladestelle ansteuern und so lange dort stehenbleiben, bis sein Akku drahtlos aufgeladen war. Und dann würde es weiterfahren. Bis der Akku wieder leer war.

Die meiste Zeit der Fahrt über war Sarah in einen traumlosen Schlaf verfallen. Wenn sie wach wurde, schossen ihr die schrecklichen Szenen durch den Kopf, die sie erlebt hatte. Die krampfende Eva-Marie Mercure am Boden, der blutiger Schaum aus dem Mund lief. Der vor Angst gelähmte Max in der Dunkelzelle. Sie beide, durch den Barockpalast hastend, das Gewehr im Anschlag, ihr Finger auf dem Abzugsknopf. Die weit aufgerissenen Augen der wenigen Soldaten, die ihnen begegneten. Die Elektroblitze, die aus dem Gewehr schossen. Die zusammensackenden Körper. Es war keine tödliche Waffe, wie sie mit Erleichterung festgestellt hatte. Nur um das Gewehr dann umso hemmungsloser einzusetzen.

»Wenn Sie es nicht für mich tun wollen, Sarah, dann tun Sie's für Valerie.«

Sie hatte unglaubliche Angst um ihre Tochter. Und um Robert.

Sie musste beide warnen, dass sie sich in Sicherheit brachten, bevor Mercure sie aufspürte.

Sie hatte Mercures Unterlagen durchgesehen. Die Fakten zum Projekt Neanderthal, die sich darin befanden, hatte ihr Mercure im Wesentlichen erzählt. Erstaunlicherweise hatte sie ihr so gut wie nichts vorenthalten. Weiterhin enthielten sie Informationen über sie und Max. Dann ein paar Fotos ihrer Mutter. Sarah fand eine Aufnahme, die einen Embryo zeigte. Es war ein altes Ultraschallbild, wie man es früher bei Schwangeren erstellt hatte. Heute waren die Diorama-Visualisierungsmethoden von Ungeborenen weitaus besser. Die Aufnahme war verblichen und alt und an den Seiten angekokelt; offenbar hatte jemand versucht, sie zu verbrennen. Auf der Rückseite stand in einer eleganten Frauenhandschrift geschrieben: »Sarah, 6. Monat. Keine Auffälligkeiten.«

Sie zitterte, als sie es las. Dann betrachtete sie die Aufnahme. War sie das etwa? Und hatte das ihre Mutter geschrieben? Es musste so sein, sonst wäre das Dokument nicht in Mercures Akte gewesen.

Aber warum war es in der Akte? »Keine Auffälligkeiten«. Welche Auffälligkeiten? Hatte ihre Mutter etwa geahnt, dass etwas mit ihr nicht stimmte?

Bin ich eine Mutante, Mama?

Ihre Gedanken kehrten zurück zur Flucht.

Wohin jetzt?, hatte sie gedacht, als sie endlich rauskamen aus diesem unterirdischen Verließ. Sie waren im Wald, mitten im Nichts und sie waren eine Weile herumgestapft, bis sie schließlich ein Auto-Auto fanden. Sie wusste, dass sie es nur mit dem Notfall-Start aktivieren konnte. Er würde automatisch die Polizei benachrichtigen. Aber sie hatte keine Wahl.

Als sie einsteigen wollte, nahm Max ihr das Elektro-Gewehr ab. Bevor sie etwas sagen konnte, ging er um das Auto-Auto herum und suchte einen Moment lang. Dann richtete er die

Waffe auf eine Stelle an der Karosserie und drückte den Abzug. Ein blauer Blitz schoss auf das Metall des Auto-Autos. Dann war es vorbei. Er kam zurück.

»Warum hast du das gemacht?«, fragte Sarah.

»Hab den Tracker gegrillt. Jetzt können sie uns nicht mehr orten.«

Sie wusste, dass er programmieren konnte. Offenbar konnte er auch hacken.

Sein Gesicht war übel zugerichtet von Viiras Schlägen. Einige Rippen schienen gebrochen, er hatte starke Schmerzen. Aber die Panik war aus ihm gewichen, und sein Verstand war klar. Sie erzählte Max in Kurzform, was ihr Mercure über Projekt Neanderthal berichtet hatte.

»Wir müssen die Neandertaler finden.« Seine Gebärden waren schlaff, jede Bewegung tat ihm weh. »Nur so können wir irgendetwas beweisen.«

»Aber wie sollen wir sie finden?«, hatte sie ihn mit schnellen kurzen Gebärden gefragt.

»Ich habe eine Idee«, sagte er.

Er gab eine Adresse in den Piloten ein. Dann fuhr er seinen Sitz aus und legte sich hin. Bevor er ihr mitteilen konnte, wohin sie fuhren, war er eingeschlafen. Das Auto-Auto startete.

Sie war selbst auf einmal sehr müde, fuhr ihren Sitz aus und wollte sich hinlegen. Ein Gedanke schoss ihr durch den Kopf – Valerie! Sie und Robert mussten untertauchen. Im Cockpit aktivierte sie das Telefon und rief Robert an, um ihn zu warnen. Sie erreichte lediglich seine Mailbox, auf der sie die Warnung hinterließ.

Hoffentlich war es noch nicht zu spät.

Ihre Erschöpfung war stärker als ihre Sorge. Sie schlief innerhalb von Sekunden ein.

Als Sarah erwachte, lag sie alleine auf der Rückbank. Sie war immer noch müde und fühlte sich zerschlagen. Ihr Nacken tat weh. Auto-Autos ließen sich zwar zu Schlafwagen umfunktionieren, aber richtig bequem waren sie dennoch nicht. Sie blickte sich um. Das Auto-Auto parkte in einer Art Einfahrt; hohe Palmen säumten die Zufahrt, die kerzengerade zu einem großen Tor führte, an dem mehrere Kameras angebracht waren und ein Pförtner Wache hielt. Darüber stand in Metallllettern etwas, das sie nicht lesen konnte.

Das hier sah nicht nach einer Raststätte oder einer Ladestation aus. Wo waren sie?

Sie sah auf die Uhr im Cockpit. Es war nach drei Uhr nachmittags. Hatte sie etwa bis jetzt durchgeschlafen?

Auf dem Piloten sah sie eine Karte. Sie sah grüne Flächen, inmitten darin leuchtete ein roter Punkt. Auf der Karte stand etwas in kyrillischen Buchstaben, das sie nicht lesen konnte. Wo zum Teufel waren sie?

Erst als sie ausstieg, fiel ihr das prächtige Haus auf, vor dem sie parkten. Es war ein regelrechtes Anwesen, mitten im Nichts, rundherum nur Berge und Wälder und keine Stadt oder Dorf oder irgendetwas, das auf Zivilisation schließen ließ.

»Frau Weiss?«

Jemand klopfte an die Scheibe des Auto-Autos, um sich bemerkbar zu machen. Sarah drehte sich um. Es war ein Diener in schwarzer Robe und weißem Hemd.

»Frau Weiss, man erwartet Sie schon.« Er sprach Englisch mit einem harten, fremdartig klingenden Akzent.

Sarah ließ sich von ihm die Treppe zu dem Eingangstor des Anwesens führen.

Es war in einem wilden Mix unterschiedlicher Stile eingerichtet, ohne Geschmack und Verstand. Alte Meister hingen neben Monets, Picassos, Klees. Schwere Teppiche wechselten sich ab mit Marmorböden, viel Gold, lackierte Holztüren, jede Menge Skulpturen. Hier hatte sich jemand ausgetobt, der mit seinem Geld nicht wusste wohin.

Sie gingen an zahlreichen Gemächern vorbei, in die Sarah nur flüchtig hineinschauen konnte. Sie sah Barockmöbel, Klaviere, dann eine Art Waffenkammer, deren Wände mit Pistolen, Schwertern und Gewehren aus allen möglichen Epochen vollgehängt waren. Immer wieder warf Sarah dem Diener einen verstohlenen Blick zu. Aber er sah kein einziges Mal zu ihr hin.

Er führte sie in einen Speisesaal, aus dem schon von Weitem Stimmen drangen. Sie hörte ein heiseres Lachen, roch Tabakrauch, der aber nicht von Zigaretten stammte, sondern aufdringlicher und besitzergreifender war. Es war der Rauch einer Zigarre, der träge die Räume dieses Anwesens durchströmte. Sie hatte schon lange keine mehr gerochen; kaum jemand rauchte noch, und wenn, dann heimlich, weil es etwas Peinliches und Unschickliches war.

»Du hast mir gefehlt, Max!«

Ein Mann in einem weißen Anzug saß am Kopfende einer großen Tafel aus schwarzem Mahagoni, eine Zigarre zwischen die Zähne geklemmt. Vor ihm standen eine Flasche Wodka und ein Glas. Das Glas war halbvoll, die Flasche nur noch zu etwa einem Drittel gefüllt. Auf dem Tisch stand ein zweites Glas, das ebenfalls halbvoll war und hinter dem Max saß. In seinem Mund steckte gleichfalls eine Zigarre, aber er hielt sie nicht ganz so gekonnt wie der andere Mann. Neben Max' Wodka-Glas lag sein Smart. Die Diorama-Anzeige war aktiviert und zeigte eine kleine Hologramm-Dolmetscherin. Sie übersetzte alles, was der Mann sagte, simultan in Gebärdensprache und alles, was Max gebärdete, in Lautsprache. Max schaute leicht schielend zu ihr, während er an seiner Zigarre zog. Die Spuren in seinem Gesicht von den Misshandlungen Viiras sahen nicht mehr ganz so schlimm aus und waren teilweise von Pflastern verdeckt. Und er saß ein wenig gekrümmt und hatte sichtlich Schmerzen, erweckte jedoch den Eindruck, als seien seine Rippen einigermaßen in Ordnung. Offenbar hatte sein wohlhabender Gastgeber ihn medizinisch versorgen lassen. Sarah vermutete, dass er einen Medibot besaß, der in der Lage war, Knochenbrüche sofort zu verschweißen.

Und jetzt wurde der Gast mit Wodka versorgt.

»Du mir nicht, Danilo!«, gebärdete Max mit ungelenken Bewegungen und brach in einen Lachanfall aus. Sein Lachen klang für hörende Ohren ohnehin hysterisch. Sarah wurde klar, dass er betrunken war.

Die kleine Dolmetscherin übersetzte in Englisch, was Max gebärdet hatte, und dann fing auch der Mann an, hysterisch zu lachen. Sie hatten beide offenbar schon einige Wodka intus.

Der Diener räusperte sich, um auf sich aufmerksam zu machen. Der Mann im weißen Anzug und Max sahen auf.

»Frau Weiss«, stellte der Bedienstete sie vor.

»Ah, Sarah, wie schön, Sie kennenzulernen.« Der Mann im weißen Anzug sprang auf und kam auf Sarah zugelaufen. Er hatte die Zigarre aus dem Mund genommen und hielt ihr eine braungebrannte, große, behaarte Hand entgegen. Sarah schüttelte sie und registrierte dabei den übertrieben festen Händedruck.

»Danilo Formin. Bitte sagen Sie Danilo zu mir. Danke, Egmont, das wäre dann erst einmal alles.« Er nickte dem Diener zu, der sich mit unbeweglicher Miene zurückzog.

An Danilo Formin war alles etwas zu viel. Seine dunklen Haare waren zu glatt zurückgekämmt, sein Hemd stand einen Knopf zu weit offen, an seinen Fingern steckten zu dicke Goldringe, sein Lächeln war etwas zu breit. Ihr war außerdem der schnelle Blick nicht entgangen, der bei ihrem Eintreten über ihren Körper gehuscht war.

Sarah schätzte Danilo Formin auf Mitte 40. Ein lebendes Playboy-Klischee, das, wie Playboys es an sich hatten, auch noch stolz auf sein Klischee-Sein war. Und doch – die Schnelligkeit, mit der er aufgesprungen war, um sie zu begrüßen, vermittelte Anerkennung und Höflichkeit, was es ihr schwermachte, ihn nicht wenigstens ein bisschen sympathisch zu finden. Auch sein Gesicht rief widersprüchliche Gefühle in ihr hervor. Dass es viel zu glatt war, stieß sie ab. Aber sie sah aufrichtige Neugier und Freude in seinen Augen.

»Entschuldigen Sie, dass wir Sie im Auto-Auto zurückgelassen haben. Aber Sie haben sehr fest geschlafen, und Max sagte mir, dass wir Sie am besten in Ruhe lassen. Sie würden den Schlaf brauchen.«

»Äh, ja«, sagte Sarah. »Es war eine anstrengende Fahrt bis … hierher, wo auch immer wir gerade sind.«

»Oh, natürlich«, sagte Danilo Formin, »herzlich willkommen in Bulgarien. Ich hoffe, ihr seid ohne Probleme über die Grenze gelangt«, er blickte kurz zu Max, aber der war gerade damit beschäftigt, sich nachzuschenken. »Ich hatte Max einen Passcode für das Auto-Auto geschickt. Die Grenze ist gerade etwas schwierig.«

»Bulgarien?« Sie warf Max einen Blick zu, als er endlich aufsah und ihre Fragemimik und die Gebärde für Bulgarien sah, konterte er nur mit Schulterzucken und Unschuldsmiene.

»Es freut mich wirklich sehr, Sie kennenzulernen, Sarah«, sagte Danilo. »Max hat mir schon viel von Ihnen erzählt. Aber eine Sache hat er mir verschwiegen: Dass Sie so groß sind.« Er lachte.

»Äh, ja, meinerseits sehr erfreut«, sagte sie, verlegen von seiner Bemerkung über ihre Körpergröße. Sie sah nochmals zu Max hinüber. Mit möglichst unauffälligen Bewegungen gebärdete sie: »Max, wo zum Teufel sind wir hier? Und wer ist dieser seltsame Typ?«

Wenige Sekunden später hörte sie die Frage von einer Frauenstimme auf Englisch im Raum ertönen. Die Hologramm-Dolmetscherin erkannte und übersetzte offenbar alles, was gebärdet wurde. Sarah wurde rot vor Scham.

Danilo lachte. Auch Max lachte, als er merkte, was passiert war und wie peinlich es Sarah war.

»Ach, so seltsam bin ich glaube ich gar nicht. Nicht seltsamer als der da!« Formin zeigte mit der Zigarrenhand auf Max und lachte. Dann wandte er sich wieder an sie: »Sie sind in der bulgarischen Pampa, Sarah. Und in Sicherheit.«

Ein Schuss krachte durch die Luft. Sarah zuckte zusammen. Dann noch ein Schuss. Und noch einer. Formin blieb reglos und grinste. Max, der natürlich nichts gehört hatte, fragte Sarah was los war. Die Schüsse klangen nicht weit entfernt und so, als stammten sie von einer großkalibrigen Waffe.

Dann ertönte Maschinengewehrfeuer.

»In Sicherheit, sagen Sie?«, sagte Sarah.

»Kommen Sie. Es ist an der Zeit, Sie ein wenig herumzuführen.«

Formin geleitete sie in die Waffenkammer, an der sie vorhin mit Egmont vorbeigehetzt war. Sarah versuchte auf dem Weg noch mehr Information aus Max herauszuholen, aber es war zwecklos. Er war betrunken.

Der Raum war ein kleines Museum der Tötungsmaschinerien. Sie erkannte Speere, Bogen, Armbrüste, Samurai-Schwerter, mittelalterliche Klingen und jede Menge Schusswaffen: Musketen mit aufgesetzten Bajonetten, Schrotflinten, Western-Colts, .45er, Kalaschnikows bis hin zu Gewehren, die sie an jenes erinnerten, welches sie ihrem Bewacher im unterirdischen Palast abgenommen hatte.

Auf der anderen Seite des Raums waren die Rüstungen: Kettenhemden, Helme, Samurai-Umhänge, eine Ritterrüstung, Kevlar-Schusswesten und modernste Exo-Skelette in verschiedenen Ausführungen.

Sarah sah, wie Danilo ein kleines Gerät aus der Tasche zog und auf einige Knöpfe drückte – eine Fernbedienung? Kurze Zeit später erschienen ein Mann und eine Frau. Sie trugen dunkle Tarnanzüge und Springerstiefel.

»Darf ich vorstellen? Das sind Levka und Marin. Sie werden euch mit der Ausrüstung helfen und euch was Vernünftiges raussuchen, nicht diesen Touristenkram.« Er wischte mit der Hand über die Waffen an den Wänden. »Wobei, wenn ihr unbedingt mit Bajonetten losziehen wollt, bitte! Niemand hält euch auf.« Er lachte. »Und seid nett zu meinen Bots. Sie waren teuer.« Er klopfte Levka mit der flachen Hand auf den Hintern und kniff sie in die Backe. Sie verzog keine Miene. Auch Sarah nicht, die keine Ahnung hatte, ob sie diese Geste für abstoßend oder einfach nur surreal halten sollte.

Levka kam auf sie zu, während Marin sich an Max wandte. Sarah hatte noch nie einen Androbot gesehen; sie wusste nur, dass sie ursprünglich für das Militär entwickelt worden waren. Aber sie hatten sich als zu teuer, zu wartungsanfällig und zu kurzlebig im Betrieb herausgestellt. Echte Menschen waren nach wie vor weitaus zuverlässiger und billiger. Mittlerweile waren Androbots eine Spielerei für Superreiche geworden, die sie sich zum Zeitvertreib und zur Selbstdarstellung leisteten. Es passte perfekt zu Formin, dass er welche besaß. Sie sahen Menschen täuschend ähnlich, man erkannte sie nur an ihrer Haut, die wie mit Make-up zugespachtelt aussah. Aber es war kein Make-up. Es war Kunsthaut, die sich über einen High-End-Roboter spannte. Sarah hatte ab und zu Neandertaler-Rekonstrukteure beraten. Sie wusste, wie schwierig es war, Haut realistisch aussehen zu lassen, vor allem hinsichtlich ihrer Alterungsprozesse.

»Was haben Sie vor, Herr Formin?«, fragte Sarah.

Formin grinste. »Danilo, bitte. Lassen Sie sich überraschen, Sarah.«

Max konnte kaum noch aufrecht stehen und schielte leicht. Formin betrachtete ihn kurz, dann sagte er etwas zu Marin, das Sarah nicht verstand. Es war vermutlich Bulgarisch.

Marin begann daraufhin Max von oben bis unten zu mustern. Dann fragte er zu Sarahs Erstaunen in perfekter Deutscher Gebärdensprache, ob die Hemd- und Schuhgröße, die er ausgemessen hatte, zutreffe. Max nickte nur. Dann öffnete Marin einen Schrank und holte Springerstiefel und eine kugelsichere Weste heraus. Er hielt Max alles lächelnd hin und Max begann, seine Schuhe auszuziehen, mit zweifelhaftem Gleichgewicht.

»Ich glaube, für Max brauchen wir noch ein Exoskelett, Marin«, sagte Danilo, nun auf Englisch. »Der fällt uns sonst um.« Der Bot nickte.

Sarah beobachtete Levka. Erstaunlich, wie echt sie aussah. Natürlich hatten ihre Konstrukteure sie nach Model-Maßstäben modelliert, sie wollten die Bots schließlich verkaufen. Und so war Levka eine Mittdreißigerin, die das Best-of der Mainstream-Schönheitsmerkmale aufbot: ein symmetrisches, schmales Gesicht, hohe Wangenknochen, geschwungene Augenbrauen, volle Lippen, leuchtend blaue, leicht schräg stehende Augen. Ihre langen rotbraunen Haare glänzten seidig, die Oberweite war üppig, die Beine lang und schlank. Es war klar, dass sie von einem Mann konstruiert worden war, dachte Sarah und empfand einen Anflug von Neid, als sie diesen perfekten Körper betrachtete, von dem ihr eigener sich so sehr unterschied. Sie ärgerte sich über sich selbst, dass sie so empfand, umso mehr, weil sie wusste, dass Levka künstlich war. Aber waren die immer häufiger chirurgisch und genetisch optimierten Körper von heute das nicht auch irgendwie?

Levka musterte Sarah einen Moment, bevor sie fragte: »Größe 40?« Sarah nickte.

Levka betrachtete sie kurz und zeigte dann auf den Pullover: »Die Farbe ist zu riskant. Ziehen Sie das bitte aus.«

»Zu riskant … für was?«, fragte Sarah.

»Die Tiere könnten sich dadurch provoziert fühlen.«

»Die Tiere?« Sarah warf Danilo einen fragenden Blick zu. Was hatte er vor?

»Ihr entschuldigt mich«, sagte der. »Ich ziehe mich unten um, wir sehen uns gleich. Dann richtete er sich an Max, mit wenigen unbeholfenen Gebärden, die wohl andeuten sollten, dass er losging und sie sich in Kürze sahen. Dann war er verschwunden und Sarah und Max mit den Bots alleine.

Marin half Max, als er sah, dass dieser drei Anläufe brauchte, um in die Weste zu kommen.

Sarah zog den Pullover aus, leicht verlegen. Es lag nicht daran, dass sie darunter nur einen BH trug. Sie schämte sich für ihr Feuermal am linken Oberarm und blickte sich um. Marin beobachtete sie beim Ausziehen, während er Max in seine Kluft half. Es war ein seltsames Gefühl, obwohl sie sich immer wieder sagte, dass er kein Mensch war – auch wenn er so unglaublich menschlich wirkte.

Levka öffnete eine Schublade und suchte ihr die gleichen Sachen heraus, die Max gerade anzog: Stiefel, kugelsichere Weste, sie gab ihr zudem noch ein dunkles Hemd.

Max war nun vollständig eingekleidet, und Marin hielt ihm ein Exoskelett hin, wie Danilo angeordnet hatte. Es war kein klobiges Militärmodell, wie Sarah es aus Nachrichtenbeiträgen von Kriegseinsätzen her kannte, sondern eine Art Ball aus Schnüren. Marin entrollte es und es sah aus wie eine Art Spinnennetz. Dann bat er Max, die Beine auseinanderzustellen und die Arme zu beiden Seiten auszustrecken. Vorsichtig legte er ihm die

Schnüre an den Körper, sie hefteten sofort an. Das Exoskelett verlief an den Rückseiten der Arme und Beine entlang und mündete in einen Hauptstrang, der sich an der Wirbelsäule bis an den Nackenansatz hochzog. Dann drückte Marin einen versteckten Knopf oberhalb des Kreuzbeins, die Schnüre wurden aktiviert und Max wurde plötzlich aufgerichtet wie eine gespannte Feder. Er reagierte überrascht und begeistert. Sarah musste ein Grinsen unterdrücken.

»Jetzt bist du wohl wieder nüchtern, du Saufnase?«, gebärdete sie.

»Es fühlt sich großartig an«, sagte er mit ausladenden, schwammigen Gebärden – das Analogon zum Lallen. »Wie jemand, der hinter einem steht und einen aufrichtet.«

»Lauf mal ein paar Schritte.«

Er wirkte ein bisschen wie ein Storch, als er in dem Exoskelett umherlief. Sarah lachte. Die beiden Bots verzogen jedoch keine Miene.

»Es fühlt sich fantastisch an!«

»Schränkt es dich irgendwie ein?«

»Nein, gar nicht. Es unterstützt jede Bewegung. Und das aufrechte Stehen fühlt sich an, als ob man sich locker hineinsacken lassen kann, ohne umzufallen.«

»Ohne umzufallen. Wie praktisch, was?«

Was auch immer Danilo Formin mit ihnen vorhatte, schien nicht ungefährlich zu sein – hoffentlich ging alles gut, dachte Sarah.

»Möchten Sie eine Waffe?«, fragte Marin Max in Gebärdensprache. Max grinste und nickte.

»Sind Sie verrückt geworden?«, sagte Sarah zu dem Bot. Ihr fiel auf, dass sie Marin siezte, und sie kam sich komisch dabei vor. »Er ist betrunken! Sie können ihm doch keine Waffe geben!«

Marin übersetzte in Gebärdensprache, was Sarah gesagt hatte.

Formin hatte seinem Bot offenbar die Höflichkeitsformeln gegenüber Gehörlosen einprogrammiert. Beachtlich, dachte Sarah.

Marin zögerte. Dann bat er Max, ihn anzuhauchen, was Max auch tat.

»Ihr Blutalkoholwert übersteigt leider den Grenzbereich für das Tragen einer Waffe«, gebärdete er.

»Blitzmerker«, murmelte Sarah.

Levka wandte sich an sie. »Möchten Sie eine Waffe?«, fragte der Bot sie.

»Wofür sollte ich eine Waffe brauchen?«

»Für die Jagd.«

»Nein. Ich habe nicht vor, Tiere zu erschießen.«

»Woher wissen Sie, dass es um Tiere geht, Sarah?«

Sie blickte sich um. Formin stand im Türrahmen. Er trug eine schusssichere Weste und einen Tarnanzug. In seiner Hand hielt er ein Gewehr.

Sie warf ihm einen fragenden Blick zu. Formin lachte. »Spaß.«

Ihr war nicht zum Lachen zumute. Levka und Marin griffen sich zwei Gewehre aus einem verschlossenen Schrank. Die Waffen hatten jeweils zwei Läufe, einen schlanken, auf dem ein Zielfernrohr saß, und darunter ein breiter, der wie der einer Schrotflinte aussah. Offenbar war letzterer für den Nahkampf gedacht. Es bereitete Sarah ein unwohles Gefühl, dass sich hier soeben zwei Roboter bewaffneten. Und dass Max wie ein verrückter Storch in seinem Exoskelett herumzuhüpfen begann, trug nicht gerade dazu bei, ihr Unwohlsein zu mindern.

Der Aufzug, mit dem sie in den Keller des Anwesens hinunterfuhren, war so groß, dass ein Kleinwagen hineingepasst hätte. Sarah versuchte nochmals, aus Max herauszubekommen, was es mit all dem auf sich hatte, woher er Danilo Formin kannte und warum sie mit ihm jetzt auf irgendeine ominöse Jagd gingen. Aber er grinste nur verschwörerisch vor sich hin und genoss ihre Neugier. Als sich die Türen öffneten, fanden sie sich in einer Art Tiefgarage wieder. Mehrere Militärfahrzeuge standen nebeneinander. Es waren schwere, große Gefährte, rundum gepanzert, mit wuchtigen Reifen.

Levka setzte sich hinter das Steuer. Marin öffnete ihnen die Türen für die hintere Sitzbank. Dann setzte er sich neben sie und Max. Danilo nahm auf dem Beifahrersitz Platz.

»Na, schon aufgeregt, Sarah?«

»Sie machen es sehr spannend.«

»Auf geht's, Levka. Schauen wir erst mal, wie viele heute unterwegs sind.«

Sie fuhren durch einen langsam aufsteigenden Gang aus der Garage hinauf ins Freie. Das Militärgefährt war erstaunlich schnell.

Sie kamen hinter dem Anwesen raus. Freie Steppe, auf der nur ein paar einzelne Büsche standen, erstreckte sich vor ihnen. Am Horizont waren mehrere kleine Waldgebiete zu erkennen. Levka steuerte das Militärfahrzeug über einen Feldweg darauf zu. Jetzt hörten sie wieder Schüsse. Salven von einem Maschinengewehr. Sarah zuckte zusammen vor Schreck.

»Es hat mich Jahre gekostet, all das aufzubauen«, sagte Danilo und ließ das Fenster herunter. Er machte eine ausladende Bewegung mit der linken Hand, die rechte ruhte auf dem Lauf seines Gewehrs. »Und es hat mich eine beträchtliche Summe gekostet.« Formin drehte sich zu ihnen herum und zeigte mit dem Daumen auf Max. »Vor allem er war nicht gerade billig«. Marin übersetzte in Gebärdensprache, weil Max Formins Gesicht schlecht sehen konnte, und Max lachte, als er verstand, was Formin gesagt hatte. »Es war auch viel Arbeit, Danilo«, gebärdete er. »Die Tiere sollten es doch gut haben.«

»Aber natürlich! Wenn es den Kleinen gut geht, geht's uns allen gut – vor allem mir!« Er lachte laut und zwinkerte Max zu. »Aber inzwischen ist der Park eine Goldgrube.«

»Was genau meinen Sie damit?«, fragte Sarah.

Danilo grinste. »Das da.«

Er wies auf den Horizont neben dem Waldstück. Und nun sah sie auf einmal etwas. Körperformen, die sie nur aus Büchern und Filmen kannte.

Eine Herde von großen rotbraunen Wesen stapfte über die Steppe. Jeder der Rücken war eine stolz aufsteigende Linie und endete in einem gewaltigen Kopf mit einem langen Rüssel, der zwischen den majestätisch geschwungenen Stoßzähnen langsam hin und her schwang: Mammuts. Lebende Mammuts. Sarahs Mund öffnete sich vor Staunen.

Bevor sie Fragen stellen konnte, ertönten abermals Schüsse. Schwere, dumpfe diesmal. Und sie klangen viel näher. Dann hörten sie Schreie. Sie fuhren ihr durch Mark und Bein. Solche Schreie hatte Sarah noch nie vernommen. Trompetenartig, schrill und voller Panik.

Aber sie war die Einzige, die darauf reagierte. Max konnte sie nicht hören, und die Bots sowie Formin kümmerten sie nicht. Waren das etwa die Schreie verletzter Mammuts?

»Da muss noch eine zweite Herde sein«, sagte Danilo. »Dort in dem Waldstück.« Er zeigte aus dem geöffneten Fenster nach rechts. »Levka, da lang, unsere Gäste wollen was sehen.«

Sarah bemerkte, dass die Mammut-Herde am Horizont unruhig wurde. Die Tiere hatten die Schreie gehört. Sie hatten Angst.

»Welcome to Pleisto-Park!«, rief Danilo.

Er hatte es offenbar geschafft, diese wunderbaren Tiere zu klonen, allein das schon war ethisch fragwürdig. Wie sollte man sie halten, als Letzte ihrer ausgestorbenen Art, in einer Welt, die nicht mehr derjenigen glich, in der sie einst natürlicherweise existiert hatten? Und dann hatte Formin keine bessere Idee, als die geklonten Mammuts abknallen zu lassen? Es war einfach nur widerlich.

Sarah sah zu Max hinüber, der stumpf vor sich hinstarrte. Er wirkte jetzt etwas nüchterner, aber müde und in Gedanken versunken. Sie gebärdete ihm, dass sie Schreie von Tieren gehört hatte. Max nickte nur und schien keineswegs erstaunt.

Sarah fragte ihn, ob er Danilo Formin wirklich dabei geholfen hatte, diesen riesigen Klon-Safari-Park zu konstruieren. Was er sich dabei gedacht habe. Max antwortete nicht und blickte wieder aus dem Fenster. Er hatte keine Lust auf eine Diskussion.

Levka steuerte nun in das Waldstück hinein. Der Weg wurde schmaler und unebener. Zweige kratzten über den Wagen wie Finger, die sie zurückhalten wollten, und verursachten dabei unheimliche Geräusche auf dem Metall. Wieder ertönten Schreie, nun so laut, dass Sarah sich die Ohren zuhielt, weil sie kaum zu ertragen waren.

Dann tat sich plötzlich eine Lichtung vor ihnen auf, und bot einen unverstellten Blick auf eine Mammut-Herde. Zwei der riesigen Tiere – es schienen Mammut-Kühe zu sein – versuchten zwei Jungtiere zu schützen, die sich an und zwischen ihre gewaltigen Leiber drängten. Neben den beiden ausgewachsenen Tieren lag ein erwachsenes Mammut verletzt am Boden. Blut strömte aus mehreren Wunden an Kopf und Bauch; es versuchte vergeblich, sich wieder auf alle viere zu erheben, aber es gelang ihm nicht.

Die Mammuts waren eingekreist von mehreren Wagen. Etwa ein Dutzend bewaffneter Männer standen in einigen Metern Abstand um die Tiere herum, die sich immer wieder um sich selbst und die Jungtiere drehten, um sie zu schützen. Aber zu zweit gelang es ihnen nicht, die Jungtiere völlig abzuschirmen.

Die Männer trugen die Oberkörper frei und waren sehr muskulös. Sarah sah große Tätowierungen und Subskin-Implantate, die nietenartige Erhebungen auf ihren Wirbelsäulen und Brustkörben verursachten. Einige hatten auch im Gesicht Tätowierungen und Implantate.

Levka fuhr heran und stoppte den Wagen in einiger Entfernung. Nur wenige der Männer nahmen Notiz von ihnen – sie waren zu sehr in das abscheuliche Spektakel vertieft.

Die Tiere litten Todesangst und schwenkten wild ihre Köpfe, um die Feinde mit ihren Stoßzähnen auf Distanz zu halten. Die Männer johlten, hielten ihre Gewehre in die Luft und jubelten; einige trugen Flaschen in der Hand und tranken daraus – vermutlich war es Wodka. Sie feierten offenbar, dass sie eines der Mammuts bereits in die Knie gezwungen hatten. Sarah sah, dass es auch einige Frauen in der Gruppe gab. Sie trugen alle enge, kurze Röcke und Tätowierungen in Form von Reizwäsche auf ihren Beinen. Eine der Frauen hatte Subskin-Implantate auf ihren Schultern, die aussahen wie Hörner, eine andere flachere Implantate, die ihre Haut leicht anhoben und eine Art Spinnennetz auf ihrem Bauch und ihrem Rücken bildeten. Die Männer wechselten die Wodka-Flaschen mit den Frauen. Einer küsste seine Freundin, als sie ihm die Flasche abnehmen wollte, bevor er seine Zunge entblößte, die künstlich verlängert und zugespitzt war wie die eines Reptils, und der Frau über den echsenschuppenartig tätowierten Hals leckte. Sie kicherte.

Nun nahm einer der Männer sein Maschinengewehr in Anschlag, ein Typ mit etlichen Subskin-Implantaten, besonders prominent waren die kleinen Teufelshörner an den Seiten seiner Stirn. Und Sarah sah noch ein drittes, kleineres Horn zwischen seinen Augenbrauen hervorragen.

Der Teufelsmann ging langsam ein paar Schritte auf die Tiere zu. Dann eröffnete er das Feuer. Trotz seines muskulösen Arms hüpfte die Waffe, als die MG-Salven durch die Luft jagten und auf die Mammuts einprasselten. Er strich mit dem Gewehr wahllos von einer Seite zur anderen und lachte dabei. Die Tiere begannen zu kreischen, stiegen auf und drängten zur Seite, dabei versuchten sie, die Jungtiere hinter ihren Körpern in Sicherheit zu bringen, doch es gelang ihnen nicht schnell genug. Sarah sah, wie Projektile in eines der Jungtiere einschlugen. Es schrie auf.

Jetzt bemerkte sie, dass Max neben ihr hellwach war und unglaublich wütend wurde. Er öffnete sein Fenster und brüllte hinaus: »Nicht die Jungtiere!« Er rief es auf Englisch. Sein Gesicht war eine wutverzerrte Fratze.

Nun fuhren Köpfe herum, und die Männer nahmen Notiz von ihnen.

Danilo drehte sich zu Max um. »Max. Lass mich das …«

Sarah war besorgt. Er war betrunken, hoffentlich stellte er keine Dummheiten an. Die Männer sahen nicht aus wie Leute, mit denen man Ärger anfangen wollte.

Max griff sich Danilos Waffe, öffnete die Tür und bevor Danilo reagieren konnte, stürmte er hinaus.

»Max!«, rief Danilo hinterher, brach aber sofort wieder ab, weil ihm klar wurde, dass Max ihn nicht hören konnte. Er fluchte etwas auf Bulgarisch, dann sagte er: »Bleiben Sie im Auto, Sarah.« Er sah Levka und Marin kurz an und sagte ihnen etwas auf Bulgarisch, dann folgte er Max. Die Androbots griffen ihre Waffen und machten sich bereit, auszusteigen.

Sarah sah, wie Max mit der Waffe auf die Männergruppe zurannte, das Gewehr hatte er sich zuvor übergehängt. Er rannte schneller als normal, weil das Exoskelett seine Bewegungen verstärkte.

Einige der Männer hatten sich Max entgegengestellt. Ihre Waffen waren zwar nicht direkt auf ihn gerichtet, aber sie waren eindeutig in Alarmbereitschaft. Max schrie sie an und versuchte, ihre Phalanx zu durchbrechen, um den Teufelsmann aufzuhalten, der nun erneut begann, auf die Tiere zu schießen.

Die Männer hielten Max lachend fest. Es war offensichtlich, dass sie sich über seine komische Stimme amüsierten. Aber es war ihnen anzusehen, dass sie Mühe hatten, seine verstärkten Bewegungen zu bändigen.

»Hört auf!«, brüllte Max. Er schrie sogar einige Worte, die nach Russisch klangen. Levka und Marin stiegen jetzt mit langsamen Bewegungen aus dem Militärwagen aus, die Gewehre in der Hand bereit.

Die Projektile des Teufelsmannes schlugen in die Beine und Bäuche der Mammut-Kühe und rissen tiefe Wunden. Die Kühe versuchten die Jungtiere mit vollem Profil zu schützen, wodurch sie sich erhebliche Wunden einfingen. Doch eines der Jungtiere konnte sich nicht schnell genug hinter den Körpern der Kühe aus der Gefahrenzone bringen. Es kreischte und zuckte und brachte sich auf der anderen Seite in Sicherheit. Die Mütter schrien nicht mehr. Sie wussten, dass sie keine Chance hatten, aber sie versuchten dennoch weiterhin alles in ihrer Macht Stehende, um ihre Babys zu schützen. Es brach Sarah das Herz, das mitanzusehen.

Danilo ging langsam mit erhobenen Händen auf die Gruppe von Männern zu, die Max festhielten. Er sprach ein paar besänftigende Worte auf Russisch. Sarah sah an seinen Gesten, dass er offenbar versuchte, ihnen zu erklären, dass Max gehörlos war. Er tippte immer wieder auf seine Ohren und zuckte mit den Schultern. Wahrscheinlich wollte er für Max einen Behindertenbonus bei den Männern herausholen und auf Nachsicht pochen.

Die Männer waren dadurch kurz abgelenkt, und es gelang Max, durchzustoßen. Mit wenigen Sätzen war er bei dem Teufelsmann und warf sich mit einem Satz auf ihn. Er riss seinen Arm zu Boden, und das Maschinengewehr feuerte seine letzten Schüsse in die Erde. Der Mann mit den Teufelshörnern war völlig überrascht. Er brüllte etwas auf Russisch. Sein wutverzerrtes Gesicht mit den Teufelshörnern ließ ihn furchterregend wirken. Aber Max hatte keinerlei Angst und brüllte zurück, ebenfalls auf Russisch. Es war nicht schwer zu erraten, was er sagte: Hör auf zu schießen! Nun eilten dem Teufelsmann seine Kumpane zu Hilfe, Danilo hinterher.

Die Mammut-Kühe hatten die zwei Jungtiere nun zwischen sich gebracht. Die eine Kuh blutete sehr stark aus mehreren Wunden, das Blut tränkte ihr langes zotteliges Fell und färbte es dunkelrot. Ihre Beine zitterten. Sie würde sich nicht mehr lange halten können.

Max und der Teufels-Russe hatten nun die Gewehre aufeinander gerichtet und brüllten sich an. Die Russen umringten sie und schrien durcheinander, manche lachten und wedelten mit ihren Gewehren, andere riefen dem Teufels-Typen zu und wiesen gestikulierend auf dessen Ohren.

Levka und Marin näherten sich langsam der Gruppe, von beiden Seiten, die Gewehre im Anschlag. Jetzt nahmen auch einige Mitglieder der Gruppe die Bots wahr. Wodkaflaschen krachten zu Boden, Gewehre wurden auf Levka und Marin gerichtet und entsichert. Die Frauen wichen zurück.

Die Mammuts beobachteten still leidend die Szene, Sarah sah die Todesangst in den Augen der Tiere. Die Jungtiere hatten sich hinter den Kühen verschanzt und gaben wimmernde Laute von sich. Das gefallene Mammut am Boden rührte sich mittlerweile kaum noch. Noch hielt es den Kopf hoch, aber es musste seine letzten Kräfte dafür aufbringen.

Max brüllte nicht mehr. Seine Worte klangen bestimmt und wie Befehle. Er sprach Russisch und hielt die ganze Zeit die Waffe auf den Kopf des Teufelsmannes gerichtet, der mit seinem MG weiterhin auf Max zielte. Die Gruppe war unsicher angesichts des Patts, und dann waren da noch die beiden Bots. Manche richteten ihre Gewehre auf Max, manche auf Marin und Levka, andere versuchten zu schlichten, unter anderem Danilo, der die ganze Zeit auf die Gruppe einredete. Sarah konnte Levkas und Marins Namen sowie das Wort Androbot heraushören. Wahrscheinlich erklärte Danilo den Männern, mit wem sie es hier zu tun hatten.

Levka und Marin schienen die Russen enorm zu verunsichern. Unsicherheit schlich sich auch in die Miene und Körpersprache des Teufelsmannes, als er sah, wie die Unterstützung seiner Freunde schwand.

Die beiden Bots hatten sich so positioniert, dass sie sämtliche Männer und Frauen im Blick hatten – und in Schussreichweite.

Einer der Männer in der Gruppe war mit Tattoos in Form eines Drachens auf seiner Brust geschmückt. Ein Implantat in Form eines künstlichen Schwanzes mit pfeilartiger Spitze wuchs aus seinem Kreuzbein. Der Schwanz bewegte sich autonom. Der Mann begann, laut auf seine Gefährten einzubrüllen, und wedelte mit seinem Gewehr in Richtung der Bots. Sarah verstand immer wieder das Wort Androbot. Dann spuckte er mehrmals auf den Boden. Versuchte er sie davon zu überzeugen, sich von zwei Robotern nicht einschüchtern zu lassen?

Sie beobachtete die Szene gespannt. Es war wie in einem alten Western. Max und sein Gegner hatten sich gegenseitig im Visier. Die Russen hatten die beiden im Visier. Und die Bots die ganze Gruppe. Im Hintergrund waren die Mammuts und warteten ab, was passierte.

Der Mann mit dem Schwanz richtete sein Gewehr nun auf Levka, obwohl einige der Männer scharf protestierten und ihn davon abbringen wollten. Aber der Mann lachte nur verächtlich.

Levka blieb ungerührt, das Gewehr im Anschlag.

Sarah hielt die Luft an. Und dann ging alles ganz schnell. So schnell, dass man kaum sehen konnte, was passierte.

Der Mann begann zu feuern. Als der Schuss durch die Luft peitschte, erklang ein zweiter Schuss und ihm flog sein Gewehr aus der Hand. Er schrie auf, und sein Schwanz schlug wild um sich. Gleichzeitig segelte das Gewehr des Teufelsmannes durch die Luft.

Levka war der Kugel des beschwanzten Mannes mit übermenschlicher Geschwindigkeit ausgewichen, hatte auf seine Waffe geschossen und sie ihm aus der Hand katapultiert. Gleichzeitig hatte Marin auf das Gewehr des Teufelsmannes geschossen, der Max im Visier gehabt hatte. Die beiden Bots hatten synchron geschossen.

Max registrierte sofort seinen Vorteil und rang den Teufelsmann mit seinem Exoskelett-gestählten Körper nieder. Dann presste er ihm die Mündung seines Gewehrlaufs genau unterhalb des dritten Horns ins Gesicht. Max sprach ruhig zu ihm.

Der Mann mit dem Schwanz schrie immer noch herum, dann brachte ihn ein Mann mit einem großen kegelförmigen Implantat auf der Scheitelspitze mit einem einzigen unwirschen Befehl zum Schweigen.

Einen Moment lang war es still. Die beiden Androbots hatten eindrucksvoll ihre Überlegenheit demonstriert. Die Männer sahen sich unsicher an, die Blicke wanderten zwischen den Bots, Max und Danilo hin und her. Es war klar, dass die Russen gegen die Bots den Kürzeren ziehen würden, trotz ihrer Überzahl. Dann winkte der Mann mit dem Kegel auf dem Kopf, und die Leute begannen, nach und nach in die Autos zu steigen. Max hob sein Gewehr und gab den Kopf des Teufelsmannes frei. Der stand langsam auf, das Gesicht noch immer wutverzerrt, und folgte seinen Kumpanen. Danilo sprach zu den Russen; seine Stimme klang versöhnlich, immer wieder zuckte er mit den Schultern, aber die Russen ignorierten ihn. Ein Auto nach dem anderen fuhr los. Dann waren alle weg.

Die Mammuts entspannten sich ein wenig, als die Aggressoren davonfuhren. Beide Mammut-Kühe waren verletzt, eine davon schwer. Sarah wusste, dass es nichts Gefährlicheres gab als verletzte Tiere, vor allem Muttertiere, die ihren Nachwuchs beschützen wollten. Das still am Boden liegende ausgewachsene Mammut hingegen hatte keine Chance mehr.

Danilo besprach sich mit den Bots. Dann ging er zu Max, nahm ihm die Waffe ab, packte ihn am Arm und führte ihn zurück zum Auto. Max leistete keinen Widerstand. Danilo warf kurz einen Blick über die Schulter zurück. Levka ging ein wenig näher an das verletzte Mammut am Boden heran, ohne jegliche Furcht vor den beiden erwachsenen Tieren. Die Kälber blieben in ihrer Gegenwart bemerkenswert ruhig. Dann richtete Levka ihr Gewehr auf den Kopf des Tiers am Boden, justierte etwas an der Waffe und drückte ab.

Sarah zuckte schon in Erwartung des Knalls zusammen, aber sie hörte nichts. Es ertönte kein Schuss. Stattdessen fuhr ein blauer Blitz aus der Mündung, und der Kopf des Mammuts fiel zu Boden.

Levka hatte das Tier mit einem Elektroschlag getötet. Die beiden Mammut-Kühe verhielten sich ihrerseits einigermaßen ruhig; vielleicht hatten sie nicht begriffen, was passiert war oder gewusst, dass ihrem verletzten Artgenossen nicht mehr zu helfen gewesen war. Levka und Marin senkten die Waffen und inspizierten die Wunden der Tiere.

»Tut mir leid, dass ihr das mitansehen musstet«, sagte Danilo, als er mit Max am Auto ankam. »Jungtiere und ihre Mütter sind nicht zur Jagd freigegeben, aber diese verdammten Russen haben sie trotzdem aufgespürt und geschossen.« Er wandte sich mit ernster Miene Max zu. »Es war sehr dumm, was du getan hast. Und gefährlich. Wieso hast du mich das nicht regeln lassen?« Er sprach langsam und machte begleitend ein paar unbeholfene Gebärden.

Max erwiderte nichts. Er stieg ein und atmete tief ein und aus. Er war erschöpft.

Danilo stand neben der geöffneten Tür des Vehikels und zündete sich eine Zigarette an. Sie zitterte leicht in seiner Hand, als er sie zum Mund führte. Er war also doch nicht ganz so cool, wie er tat.

Er bemerkte die Empörung in ihrer Miene. »Verzeihung, Sarah, das Mammut war zu schwer verletzt. Es war das Beste, es so schnell wie möglich zu erlösen.«

»Wie mitfühlend von Ihnen. Es ist nur so, dass ich all das hier abscheulich finde. Was geschieht mit den verletzten Kühen und Kälbern?«

»Die Bots werden sie betäuben, und der Veterinär …«

»Achtung!«

Es war Marin, der die Warnung brüllte. Mit einem Krachen landete ein schwerer Körper auf dem Dach des Wagens. Sarah sah nur eine verschwommene Bewegung, einen gelblichen Blitz. Dann hörte sie ein lautes unangenehmes Kratzgeräusch, spitzes Horn, das über Metall kratzte. Sie schrie, und Danilo fiel die Zigarette aus der Hand. Sein Gesicht weitete sich vor Schreck, als er die Säbelzahnkatze sah. Sie war so groß wie ein Leopard und krümmte sich zum Sprung. Dann ein Schuss. Ein Fauchen. Noch ein Schuss. Der Körper sprang durch die Luft, aber die Bestie war gebremst worden, bevor sie ihre ganze Kraft in den Sprung hatte setzen können. Trotzdem rammte sie Danilo, der von der Wucht des Aufpralls zu Boden gerissen wurde. Auch die Katze fiel zu Boden und lag leblos da. Marins Schüsse hatten millimetergenau gesessen und zwei fingergroße Löcher durch das Gehirn der Katze gebohrt.

Die Katze sah aus wie eine Mischung aus Leopard und Löwe. Ihr Fell war gelblich-grau und im Brustbereich schwarz gefleckt; das Maul, an dessen Seiten die langen Reißzähne herausragten, eine gefrorene Aggression. Eine von der Evolution perfektionierte Jagdmaschine, die in der künstlichen Jagdmaschine Androbot ihren Meister gefunden hatte.

»Was soll das, Max? Warum sind wir hier?«

Sarah war wütend, und ihre Gebärden belegten das. Das »Was« war normalerweise eine harmlose Geste, bei der die offenen Handflächen nach oben zeigend vor dem Bauch seitlich wackelten. Jetzt glichen ihre Handflächen eher Hackbeilen.

Müde saß Max auf dem Bett und hielt seinen Kopf in den Händen. Er war verkatert von seinem gestrigen Wodka-Gelage und er hatte außerdem noch Schmerzen von seinen Wunden. Er sah deutlich besser aus, die Wunden heilten schnell. Sarah fragte sich, ob Danilo ihm womöglich Wachstumsfaktoren hatte applizieren lassen.

Neben ihm auf dem Nachttisch stand ein Glas Wasser, daneben lagen mehrere Schmerztabletten, von denen er nun einige mit Wasser hinunterspülte. Dabei sah Max sie mit zusammengekniffenen Augen an.

Es war relativ früh am Morgen. Sie hatten den gestrigen Tag im Anwesen verbracht. Max war sofort ins Bett gegangen, er war zu nichts mehr zu gebrauchen gewesen. Danilo war mit den Bots verschwunden, er wollte mit dem Veterinär die verletzten Mammuts verarzten. Und Sarah war mit den ganzen Fragen, die sie hatte, alleine geblieben. Aber nun wollte sie Antworten.

»Sarah, wir mussten irgendwohin, wo sie uns nicht finden. Und hier werden sie uns nicht finden.«

»Wer ist Danilo Formin? Woher kennst du ihn?«

»Sarah …« Sie sah seine schwachen Gebärden, als er ihren Namen formte, mit Daumen und Zeigefinger die beiden feinen imaginären Haarsträhnen zu beiden Seiten des Gesichts nachfahrend. Tatsächlich waren es nun mehr als zwei Haarsträhnen, die gerade herabhingen. Sie war noch nicht lange auf und sofort zu seinem Zimmer hinübergegangen.

Sie hatte die halbe Nacht wachgelegen und nachgedacht. Über ihre ausweglose Lage, über Valerie und Robert, über ihre Mutter. Sie hatte Angst. Sie wusste nicht, was sie tun sollte. Dieses Geheimprojekt, die dubiose Rolle ihrer Mutter dabei – sie verstand das alles nicht. War das wirklich die vollständige Wahrheit gewesen, die ihr Eva-Marie Mercure erzählt hatte? Neandertaler zu klonen, um ein »Jesus-Gen« zu finden? Und ihre Mutter hatte sich dafür einspannen lassen? Ihre Mutter, die in ihrer Vorstellung fast den Status einer Heiligen hatte? Sie musste die ganze Wahrheit herausfinden. Und sie mussten diese Neandertaler finden, bevor Mercure sie fand – und sie umbringen würde. Sie waren der einzige Beweis für dieses ungeheuerliche Klonprojekt. Und damit ihr einziger Schutz.

»Danilo ist ein alter Bekannter von mir«, sagte Max. »Er ist im Moment der einzige Mensch auf der Welt, der uns helfen kann. Und wir brauchen jetzt jede Hilfe, die wir kriegen können, oder?«

»Woher kennt ihr euch?«

Er seufzte. Max wusste, dass es sinnlos war, ihr auszuweichen. Sarah konnte sehr hartnäckig sein.

»Ich habe ihn bei einer Grabung kennengelernt. Irgendwann vor 15 Jahren, in Kroatien.«

»Du willst mir doch nicht etwa erzählen, dass Formin Wissenschaftler ist?«

»Nein. Er war schon immer Geschäftsmann. Hat viel geerbt. Und wir waren damals in einem seiner Häuser untergebracht. Du weißt, wie das mit der Finanzierung von Grabungen läuft. Er hatte damals in Kroatien mit Immobilien spekuliert. Er war sehr großzügig, hat uns alles bezahlt, uns kostenlos wohnen lassen.«

»Er hat euch gekauft.«

»Sarah.« Max schüttelte den Kopf. »Bitte, mir brummt der Schädel. Es war eine wichtige Grabung, Vindija, damals warst du noch nicht im Labor. Wir waren auf Höhlenmalereien gestoßen, und ich wollte zeigen, dass sie von Neandertalern stammten. Aber die chemisch-physikalischen Datierungen zu machen, war unglaublich teuer. Es war ein entscheidender Punkt in meiner Karriere. Und kein deutsches Forschungsinstitut wollte mich unterstützen, du weißt, was die von mir hielten. Und noch immer halten.«

Es stimmte, Max galt als Freak. Keiner seiner Forscherkollegen hatte sich für ihn stark gemacht, allen war es peinlich, mit einem Behinderten zusammenzuarbeiten, auch wenn das natürlich niemand so offen gesagt hatte. Sarah erinnerte sich an warnende Stimmen, die ihr davon abgeraten hatten, sich in seiner Arbeitsgruppe zu bewerben – und das war lange nachdem sich Max seine Reputation aufgebaut hatte.

»Es war eine kritische Zeit für mich und … wie sagt man? Ich war jung und brauchte das Geld. Danilo und ich hatten einen guten Draht zueinander. Wir mochten uns. Er hat mich nie wie einen Behinderten behandelt.«

»Wusstest du von diesem Park?«

Max nickte.

»Einmal, nach einem langen Grabungstag, hatten wir zu viel Wodka getrunken. Wir plauderten über Neandertaler, wie sie gelebt hatten und so weiter. Er war sehr neugierig. Er wusste überhaupt ziemlich gut Bescheid über unsere Arbeit, er kannte sich mit Neandertalern aus, kannte die Erbgut-Studien, all das Zeug. Irgendwann nach einigen Wodkas fragte er mich, ob man sie klonen könne, die übliche Frage. Ich dachte, er faselt nur. Und wir alle wussten ja, dass das als ausgeschlossen galt; jeder kannte Pääbos Arbeiten und seine Argumente dagegen.«

»Nun wissen wir es besser …«, warf Sarah ein. »Und weiter?«

»Was weiter? Wir tranken und tranken. Und dann fragte er, ob man denn nicht wenigstens Mammuts klonen könnte? Da war die Datenlage schließlich viel besser. Obwohl ich weder Genetiker noch Paläozoologe bin, konnte ich ihm dennoch einiges über die Tiere erzählen, wo die Hürden beim Klonen lagen, wie man ein Mammutbaby austragen lassen müsste. Grundsätzlich hielt ich das alles für Bockmist. Aber wir waren besoffen, Sarah. Also habe ich das Ganze nicht so ernst genommen. Ich habe mit ihm einfach rumgesponnen, ihm gesagt, wie man sie halten müsste, damit sie sich wohlfühlen, welche Pflanzen man anbauen müsste, damit sie genug zu fressen haben, welche Impfungen man setzen müsste und und und. So sehr unterscheiden sich Mammuts ja nicht von Elefanten. Ich dachte, er macht Witze, Sarah, wirklich. Ich habe das überhaupt nicht ernst genommen. Aber ein paar Wochen später hat er mich angerufen und gefragt, ob ich ihm helfen würde bei seinem Pleistozän-Park. Es war ein Angebot, das ich nicht ablehnen konnte.«

»Er hat dich gekauft.« Sie schüttelte den Kopf. Sie lernte gerade eine Seite an Max kennen, die ihr nicht gefiel.

»Komm schon, Sarah. Was ist denn so schlimm dabei? Er hat ein paar lebende Mammuts geschaffen, die Leute amüsieren sich …«

»Amüsieren? Du hast doch gestern selbst gesehen, was das für eine widerwärtige Tierquälerei ist!«

»Ja, das war scheiße. Aber es war auch gegen die Regeln. Danilo hat mir damals versprochen, nur ausgewachsene Bullen schießen zu lassen.«

»Max, wie naiv bist du? Was glaubst du, was passiert, wenn man reichen, besoffenen Russen schwere Waffen in die Hand drückt und auf diese Tiere loslässt?«

»Was schlägst du vor? Den Park zu schließen? Glaubst du, Danilo wird interessieren, was du denkst?«

Es klopfte. Sarah fuhr herum, dann Max, der nichts gehört hatte, aber Sarahs Reaktion sah. Levka stand in der Tür. »Entschuldigen Sie …«, sagte sie auf Deutsch.

Der Androbot war völlig anders gekleidet als gestern. Statt Tarnanzug trug Levka heute ein cremegelbes, enganliegendes Sommerkleid, das ihre perfekten Beine präsentierte. Sie sah, das musste Sarah zugeben, bezaubernd aus.

»Herr Formin bittet zum Frühstück in den Speisesaal.«

»Sagen Sie Herrn Formin, dass wir noch einen Moment brauchen. Wir sind gerade erst aufgestanden.«

Levka nickte. »Natürlich, ich richte es aus.« Sie verschwand genauso lautlos, wie sie gekommen war.

»Sarah, wir brauchen seine Hilfe«, gebärdete Max. »Danilo verfügt über die entsprechenden Mittel und Möglichkeiten. Bitte fang keinen Streit mit ihm an, in Ordnung? Wir haben gerade ganz andere Sorgen.«

Sie hatten seit ihrer Flucht noch nicht richtig miteinander reden können. Sie wollte wissen, was Max vorhatte und in welcher Hinsicht ihnen Danilo Formin eine Hilfe sein konnte. Und sie vertraute Max. Aber als sie in den Speisesaal hinuntergingen, wurde ihr klar, dass dieses Vertrauen sich nicht auf Danilo Formin erstreckte.

Formin hatte schwer auftischen lassen, was sie nicht überraschte. Der Mahagoni-Tisch war voller Leckereien: Truthahn, Lachs, Garnelen, Obst, Croissants, Kaffee, Tee. Marin bediente heute, offenbar hatte Egmont frei.

Formin las Nachrichten auf seinem Smart. Dabei rauchte er, diesmal allerdings eine Zigarette. Er schien kein bisschen verkatert zu sein.

»Ah, Max! Sarah! Guten Morgen. Setzen Sie sich. Sie müssen hungrig sein.«

Sie hatte tatsächlich großen Hunger. Max hingegen begnügte sich mit Mineralwasser und Kaffee. Formin fragte ihn nach seinem Befinden. Levka, die im Raum stand, übernahm das Dolmetschen. Max winkte nur ab und gebärdete, dass er eigentlich hätte wissen müssen, wie Wodka-Runden mit Formin endeten. Formin lachte. »Es war nicht die erste, mein Freund. Und es wird auch nicht die letzte gewesen sein.«

Sarah beobachtete die beiden. Waren sie wirklich Freunde? Max hatte Danilo ihr gegenüber nie erwähnt. Hatte er sich für seinen halbseidenen Freund geschämt? Dass er ihm bei seinem Mammutpark geholfen hatte? Das war in ihren Augen die einzig plausible Erklärung.

»Wie geht es den Tieren?«, fragte Sarah und gebot Marin, ihr Kaffee einzuschenken.

Danilo biss von seinem Croissant ab. Mit vollem Mund sagte er: »Ich kann Sie beruhigen. Sirianka wird es schaffen. Lobsika war nicht sehr stark verletzt. Auch die Jungtiere sind mehr oder weniger okay, sogar das Kalb mit den Kopfwunden.«

»Sirianka? Lobsika?«

Er lachte. Er lachte oft, fiel Sarah auf. Und er hatte ein gewinnendes Lachen, das musste sie zugeben. Hatte er damit Max überzeugt?

»Ja, ich kenne alle Mammuts mit Namen. Oder sagen wir … die Kühe. Zu Frauen habe ich mich immer stärker hingezogen gefühlt.«

Er lachte wieder. Dieses Mal musste sie sich ein Augenrollen verkneifen – mit seinen Macho-Allüren schaffte er es, jede aufkeimende Sympathie sogleich wieder zunichte zu machen.

»Aber das ist nicht der Grund, warum man sie nicht schießen darf. Sie sollen Nachwuchs produzieren. Damit man auch weiterhin Mammuts jagen kann und Sie dafür kassieren können.«

Wenige Sekunden später, nachdem Levka fertig übersetzt hatte, spürte sie Max' Fußtritt unter dem Tisch.

Danilo lächelte. »Kühe und Jungtiere sind tabu für die Kunden. So etwas wie gestern kommt normalerweise nicht vor. Ich habe diesen Idioten Hausverbot erteilt. »

»Vielleicht hätten Sie Ihnen gar nicht erst Zutritt gewähren sollen?«

»Sie haben nicht ganz unrecht, Sarah. Russische Gäste können schwierig sein. Aber der Park ist nun mal ein Wirtschaftsunternehmen. Und ich habe vorwiegend russische Kunden, die sehr, wirklich sehr zahlungskräftig sind. Ich kann den Park nicht offiziell bewerben. Das läuft alles über Mund-zu-Mund-Propaganda.«

»Was kostet es, bei Ihnen ein Mammut abknallen zu dürfen?« Wieder ein Tritt.

»Glauben Sie mir, Sarah, nicht genug, als dass der Park aufgrund der Eintrittspreise schwarze Zahlen schreiben würde.«

»Und warum machen Sie das dann?«

Er zog an seiner Zigarette, sagte aber nichts.

Dann dämmerte es ihr.

»Oh, natürlich. Es geht gar nicht um die Safaris. Es geht um das Elfenbein. Damit machen Sie die wirkliche Kohle, nicht wahr?«

Elefanten waren schon längst unter Naturschutz gestellt. Afrika hatte das Wilderei-Problem in den Griff bekommen. Danilos Mammuts bildeten also eine der wenigen Elfenbein-Quellen, die es noch gab. Und dazu eine exotische. Sie wollte sich gar nicht ausmalen, welche Summen er auf dem Schwarzmarkt für Mammut-Elfenbein erzielte.

Danilo lächelte. »Oh, ich vergaß – stört es Sie, dass ich rauche? Sie sind das schließlich nicht mehr gewöhnt in Europa.«

»Ehrlich gesagt, ja, es stört mich.«

Er drückte die Zigarette aus.

»Seitdem Bulgarien aus der EU ausgetreten ist, laufen die Dinge hier ein wenig lockerer.«

»Sind Sie Russe, Danilo?«

»Ich? Oh, nein, Sarah. Gott bewahre. Ich bin Bulgare. Das hier ist meine Heimat. Und ich will hier auch nicht mehr weg.«

Er wies Levka an, eine Flasche Sekt zu öffnen. Sie schenkte ihm ein Glas ein. Dabei beugte sie sich etwas zu tief hinab, wie Sarah bemerkte, sodass Danilo einen ausführlichen Blick in ihr Dekolleté werfen konnte. Absicht? War ihr Verhalten seinen männlichen Gelüsten entsprechend programmiert? Für einen Augenblick sah Sarah in seinen Augen Begierde aufflackern, aber er senkte sofort den Blick, als er sah, dass Sarah ihn beobachtete. Es war der ureigene Impuls des Mannes, und selbst ein Roboter konnte ihn offenbar auslösen. Das Bild, wie Danilo gestern Levka den Hintern getätschelt hatte, kam ihr wieder in den Sinn. Sie fragte sich, ob Levkas Erschaffer bei ihrer Anatomie sämtliche Details berücksichtigt hatten. Hatte Danilo Sex mit ihr? Sie traute es ihm zu.

Sarah aß schweigend ihr Frühstück. Sie wartete darauf, dass Danilo oder Max ihr endlich erklären würden, was sie nun tun sollten. Sie hatte keine Lust, schon wieder die Fragen zu stellen.

Danilo schien ihre Gedanken erraten zu haben. Er sagte etwas auf Bulgarisch. Ein Sprachbefehl, denn sogleich ging am Kopfende des Tisches eine kleine Luke auf, und ein Projektor fuhr heraus. Er schaltete sich ein und erzeugte ein großes Diorama. Es zeigte ein Unterhaltungsprogramm, eine Ehe-Szene, in der sich eine überoptimierte dralle Blondine gerade bei einem Mann beschwerte, dem durchaus etwas Optimierung gutgetan hätte. Sie sprachen Bulgarisch, vermutete Sarah. Danilo erteilte abermals einen Sprachbefehl, und das Diorama schaltete auf einen anderen Kanal.

Ein deutscher Sender. Eine Nachrichtensprecherin in Ganzkörperansicht kommentierte Aufnahmen von Uniformierten in Schutzkleidung und Atemmasken, die zahlreiche Menschen in eine Unterkunft geleiteten. Die Uniformierten sahen genauso aus wie die, die sie in Gewahrsam genommen hatten.

Das Gelände war umzäunt, am oberen Rand verliefen Natodraht-Rollen, an den Ecken befanden sich Türme mit bewaffnetem Wachpersonal und im Inneren waren mehrere provisorisch aussehende Container aufgebaut. Eine Reporterin stand vor der Einrichtung und sprach in ein Mikrofon.

»Noch ist nicht klar, wie ansteckend das Virus ist, aber die Behörden haben die höchste Gefahrenstufe ausgerufen. Wir stehen hier vor einem Quarantänezentrum in der Nähe von Düsseldorf, das wir leider nicht betreten dürfen, weil die Ansteckungsgefahr zu hoch ist, wie es heißt.«

»Petra, wie viele Menschen wurden bereits in Quarantäne gebracht?«, fragte die Nachrichtensprecherin im Studio.

»Genaue Zahlen gibt es nicht«, sagte die Reporterin. »Die Rede ist von mehreren hundert Personen alleine hier in Düsseldorf. Aber das Seuchenkontrollzentrum ist offenbar dabei, überall im Land Quarantänezentren einzurichten, in die Infizierte gebracht werden. Sie werden dort aus Sicherheitsgründen bis auf Weiteres interniert.«

»Was weiß man über das Virus?«

»Nichts Genaues. Nur, dass es über Speichel und Hautkontakt übertragen werden kann und die Besonderheit aufweist, hochgradig mutagen zu sein, also Krebs auslösen kann. Der Nachweis des Virus ist schwierig und kann nur über einen DNA-Test erbracht werden, weswegen die Seuchenkontrolle alle Bewohner in den Infektionszentren dazu aufruft, sich freiwillig testen zu lassen. Die Regierung hat bereits an allen Flughäfen und Grenzen Schnelltests einführen lassen.«

Danilo schaltete per Sprachbefehl den Ton aus. Auf dem Diorama erschien nun eine Karte von Deutschland, auf der alle Quarantänezentren eingezeichnet waren.

Ein lähmendes Angstgefühl breitete sich in Sarah aus, kroch aus dem Magen in ihr hoch. Valerie! War sie in Sicherheit?

»Wieso dieser unglaubliche Aufwand nur für zwei Leute?«, fragte Danilo. »Warum seid ihr so wichtig?«

»Sie suchen nicht nur uns«, gebärdete Max, was Levka umgehend übersetzte. Sein Gesicht war müde, seine vollen Lippen hingen leicht nach unten, als er einen weiteren Schluck aus seiner Kaffeetasse nahm. »Sie suchen die Neandertaler. Und ihre Nachkommen.«

»Neandertaler?«, sagte Danilo. »Lebende Neandertaler? Du verarschst mich, Max.« Offenbar hatte er Danilo noch nicht alles erzählt.

Max schüttelte den Kopf. »Nein. Sie haben sie geklont. Schon vor dreißig Jahren. Ein Geheimprojekt, das ihnen jetzt um die Ohren fliegt.«

Max berichtete ihm kurz, was er wusste.

Danilo sah skeptisch drein. »Aber es hieß doch immer, das sei nicht möglich. Zu viele Lücken im Erbgut?«

Sarah war genervt, dass ihn zuallererst die technische Seite interessierte. Aber was hatte sie erwartet? Dass Danilo Formin Projekt Neanderthal moralisch verurteilen würde? Ein Mann, der Mammuts klonen ließ, damit man sie abschießen und ihr Elfenbein verkaufen konnte?

»Es war durchaus möglich«, sagte Sarah. »Und nun machen sie Jagd auf sie. Ganz ähnlich wie in Ihrem Park.«

»Sarah!« Max hatte ihren Namen laut ausgesprochen. Der raue Klang seiner Stimme zeigte eine überdeutliche Färbung von Ärger.

»Ist schon gut, Max«, sagte Danilo. »Ich kann verstehen, dass nicht jedem gefällt, was ich hier treibe. Bulgarien hat ja auch nicht den besten Ruf. Aber wenn ich mir so anschaue, was in Deutschland gerade abgeht. Diese ›Quarantänezentren‹ erinnern einen schon ein wenig an 1933.«

Sarah erwiderte nichts.

»Ich danke dir, dass du uns aufgenommen hast, Danilo«, gebärdete Max. »Ich weiß zu schätzen, dass du das tust, obwohl du dich damit in Gefahr begibst.«

»Wie kann ich euch nun helfen?«

»Wir können nicht bleiben, sie werden früher oder später die Spur des Auto-Autos rekonstruieren«, sagte Max.

Danilo nickte. »Möglich.«

Sarah war erstaunt, dass ihn das offensichtlich kaum zu beunruhigen schien. Formin schien sich absolut sicher an diesem Ort zu fühlen. Wahrscheinlich unterhielt er beste »Kontakte« zur bulgarischen Regierung.

»Ich kann euch fürs Erste untertauchen lassen«, sagte er. »Auch wenn sie euch bis Bulgarien folgen werden, es gibt Orte, an denen man euch nicht so schnell finden wird. Und mir können sie nichts anhängen; das Auto-Auto ist bereits entsorgt.«

»Aber wir können nicht immer nur davonlaufen«, sagte Sarah an Max gewandt. »Außerdem mache ich mir große Sorgen um Valerie.«

»Ihre Tochter?«, fragte Danilo.

Sarah nickte. »Sie werden sie als Druckmittel nutzen, wenn sie sie in die Hände bekommen. Ich habe meinem Freund eine Warnung auf die Mailbox gesprochen, aber ich weiß nicht, ob er sie bekommen hat.«

»Machen Sie sich keine Sorgen, Sarah«, sagte Danilo. »Max hat mich gestern darauf hingewiesen. Ich habe bereits versucht, sie zu kontaktieren, aber sie und Ihr Freund sind nicht mehr zu Hause. Ein paar meiner Leute sind schon auf dem Weg, um sie aufzuspüren. Sie werden sie finden und in Sicherheit bringen. Sie und Ihren Freund. Robert war sein Name, nicht wahr?«

Sarah nickte verwirrt. Es erschien ihr so unglaublich, dass Danilo Formins langer Arm bis nach Deutschland reichen sollte. Wieder überkam sie ein ungutes Gefühl.

Sie sah Max an. Er warf ihr einen beruhigenden Blick zu. »Siehst du, es wird alles gut«, gebärdete er.

»Wir müssen die Neandertaler finden, bevor Mercure sie aufspürt«, sagte Sarah. »Nur so können wir beweisen, dass es das Neanderthal-Projekt gegeben hat und dieses Virus nur ein Vorwand ist. Sie sind unsere einzige Chance, da wieder rauszukommen.«

Danilo zog an seiner Zigarette. Er überlegte. »Wie wollt ihr das machen? Ich meine, wenn sie schon vor dreißig Jahren geklont wurden, dann müssen sie sich ziemlich gut versteckt haben, oder? Und Neandertaler sind nicht gerade unauffällig?«

»Ich hatte gehofft, dass du vielleicht eine Idee hast«, sagte Max.

Danilo nahm einen Schluck aus seinem Sektglas. »Dieses Geheimprojekt, Neanderthal – wann soll das genau gewesen sein?«

»Etwa im Jahr 2016«, sagte Sarah.

Danilo nahm einen tiefen Zug von seiner Zigarette und nickte dann. »Ich hätte da eine Idee.«

19

DIE GENPRIME CLINIC

Das Mundstück wurde weicher, je länger er daran nuckelte. Er saugte, saugte tief hinab in seine Lunge – scheißegal. Wollte alles zerstäuben, atomisieren, verwehen. Der behinderte Tote, der anstrengende Gehörlose, Engelbert, der unheimliche Typ mit den kaputten Augen. Seine Suspendierung.

Jetzt war er wirklich ein Plebejer. Arbeitslos. Ohne Krankenversicherung. Insubordinant. Auf der Flucht vor der Quarantäne. Mit einer depressiven Frau, einem in Bälde depressiven Sohn und einem behinderten toten Bruder, für den er sich geschämt hatte. Im Speakeasy, Drogen rauchend. Diesmal hatte er gleich das »Richtige« genommen. Extra stark.

Seine Gedanken wehten im Rauch davon. Er saugte, saugte, saugte, tiefer und tiefer, an dem Mundstück, das nun ein Nippel war. Und über sein Gehirn legte sich ein schwerer Schleier.

Erst fielen seine Lider herab, dann rutschte ihm der Nippel aus den Lippen.

Und Philipp Nix' Geist verwehte in der Dunkelheit. Verlor sich. Endlich Ruhe. Leichtigkeit.

Zeit.

Zeitlosigkeit.

Ein Klimpern.

Entfernte Stimmen.

Etwas fiel.

Schreie.

Schritte.

Ein Windhauch an seiner Wange. Bestimmt die schöne Chinesin. Sie kam, oh ja, und wenn sie sich über ihn beugte, musste er unbedingt diese schweren Lider heben, denn sonst entginge ihm der prächtige Blick in die Tiefen ihres Seidenumhangs.

Eine Hand riss ihn an seinem Krawattenknoten hoch. Große Augen, die in seine starrten. Taschenlampenlicht, das ihn blendete und wieder verschwand.

Es waren weiße Geister.

»Das ist er«, sagte eine Stimme hinter einer Atemmaske. »Völlig breit.«

Er konnte noch ein »Was?« hervorbrabbeln. Dann noch etwas, das sich wie »Warum?« anhörte.

»Seuchengefahr«, sagte die Stimme.

Dann bebte die Atemmaske vor Lachen.

Das Lager schien auf den ersten Blick zivilisiert. Sie hatten ihn an der langen Menschenschlange vorbeigeführt. All die Menschen, die ruhig und geordnet darauf warteten, aufgenommen zu werden. Sie glaubten, dass ihnen hier geholfen würde. Keiner, der durchdrehte. Keiner, der davonlaufen wollte.

Sie führten ihn in einen Raum im Keller. Durch lange Gänge hindurch. Dicker Beton über, neben und unter ihnen. Eine schwere Metalltür fiel hinter ihm zu. Schallisoliert, dachte Nix. Damit niemand die Schreie hört.

Ihn erwartete nicht das Übliche. Kein Metalltisch mit Zangen, Messern, Scheren, Spritzen oder Archaischerem. Nur ein nackter, fensterloser Raum, in der Mitte ein Metallstuhl, ein paar Meter davor ein Schreibtisch.

Sie stießen ihn hinein. So heftig, dass er gegen den Stuhl

knallte und auf den harten Boden stürzte, immer noch völlig benebelt vom … Haschisch? Opium?

Kalter Stein an seiner Wange. Wärme, die aus seinem Körper in den Stein floss. Keine Gedanken, die durch seinen Kopf rauschten. Kein Wille, wieder aufzustehen.

Türquietschen, Hände an seinem Kragen, die ihn wieder hochzogen und auf den Stuhl pflanzten.

Verschwommene Gestalt in schummrigem Licht.

Ein Kopf, der sich über seinen schob. Schwarze Tröpfchen in zwei Kreisen, lustig wie ein Kunstwerk von Salvador Dalí. Sie tanzten, mal links herum, mal rechts herum. Warmer Atem in seinem Gesicht.

Viira.

Ein Druck in seiner Armbeuge. Zischen. Flüssigkeit, die in ihn strömte.

Jemand oder etwas zerriss den Schleier in seinem Hirn, brutal und schnell.

Nüchternheit. Wachheit. Angst.

Nix sah den Raum nun in bizarrer Klarheit und Schärfe. Wie pixelweise und überaufgelöst. Zu grell. Zu deutlich. Es tat weh.

Viiras Gesicht in Diorama-Auflösung. Perfekt frisierter Scheitel. Perfekter Zweireiher.

Viira, wie er den Fedora vom Kopf nahm und ihn auf den Tisch legte. Alles wie im Film.

Viira, wie er sein Jackett auszog und um seinen Stuhl hängte. Dann löste er seine Manschettenknöpfe und legte sie neben den Fedora.

Filmreif.

Dann knöpfte er sein Hemd auf und zog es aus.

Nix sah Viiras nackten Oberkörper. Ein Kunstwerk aus Muskeln, bemalt mit Narben und blauen Flecken.

Viira kam auf ihn zu.

Nix sah ihn so deutlich vor sich, als würde er ihn unter einem Mikroskop betrachten.

Seine vollen Lippen bewegten sich, und die schwarzen Tränen hingen fest.

»Wo sind sie?«

Nix sah ihn an. Sah in diese verwirrenden Augen.

Dann flüsterte er: »Ich habe eine Krankheit. Sie ist ansteckend.«

Die Fahrt führte durch Wälder, Äcker und heruntergekommene Dörfer, in denen übergewichtige Jugendliche in schmutzigen Sportklamotten auf den Straßen herumtobten, in der Nähe der ebenfalls übergewichtigen Erwachsenen in ebenfalls heruntergekommenen Sportklamotten. Hier gab es sie nicht, die gesunde, genoptimierte, körperästhetisierte Gesellschaft. Sarah war erstaunt, wie sehr ihr der Unterschied auffiel, wie stark ihre eigene Wahrnehmung davon geprägt war. Sie hatte immer gedacht, dass sie diesen Körperkult im Grunde ablehnte. Aber im tiefsten Inneren ihres Herzens wusste sie, dass es ein Streben in ihr gab, dazugehören zu wollen. Weil sie nie dazugehört hatte.

»Sarah, 6. Monat. Keine Auffälligkeiten.«

Etwas war mit ihr nicht in Ordnung. Etwas war anders bei ihr, war von Anfang an anders gewesen.

Bin ich eine Mutante, Mama?

Was war es?

Valerie würde dazugehören. Sie war ein schönes Kind; es brach Sarah fast das Herz vor Glück, wenn sie sah, wie unbeschwert sie sich bewegte in dieser Welt. Gut, ihre schnelle körperliche Entwicklung war ungewöhnlich. Aber es schien Valerie nichts auszumachen, sie ruhte in sich, was bemerkenswert war für ihr junges Alter. Valerie trug nicht diese Unsicherheit in sich, die Sarah als Kind stets begleitet hatte.

Danilo hatte es sich in seinem Mini-Bus, der sie fuhr, vorne bequem gemacht. Levka saß neben ihm. Natürlich hatte er sie mitgenommen und nicht Marin, dachte Sarah. Der Androbot war bewaffnet. Sarah fragte sich, ob Danilo überhaupt ohne Bodyguard das Haus verließ, ob er viele Feinde hatte. Nach der unangenehmen Begegnung mit den Russen waren es sicher ein paar mehr geworden.

Sie fuhren etwa zwei Stunden, ohne viel miteinander zu sprechen. Zwischendurch blinkte das Cockpit auf und warnte, dass sie sich außerhalb kartierten Geländes befanden und der Autopilot aus Sicherheitsgründen deaktiviert werden musste. Levka übernahm das Steuer.

Sie kamen an einer Stadt namens Plowdiw vorbei. Auf abgeblätterten Verkehrsschildern sah Sarah ein Piktogramm, das einen Mann mit Lenkrad in den Händen zeigte. Es war durchgestrichen. Als sie Danilo darauf hinwies, lachte der nur. »Normaler bulgarischer Wahnsinn. Sie wollen nicht, dass man selbst fährt. Selbstfahrer sind hier ein großes Problem, weil viele die Geschwindigkeitsbeschränkungen der Auto-Autos knacken. Vor allem die Jugendlichen, die illegale Rennen veranstalten. Nur kann man den Autopiloten auf immer mehr Landstrecken nicht nutzen, weil es keine aktuelle Kartierung gibt und die Autopiloten nicht mehr sicher sind. Bulgarien eben. Egal, was man hier tut, man verstößt immer gegen das Gesetz.«

»Und warum unternimmt die Polizei nichts gegen die Rennen?«

Danilo lachte. »Die verdient kräftig daran mit. Manchmal jagen sie die Raser, was ihnen einen schönen Vorwand gibt, selbst das Rennen mitzufahren.«

Sie fuhren an den Stadtrand von Plowdiw. Hier reihten sich Industriebrachen aneinander. Es war eine triste Gegend.

»Das sind die Überbleibsel der Spekulationen«, sagte Danilo.

»Bulgarien erlebte einen kleinen Boom, als es aus der EU austrat. Davon ist nur noch das geblieben.«

Nach einer Weile gelangten sie in einen verlasseneren Teil. Levka steuerte das Auto in eine unauffällige Zufahrt. Sie fuhren etwa zehn Minuten über einen holprigen Landweg, bis sich vor ihnen ein hoher Zaun aus dunkelgrauem Metall auftat. Dahinter konnte Sarah in der Ferne die Umrisse eines unscheinbaren, flachen Gebäudes erkennen.

Levka fuhr nun im Schritttempo an die Schranke heran, die das verschlossene Eingangstor abriegelte. Zwei Frauen standen daneben. Erst als sie kurz vor der Schranke anhielten, bemerkte Sarah ihre glatte Haut – es waren weibliche Androbots, und auch sie waren äußerst attraktiv. Sie trugen enganliegende weiße Business-Kostüme, High Heels und Handtaschen. Die Bots lächelten, als Danilo ausstieg und zu einem hinüberging und mit ihm sprach. Dann kam er zurück zum Auto-Auto und setzte sich wortlos auf den Beifahrersitz. Sarah bemerkte, dass Levka die ganze Zeit die Bots fixierte. Ihre Hände lagen ruhig auf ihren Oberschenkeln, die Waffe dicht neben ihr. Danilos Hand trommelte auf seinem Knie. Er war nervös. Sie beobachteten den Bot durch die Windschutzscheibe. Die Frau stand einen Moment mit leerem Blick regungslos da.

»Was ist los?«, fragte Sarah.

Danilo drehte sich zu ihr um. »Der Bot klingelt gerade drinnen an.«

Dann trat die Roboter-Frau zum Auto-Auto und klopfte an Danilos Scheibe. »Der Bot und die Waffe dürfen nicht rein«, sagte sie zu Danilo, wieder lächelnd und ohne Levka eines Blickes zu würdigen. Danilo nickte. Er verzichtete auf jegliche Diskussion und gab Levka einen Befehl. Sie griff das Gewehr, stieg aus und nahm abseits von ihren Artgenossinnen Stellung ein; dabei würdigten sich die Bots untereinander keines Blickes.

Danilo rutschte auf den Fahrersitz, die Schranke ging hoch, das Tor öffnete sich, und er fuhr den Wagen hinein. Es war ein großer flacher Bau, funktionale Klotzarchitektur in Hellgrau, viel Glas, glatt, sauber, antiseptisch. Am Eingang eine große Glasfront mit Schiebetür, getönt, um keine Blicke einzulassen. Darüber stand in großen Lettern: »Genprime Clinic«. Vor dem Gebäude lag ein Parkplatz, auf dem viele Luxusgefährte standen. Sarah erkannte die Premiummodelle von Tesla, Amazon, Faraday F, Apple, Google und Porsche.

»Wir sind da«, sagte Danilo.

Die Genprime Clinic sah von innen edler aus, als der äußere Anschein vermuten ließ. Das ausgewogene Design sprach aus allen Details, die gänzlich in Weiß-Grün gehalten und in gedimmtes Licht getaucht waren.

In der Empfangshalle gab es mehrere Wegweiser. Auf einem Schild stand: »Veterinärabteilung«. Es zeigte zu einer Glastür, die links abging. Einer wies zur »Optimierung«. Und zur rechten lag: »Anastasis«.

Im Eingangsbereich befanden sich mehrere Wartezimmer, den Abteilungen zugeordnet. Ambient-Dioramen liefen und sollten Ruhe und Entspannung erzeugen. Sonnenaufgang in den Bergen, Wälder mit Vogelzwitschern, Meeresbrandungen.

Krankenschwestern huschten umher und lächelten sie an. Sie waren keine Bots, aber auch sie waren alle attraktiv und ganz in Weiß gekleidet. Ein Paar kam aus der Anastasis-Abteilung, mit einem Baby auf dem Arm. Die Frau sah sehr müde und sehr glücklich aus. Eine ältere Dame in Pelzmantel und schickem Hut betrat hinter ihnen die Klinik. Sie führte einen alten Border Collie an der Leine neben sich her und verschwand in dem Wartezimmer der Veterinär-Abteilung.

Danilo führte sie zum Empfang. »Danilo Formin. Wir haben einen Termin mit Dr. Lalev«, informierte er die Empfangsdame.

Sie nickte, drückte auf einen Transmitter in ihrem rechten Ohr und meldete Danilo mit leisen Worten an.

»Nehmen Sie im Anastasis-Wartezimmer Platz, jemand holt Sie ab.«

Im Wartezimmer saßen drei Paare. Sie waren gut gekleidet, ihr Aussehen bildete einen starken Kontrast zu dem bulgarischen Trainingsanzug-Schick, den Sarah bisher überwiegend hier gesehen hatte. Die Männer trugen Anzüge, die Fedoras hielten sie in der Hand. Die Frauen waren schlank und gutaussehend; bei einer glaubte sie, einen kleinen Schwangerschaftsbauch zu erkennen. Es waren Wohlstandspärchen, brav, stromlinienförmig, angepasst. Sie musste an Robert denken, ihren Partner. Mit ihm führte sie keine derartige Beziehung, ihre Beziehung war kompliziert.

Als sie, Max und Danilo sich setzten, starrten die anderen sie an. Warum eine Frau mit zwei Männern, und wer war der Vater, Max oder Danilo, fragten sie sich bestimmt. Es herrschte eine angespannte Atmosphäre im Raum. Die Pärchen beäugten sich gegenseitig misstrauisch. Sarah erkannte schnell, warum – sie hatten Angst, dass die anderen sie verstanden, wenn sie sich unterhielten. Daher sprachen sie mit gedämpften Stimmen. Sie spitzte die Ohren und erkannte, dass ein Pärchen Deutsch miteinander sprach, ein anderes Italienisch. Sie hätte anhand des Aussehens nicht auf ihre Nationalität schließen können, dafür sahen sich mittlerweile alle Menschen zu ähnlich, dank ihres gemeinsamen Strebens nach dem geteilten perfekten Schönheitsideal. Bei dem dritten Pärchen war sie sich nicht sicher. Sprachen sie Spanisch? Portugiesisch?

»Sind es Deutsche?«, fragte Max.

Als er zu gebärden anfing, zog das die Blicke erst recht auf sie. Sarah fühlte sich unwohl. Es war der leider nur allzu vertraute Moment, mit Max in der Öffentlichkeit zu gebärden. Sie spürte, wie sie dann immer sofort dieses Etikett aufgedrückt bekamen: behindert. Immerhin hatten Gehörlose noch das Glück, dass man ihnen ihre Behinderung nicht ansah. Wie schwer musste es für offensichtlich Behinderte sein? Umso mehr genoss sie dann immer den Augenblick, wenn sie zu sprechen begann. Wie verwirrt und überrascht und peinlich berührt viele dann reagierten.

Sie nickte und deutete unauffällig mit den Augen auf das deutsche Pärchen. »Baby-Editing-Touristen, nehme ich an.«

Die Gebärde für Baby war unmittelbar ikonisch – das Wiegen eines imaginären Kindes im Arm. Sie deutete die Gebärde nur an, damit die Pärchen sie nicht erraten konnten. »Editing« gebärdete sie mit »korrigieren« – Zeige- und Mittelfinger der rechten Hand strichen zweimal über Zeige- und Mittelfinger der linken.

Max nickte und verzog den Mund. »Und wieder ein ›Arier‹ mehr – in Bulgarien erzeugt«, gebärdete er. Sarah zuckte leicht zusammen als er »Arier« gebärdete – er benutzte die Andeutung des Hitler-Bärtchens und den ausgestreckten Arm für »Nazi« in Kombination mit »Deutscher«. Eigentlich war es unsauber gebärdet – wahrscheinlich gab es gar keine offizielle Gebärde für »Arier« –, aber sein Mund formte eindeutig besagtes Wort. Sie sah sich unauffällig um, ob es jemand verstanden hatte, aber Max hatte schnell und nur andeutungsweise gebärdet.

»Was reden sie?«, fragte er.

Sarah horchte hin. Die beiden kamen sich unbelauscht vor, weil sie sie auch für gehörlos hielten – und Danilo vermutlich ebenfalls. Vielleicht dachten sie, dass sie sich hier von ihrer Taubheit kurieren lassen wollten, obwohl dergleichen bei einem Erwachsenen eigentlich nicht möglich war; zumindest war Sarah kein erfolgreicher Adult-Edit bei Gehörlosigkeit bekannt. Es lag wahrscheinlich an den zahlreichen möglichen Ursachen für dieses Leiden: das Innenohr konnte kaputt sein, der Hörnerv, die

Hörregion im Gehirn … alle drei Defekte waren zu komplex, um sie mit Gen-Edits reparieren zu können, wenn sie überhaupt verlässlich genetisch bedingt waren. Und auch in diesem Fall war es bei einem erwachsenen Menschen zu spät – sein Gehirn hatte niemals auditive Information von seiner Umwelt erhalten, es wusste damit nichts anzufangen, konnte Relevantes nicht von Krach trennen. Der plötzliche akustische Input würde vormals taube Menschen wahrscheinlich in den Wahnsinn treiben.

Sarah lauschte.

»Sie meinten, sie würden sich um die Geburtsurkunde kümmern«, sagte der deutsche Mann. Er sprach mit gedämpfter Stimme und sah sich dabei um. Er hatte an den Seiten kurzrasierte Haare und trug einen streng gekämmten Scheitel, der von seinem Fedora offenbar kein bisschen beeinträchtigt worden war. Sein Gesicht war glattrasiert, gebräunt und perfekt gepflegt. Der maßgeschneiderte Nadelstreifenanzug saß tadellos.

Die Frau blickte ihn aus unsicheren blauen Augen an, vielmehr aus einem Auge, denn das andere verdeckten ihre langen blonden Haare, in einer gegenwärtig wieder modernen Peekaboo-Frisur, die in den 1940er Jahren schon einmal populär gewesen war und mit der sich viele Frauen einen mondänen Touch gaben. Sie allerdings wirkte nicht mondän, sondern verunsichert und erschöpft.

Die Frau schien angespannt. Ihr Oberkörper war eingesunken, die Schultern nach vorne gerutscht, die Hände hatte sie flach auf ihre Oberschenkel gepresst. Immer wieder kontrollierte sie vorsichtig ihren Bauch. Sarah nahm an, dass sie schwanger war. Sie übersetzte Max die wesentlichen Passagen dessen, was sie sprachen.

Der Mann legte seine Hand auf die seiner Frau. »Es ist doch schon bei so vielen gutgegangen, das haben Lara und Anton erzählt, weißt du nicht mehr?«

Sie nickte.

»Warum sollte es dann bei uns Probleme geben? Es wird alles klappen, Betty«, sagte er. »Jetzt freuen wir uns erstmal, dass die Geburt so gut verlief. Und du wirst sehen, niemand wird etwas merken. Bald können wir Chris mitnehmen. Dr. Lalev will nur noch die letzten Tests durchführen, und dann können wir nach Hause fahren. Und alles wird gut. Du wirst sehen. Dann sind wir wieder eine glückliche Familie, so wie früher. Wir werden schnell vergessen haben, was passiert ist.«

Sarah war verwirrt. Sie hatte das Kind schon geboren. Sarah nahm an, dass sie hier waren, um in Deutschland nicht zulässige Baby-Edits zu machen. Die aber musste man in den ersten Monaten machen. Waren sie die ganze Zeit der Schwangerschaft über hier in Bulgarien geblieben? Das war ungewöhnlich.

Er sprach beruhigend auf sie ein, und ihre Miene entspannte sich. Ihre Hände pressten sich um seine, und sie lächelte. Dann begannen Tränen über ihre Wangen zu rollen. Sie versuchte, sie vor den anderen im Wartezimmer zu verstecken. Es war ihr peinlich. Er zog ein Taschentuch aus seiner Anzugtasche und tupfte sie ihr aus dem Gesicht. Auch er sah sich dabei um.

»Wenn das alles doch endlich vorbei wäre«, sagte sie.

»Das ist es doch bald, Betty. Nur noch ein paar Tage, dann können wir los.«

Max fragte Sarah erneut, was sie sagten. Er war neugierig geworden, als er Betty weinen sah.

»Ich weiß nicht, ob das Editing-Touristen sind«, gebärdete Sarah unauffällig. »Es klingt nicht nach den üblichen blauen Augen, blonden Haaren und dem hohen IQ …«

Eine Frau kam. Es war keine Krankenschwester; sie trug ein graues Business-Kostüm und war – wie inzwischen nicht anders zu erwarten – sehr attraktiv, mit langen schwarzen Haaren, die sie gescheitelt und in großen herabfallenden Wellen trug. »Dr.

Lalev erwartet Sie«, sagte sie auf Englisch zu Danilo. Ihr schmales Gesicht zeigte dabei keinerlei Regung.

Die wartenden Pärchen blickten auf, verwundert, dass sie alle doch hören konnten. Und dann missmutig, weil die Neuankömmlinge vor ihnen an die Reihe kamen, obwohl sie schon viel länger warteten.

Max, Sarah und Danilo folgten der Frau durch mehrere Gänge in einen hinteren Trakt, aus dem das Geschrei vieler Babys drang. Dann passierten sie ein großes Fenster, vor dem mehrere Pärchen standen. Sie schauten auf einen großen Raum, in dem Dutzende Neugeborene lagen, die von mehreren Krankenschwestern versorgt wurden. An allen Betten waren Nummern befestigt. Einige der Schwestern hielten ein Baby auf dem Arm, das sie den Pärchen auf der anderen Seite der Fensterscheibe präsentierten. Die Mütter trugen noch Patientenkleidung. Sie schienen sehr erschöpft von der Geburt. Als sie die Babys sahen, weinten sie.

Sarah bemerkte, dass zu beiden Seiten des Fensters weibliche Androbots standen. Sie trugen zwar Krankenschwester-Kleidung, aber die Umhängetaschen waren die gleichen, die auch die beiden Androbots am Eingang getragen hatten.

Die Assistentin führte sie an der Neugeborenen-Station vorbei in einen Abschnitt, der nach Bürodistrikt aussah und sehr repräsentativ wirkte. Chrom und Bronze lösten den weißen Designerschick ab. Auf dem Boden lag schwerer Teppich, der ihre Schritte schluckte. Sie führte sie in einen Raum, der mit mehreren Ledersesseln ausgestattet war, die um einen großen Schreibtisch aus schwerem Mahagoni-Holz gruppiert waren. Darauf stand eine kleine Statue, Sarah erkannte eine Nachbildung von Michelangelos David. An den Wänden hingen Gemälde. Sarah kannte sich nicht besonders gut aus mit Kunst, aber es waren surrealistische Werke; sie erkannte Werke von Salvador Dalì, Max Ernst, René Magritte. Es schien, als wären es Originale.

Sie nahmen Platz und warteten. Sarah fragte sich, was nun kommen würde. Aber sie hatte keine Lust, schon wieder Danilo zu nerven. Er wirkte angespannt, wie er so dasaß, in Gedanken versunken und mit einem Wodka-Tonic in der Hand, den er sich von der schwarzhaarigen Schönheit hatte bringen lassen. Leise klackerten die Eiswürfel in seinem Glas.

Nach einer Weile kam ein Mann herein. Er trug einen schwarzen Zweireiher, der seinen kleinen Bauch gut kaschierte. Danilo sprang auf und breitete die Arme aus, aber Lalev streckte ihm fast offensiv die Hand hin. Danilo war einen Moment lang verunsichert, dann ergriff er sie.

»Lange nicht gesehen, David«, sagte Danilo.

Lalev erwiderte nichts. Er schüttelte Max und Sarah die Hand.

Lalev war kein schöner Mann, dafür waren seine Gesichtszüge zu ungehobelt, sein Körper zu untersetzt, seine Hände zu breit – und doch strahlte er eine gewisse Anziehung aus, mit seinen roten Locken, die schon halb ergraut waren, seinen blauen Augen und seinem neugierigen Blick. Doch in seine Haltung und sein Gesicht hatte sich eine gewisse Härte eingeschlichen, die ihm ein gutes Stück seiner Attraktivität raubte. Lalev wirkte auf Sarah wie ein Mann, der vom Leben gebrochen worden war und sich mit einem harten Panzer umgeben hatte.

»Das sind Sarah Weiss und Max Stiller.«

Als Danilo ihren Namen nannte, meinte Sarah etwas in seinem Gesicht zu erkennen. Eine unwillkürliche Bewegung, die sein Pokerface für den Bruchteil einer Sekunde durchbrach. Aber sie war sich nicht sicher. Dann wandte Lalev seinen Blick wieder von ihr ab.

Lalev und Formin wechselten ein paar Worte; sie sprachen Englisch, was Sarah sehr wunderte. Sie hörte außerdem einen schottischen Akzent bei Lalev heraus. Wie kam ein rothaariger Schotte zu einem bulgarischen Namen?

Sie übersetzte für Max, was gesprochen wurde. Lalev beobachtete sie dabei neugierig.

»Herr Stiller ist gehörlos«, sagte sie.

Lalev musterte Max, anscheinend mit mehr Aufmerksamkeit, als er für gewöhnlich bereit war, Menschen zuteilwerden zu lassen. Dann setzte er sich an den Schreibtisch.

»Was führt euch zu mir?«

Er klang gelangweilt, gar eine Spur verärgert, und er gab sich keine Mühe, das zu verbergen.

Danilo rückte sich etwas zurecht. Er war immer noch nervös, überspielte es aber halbwegs souverän.

»David, ich will gleich zur Sache kommen. Die beiden stecken in Schwierigkeiten. Und ich dachte, dass du ihnen vielleicht helfen könntest.«

Lalev schwieg einen Moment lang. Pokerface.

»Was für Schwierigkeiten?«

»Du hast gehört, was in Deutschland los ist?«

Lalev nickte. »Irgendein Virus geht um …«

»Es ist kein Virus.«

»Sondern?«

»Die zwei werden gesucht.«

Lalev runzelte die Stirn.

»Es ist Deutschland«, sagte er. »Und ja, die Deutschen sind gründlich. Aber ich glaube kaum, dass die Regierung extra Konzentrationslager einrichten würde, nur um zwei Leute zu finden.«

Er benutzte zu Sarahs Erstaunen das deutsche Wort für Konzentrationslager. Es war ein altes Nazi-Wort und markierte einen Ort des absoluten Schreckens, in dem vor mehr als hundert Jahren systematisch Menschen ermordet worden waren. Juden. Behinderte. Politische Gefangene. Sie kannte die Gebärde für Konzentrationslager nicht. Also zerlegte sie das Kompositum in seine beiden Hauptwörter und übersetzte beides in Gebärden – eine der Möglichkeiten, unbekannte Wörter zu gebärden. Die andere bestand darin, das Wort einfach im Fingeralphabet durchzubuchstabieren. Beide Hände gekrümmt und aneinandergelegt, so einen kleinen Kreis bildend, das war »konzentrieren«. »Lager« ergab sich aus einer Kreiselbewegung mit der flachen Hand, wobei die Handfläche nach unten zeigte. Als sie sah, dass Max nicht verstand, buchstabierte sie das Wort.

Lalev wartete, bis sie fertig war, bevor er sich wieder an Danilo wandte.

»Dann müssten Herr Stiller und Frau Weiss schon sehr wichtig sein, wenn die Behörden einen solchen Aufwand betreiben.«

Max ergriff das Wort, als Sarah fertig übersetzt hatte. »Sie suchen Neandertaler.«

Jetzt sah sie eindeutig etwas in Lalevs Gesicht. Ein Zucken. Die Frage war nur: Handelte es sich um die übliche Reaktion auf seine auffällige Stimme? Oder lag es am *Inhalt* von Max' Aussage?

»Neandertaler?«, fragte Lalev. »Ihr seht aber nicht wie Neandertaler aus.«

Er lachte. Doch es wirkte ziemlich bemüht, irgendwie künstlich, fand Sarah. Danilo fiel ein, und sein Lachen war definitiv ein künstliches. Er biederte sich Lalev an. Warum hatte er vor ihm einen derartigen Respekt?

»Die Sache ist etwas verzwickt, David«, sagte Danilo. »Es klingt verrückt, und es ist auch nicht so leicht zu erklären …«

Lalev hob die Hand. »Bitte die Kurzversion.«

Formin holte Luft, aber Sarah schaltete sich ein.

»Vor dreißig Jahren gab es in Deutschland ein Geheimprojekt, bei dem zwölf Neandertaler geklont wurden«, sagte sie. Sie versuchte beim Sprechen gleichzeitig zu gebärden, was ihr nie leichtfiel. Die Gebärdensprache unterschied sich grammatikalisch stark von der Lautsprache. Aber Sarah hatte sich angewöhnt, wenigstens die Stichwörter zu übersetzen, was Max meistens genügte, um ihr zu folgen – den Rest ergänzte er durch das, was er von ihren Lippen ablas, oder erschloss es sich durch den Kontext.

»Einige der Neandertaler sind entkommen und haben überlebt und … Nachkommen gezeugt. Die deutsche Regierung sucht sie, und uns, weil wir davon wissen.«

Lalevs Gesicht blieb völlig ausdruckslos. War er kein bisschen überrascht von dieser außergewöhnlichen Geschichte? Oder hielt er sie für völlig durchgedreht?

»Was habe ich damit zu tun?«

»David«, Danilo ergriff wieder das Wort. »Du bist ein begnadeter Genetiker. Ohne dich gäbe es den Park nicht. Lebende Mammuts, eine vor unendlich langer Zeit ausgestorbene Spezies, die wiederauferstanden ist. Ohne dich wären diese wundervollen Kreaturen …«

»Spar dir die Arschkriecherei«, unterbrach ihn Lalev. »Du wolltest Kohle machen, was in Ordnung ist. Ich mache auch Kohle. Gute Kohle. Viel Kohle. Also komm zur Sache.«

Als Danilo merkte, dass er damit an Lalev abprallte, verschwand sein Lächeln so schnell wie er es aufgesetzt hatte.

»Du kannst Mammuts klonen. Ich dachte, du kennst vielleicht jemanden in der Szene, der eine Verbindung zu dem Projekt hat.«

Lalev lachte aus vollem Hals; es kam so unvermittelt, dass Sarah zusammenzuckte. Diesmal klang es nicht künstlich, sondern aggressiv.

Formin war verwirrt. Wahrscheinlich fragte er sich, ob er irgendetwas Falsches gesagt hatte.

»Ich dachte, dass du einer der wenigen bist, die das nötige Know-How …«

»Mr. Lalev«, fiel Sarah Danilo ins Wort. »Bitte. Sie sind uns auf den Fersen. Wir sind ihnen mit Mühe und Not entkommen. Glauben Sie mir, diese Leute schrecken vor nichts zurück. Die Wissenschaftler aufzuspüren, die damals an dem Projekt beteiligt waren, ist unsere einzige Chance, ihnen die Stirn zu bieten. Nur über sie können wir die Neandertaler finden. Und der Welt beweisen, dass dieses Projekt stattgefunden hat. Ohne sie werden sie uns für immer jagen. Und nicht nur uns. Auch meine Tochter und mein Freund sind in Gefahr. Bitte. Wenn Sie irgendetwas wissen, dann helfen Sie uns.«

Lalev sah sie an. Dann lehnte er sich in seinem Sitz zurück.

»Sie sind Ihrer Mutter nicht unähnlich, Sarah. Wenn Jocasta etwas wollte, bekam sie es auch.«

Sie war fassungslos.

»Sie kannten ... meine Mutter?«

Sie hatte vergessen, zu übersetzen, und Max sah sie fordernd an. Dann zeigte sie die Gebärde für Mutter: der erhobene rechte Zeigefinger tippte an den rechten Mundwinkel. »Er kannte meine Mutter.« In Max' Gesicht stand ähnliche Überraschung geschrieben. Danilo zündete sich eine Zigarette an.

»Ja. Wir waren Kollegen in diesem ... Projekt Neanderthal«, sagte Lalev. Er sprach den Namen verächtlich aus.

»Woher wussten Sie, dass ich ihre Tochter bin?«, fragte Sarah.

Lalev sah sie einen Moment lang an. »Sie haben etwas, das mich an sie erinnert. Vielleicht ist es die Art, wie Sie reden? Oder vielleicht eher die Art, wie Sie sich bewegen?«

Es berührte Sarah, als er das sagte.

»Dann der Nachname. Und dass ausgerechnet Sie wegen dieser Sache verfolgt werden, halte ich für keinen Zufall.«

»Wie meinen Sie das?«, fragte Sarah.

Max stieß sie an. Sie hatte wieder vergessen, zu gebärden. Schnell holte sie es nach.

Siedend heiß fiel ihr das Ultraschallbild wieder ein.

6. Monat. Keine Auffälligkeiten.

Etwas stimmte nicht mit ihr. Was war es?

Lalev ging nicht auf ihre Frage ein. »Intern nannten wir es auch das Jesus-Projekt«, erzählte er. Er lachte. »Natürlich nur im Spaß. Ich weiß gar nicht mehr, wer sich diesen dummen Namen ausgedacht hat, im Zweifel war es Ihre Mutter selbst. Das Projekt war jedenfalls völlig idiotisch.«

»Dann nehme ich stark an, dass Lalev nicht Ihr wirklicher Name ist?«, fragte Sarah.

»Nein. Ich heiße Thompson. Offiziell bin ich tot – Autounfall. Ich habe eine DNA-Probe in die Asche eines Wracks schmuggeln lassen, und so: Goodbye Dr. Thompson, hello Dr. Lalev. Sie suchten uns natürlich, nachdem klar war, dass wir den Neandertalern die Flucht ermöglicht hatten.«

»Sie haben die Neandertaler befreit?«

»Ja. Es stand nicht gut um das Projekt, die Verantwortlichen drohten, es zu beenden. Ihre Mutter fürchtete um das Leben der NTs.«

»Der NTs?«, fragte Sarah. Sie gebärdete für Max das Wichtigste, aber sie sah, dass er nicht alles verstand. Sie war zu sehr von dem abgelenkt, was Thompson erzählte.

»So nannten wir die Neandertaler intern.«

»Aber meine Mutter ist nicht geflohen. Ich verstehe das nicht.«

»Nein, an sie haben sie sich nicht herangetraut«, sagte Thompson. »Ihre Mutter war zu berühmt. Was hätten sie mit ihr anstellen sollen? Sie einsperren? Außerdem hatte Jocasta genügend belastendes Material, um die Verantwortlichen von Projekt Neanderthal gehörig unter Druck zu setzen.«

»Wo ist dieses Material?«

Thompson schüttelte den Kopf. »Ich weiß es nicht. Vielleicht hat sie auch nur geblufft. Die Flucht lief sehr hektisch ab. Ich habe Ihre Mutter seitdem nie wieder gesehen. Später erfuhr ich dann von ihrem Tod.«

Es versetzte Sarah einen Stich, als er das sagte.

»Wenn Sie das Projekt für so idiotisch hielten, warum haben Sie dann mitgemacht?«

Thompson stand auf und holte ein eingerahmtes Foto, das in einem kleinen Regal an der Wand stand. Sarah hatte es beim Hineinkommen gar nicht bemerkt. Er reichte es ihr. Darauf zu sehen war ein deutlich jüngerer Thompson, Arm in Arm mit einer hübschen jungen Frau. Sie hatte ihre braunen Haare zu einem Pferdeschwanz gebunden. Die Sommersprossen auf ihren Wangen und der Nase zeugten davon, dass sie Sonne getankt hatte. Im Hintergrund waren Berge, die Sonne schien, beide lächelten. Vor ihnen stand ein Junge, rothaarig wie sein Vater; Sarah schätzte ihn auf etwa neun Jahre. Thompson und die Frau trugen Wanderkleidung, der Junge Shorts und T-Shirt. Es war eine Urlaubsaufnahme.

»Das sind meine Frau Fiona und mein Sohn Christopher«, sagte Thompson. »Christopher starb ein Jahr, nachdem diese Aufnahme entstand. Er wurde von einem Auto überfahren. Damals gab es noch keine Auto-Autos.«

Sarah versuchte sich vorzustellen, was wäre, wenn sie Valerie verlöre, und der Gedanke raubte ihr fast den Verstand. Sie hatte furchtbare Angst um ihre Tochter.

»Es tut mir leid«, sagte sie, nun voller Mitleid für diesen Mann, und sie fragte sich, ob es das gewesen war, was ihn so hart gemacht, ihm diesen Schutzpanzer auferlegt hatte. Sie sah Max' fragenden Blick. Nur zögerlich folgten ihre Gebärden.

»Unsere Ehe zerbrach daran. Fiona konnte den Tod unseres Jungen nicht verwinden. Ich jedoch, ich wusste, was uns heilen würde. Sie haben nach den Gründen gefragt, warum ich bei Projekt Neanderthal mitgemacht habe. Christopher war einer davon, Sarah.«

Sie verstand nicht. Nach einer Weile fuhr Thompson fort:

»Ich wollte von Ihrer Mutter lernen, wie ich Christopher zurückholen kann, Sarah. Denn Ihre Mutter war die beste Genarchitektin der Welt.«

Und plötzlich verstand sie. Die Paare vor der Fensterscheibe, die ihre Babys betrachteten. Der Mann und die Frau im Wartezimmer.

»Dann sind wir wieder eine glückliche Familie, so wie früher. Und dann werden wir vergessen haben, was passiert ist.«

»Sie klonen tote Kinder«, sagte Sarah.

Sie sah, dass Max im selben Moment verstand. Er musste von ihren Lippen gelesen haben. Vor Erschütterung hatte sie erneut das Gebärden vergessen.

»Sie *klonen* sie!«

Eben noch hatte sie Mitleid für Thompson empfunden. Jetzt überwog Abscheu. Für den Mann, der das Bild seines toten Kindes in Händen hielt. Für den Mann, der meinte, all das ungeschehen machen zu können, indem er das Leben seines Kindes wie ein biologisches Programm einfach neu startete.

Thompson stellte das Bild mit langsamen Bewegungen zurück ins Regal. Dann drehte er sich um. Sein Gesicht war ausdruckslos.

»Fiona wollte nicht, dass ich es tue. Aber ich tat es.«

Schweigen. Danilo zog tief an seiner Zigarette. Sarah wusste nicht, was sie sagen sollte. Max schüttelte den Kopf.

»Sie haben Ihren toten Sohn geklont?« Max' Stimme erfüllte die Stille. Er sagte es ein wenig zu laut, was den Satz noch härter machte, als er ohnehin schon war.

Thompson nickte. »Fiona verließ mich, bevor er geboren wurde. Ich ließ ihn von einer Leihmutter austragen.«

»Und … weiß er es? Wo ist er?«, fragte Sarah.

»Wenn die Zeit reif ist, wird er es erfahren. Sarah, ich weiß, wie schrecklich es ist, ein Kind verloren zu haben. Warum Paaren, denen das Gleiche widerfahren ist, nicht helfen? Warum sie nicht von ihrem Schmerz erlösen? Was soll diese Doppelmoral? Kinder optimieren soll in Ordnung sein, aber toten Kindern neues Leben schenken nicht? Diese EU-Gesetze sind einfach nur verlogen. Es kommen eine Menge Menschen zu mir, die Hilfe brauchen. Und ich gebe sie ihnen.«

»Hilfe, die Sie sich gut bezahlen lassen, nehme ich an.«

Danilo, der die ganze Zeit geschwiegen hatte, steckte sich nahtlos eine neue Zigarette an. Er war immer noch nervös. Wahrscheinlich nun umso mehr, da er befürchtete, dass Sarahs Vorwürfe sein Verhältnis zu Thompson beschädigen könnten.

»Damals war Klonen noch etwas Besonderes, weil es schwierig war, ineffizient und gefährlich für den Organismus. Einen Menschen zu klonen, der gesund ist und keine Spätschäden davontragen wird, das ist kompliziert und erfordert fundierte Kenntnisse in Genarchitektur. Ihre Mutter hatte einen sicheren Weg gefunden, Sarah.«

»Und Haustiere machen Sie auch gleich noch mit?« Sie dachte an die alte Dame mit dem Hund.

Thompson schwieg.

Sie fand Thompson scheinheilig. Er profitierte von den Gesetzen, die er als verlogen kritisierte.

»Ich glaube, wir sollten langsam wieder zum eigentlichen Thema zurückkehren«, sagte Danilo. »David, kannst du den beiden nun helfen?«

Thompson setzte sich wieder an den Schreibtisch.

»Ja.«

Sarah kam plötzlich ein Gedanke. »Haben Sie einen Sequencer?«

»Natürlich«, sagte Thompson.

»Können Sie mein Genom analysieren?«

Thompson war überrascht. Danilo und Max ebenfalls. Beide sahen sie mit verständnisloser Miene an.

»Ja, das kann ich, aber warum?«, fragte er.

»Sie sagten, dass es möglicherweise kein Zufall sei, dass die Behörden mich verfolgten. Vielleicht haben Sie recht.«

20

ZUFLUCHT IM PARADIES

Das Brummen des Jets lullte sie ein. Sarah sah durch die kleinen Fenster nichts als Ozean unter ihnen. Eine endlose blaue Fläche. Sie überflogen den Atlantik. Thompson hatte sie und Max in seinen privaten Hybridjet gesetzt, ohne ihnen zu verraten, wohin genau sie fliegen würden. Er hatte versprochen, sie zu den Neandertalern zu führen.

Als Begleitung hatte er ihnen einen Androbot mitgegeben, eines der Models mit Handtasche. Sie hieß Emilia und saß vorne im Cockpit.

Sie müssten sich keine Sorgen machen, der Jet sei maskiert und somit freier Durchflug durch die EU gewährt. Niemand würde auf sie aufmerksam werden.

Though nothing will drive them away

Wirklich?

Sie würden nicht aufhören, sie zu jagen, dachte Sarah. Und langsam überkam sie das ungute Gefühl, dass es nicht mehr nur um die Neandertaler ging. Waren sie auch hinter ihr her? Weil etwas mit ihr nicht stimmte? Es war der Anflug einer Ahnung, aber sie konnte es nicht greifen. Bald würde sie Gewissheit erlangen, wenn Thompson ihr Erbgut analysiert hatte.

Sie hatte große Angst um Valerie. Danilo hatte ihr versprochen, sich um sie zu kümmern und so blieb ihr nichts anderes übrig, als einem skrupellosen Urzeit-Park-Betreiber und einem zwielichtigen Ex-Wissenschaftler, der tote Kinder klonte, zu vertrauen.

Jetzt galt es, die letzten lebenden Neandertaler aufzuspüren. Vielleicht würde doch noch alles gut werden. Aber wie würden die vermeintlich ausgestorbenen Frühmenschen reagieren? Wahrscheinlich waren sie voller Angst und Misstrauen, schließlich hielten sie sich schon seit vielen Jahren versteckt, in der ständigen Furcht, enttarnt zu werden und in einem Grab zu enden, neben den Knochen ihrer Artgenossen.

We can beat them

Forever and ever

»Wie klingt er, Sarah?«

Sie sah zu Max. Erst jetzt wurde ihr bewusst, was da die ganze Zeit lief.

We can be heroes

Just for one day.

What do you say?

Max hörte David Bowie, natürlich »Heroes«. Dumpf klang die Stimme des Sängers mit maximaler Lautstärke durch das Fleisch seiner Hände. Max hielt sein Smart umklammert, um die Vibrationen der Musik zu spüren. Thompson hatte sie mit sicheren Smarts ausgestattet. Die Bässe konnte Max fühlen; die höheren Frequenzen jedoch, in denen sich Sprache abspielte, blieben ihm unzugänglich.

I wish I could swim

Like dolphins, like dolphins can swim

»Das habe ich dir schon oft gesagt. David Bowie hat eine Wahnsinnsstimme.«

»Wahnsinn? Was genau heißt das? Du musst seine Stimme doch beschreiben können.«

Sie seufzte.

Was sollte sie sagen? Dass David Bowies Stimme unglaublich schön klang? Das war kaum weniger vage, doch wenn sie Bowie singen hörte, wurde ihr bewusst, wie hässlich ihre eigene war, so seltsam tief und ein wenig kehlig. Sie hörte sich nicht so an, wie die Leute es von einer Frau erwarteten.

Natürlich war ihre Stimme nicht mit Max' vergleichbar, die sofort und immer auffiel. Aber auch sie kannte die schiefen Blicke, das Erstaunen, das Menschen bisweilen zeigten, wenn sie den Mund aufmachte.

»Er hat eine wirklich schöne Stimme, Max. Eine der schönsten männlichen Stimmen, die ich je gehört habe.«

Sie fand seine Begeisterung für Bowie erstaunlich und wusste, dass es für ihn als Gehörlosen schwierig war, dazu zu stehen. Ein Hörender als Idol, noch dazu ausgerechnet ein Sänger, das kam eigentlich nicht infrage – Max, der sich offensiv weigerte, Gehörlosigkeit als Defizit zu betrachten, hatte einen Mann, dessen Persona maßgeblich von seiner Stimme geprägt war, zu seinem persönlichen Helden erkoren.

Abgesehen von diesem Paradox war es durchaus verständlich, dass er wissen wollte, wie sich Bowies Stimme anhörte. Aber wie sollte man Töne beschreiben? Sie sah, dass ihre Antwort ihm nicht genügte.

»Okay«, sagte sie. »Wenn Bowies Stimme eine Farbe wäre, dann wäre sie gelb.«

Die Gelb-Gebärde war der amerikanischen Gebärdensprache entlehnt. Die Hand drehte sich, Daumen und kleiner Finger abgespreizt, einmal von vorne nach hinten: ein Ypsilon für Yellow.

»Gelb?« Max runzelte die Stirn. Seine Donnerfalte war verschwunden. Jetzt sah er wieder aus wie ein kleiner staunender Junge. Sie mochte ihn in diesen Momenten am liebsten.

Dann wurde seine Miene plötzlich ernst.

»Was sollte das vorhin bei Thompson, Sarah? Wieso willst du dein Erbgut analysieren lassen?«

Sie wich seinem Blick aus – eine Reaktion, die Gehörlosen sehr unhöflich erschien.

Er tippte ihr auf die Schulter. *Schau mich an!*, hieß das.

Sie schaute ihn an.

»Warum?«, wiederholte er. Seine Bewegungen waren schnell, fordernd.

»Ich weiß nicht, Max. Etwas stimmt nicht mit mir.«

»Was soll mit dir nicht stimmen?«

Sie überlegte einen Moment. Sie vertraute ihm, das war nicht das Problem. Es kostete sie dennoch Überwindung, weil es so persönlich war und ihr Kindheitstrauma berührte. Sie zog das Ultraschall-Bild aus ihrer Hosentasche und gab es ihm.

»Woher hast du das?«

»Es war in Mercures Unterlagen.«

»Gehörte das deiner Mutter?«

Sie nickte.

Max betrachtete die Aufnahme.

»Das bist du?«

Sie nickte. »Auf der Rückseite ist eine Notiz.«

Max drehte das Bild um und las, was Jocasta Weiss geschrieben hatte. Dann gab er ihr die Aufnahme zurück. Wortlos.

Sarah war verwundert über seine gleichgültige Reaktion. »Findest du das nicht erstaunlich?«

Max schüttelte den Kopf.

»Nein, wieso?«

»Max. Das ist nicht dein Ernst. ›6. Monat. Keine Auffälligkeiten‹. Es klingt, als hätte sie mich … überwacht.«

Ihre Gebärden wurden schneidend.

»Deine Mutter war Genetikerin, Sarah. Sie war einfach besorgt, dass ihr Kind möglicherweise Anomalien aufweisen könnte. Du weißt, dass schon damals Eltern wahnsinnig Angst hatten, ihre Kinder könnten irgendwie anormal sein. Noch nie von Helikopter-Eltern gehört?«

Sie überlegte. Hatte er recht? Las sie etwas hinein, wofür es keinerlei Anlass gab? Doch, es gab gute Gründe dafür, schließlich waren ihre körperlichen Auffälligkeiten nicht zu übersehen. Die entscheidende Frage lautete nur: Waren diese Abweichungen von der Regel zu erwarten gewesen, und wenn ja, warum?

»Du weißt genau, was los ist«, gebärdete sie.

Er sah sie an. Ja, er wusste, was los war. Ihr deformiertes Ohrläppchen. Ihre Körpergröße. Ihre Fingernägel. Er wusste auch, dass sie ihre Stimme komisch fand.

Kurz flammte die Erinnerung an ihre gemeinsame Liebesnacht in ihm auf. Er hatte ihr Ohrläppchen geküsst, obwohl sie sich zunächst dagegen gewehrt hatte. Dann hatte sie ihren Widerstand aufgegeben. Und er hatte die Stelle erneut geküsst, ihr dadurch sagen wollen: Ich akzeptiere dich. So wie du bist.

Was sollte er ihr jetzt sagen? Er wollte sie nicht verletzen. Würde er sie eher dann verletzen, wenn er auf ihre dunklen Ahnungen einging? Oder dadurch, dass er ihre Sorge nicht ernstnahm? Max schwieg.

»Ich habe ein ungutes Gefühl, Max. Vielleicht geht es hier nicht nur um die Neandertaler. Vielleicht … vielleicht geht es auch um mich? Ich bin die Tochter der wichtigsten Wissenschaftlerin von Projekt Neanderthal. Was wissen wir über das, was Mercure und Viira tatsächlich vorhaben?«

Er nahm ihre Hand.

»Sarah.«

»Und vielleicht geht es auch um Valerie«, gebärdete sie mit ihrer freien Hand.

»Konzentrieren wir uns darauf, die Klone zu finden, in Ordnung?« Er streichelte ihre Hand. Mit der anderen sagte er: »Es wird bestimmt alles gut werden.«

Er startete den Song in seinem Smart aufs Neue.

I, I will be king.

And you, you will be queen.

Dann hielt sich Max die Hand in einer«Gelb«-Gebärde wie ein Mikro vor den Mund und wackelte dazu mit dem Kopf hin und her, Worte formend als sänge er Playback, mit jeder Menge Herzblut. Er ahmte das nach, was er hundertmal schon beobachtet hatte in dieser für ihn nicht zugänglichen Welt der Musik und Laute.

Sie musste lachen. Die starke Zuneigung für ihn war wieder da. Das alte Band zwischen ihnen musste regelmäßig schmerzhafte Spannungen aushalten, entspannte sich allerdings auch immer wieder.

Sie mochte sein Gesicht, wenn es fröhlich war. Seine vollen Lippen, wenn sie schmunzelten, sodass sich in seinem rechten Mundwinkel zwei kleine Falten bildeten. Abermals fragte sie sich, was das war zwischen ihnen. Waren sie Freunde? Oder waren sie mehr? Diese eine Nacht, die sie miteinander verbracht hatten. Sie würde für immer zwischen ihnen stehen wie eine Sphinx.

»Also, gelb? Wirklich?«, fragte er.

»Ja, gelb.«

Gelb. Die Farbe der Sonne. Der Wärme. Ein leuchtender Stern am Himmel. Das war es, was sie bei diesem Song empfand.

»Und welche Farbe hat deine Stimme?«, fragte er.

Ein Stich in ihrer Brust. Warum sprach er das ausgerechnet jetzt an?

Er blickte sie mit aufrichtigem Interesse an. Das verunsicherte sie fast noch mehr.

»Braun«, gebärdete sie: Zeige- und Mittelfinger rieben an der Wange einen Strich von oben nach unten, als trüge sich ein Indianer Kriegsbemalung auf.

»Braun?«

»Braun.«

Er war überrascht.

»Warum braun?«

Sie überlegte.

»Braun ist dunkel. Tief. Ein Geheimnis. Und doch warm. Es ist nicht so wie Schwarz, das einfach nur alles in sich aufsaugt …«

»Findest du, dass Braun eine schöne Farbe ist?«, fragte Max.

Sie merkte, wie sie wieder unsicher wurde.

Sie dachte an Valerie. Ihre Augen waren braun.

»Ob ich Valerie einfach anrufe?«, sagte Sarah unvermittelt. »Ich mache mir solche Sorgen um sie.«

»Ich bin nicht sicher, ob das eine gute Idee ist. Möglicherweise tracken sie den Anruf.«

Sarah rief den Androbot und fragte ihn danach.

»Der Jet ist maskiert und sicher«, sagte Emilia. »Man kann Ihr Smart hier drinnen nicht tracken.«

Sie tippte Roberts Nummer ein. Es klingelte lange, aber wieder antwortete nur seine Mailbox.

»Bestimmt geht es beiden gut, Sarah«, gebärdete Max.

Sie hoffte es sehr. Aber die Ungewissheit fraß sie innerlich auf.

Dann hatte sie noch eine Idee. Sie rief das Smart ihres Vaters an. Das Freizeichen ertönte, und jemand nahm ab.

»Hallo, Papa?«

»Sarah? Wo bist du? Warum hast du dich nicht gemeldet?«, sprudelte es aus ihrem Vater heraus. Obwohl er aufgewühlt war, hörte sie die Depression in seiner Stimme. Die Krankheit, die ihn und so viele andere Menschen mittlerweile im Griff hatte. Ihr Vater hatte noch Glück, seine Depression war eine »normale«, also behandelbar – wenn er denn regelmäßig seine Medikamente nahm. Er konnte außerordentlich stur und unvernünftig sein.

»Ich mache mir Sorgen«, sagte er. »Bei all dem Zirkus hier.«

Sie musste Vorsicht walten lassen. Es war möglich, dass Mercure und ihre Leute bereits zu ihrem Vater vorgedrungen waren.

Vielleicht standen sie in diesem Moment neben ihm. Vielleicht wollten sie auf diese Weise ihren Aufenthaltsort ermitteln.

»Ich bin mit Max unterwegs. Eine Dienstreise.«

»Eine Dienstreise? Wohin? Habt ihr das mit dem Seuchenalarm denn nicht mitbekommen?« Sie konnte aus seiner Stimme nicht herauslesen, ob er alleine war oder nicht.

»Wir sind auf dem Weg zu einer Grabung im Kaukasus«, log sie. »Aber wir sind in Sicherheit, mach dir keine Sorgen. Ja, wir haben es mitgekriegt. Wie geht es dir? Wo bist du?«

»Ich bin in Quarantäne. Sie haben mich eingewiesen. Ich passe offenbar in die Risikogruppe.« Er lachte. Aber es war ein verzweifeltes Lachen.

Sarahs Hals schnürte sich zusammen. Sie hatten ihren Vater!

»Wie behandeln sie dich?« Sie musste sich bemühen, ihre Stimme ruhigzuhalten. »Wie geht es dir?«

Max tippte sie an und fragte sie, was los war. Er hatte offenbar nicht alles ablesen können. Aber er sah ihre Besorgnis und war alarmiert. Sie gebärdete schnell: »Mein Vater. Er ist interniert worden.«

Max' Miene fror ein.

»Soweit ganz gut. Die Betten sind total unbequem. Das Essen ist nicht besonders. Hier sind so viele Leute, Sarah. Es ist so furchtbar laut. Ich kann kaum schlafen, alle schnarchen durcheinander. Du weißt doch, wie sehr ich …«

Sarah versuchte, aus seiner Stimme etwas herauszulesen. Stand er unter Druck? Wurde er gezwungen? Aber er hörte sich nicht so an. Er wirkte eher müde und genervt.

»Papa.« Sie unterbrach ihn. »Wie lange halten die dich dort schon fest?«

»Seit gestern. Wir mussten alle einen Schnelltest absolvieren – auf Risikoprofil. Manche haben sie dann interniert, andere nicht. Bei mir fiel die Sache positiv aus.«

»Wann kannst du wieder nach Hause?«

»Keine Ahnung. Dazu machen sie keine Angaben. Es heißt immer nur: bis auf Weiteres. Egal, was man fragt. Immerhin dürfen wir telefonieren. Aber ich glaube, sie hören uns ab, damit wir uns nicht über Gebühr beschweren.«

Die Angst in ihr wuchs. Sie gefährdete mit diesem Telefonat ihren Vater möglicherweise.

»Wirst du mit deinen Medikamenten versorgt?«, fragte sie. »Hast du alles, was du brauchst?«

»Ja, mir geht's gut. Hier sind mehr Ärzte, als mir lieb ist.«

Er lachte. Es tat ihr weh, dieses Lachen hören zu müssen.

»Hast du was von Valerie und Robert gehört?«

»Nein. Wir haben das letzte Mal vor einigen Tagen gesprochen. Stimmt etwas nicht mit ihnen?«

»Ich konnte Robert noch nicht erreichen. Daher hatte ich gehofft, du wüsstest etwas. Was ist mit Otto?«

Sie hatte keine Ahnung, wo sich ihr älterer Bruder gerade herumtrieb.

»Otto ist in Frankreich«, sagte ihr Vater. »Du weißt ja, wie er ist.«

Otto war Musiker, er reiste viel. Und er lebte sein eigenes Leben. Gottseidank ist er nicht in Deutschland, dachte sie.

»Papa, ich muss auflegen. Kann ich dich weiterhin auf deinem Smart erreichen?«

»Ja, ich denke schon. Bitte melde dich wieder.«

»Mache ich. Alles Gute!«

Sie legte auf und blickte in Max' sorgenvolles Gesicht.

»Schlimm?«, fragte er.

»Ich weiß es nicht. Keine Ahnung, ob sie ihn bewusst interniert haben, um uns aushebeln zu können. Oder ob er einfach Pech hatte und sie ihn aus den gleichen Gründen wie andere mitgenommen haben.«

Er blickte sie an. Seine grünen Augen leuchteten. Sie fühlte seine Empathie. Das war das Schöne an ihrer Beziehung und der Gebärdensprache und der Visualität: Sie verstanden sich ohne Worte.

»Ich weiß nicht, was ich tun soll, Max. Ich habe solche Angst um Valerie. Glaubst du, Danilo hat sie und Robert in Sicherheit bringen lassen?«

Max war ein schlechter Lügner. Seine Mimik war zu offen, zu direkt. Er zögerte, bevor er gebärdete: »Ich hoffe es, Sarah.«

»Was ist mit deiner Schwester?«, fragte sie.

Max schüttelte den Kopf. »Ich habe von Anna schon lange nichts mehr gehört. Sie ist nicht in Deutschland. Keine Ahnung, wo sie ist. Ich denke, um sie muss ich mir keine Gedanken machen.«

Eine Weile saßen sie schweigend und blickten vor sich hin.

Dann startete Max wieder »Heroes«, dessen Wiedergabe er unterbrochen hatte, damit Sarah telefonieren konnte. Als David Bowie sang: »I will be King«, gebärdete Max mit rhythmischen Bewegungen mit. Die Gebärde für König war ein V aus Zeige- und Mittelfinger, das von der linken Schulter quer über den Oberkörper zur rechten Hüfte führte. Sie malte die Königsschärpe nach. Amerikanische Gebärdensprache war in vielen Fällen eleganter als die deutsche.

And you, you will be Queen

Die Schärpe der Königin war schmaler, die Fingerhaltung eine andere: Daumen und Zeigefinger wiesen nach unten, die Schärpe nachmalend.

Sarah lächelte. Sie fühlte sich ein wenig besser. Er lächelte auch, als er spürte, wie sie sich entspannte.

Sie fühlte sich sicher mit ihm. Sie bewunderte seine Stärke, seinen Mut. Sie war anders. Unsicherer. Trotz seiner hin und wieder durchbrechenden cholerischen Art war er sich seiner

Sache immer sicher. Das fand sie beeindruckend. Sie antwortete mit einer weiteren Zeile aus David Bowies Song.

We can beat them. Forever and ever.

Die Gebärde fürs Besiegen war eine sehr minimalistische – als würde man mit einer Klatsche in der Hand eine Fliege an der Wand töten. Eine leichte Bewegung mit dem Handgelenk. Dazu ein Pfff-Laut mit dem Mund. Es fühlte sich gut an, als sie es gebärdete.

Sie landeten bei Dunkelheit. Große Buchstaben auf einem flachen und hell erleuchteten Terminal sagten: »Harrisburg International Airport«.

Sie waren in den USA. Waren die Neandertaler hier etwa untergetaucht? Ironischerweise musste sie daran denken, dass es die ersten ihrer Art waren, die den amerikanischen Kontinent betreten hatten.

Sarah kannte sich nicht besonders gut aus in den USA. Aber eine Suche in ihrem Smart verriet ihr, dass sie in Pennsylvania waren. Der Jet hatte ein Stück abseits des unscheinbar wirkenden Flughafens aufgesetzt. Nicht weit entfernt schlängelte sich ein breiter Fluss. Auf dem Wasser sah Sarah die Lichter von Booten.

Schwülwarme Luft schlug ihnen entgegen als sie ausstiegen. »Welcome to the United States of America«, las sie auf einem Schild. Sie liefen hinter dem Androbot her. Sarah hatte Emilia während des Fluges nicht genauer betrachtet. Jetzt sah sie, dass deren äußere Erscheinung ganz offensichtlich inspiriert war von Miramar Woodley, der Tochter der Schauspielerin Shailene Woodley. Miramar Woodley war der derzeit größte und bestbezahlte weibliche Hollywood-Star. Der Androbot hatte die gleichen mädchenhaften Gesichtszüge wie sie, den gleichen kleinen

Mund, die gleichen langen braunen Haare, in typischer Retro-Mode frisiert und voll und offen in großen Wellen über ihre Schultern fallend. Nur die Augen waren anders, nicht blau, sondern braun und außerdem schräger gestellt als Woodleys. Der Androbot trug ein enganliegendes Stretch-Kleid aus grauem Stoff, das sich über ihren langen schlanken Beinen spannte. Emilia sah atemberaubend aus, und Sarah bemerkte, wie der weibliche Androbot Max' Blicke auf sich zog, als sie vor ihnen die Landebahn entlangging. Die Tasche hing quer über Emilias Oberkörper. Sie hatte ihre rechte Hand locker darauf abgelegt. Was befand sich wohl darin? Eine Waffe?

Am Ende der Landebahn wartete ein Auto-Auto, ein größeres Off-Road-Modell mit breiten Reifen und wuchtigen Stoßstangen. In den vollen, dichtgedrängten Städten waren diese Exemplare selten geworden – viel zu unpraktisch im überfüllten Stadtverkehr, nahezu unmöglich zu parken. Aber in den USA waren sie offenbar noch beliebt, kein Wunder, hier hatten sie auch noch jede Menge Platz.

Das Auto-Auto steuerte sie an Harrisburg vorbei. In der Ferne sah Sarah die funkelnde Skyline. Das angestrahlte Kapitol der Metropole leuchtete in der Nacht.

Die Straße folgte dem Verlauf des Susquehanna-River. Das Display im Cockpit zeigte 3:13 Uhr an. Sie waren noch am selben Abend in Bulgarien aufgebrochen, wo Danilo sie zu Thompsons Jet gebracht hatte.

Max schlief unverzüglich wieder ein. Ihre Gedanken kreisten in ihrem Kopf und hielten sie wach: Valerie. Robert. Waren sie in Sicherheit?

Sie zückte ihr Smart und wollte Danilo anrufen, aber sie hatte seine Nummer nicht. Sie fragte den Androbot, aber Emilia schüttelte den Kopf. »Sie sollten jetzt keine Anrufe mehr tätigen. Es wäre zu riskant.«

Sie betrachtete den schlafenden Max neben ihr. Würde alles gut werden?

Sie dachte an Eva-Marie Mercure, wie sie sich ihr genähert hatte. Ihre Lippen an ihrem Hals. Ihr heißer Atem. Ihre Hände auf ihren Knien. Und ihr krampfender, wild zuckender Körper. Diese Frau hatte etwas an sich gehabt, was Sarah vorher noch nie erlebt hatte. Etwas urtümlich Böses, trotz ihrer eleganten Erscheinungsweise, trotz ihrer Behinderung. Sie war hart und erbittert und gnadenlos. Sie würde niemals aufgeben. Und sie war ihnen auf den Fersen.

Straßenschilder durchrissen die Ödnis, die Bauten wurden ländlicher. Sarah sah die Schatten von Farmen, sah Pick-ups und andere große Auto-Autos von der gleichen Sorte, wie sie gerade eins fuhren. Aber sie erkannte, dass Menschen hinter dem Steuer saßen. Autonomes Fahren war auf dem Land unpopulär, dort, wo die Leute die Dinge nach wie vor gerne selbst in die Hand nahmen. Sie sah Schnellimbisse, Wendy's, Taco Bell und wie sie alle hießen. Die Gesundheitspolitik in den USA war längst nicht so progressiv wie in der EU, die Einführung einer allgemeinen Gesundheitsversicherung nach langen Kämpfen erst vor zehn Jahren endlich durchgesetzt worden. Aber sie war bei Weitem nicht so weitreichend wie in Europa, geschweige denn in Deutschland, denn gegen Pränataldiagnostik und -optimierung war die christlich-fundamentalistische Lobby in Amerika Sturm gelaufen. Genarchitektur war hier noch viel strenger reguliert als in der EU. Auch wenn Präsident DiCaprio verkündet hatte, die Auflagen lockern zu wollen.

Emilia hatte sich offenbar in den Hibernate-Modus versetzt. Den Kopf hielt sie leicht gesenkt, ihre Augen waren geschlossen – wahrscheinlich eine Geste des Zugeständnisses an ihre menschliche Umgebung; ihre Kameras konnten sich auch bei geöffneten Augen ausschalten. Es war ein wenig unheimlich, sie so zu sehen. Und doch vermittelte sie Sarah ein Gefühl der Sicherheit. Sarah hatte gesehen, was für Kampfmaschinen die Androbots waren. Thompson hatte ihnen Emilia nicht zuletzt zu ihrem Schutz mitgegeben.

Sie schloss die Augen. Aber anders als Emilia fiel sie erst nach einer geraumen Weile in einen unruhigen Schlaf.

»Kannscht Du se bringe? Was denkscht?«

»Muss wer schaue. Sell kann ennichpepper duh.«

»O.k. Thompson saagt dank.«

»Duhs uff die Rechning!« Tiefes volles Lachen.

Die Stimmen rissen Sarah aus dem Schlaf. Ihr Nacken schmerzte, sie musste ihn ungeschickt verrenkt haben.

Morgendämmerung schickte das erste Licht auf die Erde. Max neben ihr schlief noch immer. Er konnte wirklich immer und überall schlafen. Emilia war nicht mehr im Wagen.

Sie blickte durch die Scheiben. Das Auto-Auto parkte neben einer großen Weide, auf der mehrere schlichte, aus Holz gezimmerte Häuser standen. Glockengeläute war von ferne zu hören. Hinter dem Haus sah sie Kühe auf der Weide, weiter rechts, neben dem Zaun, liefen Gänse herum. Eine Frau in einem hellblauen Kleid, einer weißen Schürze und einer weißen Haube auf dem Kopf stand mit einem Jungen und zwei Mädchen vor den Gänsen und fütterte sie. Die Jungen trugen schwarze Hosen, die von über den weißen Hemden gespannten Hosenträgern gehalten wurden. Die Mädchen waren genauso gekleidet wie die Frau, auch sie trugen weiße Hauben.

Sarah drehte den Kopf und sah Emilia ein paar Meter vom Auto-Auto entfernt, wie sie mit einem Mann sprach. Sarah schätzte ihn auf Mitte sechzig. Der Mann sah lustig aus: Seine Halbglatze war umrandet von weißen langen Haaren, die an einer klaren Kante abgeschnitten waren. Er trug einen weißen Vollbart, die Oberlippe war glattrasiert. Auf seiner großen hakigen Nase saß eine Nickelbrille, durch die neugierige Augen lugten und an Emilia vorbei zum Auto-Auto linsten. Sein Blick traf Sarahs, und er lächelte und lupfte seinen großen breitkrempigen Hut zum Gruß. Die Kopfbedeckung wirkte angesichts der derzeit omnipräsenten, weil modisch alternativlosen schnittigen Fedoras, Panamas und Porkpies sehr altertümlich. Als er den Hut wieder aufsetzte, drückte dieser seine großen Ohren leicht nach außen und unten.

Auch er war schlicht in Schwarz und Weiß gekleidet wie die Jungen. Unter seiner Jacke spannten sich die dunklen Hosenträger über einem kleinen Bauch.

Sie waren in einer Amish-Community. Und Sarah wurde trotz ihrer Müdigkeit schlagartig bewusst, dass dies hier das perfekte Versteck darstellte. Die Amish lebten isoliert und traditionell. In diesem archaischen Umfeld, in dieser Kleidung, mit Bart und Hut würde ein Neandertaler-Mann wenig auffallen. Und die Amish waren sozial und mitfühlend. Sie würden Neandertaler als Mitmenschen akzeptieren.

Sarah setzte sich ruckartig auf und versuchte, den Schlafdunst aus ihrem Kopf zu vetreiben. Max, der ihre Bewegungen selbst im Schlaf wahrnahm, begann sich langsam zu regen.

Emilia und der Amish-Mann kamen auf das Auto-Auto zu. Er klopfte an die Scheibe und lächelte. Ihm fehlten ein paar Zähne. Es war ein ungewohnter Anblick für Sarah, die in einer Welt lebte, in der es nur perfekte Zähne und vollständige Gebisse gab. Sie ließ die Scheibe herunter.

»Na, wie bischt?«, fragte er Sarah. Dann zeigte der Mann auf Max.

»Der hot sich verschlofe, odder?«

Er lachte abermals sein tiefes volles Lachen. Seine Sprache

klang seltsam, und doch verstand sie manches von dem, was er sagte. Aber die Sprachmelodie war ungewohnt, ein regelrechter Singsang. Es handelte sich um eine eingemottete, urtümliche Version des Deutschen. Wie ein süddeutscher Dialekt aus einer längst vergangenen Zeit. Einen Moment lang war sie dennoch verwirrt, ob sie nun auf Englisch oder auf Deutsch antworten sollte.

»Sprechen Sie Deutsch?«, fragte sie.

»Ich schwetz doch Deitsch.« Er lachte wieder. Seine Brille wackelte dabei leicht auf seiner Nase. Es war ansteckend, und Sarah musste unwillkürlich lächeln.

»Pennsilfanisch Deitsch.« Und während sie sich noch wunderte, was er damit meinte, fuhr er fort: »Zwei Deitsche. Wie schön. Herzlich willkommen in Lancaster County. Ich kann auch Hochdeitsch mit euch schwetzer. Ich bin Samuel. Samuel Stoltzfus.«

Sarah stieg aus und gab ihm die Hand. Sein Händedruck war fest und seine Hand ledrig. Es war die Hand eines Mannes, der sein Leben lang körperlich gearbeitet hatte. Max war jetzt wach und sah Samuel verwirrt an. Sarah fingerte ihm durch die Scheibe Samuels Namen und den Namen des Ortes, an dem sie sich befanden.

»Ah, ein Taubstummer«, sagte Samuel und begann ein paar Gebärden zu vollführen, die sie allerdings nicht verstand. Aber Max verstand sie, denn er grinste und gebärdete durch die Scheibe zurück, fingerte seinen Namen und zeigte Samuel seine Namensgebärde. Sie war immer wieder erstaunt, wie gut Gehörlose sich verständigen konnten, sogar, wenn Gehörlose aus unterschiedlichen Ländern aufeinandertrafen, die allesamt verschiedene Gebärdensprachen beherrschten. Bei Kongressen hatte sie es ab und zu erlebt, weil Max oft versuchte, mit der jeweiligen Gehörlosencommunity des Landes in Kontakt zu kommen. Häufig waren es Amerikaner gewesen, da die wissenschaftlichen Kongresse überwiegend in den USA stattfanden. Und in den USA gab es noch viel mehr Gehörlose als im genoptimierten Deutschland. Das lag nicht zuletzt an der Gallaudet University in Washington D.C., einer im 19. Jahrhundert eigens von und für Gehörlose gegründeten Universität. Dort war Max etliche Male zu Gast gewesen und hatte Vorträge gehalten. Er beherrschte mittlerweile aber auch ASL ziemlich gut, die American Sign Language.

Samuel verneigte sich dezent und präsentierte seine Namensgebärde. Sie hatte, wie zu erwarten, mit seinem Bart zu tun. Es war ein angedeutetes Zupfen an der untersten Bartspitze. »Wir haben einige Taubstumme in Lancaster County«, sagte Samuel.

Sarah übersetzte, was er gesagt hatte, benutzte aber nicht das Wort »taubstumm«, sondern »gehörlos«. Doch Max hatte es dennoch von Samuels Lippen abgelesen und war dabei ein wenig zusammengezuckt, was Sarah nicht entgangen war. Taubstumm war ein geächtetes Wort unter Gehörlosen, sie empfanden es als ähnlich abwertend wie ein Farbiger das Wort Nigger. Normalerweise würde Max aufbegehren und denjenigen zurechtweisen, der es benutzte, aber diesmal hielt er sich zurück. Er wusste: Die Amish waren nun einmal aus der Zeit gefallen, und Samuel meinte es keineswegs böse.

Samuel beobachtete sie beim Gebärden.

»Du kannst das aber fantastisch!«, sagte er zu ihr. »Ich kann nur ein bisschen.«

Samuel hatte bemerkt, dass sie nicht »taubstumm« gebärdet hatte. Er hatte es erkannt, weil sie die ASL-Gebärde »deaf« benutzte: der erhobene Zeigefinger am geschlossenen Mund fuhr anschließend in einem Bogen über die Wange zurück ans Ohr. Samuel ahmte die Gebärde nach. »Heißt das bei euch auch taubstumm?« Sarah schüttelte den Kopf. »Es heißt deaf. Taubstumm sagt man nicht mehr. Eigentlich sprechen wir von Gehörlosen. Sie benutzen aber selbst oft die ASL-Gebärde deaf.«

»Oh. Verstehe. Verzeihung.« Mit dieser Entschuldigung wandte er sich an Max, was Sarah und Max gleichermaßen entzückte. Eine achtsame Geste von ihm, die zeigte, dass er den Umgang mit Gehörlosen gewohnt war. Samuel machte die Gebärde für »Entschuldigung«. Die war die gleiche, die Sarah auch kannte. Dann gebärdete er »Du deaf« zu Max, was diesen erfreute. »Kommt, ihr habt sicher Hunger«, sagte Samuel und wies mit einer einladenden Bewegung zum Haus.

Samuel erzählte gerne und viel. Es gab eine Menge Mitglieder des Stoltzfus-Clans. Sie bildeten eine der größten Dynastien in Lancaster, wo rund 25.000 Amish lebten. Andere Großfamilien waren die Kings, die Beilers und die Lapps. Mehr konnte sich Sarah nicht merken; sie war noch müde, und Samuel sprach wie ein Wasserfall und stellte ihnen einen nach dem anderen vor. Samuels Familie alleine umfasste um die dreißig Personen. Die Frau, die auf der Weide die Gänse gefüttert hatte, stellte sich als seine Enkelin heraus, die Kinder waren seine Urenkel.

Seine Enkelin hatte ein freundliches Wesen und ein offenes Gesicht mit vielen Sommersprossen, die gut zu ihren roten langen Haaren passten. Ihren Namen konnte Sarah sich problemlos merken, denn sie hieß wie sie: Sarah. Aber da waren noch ihre drei Schwestern und zwei Brüder, Naomi, Rebecca, Leora, Josua, Isaac. Und dann kamen noch Samuels Frau Hannah, eine gutmütige Frau mit langen grauen Haaren, die sie unter ihrer Haube verbarg. Und die Kinder von Samuel und Hannah: Abram, Jacob, Albrecht, Caleb, Greta und Ivy, alle mit Familien.

Sarah war die Tochter von Samuels Sohn Albrecht, dessen Familie bei Samuel und Hannah mit im Haus lebte. Die anderen Kinder von Samuel und Hannah wohnten in eigenen Häusern.

Aber jetzt waren sie alle zu Besuch. Sarah sah Gesichter wie aus einer anderen Zeit, unoptimiert, ungeschminkt, völlig natürlich, mit all ihren Unvollkommenheiten: den Muttermalen, den schiefen und verfärbten und abgebrochenen Zähnen, den Warzen, den Ohr- und Nasenhärchen, den Falten. Die Gesichter der Amish berührten sie auf eine Weise, wie sie es nicht vermutet hätte. Hier war sie normal. Die Mutante war nun Emilia, die sich als gestylte Hollywoodstar-Doppelgängerin unter den Amish-Frauen in ihren altmodischen Kleidern und den Hauben ausnahm wie eine Außerirdische. Es musste ihnen doch seltsam vorkommen, dass Emilia mit ihnen in perfektem Pennsylvania Dutch sprach. Thompson hatte ihr anscheinend dieses Software-Update verpasst. Und es bot einen schier unglaublichen Anblick, aus dem Mund eines Androbots von perfekter Schönheit dieses altertümliche Deutsch zu vernehmen, das die Amish mit in die USA gebracht hatten, als sie vor dreihundert Jahren aus Deutschland und der Schweiz eingewandert waren. Sarah fragte sich, ob die Amish wussten, dass sie ein Roboter war? Und selbst wenn, sie behandelten Emilia so wie alle anderen Menschen. Natürlich zog sie die Blicke der Männer auf sich, aber sie waren sehr bemüht, es nicht zu zeigen. Den älteren gelang das gut, nur Samuels beiden Enkeln Josua und Isaac nicht, die etwa 16 Jahre alt und mitten in ihrer Pubertät waren. Sie trugen zu Sarahs Verwunderung Jeans und andere Frisuren und ähnelten den anderen Amish-Männern so gut wie gar nicht.

Samuel stellte Emilia, Max und Sarah als Freunde von David Thompson vor, dem die Gemeinde offenbar großes Vertrauen entgegenbrachte. Sie schüttelten viele Hände, blickten in lächelnde und neugierige Gesichter. Nur wenige der Amish konnten Hochdeutsch, die meisten redeten Englisch mit Sarah, vor allem die jüngeren.

Dann wollte Samuel ihnen noch jemanden vorstellen und drängte darauf, dass sie ihm folgten. Sarah war noch sehr müde, sie hätte sich am liebsten erst mal hingelegt, und auch Max' Enthusiasmus hielt sich in Grenzen. Aber sie wollten nicht unhöflich sein.

Samuel führte Max und Sarah quer durch die kleine Gemeinde; immer wieder grüßte er andere Amish mit einem Nicken. Er schien ein geachtetes Mitglied der Gemeinschaft zu sein. Eine Amish-Frau führte eine Reihe von Kindern an, die sich in Zweierreihen gruppiert hatten und an den Händen hielten. »Gottesdienst«, erläuterte Samuel. Die Jungen in weißen Hemden und schwarzen Hosen mit Hosenträgern, die Mädchen in blauen Kleidern und Hauben. Die Jungen trugen Strohhüte – es war ein reizender Anblick, befand Sarah. Obwohl die Amish-Kinder alle gleich gekleidet waren, besaßen sie in ihren Augen viel mehr Persönlichkeit als die optimierten Kinder ihrer Welt. Die Kinder blickten sie neugierig an.

Während sie durch den Ort liefen, erzählte Samuel ihnen ein bisschen über die Amish. Die Stoltzfus-Dynastie sowie viele der anderen Familien von Lancaster County reichten zurück bis zu den ersten Amish-Einwanderern, die im 18. Jahrhundert aus Süddeutschland nach Pennsylvania gekommen waren. All die Jahrhunderte über hatten diese Menschen ihren Lebensstil beibehalten, unbeeindruckt von der industriellen Revolution, von Elektrizität, Autos, Internet und schließlich der genetischen Revolution. Die Amish hatten sich von der Welt abgenabelt – sie hatten sie wahrgenommen und sich bewusst dafür entschieden, sich ihr nicht anzupassen.

Während Samuels Schilderungen musste Sarah fast nichts übersetzen, weil ihr Wegweiser durch die alte neue Welt aufmerksam darauf achtete, beim Sprechen Max anzusehen, damit dieser von seinen Lippen lesen konnte. Außerdem achtete Samuel sehr auf ein deutliches Mundbild, betonte und formte mit seinen Lippen insbesondere die Vokale, die für Gehörlose sehr wichtige

Ankerpunkte waren, um Worte zu entziffern. Max hob lobend hervor, dass die Amish-Männer keinen Oberlippen-Bart trugen, was das Lippenlesen sehr erleichtere. Samuel lachte.

Vor einem Haus, das kleiner war als das von Samuel, blieben sie stehen. Es war von einer großen Terrasse umgeben, auf der zwei sehr bequem aussehende Schaukelstühle aus Holz standen. Auf einem kunstvoll gestalteten Schild an der Tür stand der Name Stauffer. Samuel klopfte. Eine kleine Frau mit rundlichem, offenem Gesicht kam heraus und umarmte Samuel sofort herzlich. Sie sprachen in Pennsylvania Dutch miteinander, und Sarah verstand, dass Samuel wegen Ruth und Lea hier war, weil er ihnen jemanden vorstellen wollte. Die Frau betrachtete Sarah und Max neugierig und fragte, ob sie Englische seien, was Samuel verneinte. »Deitscher«, sagte er.

Sie traten ein, und Samuel stellte sie Ruth und Lea vor. Die zwei waren Zwillingsschwestern. Sarah schätzte sie auf Anfang vierzig. Sie hatten lange braune Haare, die sie – wie viele Amish-Frauen – unter der Haube zu einem Dutt gebunden hatten. Sie trugen Brillen mit dicken Gläsern, und ihre Schürzen waren, wie Sarah auffiel, mit hübschen und aufwendigen Stickereien verziert. Die beiden begrüßten Max überschwänglich mit Gebärden, als Samuel ihn als »deaf« vorstellte. Max war einer von ihnen, die beiden Frauen waren gehörlos.

Alle Gehörlosen zeigten die typische freudig-erregte Miene, wenn sie auf ihresgleichen trafen. Sarah war fasziniert von diesem Zusammentreffen. Dass diese Frauen, die in einem völlig anderen Umfeld und in ihrer abgeschotteten Realität lebten, sich trotzdem mit Max, einem Wissenschaftler aus dem modernen Berlin, völlig hürdenfrei unterhalten konnten, schien ihr höchst bemerkenswert. Auch Samuel sah glücklich aus. Er beobachtete die Gehörlosen, und in seiner Miene lag Stolz, sie zusammengebracht zu haben. Die Gebärden der beiden Frauen verstand Sarah nur bruchstückhaft; es schien sich um eine Variante von ASL zu handeln, vielleicht eine schlicht altmodische Variante der Gebärdensprache der Außenwelt. Max jedoch konnte sich ziemlich schnell verständigen.

Sie setzten sich, und die Frau, die sie eingelassen hatte, brachte ihnen eine Kanne mit Tee. Sie stellte sich als Annie vor und plauderte ein bisschen mit Sarah und Samuel auf Englisch, während sich die Gehörlosen unterhielten. Ruth und Lea seien ihre Töchter, erzählte sie. Die beiden Mädchen seien taub zur Welt gekommen. Ihr Mann war bereits verstorben.

»Wie viele gehörlose Amish gibt es in Lancaster County?«, fragte Sarah.

Annie überlegte einen Moment. »Da sind die Kinder der Beilers, die sind alle gehörlos. Dann Amos Lapp. Und noch einer der Fishers, oder, Samuel?«

Samuel brummte und nickte.

»Ich weiß es gar nicht so genau. Es werden immer wieder Kinder mit Erbkrankheiten geboren, nicht nur Gehörlosigkeit.«

Weil die Amish so isoliert lebten, war die Wahrscheinlichkeit höher, dass rezessive Gene für Erbkrankheiten aufeinandertrafen, dachte Sarah.

»Es ist Gottes Wille«, sagte Samuel. »Es ist gut so, wie es ist. Ruth und Lea sind, wie sie sind – Kinder Gottes.«

»Wir alle sind Gottes Kinder«, sagte Annie und lächelte.

Am nächsten Tag nahm Samuel sie in seiner Pferdekutsche mit, im »Wäggli«. Emilia hatte ihnen gesagt, dass er sie ans Ziel ihrer Reise bringen würde. Sie fuhren durchs County, an zahlreichen Farmen vorbei, die von Amish unterhalten wurden. Es war eine gut organisierte Gemeinschaft. Sarah sah Amish-Männer mit Strohhüten, die Kürbisse auf einen Wagen rollten. Sie sah eine

Korbflechterei. Zimmermänner, die eine neue Scheune errichteten. Männer, die eine Mühle betrieben. Männer, die Möbel zimmerten, Frauen, die bunte Decken nähten. Frauen, die Kühe auf die Weide trieben. Samuel winkte allen zu, und sie winkten zurück und warfen ihr, Max und Emilia neugierige Blicke zu. Der Androbot hatte die lokalen Gepflogenheiten berücksichtigt und sich mittlerweile dezenter angezogen. Emilia trug nun schlichte dunkle Sachen – und immer noch ihre Handtasche. Nach allem, was Sarah wusste, waren Waffen bei den Amish streng verboten. Emilia musste das wissen, wenn sie ein Update in Amish-Sprache und -Kultur erhalten hatte. Der Androbot war demnach imstande, Menschen zu täuschen.

Die Pferdekutsche rumpelte über den Weg. Sarah sah Samuel vor ihnen auf dem Kutschbock, sah die Muskeln des Pferdes arbeiten, roch den Geruch des Tieres. Sie saß mit einem Gehörlosen und einem Roboter in der Pferdekutsche eines Amish-Mannes, und sie waren auf dem Weg zu einem verschollenen Neandertaler. Es war einfach alles so völlig verrückt. So unwirklich. Sie fühlte sich gerade schrecklich haltlos. Alles war unsicher. Sie wusste nicht, wie es Valerie ging und konnte sie jetzt nicht mehr anrufen; es war zu gefährlich, das Smart zu benutzen. Alles, was ihr blieb, war zu hoffen.

Sie verließen die Amish-Community und gelangten ins »normale« Lancaster County, dessen Infrastruktur eher der bekannten, modernen Welt entsprach. Sarah bat Samuel, anzuhalten; sie wollte die Nachrichten checken. In einem Gemischtwarenladen las sie die Headlines auf den zahlreichen dort aufgestellten öffentlichen Displays. Zuallererst kamen natürlich US-zentrierte Nachrichten, und sie musste eine Weile blättern, bis sie endlich internationale Berichte fand.

»German Center of Disease Control Declares Outbreak of Unknown Virus. Government introduces quarantine measures, declaring Martial Law and setting out civil rights. Germany has reinstated ›Concentration Camps‹, as critics say.«

Sie verharrte vor dem Display und tippte auf die Headlines. Ein Video startete. Es zeigte in wechselnder Folge große Gebäudekomplexe mit Umzäunungen, vor denen riesige Menschenschlangen standen. Wachpersonal mit Mundschutz behielt die zahlreichen Menschen, die interniert wurden, im Auge. Sarah erkannte die Gewehre wieder – es waren die gleichen Elektrowaffen, mit denen man Eva-Marie Mercures Leute in dem unterirdischen Palast ausgestattet hatte.

Eine englische Stimme kommentierte die Bilder. »Nach Angaben der Seuchenschutzbehörde GCDC hat die Regierung überall im Land Quarantäne-Stationen einrichten lassen. Außerdem wurde das Kriegsrecht verhängt. Jeder Bürger kann derzeit ohne Angabe von Gründen festgehalten und auf unbestimmte Zeit in eine Quarantäne-Einrichtung gebracht werden. Der deutsche Kanzler Stefan Braun hat die Vorgehensweise der Behörden als ›alternativlos‹ gerechtfertigt, um der Bedrohung entgegenzutreten. ›Viren kümmern sich nicht um Bürgerrechte‹, so Braun. Über das Virus ist derzeit kaum etwas bekannt. Es soll extrem mutagen sein, also Veränderungen im Erbgut auslösen, die zu sehr aggressiven und schnell wachsenden Tumoren der Haut und der Extremitäten führen können. Erste Fälle wurden bereits isoliert, hieß es vonseiten der Behörden.«

Der Korrespondent war nun im Bild zu sehen, ein Reporter Mitte dreißig mit einem angestrengt ernsthaft wirkenden Blick. Er stand in einigem Abstand vor einer Quarantäne-Einrichtung, vor der eine lange Menschenschlange wartete. Es war ein hässlicher großer Betonbau, der von einer hohen Mauer umrahmt war, auf der zusätzliche Stacheldrahtabzäunungen gespannt waren. An der äußersten Ecke ragte ein sechseckiger Wachturm in die Höhe. Überall waren Wachen mit Elektrogewehren postiert.

»Wir sind hier vor der Quarantäne-Einrichtung in Berlin-Hohenschönhausen«, sagte der Reporter, »einem ehemaligen Gefängnis des ehemaligen DDR-Regimes. Und daher in den Augen vieler Kritiker eine ziemlich unglückliche Wahl für eine Quarantäne-Station. Wir wollten mit den Menschen sprechen, die hier interniert werden, aber für die Presse und die Medien gab es seitens der Behörden harte Auflagen bezüglich der Berichterstattung. Wir dürfen keine Interviews mit Betroffenen führen. Wir dürfen sie lediglich filmen.«

Die Kamera bewegte sich von dem Reporter weg auf die Menschen in der Schlange zu und fuhr an ihr entlang. Verunsicherte Senioren blickten ins Bild, Mütter hielten ihre unruhigen Kinder an der Hand, Männer wirkten genervt, wütend oder ängstlich. Und plötzlich blieb die Kamera auf zwei Menschen haften, zoomte ihre Gesichter ein. Und diese dunkelbraunen Locken, diese langbewimperten dunklen Augen hätte Sarah unter eintausend anderen Gesichtern sofort erkannt. Es war Robert. Und an seiner Hand hielt er ein Mädchen, das sich in diesem Moment zur Kamera drehte, mit Angst im Gesicht. Es war Valerie. Ihre gemeinsame Tochter Valerie. Mit ihren braunen Augen blickte sie nun mitten in die Kamera. Sarahs letzter Gedanke, bevor sie ohnmächtig wurde, galt Valeries Augen. Ihr Braun war die Farbe, die ihr in den Sinn gekommen war, als Max sie nach dem Farbton ihrer eigenen Stimme gefragt hatte.

21

DIE UNPERFEKTEN

Die Strahlen der Sonne drangen in ihr Gehirn, in ihr Bewusstsein, erinnerten sie zaghaft daran, dass dies die Realität war und nicht der angstbeladene Traum, der ihr nachhing, an den sie sich aber nicht mehr erinnerte.

Sie war Tausende Kilometer entfernt von ihrem vertrauten Zuhause in Berlin. Robert würde sie nicht mit einem frisch gebrühten Kaffee in der Küche erwarten. Und Valerie würde nicht auf dem Holzbänkchen am Tisch sitzen, das Robert für sie geschreinert hatte und auf dem sie immer saß. Sie würde kein Nutella auf ihre zwei Toast-Scheiben mit den Chewbacca-Köpfen darauf streichen. Sie liebte *Star Wars*, dieses alte Weltall-Märchen, und Sarah erinnerte sich daran, wie sie mit diesem altklugen Blick aus ihren immer etwas zu weit aufgerissenen Augen gefragt hatte, ob die Neandertaler so aussahen wie Chewbacca. Da war sie gerade mal drei Jahre alt gewesen, ihren Altersgenossen immer ein gutes Stück voraus.

Robert und Valerie waren nun interniert, sie waren Gefangene von Eva-Marie Mercure. Mit Sicherheit war es kein Zufall gewesen, dass die beiden gefilmt worden waren. Es war Mercures Art, mit Sarah zu kommunizieren. Die Botschaft lautete: »Gib auf!«

Und Sarah fragte sich in diesem Moment, ob das nicht vielleicht tatsächlich das Beste war.

Sie fühlte, wie sich eine Kralle um ihren Magen schloss und

langsam zudrückte, als sie an Valeries Gesicht dachte. Als sie sich vorstellte, wie sie und Robert in das Lager geführt wurden. Es war nackte Angst.

Was würden sie mit all den Menschen tun, die sie einsperrten? Sie mussten irgendwelche Kriterien erstellt haben, nach denen sie die Leute auswählten. Mercure konnte schließlich nicht die gesamte Bevölkerung Deutschlands auf Neandertaler-Erbgut testen lassen. Ihr Vorhaben war kein einfaches: Sie suchte die verbliebenen geklonten Neandertaler und vor allem deren Nachkommen, wie den toten Mann in Düsseldorf. Diesbezüglich konnte sie lediglich mit wenigen morphologischen Anhaltspunkten arbeiten. Der Tote hatte ziemlich auffällige Merkmale gezeigt, aber diese konnten individuell unterschiedlich stark ausgeprägt sein. Man wusste es einfach nicht. Niemand hatte jemals einen Neandertal-Sapiens-Mischling der ersten Generationen ausgegraben. Man besaß keinerlei physiognomischen Erfahrungswerte, was diese Kreuzung zweier Menschenarten anging. Und wahrscheinlich waren ihre Neandertaler-Merkmale noch dazu geschlechtsabhängig. Die weibliche Nachkommenschaft eines Neandertalers und eines Homo sapiens fiel möglicherweise völlig unauffällig aus. Das galt umso mehr für die zweite Hybrid-Generation.

Mercure fischte also im Trüben und hatte nur Altersfenster zwecks Eingrenzung zur Verfügung. Die Hybride der ersten Generation konnten nicht älter als 30 Jahre sein. Die der zweiten Generation waren noch Kinder.

In ihrem Erbgut-Hygienewahn sah Mercure in den Hybriden eine Bedrohung für den Genpool der Bevölkerung. Für Mercure musste es tatsächlich wie eine Seuche erscheinen, eine genetische Seuche. Die Maßnahmen, die sie eingeleitet hatte, waren daher in ihren Augen wahrscheinlich nur konsequent. Der Gesundheitsfetischismus gipfelte in blanker Unmenschlichkeit, das stand endgültig außer Frage.

Sarah blickte sich um. Die Sonne schien durch ein altes Holzfenster herein, als wüsste sie nicht, dass ein paar Tausend Kilometer weiter östlich soeben Menschen interniert wurden. Sie hörte das Gezwitscher von Vögeln, die einfach ihr Leben lebten, wie es jedes Lebewesen tun wollte. Nach dem Willen einer gefährlichen Verrückten zufolge aber durften es ein paar Menschen nicht, nur weil sie ein bisschen anders waren als die Mehrheit.

Was würde Mercure wohl mit ihnen machen – den Halb-Neandertalern, den Viertel-Neandertalern? Würde sie sie wegsperren lassen? Sie sterilisieren? Mittels Gas oder einer Giftinjektion töten lassen, wie es die Nazis mit Andersartigen getan hatten?

Der Geruch frisch gewaschener Bettwäsche drang in Sarahs Bewusstsein. Der Duft von Holz. Sie sah sich um. Sie lag in einem hohen Bett in einem kleinen Raum. Ein altmodischer Kleiderschrank drückte sich ihr gegenüber an die Wand. Neben ihrem Bett befand sich ein Nachttisch, auf dem ein Porzellankrug und ein Glas Wasser standen. Sie blickte durchs halb von einem Vorhang bedeckte Fenster, und schaute auf eine Weide, umrahmt von einem weißen Holzzaun. Kühe grasten auf ihr.

Amish-Land. Alles kam ihr wieder in den Sinn. Samuel, sein Kinnbart und seine Freundlichkeit. Die Hüte, die Hauben, die Kleider, Kinder, die aussahen wie miniaturisierte Erwachsene, die Vergangenheit, die an diesem Ort Gegenwart war.

War dies hier das noch nicht ganz verlorene Paradies?

Für einen Moment wollte sie glauben, dass alles in Ordnung war. Dass sie einfach in diesem Bett lag und an diese holzverkleidete Decke sah und sich fühlte wie ein kleines Mädchen, das gerade aufgewacht war und gleich von seiner Mutter liebevoll an einem reich gedeckten Frühstückstisch begrüßt werden würde. Von der Mutter, die sie nie gehabt hatte. Tränen begannen ihr übers Gesicht zu laufen.

Es klopfte an der Tür.

Für einen Moment wusste sie nicht, was sie sagen sollte. Es klopfte erneut.

»Ja?«, rief sie mit erstickter Stimme und rieb sich schnell mit den Händen die Tränen aus dem Gesicht.

Es waren Samuel und Max. Der Amish hatte seinen Hut abgezogen und hielt ihn mit beiden Händen vor seinem Bauch fest. Max hatte sich umgezogen und trug nun die typische Kleidung eines Amish-Mannes: weißes Hemd, dunkle Weste, dunkle Hose. Es stand ihm sehr gut.

»Sarah, wie bischt?«, fragte Samuel. Er nahm sich einen Stuhl und setzte sich neben ihr Bett. Max setzte sich auf die Bettkante.

»Ganz gut«, sagte sie. »Was ist eigentlich passiert?«

»Du bist ohnmächtig geworden in dem Laden«, gebärdete Max.

Samuel verstand auch diese Gebärde, denn sie war ziemlich ikonisch: Zeige- und Mittelfinger simulierten die Beine. Dann ließ Max sie in die Horizontale umkippen.

»Wir haben uns Sorgen gemacht«, sagte Max.

»Du machst dir doch nie um irgendwas Sorgen«, antwortete sie auf Gebärdensprache, und er lachte. »Doch, um dich schon.«

Sie wollte für Samuel übersetzen, aber der winkte ab. »Hab schon verstanden. Mer muss uff sich selwer achtgewwe«, sagte er.

»Ich bin nicht sicher, ob ich das jetzt verstanden habe«, sagte sie.

»Is scho gut. Wir passen auf dich auf, der Max und ich«, sagte Samuel, lachte und tätschelte ihr die Wange.

»Wo bin ich hier?«

Samuel sah Max kurz an, der die Frage von ihren Lippen abgelesen hatte. Dann stand Samuel auf. »Sarah, sobald du dich kräftig genug fühlst – unten ist jemand, der auf dich wartet.« Wenn es um ernstere Dinge ging, schien Samuel sich zu bemühen, wohlartikuliertes Hochdeutsch zu sprechen.

Dann verließ er das Zimmer und ließ sie mit Max alleine. Er sah müde aus. Aber seine Wunden verheilten. Durch sein weißes Hemd hindurch konnte sie noch den Verband um seine Rippen erkennen.

Sie wollte ihn fragen, wer unten auf sie wartete, aber er nahm ihre Hände. Seine Händ waren warm. Sarah drückte sie und fühlte sich auf einmal stark zu ihm hingezogen. Dann zog sie ihre Hände aus seinen und gebärdete.

»Max, ich habe nachgedacht. Was interessieren uns ein paar Neandertaler, die vor dreißig Jahren von einigen Spinnern geklont wurden? Warum tun wir uns das an? Man hat uns eingesperrt und gefoltert …« Sie sah, wie sein Gesicht für einen Augenblick einfror, als er an die traumatische Zeit in der dunklen Zelle dachte. »Termann ist wahrscheinlich tot. Meine Familie ist in ein Lager deportiert worden. Max, wofür das alles? Warum geben wir nicht einfach auf? Wir kehren zurück, und Eva-Marie Mercure lässt uns und meine Familie in Ruhe. Soll sie doch ihre Hexenjagd auf ein paar Hybride veranstalten.«

Max sagte nichts. Dann blickte er zu Boden.

Sie tippte ihn an, damit er sie wieder ansah.

»Was ist los? Was denkst du?«

Er zögerte, dann gebärdete er: »Ich fürchte, es ist nicht mehr so einfach.« In diesem Moment klopfte es. Sarah rief herein. Die Tür öffnete sich einen Spalt weit, und ein Frauengesicht lugte vorsichtig hinein. »Komm rein«, sagte Sarah.

Eine junge Frau mit einem Tablett in den Händen trat ein. Sarah schätzte ihr Alter auf etwa zwanzig. Sie war ungewöhnlich groß und trug wie die anderen Amish-Frauen ein blaues Kleid. Ihr rotes Haar hatte sie zu einer kunstvollen Frisur um ihren Kopf geflochten. Die Haube hatte sie abgelegt. Ihr sommersprossiges Gesicht wirkte freundlich und einnehmend.

Die Kanne auf dem Tablett duftete nach frischem Kaffee, neben ihr stand ein Teller mit Brötchen sowie Butter und ein kleines Glas Marmelade.

»Guten Morgen«, sagte die Frau auf Englisch. »Ich bin Faith.« Ihre Stimme klang schüchtern.

»Hallo, Faith.«

»Ich bringe Ihnen eine Kleinigkeit zu essen.«

Als Faith das Tablett auf dem Nachttisch abstellte, sah Sarah ihre langen Finger. Und dann bemerkte Sarah etwas, das sie innehalten ließ.

Die Fingernägel. Sie hatten keine Halbmonde.

Als sie Sarahs Blick bemerkte, zog Faith schnell ihre Hand zurück und ihr Lächeln erstarb.

Max hatte Sarahs Blick beobachtet. Sie sah Max an, die Augen aufgerissen. Dann blickte sie wieder zu Faith. Sie sah dieselbe Unsicherheit, dieselbe Scham, die ihr dank ihrer eigenen Makel so vertraut waren. Der Stich, der einem verdeutlichte, dass man anders ist, obwohl man nicht anders sein will.

Was war hier los?

Und sie hatte eine entfernte Ahnung, was Max damit meinte, dass es nicht mehr so einfach war.

Sie hatte eine Ahnung davon, dass sie am Ziel ihrer Suche angekommen war. Und dass es womöglich eine Suche gewesen war, die schon ihr ganzes Leben gedauert hatte.

»Hallo Faith. Ich bin Sarah«, sagte sie und streckte Faith die Hand hin.

Faith zögerte. Sie schämte sich, ihre Hand noch einmal zu zeigen.

Dann drehte Sarah ihre ausgestreckte rechte Hand ganz langsam zur Seite, bis ihre Fingernägel nach oben zeigten und Faith sie sehen konnte. Die Augen der jungen Frau weiteten sich.

Sarah lächelte und nickte. Dann begann auch Faith zu lächeln. Mit beiden Händen ergriff sie Sarahs Hand.

»Schön, dich kennenzulernen, Faith«, sagte Sarah.

Der einheitliche Amish-Look war wie eine Uniform und damit der perfekte Schutz. Die grauen Haare im klassischen Topfschnitt-Look ließen die von der Sapiens-Norm abweichende Kopfform nicht erahnen. In seinem Bart, der alles außer der Oberlippe bedeckte und auch an den Koteletten buschig herausstach, verschwanden die starken Kiefer. Die schwarze Kleidung tat ihr Übriges. Die gerade geschnittenen Amish-Hosen versteckten die muskulösen Oberschenkel, die schwarze Weste den gewaltigen Brustkorb.

Das einzige Merkmal, das ihn als Neandertaler auswies, war nicht sein relativ schmales Gesicht. Es waren seine Augenbrauenwülste, die größer waren als bei jedem Homo sapiens. Aber auch sie sprangen einem erst beim zweiten Hinsehen ins Auge – weil seine intensive blaue Augenfarbe den Blick sofort einfing.

Es mochte sein, dass sie erschöpft war, müde und unaufmerksam, denn zunächst fiel Sarah gar nicht auf, dass dieser Amish anders war. Erst als er zu sprechen begann, wusste sie es.

»Ich bin Adam«, sagte er auf Englisch, mit einer Stimme, die sie so noch nie gehört hatte. Sie war tief, voll und kehlig. Wie die Monsterstimmen, die sie als Kinder manchmal erfunden hatten, bei denen man aus der Kehle sprechen musste und worin Sarah wegen ihrer ohnehin schon tiefen Stimme besonders gut gewesen war.

»Du musst Sarah sein.«

Seine Hand war so ledrig wie die von Samuel und sein Händedruck maßvoll. Man spürte jedoch, was für Kräfte diese Hände entwickeln konnten, wenn sie es mussten. Sie nickte und wusste nicht, was sie sagen sollte.

Samuel saß auf einem Sofa. Max hatte in einem großen und bequem aussehenden Sessel Platz genommen. Sarah sah Emilia an einem kleinen Tischchen in der Ecke sitzen. Ihr fiel auf, dass dem Androbot die obligatorische Handtasche fehlte.

»Bitte, setz dich.« Adam machte eine einladende Handbewegung und zeigte auf den freien Platz neben sich auf dem Sofa. »Du musst sicher hungrig sein. Es gibt bald Mittagessen.«

Sarah hörte Geräusche aus der Küche nebenan. Eine Frau in blauem Kleid und weißer Schürze kam, um sie zu begrüßen. Sie hatte ihre hellbraunen Haare, in denen schon einige graue Strähnen zu sehen waren, unter der weißen Haube hochgesteckt.

»Ich bin Abigail. Samuels Frau.«

Sarah schätzte Abigail, die sie offen und herzlich anlächelte, als sie ihr die Hand hinstreckte, auf Mitte 40. Die vielen Sommersprossen auf Nase und Wangen, die Lachfalten an den Augenrändern und ihre ungeraden Eckzähne faszinierten Sarah. Sie galten in Europa als Makel, und jeder ließ sie sich entfernen. Auch Abigails relativ große Nase wäre in Deutschland längst korrigiert worden.

»Herzlich willkommen in unserem Haus, Sarah«, sagte Abigail. »Kinder, kommt her und begrüßt Sarah!«

Zwei Frauen kamen aus der Küche. Sarah erkannte Faith, die ihr das Essen gebracht hatte und die Sarah ein breites Lächeln schenkte. Auch ihre Schwester war ungewöhnlich groß; beide überragten Abigail und Adam um einen Kopf. Sie trugen Schürzen, an denen sie ihre Hände abwischten.

Ihr fiel auf, dass Faith eher ihrer Mutter ähnelte. Henrietta mit ihren langen braunen Haaren schlug nach Adam. Sie war etwas jünger als Faith.

Henrietta war hübsch und schaute Sarah neugierig an. Anders als ihre Schwester trug sie ihre hellbraunen Haare offen.

Sarah musste sich in Gedanken daran erinnern, dass sie sich hier in einem Raum befand mit einem Vertreter einer ausgestorbenen Menschenart und mit zwei Neandertaler-Sapiens-Mischlingen.

Henrietta reichte ihr die Hand und Sarah sah unauffällig auf ihre Fingerspitzen. Henrietta hatte Fingernagel-Halbmonde.

»Henrietta hat heute Geburtstag«, sagte Abigail. »Deswegen sind die Mädchen auch noch damit beschäftigt, einen Kuchen zu backen.«

»Du hast Geburtstag? Herzlichen Glückwunsch! Wie alt bist du geworden?«, fragte Sarah.

»16«, sagte Henrietta. Ihre Stimme war ungewöhnlich tief.

»Herzlichen Glückwunsch«, sagte Sarah. »Was hast du geschenkt bekommen?«

»Eine neue Haube«, sagte Henrietta. »Meine Mutter hat sie für mich gemacht. Moment.«

Sie rannte ins Nachbarzimmer und holte sie. Dann steckte Henrietta mit einigen schnellen Bewegungen ihre Haare zu einem provisorischen Dutt zusammen und setzte vorsichtig ihre Haube auf. Sie war aus feinem weißen Stoff und kunstvoll bestickt.

»Schön, nicht wahr?«, sagte sie und drehte sich.

Aber Sarahs Blick richtete sich auf etwas anderes. Als die junge Frau ihre Haare hochgesteckt hatte, fielen ihr Henriettas Ohren auf. Sie waren von seltsamer Form. Die ungewöhnlich kleinen Muscheln liefen nicht rundlich, sondern in einer geraden Kante aus, als hätte man sie halb umgeklappt.

All das, all diese Übereinstimmungen zwischen ihr und den Mädchen – es konnte kein Zufall sein. Fragen drängten sich ihr auf. Und eine Vorahnung auf die Antworten. Aber sie ließ sie nicht zu. Die Gedanken und Gefühle, die in ihr aufstiegen, waren zu groß. Ihre Wucht würde möglicherweise ihr Leben verändern.

Adam sagte etwas auf Pennsylvania Dutch zu Henrietta, was Sarah nicht verstand. Dann wandte er sich an sie.

»Sie freut sich, weil jetzt das Rumspringa losgeht. Nicht wahr, Henrietta?«

Henrietta wurde ein bisschen verlegen, aber sie nickte.

»Rumspringa?«, fragte Sarah und übersetzte für Max. Der gab Emilia ein Zeichen, dass sie das Dolmetschen übernehmen sollte, damit Sarah sich entspannen konnte. Faith und Henrietta beobachteten den Androbot beim Gebärden. Sie waren offensichtlich von ihr fasziniert, nicht zuletzt von ihrer makellosen Schönheit. Dann winkte Abigail die beiden Mädchen schließlich wieder zurück in die Küche.

»Rumspringa ist eine Zeit, in der die Jugendlichen etwas Dampf ablassen können«, sagte Adam. »Wir drücken da ein Auge zu. Es ist für einen jungen Menschen schließlich nicht so einfach, mit all dem hier klarzukommen.«

Sarah erinnerte sich daran, dass Samuels Söhne Josua und Isaac Jeans getragen und sich anders frisiert hatten.

»Wir haben unsere Regeln, die wir die ›Ordnung‹ nennen«, erklärte Adam. »Sie regelt das Zusammenleben, die Kleiderordnung, welche Geräte man verwenden darf und welche nicht. Es gibt bei uns zum Beispiel keine Elektrizität; andere Amish-Communities erlauben sie. Jedenfalls wollen wir, dass jeder die Ordnung aus freien Stücken akzeptiert. Der Nachwuchs wird in diese Gemeinschaft hineingeboren, die jungen Menschen kennen es nicht anders. Umso wichtiger ist es, dass sie die Gelegenheit bekommen, es zu hinterfragen und sich dann bewusst dafür entscheiden – oder auch dagegen. Nicht wahr, Samuel?«

Der alte Amish brummte zustimmend. »Meine Enkel machen

das auch gerade durch. Ich hoffe, sie erkennen, dass es da draußen nicht besser ist.«

»Das heißt, Faith und Henrietta werden sich bald in der Außenwelt umschauen?«, fragte Sarah. »Smarts benutzen, Bier trinken, Auto-Autos fahren?«

Adam nickte. »Sie werden rumspringen. Sie sollen sich austoben.«

»Was ist, wenn sie dann nicht mehr zu den Amish zurückkehren wollen?«, fragte Sarah.

Adam schwieg, und für einen Moment verdüsterte sich seine Miene.

»Dann muss ich das akzeptieren«, sagte er. »Aber die meisten kommen wieder. Weil sie erkennen, dass die Welt da draußen in Wahrheit viel schlechter ist.«

»Haben Sie das damals auch gedacht, Adam? Als Sie das erste Mal hinauskamen – aus dem Labor?«, fragte Sarah und fixierte ihn.

Die Spannung im Raum war spürbar. Samuel blickte Adam erwartungsvoll an. Und Sarah war keineswegs entgangen, dass Max die ganze Zeit geschwiegen hatte. Aber was sie stärker verunsicherte, war, dass er ihrem Blick auswich.

»Wir nannten es das Tal«, sagte Adam und klang abwesend, als er sprach. »Ich habe erst viel später verstanden, warum sie es so nannten. Erst dann wurde mir der Zynismus bewusst, der in diesem Namen mitschwang. Auch, dass sie uns alle nach den Aposteln benannten, naja, alle – bis auf mich. Das wurde mir erst klar, als ich hier bei den Amish zum Glauben gefunden habe.«

Stille. Sarah sagte nichts und beobachtete ihn. Jetzt kam sie wirklich dazu, ihn mit ihrer vollen Konzentration wahrzunehmen. Sie musste sich selbst davon überzeugen, dass dieser Moment real war, nach all den verrückten Dingen, die in den letzten Tagen passiert waren.

Hier saß er, direkt vor ihr, der lebende Beweis dafür, dass es Projekt Neanderthal gegeben hatte. Hier saß eine alternative Version des Menschen. Eine, die vor Jahrtausenden in einer Sackgasse geendet war – aus Gründen, die niemand kannte. Ein lebendiger Neandertaler, ein Vertreter einer Menschenart, die es eigentlich längst nicht mehr geben durfte, ein Lebewesen, das seine Existenz hochspezialisierter Gentechnologie zu verdanken und sich nun jeglicher Technologie verweigert hatte.

»Ja, ich weiß, was es heißt, eingesperrt zu sein. Umso wichtiger ist es mir, dass meine Kinder all dies hier nicht als Gefängnis empfinden, sondern sich freiwillig dafür entscheiden.«

»Adam, ich … ich … weiß nicht, was ich sagen soll. In den letzten Tagen ist so viel geschehen. Ich habe so viele Fragen. Darf ich Sie berühren?«

Er lachte. »Natürlich.«

Sie sah aus den Augenwinkeln, dass Max sie beobachtete, als sich ihre Hand langsam Adams Gesicht näherte. Sie berührte seine Wange, strich über seinen Bart, seine Nase, die schmale Stirn, die unter den Haaren verborgen war, befühlte seine vorspringenden Augenbrauen.

»Es ist unglaublich. Ich habe so viele Schädel in Händen gehalten«, flüsterte Sarah. »So viele Knochen. Ich kann es einfach nicht glauben.«

Er lächelte, während sie mit ihrer Hand über sein Gesicht fuhr. Sie fühlte den Boden unter sich nicht mehr, wie sie so neben ihm saß, einen Menschen berührend, der einen Anachronismus aus Fleisch und Blut darstellte.

»Da ist noch einiges, was du vielleicht nicht glauben wirst«, sagte Adam.

Samuel sah Max an und machte eine knappe Kopfbewegung. Beide erhoben sich und ließen Sarah und Adam alleine. Emilia folgte ihnen hinaus.

Er legte seine Hand auf ihre, die noch immer auf seiner Wange ruhte. Sie sah, wie sich seine blauen Augen mit Tränen füllten. Etwas war zwischen ihnen, etwas Undefinierbares, das sie gerne greifen wollte, aber nicht konnte, weil es im Nebel lag.

Auf einmal dachte sie an Faith' verschämten Blick, als sie ihre Hand zurückzogen hatte – die Hand mit den Fingernägeln ohne Halbmonde. Sie dachte an Henriettas Ohren. Sie dachte an ihr eigenes außergewöhnliches Ohr, ihre außergewöhnlichen Fingernägel, ihre außergewöhnliche Stimme.

22

GEHEIMPROJEKTE

Adam wusste, dass die »Anderen« in der Dunkelheit nicht so gut sehen konnten wie er und die anderen NTs. Thompson und Weiss hatten ihn nur von hinten erblickt. Er war sich sicher, dass sie ihn nicht erkannt hatten. Wenn er sich ganz still verhielt, würden sie nicht wissen, dass er es gewesen war, der sie belauscht hatte.

Sein Herz raste, als die Schritte näherkamen. Er hörte Matthäus' tiefe Atemzüge neben sich und versuchte, Schlafatmung zu simulieren.

Gedanken strömten durch seinen Kopf wie scheue Tiere. Er hatte Angst. Sie waren in großer Gefahr. Sie mussten etwas unternehmen.

Wäre Thompson fähig, sie umzubringen? Oder Jocasta Weiss? Er wusste nicht mehr, was er glauben sollte.

Was konnte er tun? Sollte er liegenbleiben, oder war es besser, sofort aufzuspringen und zu kämpfen. So wie die Menschen in den Filmen, die sie ihm und den anderen NTs dauernd zeigten, bei denen sich Menschen gegenseitig Messer in den Leib rammten, folterten, erwürgten, erschossen? Nach diesen Vorführungen fragte sie Gustafsson immer wieder, was sie dabei empfanden und wie sie sich in entsprechenden Situationen verhalten würden. Währenddessen maß sie ihre Hirnaktivität.

Er wusste sehr genau, wozu die »Anderen« fähig waren. Die Frage war nur: War auch er dazu fähig? Würde er Thompson erwürgen können? Was die reine Körperkraft anging, war er ihm sicher deutlich überlegen. Aber es war fraglich, ob er den Willen aufbrachte, jemanden zu verletzen oder gar zu töten. Konnte er das? In den Befragungen von Gustafsson hatte er es kontinuierlich verneint. Doch so ganz sicher war er sich dessen nicht. In den Rollenspielen hatten sie sie auch immer dazu gebracht, wütend zu werden. Wahrscheinlich, weil sie sehen wollten, wie weit er und seine Brüder gehen würden. Und es war zu Anfeindungen und sogar zu Raufereien gekommen. Doch das war bei Weitem nicht dasselbe wie jemanden zu töten. Und in diesem Augenblick verspürte er keine Wut. Jetzt hatte er einfach nur große Angst.

Trotzdem bereitete er sich vor. Er wollte wenigstens einen Überraschungsschlag landen, falls Thompson ihn angriff. Vielleicht hatte er Glück und würde ihn so treffen, dass er bewusstlos wurde.

Die Schritte kamen näher. Hielten immer wieder an. Wahrscheinlich inspizierte Thompson jeden einzelnen der schlafenden NTs. Also war er sich doch nicht sicher, wen er gesehen hatte. Vielleicht würde er nach einem kurzen Stopp an Adams Bett einfach weitergehen. Dann würde Adam die anderen so schnell wie möglich warnen und sie davon überzeugen, gemeinsam zu fliehen.

Sie mussten von hier verschwinden. Sonst würden sie alle sterben. Aber Adam war sich keineswegs sicher, wie die NTs reagieren würden. Sie wussten, dass da draußen Krankheitserreger und Infektionen warteten.

Aber hatten sie eine Wahl?

Die Person – war es überhaupt Thompson? – stand nun in unmittelbarer Nähe, zwischen seinem und Matthäus' Bett. Adam versuchte weiterhin, ruhige, tiefe Atemzüge zu simulieren. Aber er ballte die Fäuste unter der Decke, so fest er konnte. Dann vernahmen seine sensiblen Ohren, wie sich die Person zu ihm herabbeugte. Seine Haut war wie elektrisiert, jeder Muskel in seinem Körper spannte sich an.

»Adam«, flüsterte eine Stimme in sein linkes Ohr. Es war nicht die von Thompson. Es war Jocasta Weiss. Er wagte es noch immer nicht, die Augen zu öffnen. »Adam, ich weiß, dass du das eben warst«, sagte sie. Ihre Stimme klang ganz ruhig. »Hab keine Angst. Ich will dir helfen.«

Er schlug die Augen auf und sah in ihr Gesicht, dessen Konturen sich in der Dunkelheit undeutlich abzeichneten. Dank seines ausgeprägten Sehvermögens konnte er erkennen, dass sie lächelte. »Ich bin hier, um dir zu helfen«, wiederholte sie. Dann legte sie ihre Hand auf seine Brust.

Sie hatte alles mit Thompson besprochen und ihn vorgeschickt. Es gab kein Zurück mehr. Sie würden Projekt Neanderthal beenden, noch in dieser Nacht. Thompson sollte zu Drexler fahren und mit ihm zusammen die NTs rausbringen. Drexler war der Einzige, der die Immunbooster herstellen konnte. Ob das ausreichen würde, sie am Leben zu halten, wussten sie nicht. Thompson machte sich auf den Weg. Ihr Part war es, mit Adam zu reden; er war der Anführer der NTs, ihm würden sie folgen. Und sie würden einen Führer brauchen, der sie in die Außenwelt begleitete.

In einer Stunde sollten Thompson und Drexler die NTs am Eingang des Tals empfangen. Jocasta würde ein Feuer in der Sportanlage entfachen, der Feueralarm würde anspringen, die drei Nachtbetreuer würden zum Brandherd rennen und versuchen, das Feuer zu löschen. Dort würde Jocasta sie einsperren und die NTs dann hinausschaffen.

Schlussendlich würden Drexler und Thompson mit den NTs

an einen sicheren Ort fahren, egal wohin, Hauptsache weg. Wie es dann weiterging, würden sie sehen.

Das Tal lag abgeschieden in einem verlassenen Industriegebiet im Nichts von Brandenburg. Sie würden die NTs schnell außer Landes schaffen müssen, am besten Richtung Osten, in ein Naturschutzgebiet, vielleicht Slowenien oder Bulgarien. Aber das würden dann Thompson und Drexler entscheiden müssen.

So lautete der offizielle Plan.

Wovon sie Thompson nichts erzählte, war ihre geheime Agenda. Und die sah vor, Projekt Neanderthal nicht konsequent zu beenden, sondern in die nächste Generation zu überführen.

Adam folgte ihr ins Labor. Er war sehr aufgeregt in der Dunkelheit. Wenige LEDs von verschiedenen Geräten bildeten die einzigen Lichtquellen. Er war zwischen der Angst vor einer Falle und der Hoffnung auf Flucht und Rettung hin- und hergerissen. Aber irgendetwas in ihm sagte ihm, dass er Jocasta Weiss vertrauen konnte, dass sie ihm nichts Böses wollte.

Im Labor erklärte sie ihm den Plan. Aber vorher sei noch etwas zu erledigen, etwas überaus Wichtiges, meinte sie, und er solle keine Angst haben, auch wenn das, was jetzt gleich käme, ungewohnt für ihn sei. Sie hätten nicht viel Zeit. Und dann legten sich ihre Hände wieder auf seine Brust, fuhren über seinen breiten Brustkasten, seine Schultern, seinen Bauch, waren überall. Sie schob sie unter sein Hemd, und er hielt den Atem an, als er ihre Finger auf seiner Haut spürte. Eine Berührung wie ein elektrischer Schlag, so intensiv, dass er fast zurückgezuckt wäre.

Noch bevor er sich darüber wundern konnte, was hier gerade ablief und was Weiss vorhatte, spürte er eine starke Macht in sich erwachen. Er war zu aufgeregt, um zu realisieren, dass seine Fantasie soeben Realität wurde. Die Fantasie, die er sich selbst nie hatte eingestehen wollen. Die vielleicht nur in seinen Träumen präsent gewesen war.

Zielstrebig bewegten sich ihre Finger durch die dichte Behaarung auf seiner Brust und seinem Bauch, drückten seine Muskeln. Er spürte, wie ihre langen Fingernägel sich in sein Fleisch pressten. Ihre Hände glitten hinab in seine Hose und ertasteten behutsam sein Glied. Dann legten sich ihre Finger darum, einer nach dem anderen, bis sich ihre ganze Hand darum schloss und vorsichtig drückte, wieder nachgab, wieder drückte.

Er spürte, wie schnell sein Glied in ihrer Hand hart wurde. Ein Ziehen in ihm, ein Schmerz und der Wunsch nach Erlösung. Er schloss die Augen, und ihm wurde für einen Moment schwindlig.

Dann zog sie ihre Hand wieder zurück und knöpfte ihren Kittel auf, mit schnellen, beinahe hastigen Bewegungen, und warf ihn zu Boden. Sie öffnete den Reißverschluss des Kleides, das sie darunter trug. Adam sah, wie sie es über ihre Schultern streifte und es an ihrem Körper herabfiel. Nun stand sie in Unterwäsche vor ihm. Im Zwielicht sah er ihre Haut dunkel schimmern. Einen Moment lang hielt sie inne und sah ihn an. Er verstand nicht. »Zieh dich aus«, sagte sie, und er kam sich vor wie ein Idiot und zog erst das Hemd und dann seine Hose aus, bis auch er in Unterhose vor ihr stand. Sein Herz klopfte heftig in seiner Brust, vor Aufregung, Angst, Erregung. Zahlreiche Gedanken schossen ihm durch den Kopf.

Sie wollten, mussten fliehen. Was also taten sie hier? Was hatte sie vor? Er atmete schnell und spürte ein starkes Zerren in Magen und Unterleib. Ihm war, als hätte Jocasta eine unsichtbare Schlinge um seinen Unterleib gelegt und würde ihn nach und nach zu sich heranziehen.

Dann öffnete sie ihren BH, ließ ihn von ihren Brüsten gleiten, schlüpfte aus ihrem Slip und stand schließlich völlig nackt vor ihm. Noch widerstand er und betrachtete sie staunend. Er sah ihre Brüste, ihren flachen Bauch, ihre Oberschenkel und die Haare zwischen den Beinen, Dinge, die er bislang nur von Bildern und Filmen kannte.

Einen Augenblick lang standen sie beide da, reglos, schweigend. Doch er hörte sie atmen. Und er konnte sie riechen, viel intensiver als sie ihn, weil seine Nase sensibler war als ihre. Er sah ihren Geruch fast vor sich, wie zwei übereinander flatternde Tücher. Oberhalb wehte der Geruch ihres Parfüms, ein heller, leicht blumiger Duft, der ein nettes Spiel für die Nase bot. Das Tuch darunter war aus gröberem Stoff gewoben, dunkler, fordernder, schwerer. Ihr natürlicher Körpergeruch. Adam sog alles hochkonzentriert, mit hellwachen Sinnen in sich auf. Es war für ihn etwas sehr Intimes, als würde er ihren Körper berühren, obwohl es noch nicht soweit war. Der Stoff ihres Duftes schmiegte sich an seine Nase, strich um seinen Hals, erregte ihn, legte sich auf sein Gesicht, erstickte ihn fast.

Jetzt ergriff Jocasta seinen Arm und legte seine große Hand auf ihre linke Brust. Ihre Brust war zart und glatt und fühlte sich gut an. Er spürte die Wärme ihres Körpers, er spürte ihr Herz schlagen, stark und schnell, und er wagte kaum, seine Hand zu krümmen, dann tat er es doch, sehr vorsichtig, bevor sie seine Hand mit ihren Händen zu ihrer anderen Brust führte. Ihre Haut war unglaublich weich, und er konnte die feinen Erhebungen ihrer Gänsehaut spüren. Sie war erregt. Ihr Geruch flatterte nun betäubend. Ihre steife Brustwarze presste sich gegen seine Handfläche. Er ließ sie zwischen seine Finger gleiten und spielte damit. Jocasta ergriff erneut seine Hand, dirigierte ihn, zwang seine beiden Hände mit sanftem Nachdruck, sich kreisförmig über ihre Brüste zu bewegen. Dann legte sie ihre Hände wieder auf sein Glied und massierte es. Die Macht in ihm wuchs, nun mit großer Geschwindigkeit. Es war ein völlig neuartiges Gefühl für ihn. So unglaublich kraftvoll und heiß in seiner Intensität. Ihre Brustwarzen stachen wie winzige warnende Pfeile in seine Handflächen. Sie stöhnte. Er fühlte einen Sog, der beinahe schmerzte, fühlte, wie die Schlinge ihn an sie fesselte. Sie zog ihn näher zu sich heran, und er spürte die Wärme, die von ihrem Leib ausstrahlte.

Dann führte sie eine seiner Hände ihren Körper hinab. Die Haut an ihrem Bauch und ihrem Unterleib fühlte sich anders an, wurde glatter, fast seiden. Er strich über feinste Härchen. Dann war seine Hand zwischen ihren Beinen, und er spürte ihre Hitze. Sie presste ihre Beine um seine Hand, fixierte sie und drückte sich dagegen, bis seine Finger ins Zentrum der Hitze glitten. Sie zog ihn an sich, ihr Gesicht an seinem, ihr Hals an seinem Hals, ihr geöffneter Mund dicht an seinem Ohr, ihr feuchter Atem, der über seine Ohrmuschel strich, ihre Zungenspitze, die in sein Ohr eindrang, während sie sich leise stöhnend in stetem Rhythmus an seinen Fingern rieb. Die Macht hatte ihn jetzt vollständig übernommen. Ihre Hand war eine Kralle und umschloss sein Glied so fest, dass es wehtat. Er spürte den Schmerz bis in seine Zahnwurzeln schießen.

Sie zerrte an seiner Unterhose, und er sprang ihr bei und zog sie ganz hinunter. Dann umklammerte sie mit beiden Händen sein erigiertes Glied. Ihr Mund presste sich auf seinen, er spürte ihre Lippen, so unglaublich weich. Ihre Zunge umschlang die seine. Er schmeckte sie, fühlte ihre Zähne, hart und spitz zwischen den weichen Lippen. Sie stolperten zur Liege. Er lag auf ihr. Als er in sie eindrang, wurde ihm schwarz vor Augen. Die Macht übernahm gänzlich die Kontrolle über seinen Körper. Der Rhythmus, in dem sie gegeneinanderstießen, wurde schneller.

Er stöhnte, immer lauter, und sie presste ihm grob die Hand auf den Mund. Nun mischte sich Wut in sein Gefühlschaos und die ihn erfüllende Hitze, und er biss in ihren Handballen. Sie unterdrückte einen Schrei, der gleichzeitig ein Lachen war. Er schmeckte flüssiges Metall in seinem Mund. Blut. Ihr Blut.

Dann ein Schlag, in Kopf und Unterleib. Sein Atem setzte für zwei oder drei Sekunden aus. Er spürte jeden einzelnen ihrer angespannten Muskeln unter sich, ihren Oberkörper, der sich unter ihm aufbäumte.

Wärme. Erlösung.

Die Schlinge weitete sich und ließ ihn frei.

Später in der Nacht verschwand er mit den anderen NTs aus dem Tal. Es war das letzte Mal, dass er Jocasta Weiss sah.

23

VERLORENER SOHN, GEFUNDENE TOCHTER

Adam lebte abgeschieden von den anderen Amish in Lancaster County. Er und seine fünf Neandertaler-Gefährten waren wie eine Gemeinde innerhalb der Gemeinde gewesen. Auf eigenen Wunsch, wie Adam betonte. Die Amish hatten sie von Anfang an integriert, und dank ihrer biblischen Namen hatten sie gleich Anklang gefunden. Die einzige Bedingung der Menschen war gewesen, dass die Neandertaler sich an die »Ordnung« hielten. Doch das war das Geringste, was Adam, Petrus, Matthäus, Judas, Johannes und Thomas abverlangt wurde. Sie kannten nichts anderes als ein streng reglementiertes Leben.

Die Neandertaler bauten sich ein neues Leben auf, heirateten Amish-Frauen, gründeten Familien. Heute war Adam der einzige Überlebende der zwölf geklonten Neandertaler.

Er erzählte Sarah, wie ihre Mutter Thompson und Drexler instruiert hatte, ihm und seinen fünf Kameraden zur Flucht zu verhelfen. Drexler war deutscher Abstammung, seine Familie stammte aus der Pfalz, und er hatte entfernte Verwandte bei den Amish in Lancaster County. Es war seine Idee gewesen, die NTs dort unterzubringen. Und es war die perfekte Lösung. In Deutschland oder in der von Deutschland dominierten EU zu bleiben, hätte ein Leben in ständiger Flucht bedeutet. In den USA waren sie – nicht zuletzt wegen der weitaus toleranteren Einstellung Andersartigen und Behinderten gegenüber – weitaus besser aufgehoben.

Und hier waren die Amish die perfekte Wahl. Seit Jahrhunderten lebten sie inmitten der amerikanischen Gesellschaft ihr Leben, wurden in Ruhe gelassen. Niemand würde jemals bei ihnen geklonte Neandertaler vermuten. Und sie selbst praktizierten die christliche Nächstenliebe in Reinform, kümmerten sich rührend um ihre Kranken und Behinderten.

Allein die Flucht an sich bildete eine echte Herausforderung. Fliegen wäre zu riskant gewesen, aber Thompson, der einen Containerschiff-Captain kannte, organisierte ihnen eine Überfahrt auf einem der Schiffsriesen, versteckt in einem geheimen Maschinenraum, wo niemand sie zu Gesicht bekam, schon gar nicht die strenge Einwanderungsbehörde.

Drexler war ebenfalls in den USA untergetaucht, nicht weit von der Amish-Community. Er hatte sie weiterhin mit Immunboostern versorgt; die Amish, die normalerweise medizinische Versorgung ablehnten, hatten ihnen diese Ausnahme von der »Ordnung« genehmigt, weil sie erkannten, dass sie für die Neandertaler lebensnotwendig war. Doch vor etwa zehn Jahren starb Drexler an einem Herzinfarkt. Sein Tod kam so überraschend, dass er es versäumt hatte, ihre Versorgung mit Immunboostern sicherzustellen. In der freien Wildbahn, den Viren und Bakterien ausgesetzt, die ihr archaisches Immunsystem nicht kannte, kapitulierten die Neandertaler einer nach dem anderen. Auch wenn sie länger überlebten, als zu erwarten gewesen wäre – in der Amish-Community kursierten aufgrund ihrer Isolation weniger Erreger. Doch letztlich kam es, wie es kommen musste. Judas, Matthäus, Johannes, Thomas und zuletzt Petrus starben. Sie hätten es nicht riskieren können, einen Doktor aufzusuchen. Adam und Abigail hatten die Witwen seiner Gefährten unterstützt und sich um deren Kinder gekümmert.

Adam war der Letzte seiner Art. Hin und wieder fragte er sich, warum er noch am Leben war. »Zu denken, ich sei etwas

Besonderes, wäre pure Eitelkeit. Es war der Wille Gottes«, sagte er.

Sarah hingegen war der Ansicht, dass es sich um Mutation und Selektion handelte, nichts weiter. Seine Immungene waren offenbar mit der modernen Erregerwelt besser fertiggeworden als die seiner Kameraden.

Adam erzählte ihr außerdem von seiner »Liebesnacht« mit ihrer Mutter. Es fiel ihm nicht leicht; seine Amish-Sozialisation, die es verbot, offen über Sexualität zu sprechen, schlug offenbar durch.

Sarah war empört. Nicht darüber, dass ihre Mutter Sex mit einem Neandertaler gehabt hatte oder dass Adam ihr Vater war. Jocasta Weiss hatte lediglich wiederholt, was schon einmal in der Menschheitsgeschichte stattgefunden hatte.

Es war die Kaltschnäuzigkeit, die sie schockierte und empörte. Ihre Mutter hatte ihren Vater betrogen – oder vielmehr den Mann, den sie Zeit ihres Lebens für ihren Vater gehalten hatte und der nun im Lager saß.

Und ihre Mutter hatte auch sie betrogen. Ihr ganzes Leben, 33 Jahre, hatte sie in Unwissenheit verbracht.

Warum hatte ihre Mutter das getan? Sarah konnte sich kaum vorstellen, dass reine sexuelle Begierde das Motiv ihres Handelns gewesen war. Zumal es sich bei Adam damals um einen Jugendlichen gehandelt hatte, trotz genetisch verkürzter Adoleszenz. Nein, es musste Kalkül gewesen sein. Ihre Mutter hatte das Experiment fortführen und einen Hybriden zeugen wollen – und dafür war sie bereit gewesen, zwei Menschen zu betrügen. Sie, Sarah, war ein Versuchsobjekt. Ein Experiment. Und jetzt ergaben auch das Ultraschallbild und die Notiz Sinn. 6. Monat. Keine Auffälligkeiten. Klar, ihre Mutter trug das Produkt einer Kreuzung zweier Menschenarten aus. Sie hatte damit viel riskiert. Sarahs Leben und ihr eigenes. Letzteres hatte sie deswegen verloren.

»Die anderen NTs«, Adam sprach nach all den Jahren noch immer von NTs, worüber er selbst den Kopf schütteln musste, »hatten keinerlei Probleme mit den ›Anderen‹ …« Er hielt inne. »Den Amish-Frauen.« Er zögerte, es auszusprechen. »Sie konnten Kinder mit ihnen zeugen. Und sie waren gesund und brauchten keine Immunbooster. Sie hatten nur ein paar … Auffälligkeiten.«

Sarah dachte an Faith und Henrietta, an die hochgewachsene Statur der Mädchen. All die Ähnlichkeiten zwischen ihnen und ihr.

»Du meinst Auffälligkeiten wie diese hier?«

Sarah zog den Clip von ihrem Ohr und zeigte Adam ihr missgestaltetes Ohrläppchen.

»Oder diese?«

Sie zeigte Adam ihre Fingernägel.

Es kursierten eine Menge Theorien über die Neandertaler-Sapiens-Hybride und deren wahrscheinliches Aussehen. Letztlich konnte man nur von Erfahrungen aus tierischen Artenkreuzungen Thesen formulieren. Sarah wusste, dass Hybride zu überdurchschnittlich großem Wachstum neigen konnten, sie konnten größer als jede der beiden Elternarten sein. Und sie zeigten häufig körperliche Auffälligkeiten. Das Erbgut der zwei Arten passte eben doch nicht ganz zueinander, als würde der Körper in seiner Entwicklung mit zwei Anleitungen, die voneinander abwichen, alleingelassen. Meistens handelte es sich allerdings um Kleinigkeiten wie überzählige Zähne, Mosaiken im Fellmuster, Spalten in Knochen. Jetzt, da Sarah die Wahrheit kannte, fiel es ihr wie Schuppen von den Augen. Ihre eigenen Leibesanomalien, die sie zur »Mutante« gemacht hatten, ihre Körpergröße, ihr Ohrläppchen, ihre Fingernägel, ihr Feuermal am Arm, die kleine Spalte im Kopf, ihre Stimme … nie wäre sie auf die Idee gekommen, ein Hybrid zu sein. Wie auch?

Adam sah sie an und nahm sie in die Arme.

Sie spürte seine Muskeln, seine gewaltigen Schulterblätter, die unter dem weiten Hemd versteckt waren. Er zitterte. Er weinte. Es rührte sie an. Sie fühlte eine starke Verbundenheit zu diesem Mann, der sich vor wenigen Minuten von einem Fremden in ihren Vater verwandelt hatte. Mit einem Mal brach es aus ihr heraus. Tränen strömten über ihre Wangen. Die Erleichterung, endlich zu wissen, wer sie wirklich war, überwältigte sie. Sie umklammerte Adam, vergrub ihr Gesicht in seiner Schulter, roch seinen Geruch, während er sanft ihren Hinterkopf streichelte. Sie begriff, was Max zuvor gemeint hatte, als er sagte, dass sie nicht einfach ohne Weiteres aufgeben konnten. Sie war eine Hybridin. Eva-Marie Mercure würde sie niemals in Ruhe lassen. Und auch nicht Valerie, in der zu einem Viertel Neandertaler-Erbgut steckte.

Sarah löste sich langsam aus der Umarmung, ließ jedoch ihre Hände auf Adams Schultern ruhen.

»Das bedeutet, Faith und Henrietta sind meine Schwestern«, sagte sie.

Er nickte. Dann sagte er: »Und Gabriel ist dein Bruder.«

»Gabriel?«

Er wischte sich die Tränen aus den Augen. »Mein Sohn.«

»Wo ist er?«

»Er hat uns verlassen. Schon vor Jahren. Es hat mir das Herz gebrochen, aber sein Herz war voller Wut. Wut auf die Welt. Auf das, was sie mit uns getan hatten. Gabriel wollte Antworten. Er wollte wissen, woher er kam.«

Sarah verstand, warum Adam vorhin bei dem Thema Rumspringa so merkwürdig auf ihre Nachfrage reagiert hatte. Gabriel hatte die Amish verlassen. Hatte seine Familie verlassen.

»Sarah, wenn ich sage, dass unsere Kinder abgesehen von ein paar körperlichen Auffälligkeiten völlig in Ordnung waren, dann ist das nicht die ganze Wahrheit. Die Söhne waren schwierig. Sie waren …« Er zögerte.

»Unfruchtbar?«, fragte Sarah. Auch das war von Tier-Hybriden bekannt: Die männlichen Hybride, insbesondere bei Säugetieren, waren in der Regel steril. Bei Säugern bestimmten das X- und das Y-Chromosom das Geschlecht. Die weiblichen Nachkommen hatten zwei X-Chromosomen, eines von der Mutter, eines vom Vater. Die doppelte Anwesenheit dieses Chromosoms konnte die Unterschiede der Arten kompensieren. Aber bei den männlichen Hybriden, die nur ein X-Chromosom besaßen, konnte es gravierende Auswirkungen haben, dass das Y-Chromosom einer anderen Art nicht mit dem X zusammenspielte.

Wie es bei den männlichen Nachkommen von Neandertalern und Homo Sapiens gewesen war, darüber gab es nur Spekulationen. Aber es war Fakt, dass nur die Nachkommen der Kombination Neandertaler-Vater und Homo-Sapiens-Mutter ihre Gene weitergegeben hatten. Und zwar nur deren Töchter. Das hatten Analysen der Mitochondrien ergeben, jenen Gebilden in den Körperzellen, die die Zellen mit Energie versorgten. Die Mitochondrien hatten ihr eigenes Erbgut und wurden nur über die Mutter an die Kinder weitergegeben. Man hatte zwar im allgemeinen Erbgut der Europäer Reste der Neandertaler gefunden, nicht aber in ihren Mitochondrien. Daher war klar, dass die Mutter der Neandertaler-Sapiens-Tochter, die letztlich ihre Gene weitergegeben hatte, eine Sapiens-Frau gewesen war.

Adam nickte. »Ja, er konnte keine Kinder zeugen. Er hatte eine Frau gefunden, die er liebte – und sie ihn. Aber es hat nicht geklappt. Wir alle hatten es akzeptiert. Gottes Wille, haben wir ihm immer wieder gesagt. Aber er hat es nicht akzeptieren wollen. Sein Glaube war nicht sehr stark. Übrigens betraf das bis auf eine Ausnahme alle Söhne der NTs. Aber Gabriel war auch unausgeglichen, unberechenbar, impulsiv und depressiv. Er hat es sich immer so schwergemacht. Ich hätte ihm liebend gerne geholfen, aber er fand einfach nicht zu sich selbst.«

Sarah merkte, dass ihm das Thema zusetzte.

»Kennen Faith und Henrietta die ganze Geschichte?«

»Sie wissen, dass ich und die anderen NTs Teil eines bösen Experiments waren. Dass wir geflohen sind und uns verstecken. Gabriel war derjenige, der ständig fragte und mehr wissen wollte.«

»Als er ging, hattest du da keine Angst, dass sie euch in eurem Versteck aufspüren würden?«

Adam nickte. »Natürlich hatte ich diese Angst. Aber was hätte ich tun sollen, Sarah? Ich konnte nicht einfach gehen und ihn suchen, und ich wollte David Thompson nicht damit belangen. Mir blieb nichts anderes übrig, als das Beste zu hoffen – für ihn und für uns.«

Er vergrub das Gesicht für einen Moment in beiden Händen. Seine Schultern bebten. Er weinte, und es tat Sarah weh, seinen Schmerz zu sehen.

»Hast du ein Bild von ihm?«, fragte sie, aber im gleichen Moment wurde ihr bewusst, dass das eine dumme Frage war.

Er schüttelte den Kopf. »Wir besitzen keine Fotoapparate und lassen uns auch nicht fotografieren – die ›Ordnung‹ gebietet es so. Fotos bedeuten Eitelkeit.«

Sie überlegte kurz. Dann erinnerte sie sich. Sie zog ihr Smart hervor und suchte ihre Fotogalerie durch, scrollte mit Fingergesten durch Stapel von Bildern. Adam beobachtete sie. Dann fand sie es. Das Bild, das sie in der Obduktionshalle von dem Toten in Düsseldorf gemacht hatte, kurz bevor Nix sie ermahnt hatte, es zu löschen. Sie hatte es nicht wirklich gelöscht, sondern nur in einen anderen Ordner verschoben, den die Galerie nicht anzeigte.

Sie zögerte einen Moment. Das Foto bot einen furchtbaren

Anblick. Der junge Mann mit dem aufgeplatzten Hinterkopf, nackt auf dem Metalltisch. Sollte sie ihm das zumuten? Andererseits – Gabriel war sein Sohn. Er hatte ein Recht zu erfahren, was mit ihm geschehen war.

»Ist das Gabriel?«, fragte er und griff nach dem Smart.

Seine Miene gefror, als er auf das Display sah. Seine Lippen begannen zu beben.

»Es tut mir sehr, sehr leid«, sagte sie und kam sich hilflos und dumm vor. Auch sie war erfüllt von Trauer. Sie hatte nun einen persönlichen Bezug zu dem Toten. Er war ihr Bruder gewesen.

Sie erzählte Adam von den Ereignissen in Düsseldorf und erklärte, dass sie und Max über Gabriels Tod auf die ganze Sache gestoßen waren. Sie schilderte ihm die komplette Geschichte.

»Wie ist Gabriel gestorben?«, fragte Adam.

»Er fiel von einer Brücke. Er hat sich wohl umgebracht.«

Die Wörter fraßen sich in ihn hinein, impften ihn mit Schrecken und Trauer, ließen ihn sich krümmen. Das Gesicht aufgefangen in seinen Händen, weinte er lautlos. Es war ein Aufbegehren des Körpers, an dem es keinen Ort für den Schmerz über das tote Kind gab.

»Es tut mir leid.«

Sie wünschte, sie hätte irgendetwas für ihn tun können. Für ihren Vater. Das Gefühl, ein Kind zu verlieren, diese Urangst war auch in ihr, verband sie beide in diesem Augenblick. Diverse Gedanken schossen durch ihren Geist. Thompsons Gesicht erschien. Das Foto seines toten Sohnes, den er ins Leben zurückgeholt hatte – eine andere Version von ihm. Das Pärchen im Wartezimmer, das auf einen Neuanfang hoffte.

»Dann sind wir wieder eine glückliche Familie, so wie früher. Und dann werden wir vergessen haben, was passiert ist.«

Wieder dachte sie an Valerie. Sie würden Gentests im Quarantänelager durchführen. Sie würden ihre Herkunft ermitteln.

Valerie war in den Augen von Eva-Marie Mercure eine Verunreinigung des Genpools. Sie würde sie beseitigen.

Nein, nichts war mehr einfach. Und Aufgeben war nun keine Option mehr.

»Wir müssen gehen, Adam.«

»Haben Sie das Material mitgebracht?«, fragte Formin.

Eva-Marie Mercure gab Viira ein Zeichen. Er zog einen kleinen Metallbehälter aus seinem Jackett und reichte ihn Formin. Der Behälter hatte ein kleines Sichtfenster. Formin hielt ihn hoch und drehte ihn nahe vor seinem Auge.

»Sehr schön. Von wie vielen Individuen stammen die Knochen?«

»Sechs«, sagte Mercure. »Wir möchten, dass Sie Ihren Kunden möglichst viel Abwechslung bieten.«

Er lachte, und als sie sein Gesicht mit dem billigen Höhensonnen-Braun und dem glatt zurückgekämmten Haar sah, hätte sie am liebsten Viira von der Kette gelassen. Aber noch war nicht die Zeit dafür. Noch brauchten sie Formin. Und außerdem waren da diese beiden Androbots hinter ihnen.

»Die Neandertaler werden eine hübsche Ergänzung für den Park darstellen«, sagte er.

Es fiel ihr schwer, aber sie zwang sich zu einem Lächeln. Ihr war Formins tastender Blick über ihre Brüste und Schenkel nicht entgangen.

Vielleicht würde sie Bruno doch einen ganzen Tag mit Formin gönnen, wenn das hier vorbei war.

»Freut mich, dass ich Sie glücklich machen konnte, Herr Formin«, sagte Mercure. »Und was haben Sie für mich?«

Er tippte auf sein Smart, und ein Diorama erschien. Es zeigte einen jungen Mann. Er hatte rötlichblonde Haare und feine Gesichtszüge und trug einen Arbeiter-Overall, wie er bei Jugendlichen gerade angesagt war. Auf der Aufnahme fuhr er ein Hoverboard. Eine Fliegen-Drohne hatte die Bilder, deren Qualität eher schlecht war, aus erheblicher Entfernung geschossen.

»Christopher Thompson. Die Adresse ist in der Datei eingraviert.«

»Hält er sich in Sofia auf?«

Formin nickte.

Sie gab Viira ein Zeichen. Er holte sein Smart heraus, und Formin schickte das Diorama mit einer Fingergeste auf Viiras Gerät. Der prüfte kurz die Signatur auf die Adresse und nickte Mercure dann zu.

»Gut. Dann hoffe ich, dass Sie keine Spielchen spielen, Formin. Ich hoffe es sehr für Sie.«

Sie verfluchte sich im gleichen Augenblick für diese Bemerkung. Sie hatte sich von ihren Gefühlen hinreißen lassen. Sie brauchte Formin noch, um in Thompsons Klinik zu kommen.

Er grinste. »Weil Sie sonst genau was tun, Frau Mercure?«

Er machte ein Zeichen, woraufhin Levka und Marin einen Schritt vortraten. Sie musterten Mercure und Viira mit ausdruckslosen Mienen. Die Bots trugen keine Waffen, aber Eva-Marie Mercure wusste nur zu gut, dass sie keine benötigten, um tödlich zu sein.

Heißer Hass, stärker diesmal. Ihre rechte Zeigefingerspitze zuckte. Sie ballte die Hand schnell zur Faust. Nicht jetzt. Auf gar keinen Fall jetzt ein Anfall. Kontrolliere dich. Beruhige dich.

Sie zwang sich zu einem perfekten Lächeln. Sie drückte den Rücken durch, um ihre Brüste stärker hervorzuheben, was den gewünschten Effekt zeitigte – in seinen Augen sah sie für einen Moment Begierde aufflammen. Wie simpel Männer doch waren.

»So war das nicht gemeint, Danilo. Ich wünsche mir nur eine

Beziehung auf Augenhöhe, das ist alles. Und jede gute Beziehung braucht Vertrauen.«

Formin nickte.

»Dann sind wir hiermit durch«, sagte sie. »Wir sehen uns später.«

Sie und Viira schickten sich an zu gehen.

»Eva-Marie …«, sagte Danilo. »Einen Moment noch.«

Er stand auf und kam auf sie zu. Innerlich spannte sie ihre Muskeln an, ein Reflex, bereit, ihn sofort mit einem gezielten Schlag gegen den Kehlkopf auszuschalten. Sie wusste, dass sie danach keine Chance gegen die Androbots hätte. Aber wenigstens würde sie diesen Wurm vorher getötet haben.

»Lassen Sie uns doch noch auf gute Zusammenarbeit anstoßen. Ich bin sicher, Herr Viira kommt allein zurecht?«

Sie überlegte. Natürlich war ihr klar, was er wollte. In Sekundenbruchteilen erstellte sie – wie immer – eine Kosten-Nutzen-Rechnung. Und kam zu dem Ergebnis, dass sie sich von Danilo Formin ebenso gut noch kurz ficken lassen konnte. Ihren Höhepunkt würde sie genießen, wenn sie ihn sterben sah.

Sie nickte Viira zu, und er ging.

Formin holte zwei Gläser und goss sie halbvoll mit Wodka. Er reichte Mercure ein Glas. Dabei stellte er sich so dicht vor sie, dass sich die Stoffe ihrer Kleidung beinahe berührten. Sie roch den aufdringlichen Duft seines Aftershaves, sah die tiefbraunen Poren in seinem Gesicht. Er pflegte sich gewissenhaft, das war offenkundig. Geglättet von regelmäßigem Laserpeeling, was er sich allerdings zu oft zu gönnen schien, denn es verlieh seiner Haut einen glänzenden Ton. Wie ein mit Butter eingeriebenes Hähnchen, dachte sie.

Er stieß mit ihr an und trank sein Glas in einem Zug leer. Sie tat es ihm gleich.

Sie spürte, wie sich seine Hand auf ihre Brust legte und einen

Moment dort verharrte, weil er wahrscheinlich abwarten wollte, ob sie Widerstand leistete. Aber sie tat ihm den Gefallen nicht. Sie schloss die Augen, und er fing an, ihre Brust wie ein Kuh-Euter zu kneten. Sie unterdrückte ihre Abneigung und gab sich Mühe, ihm den Eindruck zu vermitteln, seine Berührung zu genießen. Sie öffnete die Augen wieder und blickte ihn an. Jetzt packte er auch ihre andere Brust. Sie stöhnte auf. Es hörte sich überzeugend an, fand sie. Die beiden Androbots beobachteten sie dabei, immer noch völlig teilnahmslos.

Dann griff er zwischen ihre Beine, schob ihr Kleid hoch und drückte seine Finger durch den dünnen Stoff ihres Slips, tastete, fuhr über ihre Schamlippen, suchte ihre Klitoris.

Sie stellte sich vor, wie Viiras Fäuste Formins Gesicht zertrümmerten und sie spürte Erregung in sich aufsteigen.

»Es geht mir gut, Papa.«

Die 3D-Anzeige von Mercures Smart präsentierte Christopher auf der Rückbank des Auto-Autos, das vor der Genprime-Klinik parkte. Neben ihm saß Viira und lächelte in die Kamera des Smarts, welches er mit ausgestrecktem Arm hielt, um den Jungen und sich zu filmen. Die andere Hand hatte er auf Christophers Schulter gelegt. Das Holster unter dem Jackett war deutlich zu erkennen. Es steckte eine Waffe darin. Der Junge hatte Angst.

»Deaktivieren Sie die Androbots«, befahl Eva-Marie Mercure Thompson.

Thompson zitterte. Er zog eine kleine Fernsteuerung aus der Tasche; sie war nur so groß wie ein Flaschenöffner. Er tippte darauf und sprach leise ein paar Worte hinein, die sie nicht verstand. Die Steuerung war auf sein Stimmmuster abgestimmt. Dann streckte sie die Hand aus, und Thompson übergab ihr die Fernsteuerung.

»Bruno?«, fragte Mercure.

Viira drehte das Smart, sodass sie durch die Scheiben die Bots sehen konnten. Die beiden Wächterinnen standen still. Viira ließ die Scheibe rechts von Christopher herunter und richtete dicht an dem Körper des Jungen vorbei die Waffe auf eine von ihnen. Als er feuerte, ertönte lediglich ein zischendes Geräusch. Viiras Waffe war gedämpft. Christopher schrie auf. Der Bot zitterte leicht, als die Kugel einschlug, aber er zeigte keinerlei Reaktion und stand weiter bewegungslos wie eine Säule.

Viira nickte in die Kamera.

»Gut«, sagte Mercure. »Soweit erstmal, Bruno.«

Sie ließ die Diorama-Anzeige des Smarts auf Thompsons Schreibtisch aktiviert und wandte sich ihm zu.

»Ich hoffe, Sie sind überzeugt, dass es besser ist, mit uns zu kooperieren, David. Sie wollen Ihren Jungen bestimmt kein zweites Mal klonen, oder?«

Thompson schwieg. Er sah aus, als hätte er Schmerzen.

»Oh, ich vergaß«, sagte Eva-Marie Mercure. »Wenn Sie ihn dann noch klonen können. Denn wir würden natürlich dafür sorgen, dass Ihre kleine Klinik geschlossen wird. Der EU ist diese Praxis schon lange ein Dorn im Auge. Und ich bezweifle, dass Sie der bulgarischen Regierung wichtig genug sind, dass sie wegen Ihnen und Ihrer Klinik Wirtschaftssanktionen in Kauf nehmen. Und glauben Sie mir, ich unterhalte sehr gute Beziehungen ins Wirtschaftsministerium, sowohl auf deutscher als auch auf EU-Ebene.«

»Was wollen Sie?« Thompson versuchte, sich seine Angst nicht anmerken zu lassen.

Mercure schlug die Beine übereinander und strich ihr graugrünes Kleid glatt. Es saß perfekt.

»Fein, David. Ich darf doch David sagen? Sie können mich gerne Eva-Marie nennen. Mir liegt viel an einer guten Arbeitsbeziehung. Vor allem mit Ihnen. Sie sind schließlich eine Koryphäe, nach allem, was man über Projekt Neanderthal liest. Muss aufregend gewesen sein damals.«

Thompson hob die Hand. »Bitte.« Er krächzte es mehr, als dass er es sprach.

Sie lächelte. »Okay, Smalltalk ist nicht Ihr Ding. Verstehe ich. Ich mag Leute, die direkt zur Sache kommen. Ich brauche Ihre Hilfe, David. Sechs Neandertaler sind damals dank Ihrer Hilfe geflohen. Und wir wissen, dass Sie auch Stiller und Weiss geholfen haben. Wo sind sie?«

Thompson zögerte einen Moment. Überlegte. Er zweifelte nicht daran, dass Mercure bis zum Äußersten gehen würde. Er hatte keine Wahl. Es ging um das Leben seines Sohnes.

»Sie sind in den USA.«

»In den USA?« Eva-Marie Mercure war überrascht. Sie hatte gedacht, dass sie irgendwo in Bulgarien untergetaucht wären. Das verkomplizierte die Angelegenheit. Die Beziehungen zwischen den USA und der EU waren seit einiger Zeit angespannt. Das von der EU einseitig aufgekündigte No-Spy-Abkommen, die unterschiedlichen Auffassungen über die ethischen Grenzen der Gen-Architektur. Die USA kritisierten die europäische und insbesondere die deutsche Gesundheitspolitik. Sie wusste, dass vor einigen Jahrzehnten die Lage genau umgekehrt gewesen war, als die EU Importverbote für transgene Lebensmittel verhängt hatte. Das war die Zeit gewesen, in der man noch Gene aus einem Organismus in den anderen geschleust hatte. Mit diesem Natur-Mash-up hatten sich die Euopäer nie abfinden können. Als dann naturidentische Genom-Chirurgie möglich wurde, verkehrte sich die Lage. Die Europäer bildeten nun die Speerspitze, und in den USA wuchs die Skepsis an den immer weitreichenderen Erbgut-Eingriffen.

Sie durfte seitens der USA mit keinerlei Unterstützung für ihre Mission rechnen. Das bedeutete, dass sie mit Bruno inoffiziell und auf sich gestellt arbeiten musste.

»Soweit ich weiß, sind nicht mehr viele von ihnen am Leben«, sagte Thompson. »Vielleicht sogar keiner. Ich habe schon lange nichts mehr von Adam und den anderen gehört.«

Mercure nickte. Das wiederum spielte ihr in die Hände – sofern Thompson die Wahrheit sagte.

»Wo verstecken sie sich?«

»Sie sind bei den Amish. In Pennsylvania. Lancaster County.«

Sie konnte nicht umhin, diesen Schachzug zu bewundern.

»Clever«, sagte Mercure. »Ihre Idee?«

»Drexlers.«

Sie versuchte sich an Drexler zu erinnern, an die Fotos, die sie in der Neanderthal-Akte gesehen hatte. Ein unauffälliger Mann. Er war nach der Flucht der Neandertaler abgetaucht.

»Wie viele Nachkommen gibt es?«, fragte sie.

»Ich weiß es nicht. Ein paar.«

»Sind Stiller und Weiss jetzt dort?«

Thompson nickte.

»Haben sie Androbots?«

»Nein.«

Er lügt, dachte sie. Sie sah es an seiner Mimik.

Sie holte ihr Smart heraus und tippte darauf herum. Ein Bild erschien, diesmal zweidimensional. Es war ein Bild des toten Mannes aus Düsseldorf. Sie hielt es Thompson vors Gesicht.

»Kennen Sie ihn?«

Thompson nickte.

»Er hat vor einiger Zeit Kontakt mit mir aufgenommen. Wir haben uns virtuell getroffen.«

»Was wollte er?«

»Er wollte alles über Projekt Neanderthal wissen.«

»Haben Sie ihn über die Lage des Massengrabs in Kenntnis gesetzt?«

»Ja.«

»Woher wussten Sie davon?«

»Ich habe meine Quellen.«

Sie erhob sich.

»Vielen Dank, David.«

Sie wandte sich an das Smart. »Bruno?«

Viiras Gesicht im Diorama wandte sich ihr zu.

»Ja?«

»Wir sind durch. Du kannst den Klon jetzt eliminieren.«

In dem Diorama sah man, wie Viira die Waffe auf Christopher richtete. Thompson sprang auf, im selben Moment erklang das Zischen von Viiras Waffe. Christophers Kopf wurde nach hinten geschleudert und sackte weg.

»Tut mir leid, David. Aber ich mag es nicht, wenn man mich anlügt.«

Thompson starrte Eva-Marie Mercure mit aufgerissenen Augen an.

»Aber ich bin kein Unmensch. Sie können Ihre Klinik behalten. Und wir lassen Ihnen Christophers Genmaterial. Sie können Ihren Sohn ein weiteres Mal klonen.«

24

AND THE GUNS SHOT ABOVE OUR HEADS

I can remember
Standing by the wall
And the guns shot above our heads
And we kissed
As though nothing could fall

Nie hätte sie gedacht, dass diese Zeilen aus David Bowies »Heroes« die letzten Worte wären, die ihr durch den Kopf gehen würden.

Sie standen bei der Mauer. Und die Schüsse flogen über ihre Köpfe. Und sie küssten sich, als ob nichts fallen könnte.

Aber Sarah fiel. Denn kurz zuvor hatte die Kugel ihr Herz durchbohrt, genau in dem Moment, als ihre und Max' Lippen sich berührten.

Sie waren am frühen Morgen gekommen.

Mercure und Viira trugen schwarze Kampfanzüge und Elektro-Kombinationswaffen. Als sie aus der gepanzerten Limousine stiegen, wirkten sie wie dunkle Todesengel, die ins Amish-Paradies eindrangen.

Abigail hatte das Auto-Auto vom Fenster aus kommen sehen. »Die Scheune! Bring die Kinder in Sicherheit!«, rief Adam. Dann weckte er Sarah und Max und führte sie zum Hinterausgang des Hauses. »Sie kommen! Rennt!«

Adam lief nach vorne, um sie aufzuhalten. Viira lächelte, als der Neandertaler sich näherte und vor ihm aufstellte. Für ihn war es die Erfüllung eines Traumes: der ultimative Kampf. Homo sapiens gegen Homo neanderthalensis. Und er durfte seine Rasse vertreten. Die überlegene Rasse.

Viira legte die Waffe nieder. Eva-Marie Mercure ließ die Männer stehen und stürmte mit dem Gewehr im Anschlag durchs Haus, um Max und Sarah aufzuspüren.

Mercure rannte durch die Hintertür und sah zwei Gestalten über das freie Feld hinter dem Haus rennen. Es waren Max und Sarah. Am Horizont begann ein Waldstück, vor dem ein Auto-Auto stand. Aus Respekt vor den Amish hatten sie ihr Fahrzeug in weitem Abstand geparkt.

Mercure war gut trainiert. Sie lief Marathons. Sie war schon immer die Schnellste gewesen; im Internat hatte sie Rekorde aufgestellt und sogar die Männer abgehängt.

Die Jagd war eröffnet. Mercure begann zu rennen.

Aber sie war keine Maschine, im Gegensatz zu Emilia, die sich im Keller aufhielt, als Mercure das Haus stürmte. Der Androbot trug zwar keine Waffe mehr – sie lag irgendwo in Samuels Haus, konfisziert. Doch ein Androbot stellte auch ohne jegliche Ausrüstung eine Waffe dar.

Emilia analysierte die Situation. Sie sah Adam gegen Viira kämpfen. Sie sah Abigail mit den Mädchen Zuflucht in der Scheune suchen. Sie sah Eva-Marie Mercure Sarah und Max verfolgen. Adam würde den Kampf gegen Viira mit einer Wahrscheinlichkeit von 70 Prozent gewinnen. Die Mädchen und Abigail waren keine Primärziele der Eindringlinge. Hinter Max und Sarah war eine bewaffnete Frau her. Emilias Priorität war es, Sarah und Max zu schützen.

Emilia rannte los.

Abigail hatte versucht, die Mädchen in Sicherheit zu bringen. Faith war in der Küche; sie schnappte sie sich und rannte mit ihr hinaus Richtung Scheune, um sie dort in dem Speicher unter dem Boden zu verstecken. Aber von Henrietta fehlte zunächst jede Spur. Als sie mit Faith zur Scheune hinauslief, sah sie das Mädchen. Es stand auf der Weide, um die Gänse zu füttern.

Mercure sah sich um und erblickte eine Frau in blauem Kleid, die ihr mit hoher Laufgeschwindigkeit auf den Fersen war. Sie stoppte, zielte und schoss. Sie sah die Kugel in ihren Bauch einschlagen. Die Frau rannte weiter.

Ein Androbot!

Mercure eilte weiter und überlegte fieberhaft. Sie wusste, dass die Maschine schneller als sie war, Training hin oder her. Und im Zweikampf würde sie dem Androbot unterliegen, egal, ob sie bewaffnet war oder nicht. Sarah und Max waren noch zu weit weg, noch nicht in Schussweite. Der Androbot würde sie einholen, bevor sie die beiden erreicht hätte. Sie musste sich etwas einfallen lassen. Schnell!

Sie sah Henrietta auf der Weide. Das Mädchen hatte den Schuss gehört und beobachtete die Szene. Es war verwirrt. Mercure überlegte in Sekundenbruchteilen. Der Androbot war schneller als sie. Er würde sie wahrscheinlich erreichen bevor sie in Schussweite an Max und Sarah herankam.

Aber sie konnte das Mädchen erreichen, bevor der Androbot bei ihr war.

Sie traf eine Entscheidung.

Henrietta stand wie versteinert da, als die große Frau in dem schwarzen Kampfanzug mit dem Gewehr auf sie zugerannt kam. Mercure sah sich im Lauf nach dem Androbot um, der schnell aufholte. Aber nicht schnell genug.

Sie rannte, so schnell sie konnte.

»Lauf, Henrietta!«, schrie Emilia dem Mädchen zu. »Lauf!«

Aber Henrietta lief nicht. Sie blieb wie versteinert stehen, unschlüssig, was sie tun sollte.

Dann war Eva-Marie Mercure bei ihr und packte sie mit ihrem freien Arm. Mit dem anderen hielt sie ihr das Gewehr an den Kopf. Obwohl Eva-Marie Mercure sehr groß war, überragte Henrietta sie.

»Eine Bewegung, und ich erschieße dich«, sagte sie Henrietta. Sie sagte es ruhig, ohne Drohung in der Stimme. Doch sie spürte den Körper des Mädchens zittern.

Dann drehte sie sich mit dem Mädchen im Arm zu Emilia um.

»Bleib stehen!«, befahl sie Emilia. »Oder das Mädchen stirbt!«

Emilia hielt an. Sie war nur noch wenige Meter von Mercure entfernt. Sie analysierte die Situation, simulierte sämtliche möglichen Szenarien von Anfang bis Ende durch. Das Mädchen schwebte in Todesgefahr. Sie hatte jetzt Priorität. Und sie sah, dass Sarah und Max bald das Auto-Auto erreichen würden.

»Schalt dich ab«, sagte Eva-Marie Mercure zu dem Androbot.

Emilia zögerte einen Moment. Sie analysierte neu. Schaltete sie sich jetzt ab, würde das Mercure eventuell ermöglichen, Max und Sarah noch einzuholen. Sie musste versuchen, auf Zeit zu spielen.

Der Androbot reagierte nicht.

»Schalt dich ab! Sofort!«

Der Androbot reagierte nicht.

Mercure wusste genau, dass die Maschine versuchte, Zeit zu schinden.

Sie hob das Gewehr an, um ihr zu demonstrieren, dass sie es ernst meinte. Sie wusste aber auch, dass mit der Erschießung des Mädchens zugleich ihr Leben zu Ende war. Und auch ihre Mission.

Der Androbot war nicht darauf programmiert, auf Risiko zu spielen.

In Sekundenbruchteilen berechnete Emilia ihre Optionen. Sie könnte versuchen, Mercure mit einem schnellen Zug auszuschalten, aber die Überlebenschancen des Mädchens lagen dabei unter 20 Prozent.

Sie könnte sich in den Hibernate-Modus versetzen und dann umgehend wieder hochfahren. Es würde sie insgesamt 15 Sekunden kosten.

Mercure würde kurz prüfen, ob sie abgeschaltet wäre, wahrscheinlich, indem sie sie umwarf oder auf sie schoss. Sie würde sich nicht die Zeit nehmen, sie zu zerstören, noch das Mädchen zu erschießen. Sie würde sofort Sarah und Max hinterher laufen.

Emilia berechnete den Weg, den Mercure in dieser Zeit zurücklegen würde. Und den, den Sarah und Max zurücklegten. Befänden sie sich dann schon in Schussweite? Konnte sie Mercure rechtzeitig einholen und vorher ausschalten? Es würde sehr knapp werden. Die Erfolgswahrscheinlichkeit lag bei 60 Prozent. Angesichts der Situation war es die Handlungsoption mit den besten Chancen und Aussichten.

Sie schaltete in Hibernate und ließ ihre Augen zufallen. Ihr Körper sackte leicht zusammen, als ihre artifiziellen Muskeln und Gelenke in den Haltemodus fielen.

Mit dem Mädchen im Arm trat Mercure an den Androbot heran. Sie streckte ihren freien Arm aus und versetzte Emilia einen Stoß. Der Androbot fiel um.

Im gleichen Moment ließ Mercure Henrietta los und rannte, so schnell sie konnte.

Sarahs Lunge brannte. Ihr Atem ging nicht schnell genug, sodass sie das Gefühl hatte, zu wenig Luft zu bekommen. Sie hörte Max schnaufen. Sie hatten ihr Tempo leicht gedrosselt, als sie sahen, wie Emilia die Verfolgung von Mercure aufnahm. Aber als Sarah sich nun umsah, erschrak sie.

Mit einem schnellen Blick erfasste Sarah die Situation. Henrietta stand verstört alleine, der Androbot lag neben ihr regungslos am Boden. Mercure war ihnen erneut auf den Fersen.

Sie tippte Max an und zeigte eine einzige Gebärde: Schneller! Ihre angstvolle Mimik bildete das Ausrufezeichen.

Sie sah zum Auto-Auto am Waldrand hinüber. Sie mussten noch ein gutes Stück über freies Feld rennen.

Dann hörte sie einen Schuss. Und sie spürte die Kugel dicht an sich vorbeisausen.

Mercure.

Sie tippte Max an, der den Schuss nicht gehört hatte.

»Wir müssen Deckung suchen!«, gebärdete sie mit hektischen Bewegungen, während sie weitereilte.

Er zeigte auf eines der Nachbarhäuser. »Dorthin!«

Ein zweiter Schuss. Max schrie. Er blickte auf seinen Arm. Blut. Die Kugel hatte ihn erwischt. Er hielt sich den Arm und bedeckte die Wunde.

Wir werden es nicht bis zum Haus schaffen.

Noch ein Schuss.

Vor dem Haus lag ein Garten, abgegrenzt von einer Mauer, die aus losen Steinen aufgeschichtet und hüfthoch war.

Die Mauer. Dahinter waren sie geschützt. Aber Mercure würde sie kriegen.

Rennend sah Sarah sich abermals um, sah, wie Mercure innehielt und zielte. Und sie sah noch etwas: Emilia war wieder auf den Beinen und rannte in einem irren Tempo hinter Mercure her. Sie würde sie jeden Moment zu fassen bekommen.

Max sprang mit dem Kopf voran über die Mauer. Als Sarah zum Sprung ansetzte, schlug etwas in ihre Wade ein. Einen Augenblick später hörte sie den Schuss. Sie spürte, wie etwas herausgerissen wurde. Ihr Sprung wurde durch den Einschlag der Kugel gebremst. Sie blieb mit dem Fuß an der Mauer hängen und riss Steine heraus. Max zog sie hinüber.

Schwer atmend lehnten sie sich rücklings gegen die Mauer und zogen die Köpfe ein.

And the guns shot above their heads

Schüsse schlugen ein, zersplitterten Steine, rissen Löcher in die Mauer.

Max neben ihr. Sie griff seine Hände. Sie sah ihn an. Sah die Angst in seinem Gesicht. Sah seine weit aufgerissenen Augen.

Sie zieht seinen Kopf zu sich heran.

And we kissed

Die Kugel schießt durch das Loch in der Mauer und bohrt sich durch ihren Rücken. Sie zerreißt ihr Herz in dem Moment, als ihre Lippen sich berühren. Als das Projektil in sie einschlägt und durch die Brust wieder austritt, denkt sie: Getroffen.

Dann kommt ihr die Zeile aus David Bowies Song in den Sinn.

And we kissed as though nothing could fall.

Er spürt den Ruck durch ihren Körper fahren. Spürt, wie sich ihre Lippen gegen seine drücken. Spürt ihren Atem in seinen Mund entweichen.

Max' Gesicht über ihrem. Er schreit, aber sie kann es nicht hören. Sie denkt: Jetzt bin ich wie du, Max.

Sie will noch etwas sagen. Aber sie kann nicht. Ihr fehlt die Luft. Sie denkt an ihre Hände. Sie gebärdet, und das ist ihr Glück. Mit letzter Kraft ballt sie ihre Hände zu Fäusten und bewegt sie in kleinem, stolzgeschwelltem Bogen über die Brust. Es ist die Gebärde für Helden.

We can be heroes

Doch zugleich ist es Valeries Gebärdenname. Zur Sicherheit malt sie lautlos das Mundbild ihrer Tochter.

Valerie.

Rette Valerie.

Sie starrt verzweifelt in Max' Gesicht, um sicherzugehen, dass er versteht, bevor sie ihn verlassen muss. Und erkennt, dass er versteht.

Tausende Kilometer von ihrem Zuhause entfernt stirbt Sarah. Das Paradies war verloren, hier in Lancaster County, im Reich der Amish.

And the shame was on the other side

25

DER STAMM DER DUNKLEN

Drei Monde lang waren sie nun unterwegs. Und eigentlich hätten sie schon längst auf Prata stoßen müssen, denn das hier war ihr Gebiet. Aber sie trafen niemanden. Sie stießen nur auf ihre Hinterlassenschaften: Verkohltes Holz, Steinsplitter, Speerspitzen, Knochen, die Reste einer Siedlung. Die Prata hatten ihr Stammesgebiet verlassen. Waren auch sie auf der Flucht vor dem weißen Wasser?

Sesen, Maruch und Bantur hatten ihn gefragt, warum er den Dunklen gerettet hatte. Und Urudim fragte es sich selbst.

Wenn sie euch angreifen, werdet ihr euch wehren, *hatte Meliur gesagt.*

Und hatten die Dunklen sie etwa nicht angegriffen? Sie hatten ihre Vorräte stehlen wollen. Und wer weiß, vielleicht hätten sie mit ihren Speeren doch noch zugestoßen. Er hatte keinen Grund gehabt, sie zu verschonen. Und noch weniger hatte er Grund gehabt, einen der ihren zu beschützen. Sein Leben zu riskieren im Kampf gegen einen Orok – um seinen Angreifer zu verteidigen? Es ergab überhaupt keinen Sinn. Warum also hatte er es getan?

Urudim erkannte die Wahrheit in Meliurs Worten. Tod verursachte noch mehr Tod. Und das schwächte den Großen Geist. Vielleicht hatte der Stammesführer recht, wenn er sagte, dass die Dunklen möglicherweise die Zukunft waren. Es waren ihre neuen Nachbarn – ob sie wollten oder nicht, die Dunklen waren jetzt hier, hier in ihrem Land.

Kalakmang, so nannten sich diese Wesen selbst. Und er war für sie ein Uluk.

Aber waren es wirklich Meliurs weise Worte gewesen, die ihn in diesem Moment dazu brachten, Tschuk-Tschak zu verteidigen? Oder war es sein Geist gewesen, der sich mit dem Geist des Dunklen verbunden hatte?

Tschuk-Tschak hätte ihn töten können, bevor er und seine Kameraden zur Höhle gegangen waren. Aber der Dunkle hatte es nicht getan. Stattdessen hatte er versucht, mit ihm zu kommunizieren, hatte ihm seinen Namen genannt.

Was sollten sie tun? Wo sollten sie hin? Urudim spürte, dass Sesen, Maruch und Bantur ihn als ihren Anführer betrachteten. Die Verantwortung lastete auf ihm, und sie lastete schwer.

Urudim sah die Angst in Maruchs großen Augen. Sah die Müdigkeit in Sesens Gesicht, sah Banturs stämmige Schultern herabhängen.

Sie hatten mühsam Kleintiere jagen müssen. Hasen, Waschbären. Ab und zu ein Reh. Es war anstrengend und unbefriedigend – ihre Bäuche knurrten, und sie wurden schwächer und schwächer. Zum Glück waren sie an einen Fluss gestoßen. Er war reich an Fischen.

Aber schlimmer als der Hunger war die Angst. Nur zu viert, ohne den Schutz eines Stammes, war es nur eine Frage der Zeit, bis der Große Geist sie verlassen würde. Und es wurde kälter. Der Winter kam.

Und irgendwann würde aus der Angst Verzweiflung werden.

Wenn sie beim Feuer zusammensaßen, sprachen sie nicht darüber. Er sah, dass seine Gefährten sich bemühten, ihre Angst zu verbergen. Sie waren Naba-Jäger. Angst war ihr Feind. Aber dennoch wussten sie, dass alle anderen es auch wussten: Es war nur eine Frage der Zeit, bis sie sterben würden. Hier im Nirgendwo, fern von ihrem Stamm. Ihrem Zuhause.

Urudim war jetzt ihr Führer. Aber wohin sollte er sie führen?

Maruch sah sie zuerst. Er hatte die größten und besten Augen.

»Urudim! Dort!«

Urudim musste sich anstrengen, aber schließlich entdeckte er etwas am Horizont. Ein feiner Rauchfaden, der in den Himmel aufstieg.

Ein Lager.

Waren es die Prata? Waren sie auf ihren Trek gestoßen?

Sie gingen im Schutz des Waldes, der sich entlang des Flusses zog. Als sie sich näherten, sahen sie die Zelte. Es waren keine Prata. Die Zelte schienen merkwürdig, fremdartig. Nach oben hin spitz, mit einem Loch, aus dem Rauch abzog. Solche Zelte hatte er noch nie gesehen.

Es musste ein Lager der Dunklen sein.

Sie näherten sich aufrecht, die Speerspitzen gen Boden gerichtet – das Zeichen für Entwaffnung. Sesen war als Einziger dagegen gewesen, zu den Dunklen zu gehen. Die anderen waren ihm, Urudim, ohne ein Murren gefolgt.

Urudim hatte ihnen gesagt, was Meliur ihm gesagt hatte.

»Wir gehen in Frieden zu ihnen. Ich glaube, dass die Dunklen nichts anderes wollen als die Naba: in Frieden leben und den Großen Geist mehren. Wenn sie Krieg mit uns wollten, hätten sie die Naba schon längst angreifen können. Und auch, dass sie uns neulich Nacht nicht getötet haben, zeigt, dass sie keinen Krieg wollen.«

»Woher weißt du, dass sie es nicht mit den Prata getan ha-

ben?«, fragte Sesen. Seine Augen funkelten, und seine Haare bebten wie Blitze.

»Seit Monden sehen wir nur ihre Spuren. Vielleicht haben die Dunklen sie getötet?«

»Aber wieso haben wir dann keine Spuren eines Kampfes gesehen? Keine Prata-Hüllen?«, fragte Urudim.

»Vielleicht, weil die Dunklen sie gegessen haben?«

Er sah nun die Angst in den Gesichtern von Maruch und Bantu. Hüllen der Seinesgleichen zu essen war ein Tabu und nur in absoluter Notlage gestattet. In harten Wintern. Wer es mutwillig tat oder gar einen Geist aus Seinesgleichen vertrieb, um die Hülle zu essen, war ein Aussätziger, einer, der den Großen Geist geschändet hatte.

Aber niemand kannte die Dunklen gut genug, um sagen zu können, ob sie sich an die Regeln des Großen Geistes hielten. Vielleicht hatten sie gar keinen Geist in sich. Vielleicht waren sie völlig andersartig. Und sie, die Naba, waren nicht gleich den Dunklen. Vielleicht galt die Regel des Großen Geistes in diesem Fall nicht. Schließlich aßen sie ja auch die Hüllen der Tiere.

»Sesen, ich verstehe deine Befürchtungen. Und du hast recht. Ich kann nicht garantieren, dass sie uns aufnehmen werden. Vielleicht werden sie uns sogar töten. Ja, es ist möglich, dass die Dunklen in ihren Herzen böse sind und den Willen des Großen Geistes missachten oder ihn gar nicht kennen. Umso mehr wäre es unsere Aufgabe, ihnen den Willen des Großen Geistes nahezubringen, um ihn zu stärken.«

»Urudim«, sagte Sesen. »Ich sehe unsere Lage. Aber ich denke, dass wir ein zu hohes Risiko eingehen. Wir könnten sie umgehen und versuchen, uns zu den Runa durchzuschlagen.«

»Wir wissen nicht, ob die Runa noch da sind. Vielleicht sind sie gemeinsam mit den Prata ins Reich der Sonne aufgebrochen.

Und früher oder später werden wir wieder auf die Dunklen stoßen. Sie sind einfach zu viele geworden. Wir werden nicht ewig vor ihnen davonlaufen können.«

»Und wenn sie uns töten – uns aufessen? Unseren Geist stehlen? Willst du das? Wir hätten wenigstens die Möglichkeit, den Geist in die andere Welt zu retten.«

»›Wenn sie uns angreifen, werden wir uns wehren‹ – so hat Meliur es mir befohlen. Wenn sie uns angreifen, werden wir mit unseren Speeren in der Hand einen ehrenwerten Tod sterben – als Naba-Jäger. Und das ist mir lieber, als vom weißen Wasser gejagt zu werden und meinen Geist nach und nach zu schwächen, bis er aus mir weicht.«

Urudim blickte Sesen fest an. In der Miene seines Kameraden stand Stolz und Entschlossenheit, und er respektierte ihn dafür. Er sah, dass Sesen nicht überzeugt war, aber er sah auch Respekt in seinen Augen. Es war der Respekt vor einem Stammesführer.

»Wir haben keine Wahl. Wir werden sterben ohne Stamm. Ich sage, wir gehen mit offenen Armen zu den Dunklen.«

Maruch und Bantur hatten die ganze Zeit geschwiegen.

»Bantur, Maruch – was denkt ihr?«, fragte Urudim.

Bantur hatte seine Speerspitze poliert. Er blickte auf.

»Ich weiß nicht. Ich traue den Dunklen nicht. Aber ich sehe auch, dass wir auf Dauer nicht überleben werden. Ich vertraue deiner Entscheidung.«

Maruch nickte. »Du bist unser Führer, und du hast die roten Augen.«

Es verunsicherte Urudim, als Maruch das sagte. Er selbst hatte nicht das Gefühl, die roten Augen zu besitzen und irgendetwas sehen zu können, was die anderen nicht sahen. Geschweige denn, die Dinge sehen zu können, die Meliur gesehen hatte.

Und so war es entschieden.

Sie gingen mit gesenkten Speerspitzen langsam auf das Lager der Dunklen zu.

Die schwarzen dünnen Wesen strömten aus ihren Zelten heraus, als sie die Naba-Jäger entdeckten. Geschrei und Aufregung. Urudim sah Mütter, die ihre Kinder an sich gebunden hatten. Er sah alte Menschen mit Falten, ohne Zähne, mit grauen Haaren, die gebückt umherliefen. »Sie sorgen sich um ihre Alten«, dachte er. »Sie müssen vom Geist erfüllt sein.«

Die Dunklen trugen Körperbemalung und Schmuck, die Frauen hatten sich Knochen durch die Ohrläppchen gesteckt. Sie waren alle sehr zierlich, und ihre schwarze Haut verlieh ihnen etwas, das Urudim nur schwer beschreiben konnte. Etwas Ebenmäßiges, Feines.

Er sah Angst und Neugier in ihren Gesichtern und er dachte: Sie sind wie wir.

Manche Männer hatten Speere in der Hand. Aber sie hielten sie nicht gen Boden gerichtet, sondern auf die Naba. Es waren Jäger, das konnte er an ihren Bemalungen und ihrem Schmuck erkennen. Er glaubte, einen oder zwei von ihnen wiederzuerkennen. Waren es die Jäger, die sie nachts überfallen hatten? Sie schrien und zeigten mit den Fingern auf sie. Sie drohten mit ihren Speeren. Urudim spürte einen Anflug von Angst und Verunsicherung. Was, wenn er sich irrte? Was, wenn Sesens Befürchtungen sich bewahrheiteten? Nun war es zu spät.

Er als Führer ging voran, weiter auf die Dunklen zu, und seine Gefährten folgten ihm.

Im Dunklen-Lager stand ein Zelt, das größer war als die anderen. Es war bemalt und von Umbam-Stoßzähnen umgeben. Ihm entstieg nun ein Mann, den Urudim zunächst nicht erkannte, denn er trug einen Schia-Schädel auf dem Kopf. Das Fell der Säbelzahnkatze fiel an seinem Rücken hinab. Urudim erkannte ihn erst, als er direkt vor ihm stand, flankiert von mehreren Jägern. Es war Tschuk-Tschak. War er ihr Stammesführer?

Urudim sah ihn an, und Tschuk-Tschak sah ihn an, ohne dass irgendeine Regung in seiner Miene zu erkennen war. Auch er hielt einen Speer in der Hand, und die Spitze hielt er auf Urudims Herz gerichtet.

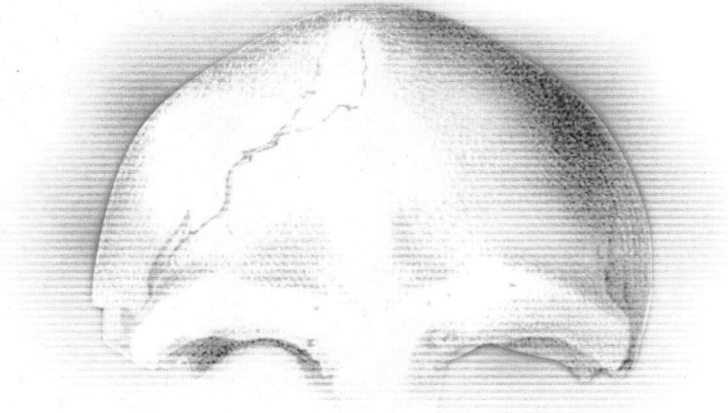

TEIL DREI

26

PROTOKOLLAUSSCHNITT DER TALKSHOW »GESUNDE EINSTELLUNG«

Guten Abend, meine Damen und Herren. Ich bin Anne Rubinstein und begrüße Sie ganz herzlich zu einer neuen Ausgabe von »Gesunde Einstellung«. Ein Hinweis an unsere Zuschauer heute Abend vor den Dioramen: Sie haben jetzt die Möglichkeit, unsere Sendung auch in Reallife-Auflösung zu verfolgen, natürlich nur, falls Sie über ein Reallife-Ready-Gerät verfügen.

Ja, und damit komme ich zu unserem heutigen Thema: »Hilfe, ich bin anders – Was kann ich tun?«, so lautet der Titel dieser Sendung.

Anderssein ist ein Thema, das noch immer eine Menge Menschen in unserer Gesellschaft beschäftigen dürfte. Wir haben heute Abend einige interessante Gäste eingeladen, die uns aus erster Hand berichten können, was das bedeutet: anders zu sein.

Damit begrüße ich unsere heutigen Gäste im Studio.

Kameraschwenk auf Lisa M. Ihr Gesicht ist verschwommen, man kann nur ihre langen Haare erkennen. Vom Rest ihres Körpers ist auf ein Alter von schätzungsweise Ende 30 zu schließen, eine schlanke Frau, sportlich, durchtrainiert, gut gekleidet.

Herzlich willkommen, Lisa M. Nicht erschrecken, liebe

Zuschauer, mit Ihrem Diorama ist alles in Ordnung. Dass Sie Frau M.s Gesicht nicht erkennen können, ist Absicht, nicht etwa eine Fehlfunktion Ihres Gerätes und schon gar kein Fehler in der Reallife-Darstellung, haha.

Wir haben Frau M. versprochen, ihre Identität geheim zu halten, da sie sonst gesellschaftliche und berufliche Nachteile fürchtet. Derzeit reißen sich sehr viele Medien um Interviews mit ihr; Frau M. aber hat sich entschlossen, zu uns in die Sendung »Gesunde Einstellung« zu kommen, was uns sehr gefreut hat. Wir bedanken uns bei ihr für das Vertrauen und den Mut.

Ja, Sie haben es sicher schon mitbekommen, liebe Zuschauerinnen und Zuschauer. Frau M. ist seit Wochen in aller Munde: Sie hat vor Kurzem ein Kind mit Down-Syndrom zur Welt gebracht. Ich habe recherchiert; die letzte offizielle Geburt eines Downies in Deutschland ist schon eine Weile her, vierzehn Jahre, um genau zu sein. Lisa M. wird uns gleich genauer erzählen, wie so etwas möglich war und wie sie damit lebt.

Unser nächster Gast, meine Damen und Herren, ist ein weiteres Highlight.

Kameraschwenk auf Rubinstein und Adam.

Auch er hat in den letzten Wochen für viel Presserummel gesorgt. Ja, man könnte ihn schon fast als Star bezeichnen. Wir sind froh, dass wir ihn für ›Gesunde Einstellung‹ gewinnen konnten. Herzlich willkommen Adam, der Neandertaler.

Zoom auf Adams Gesicht. Er sieht anders aus als bei den Amish. Er ist vollständig rasiert, die Haare sind modern frisiert und gescheitelt. Er trägt einen Anzug.

Rubinstein: Adam ist ein Neandertaler, also ein Angehöriger einer ausgestorbenen Menschenart. Und er sagt, er wurde in einem geheimen Regierungsprojekt vor dreißig Jahren …

Adam *(lächelnd)*: Vor 37 Jahren.

Rubinstein *(sichtlich nervös wegen seiner Stimme)*: Verzeihung, vor 37 Jahren. Also, Adam sagt, er wurde damals, das war, Kopfrechnen *(lacht)*, ja, also das müsste im Jahr 2018 …

Adam: 2016.

Rubinstein *(lacht)*: Oh, Entschuldigung, 2016 natürlich, das Jahr, in dem Adam im Zuge eines geheimen Regierungsprojekts geklont und so wieder zum Leben erweckt wurde. Das jedenfalls behauptet er. Hallo Adam, Sie heißen nur Adam, oder? Ohne Nachnamen?«

Adam: Das ist richtig, Frau Rubinstein. Sie haben uns damals biblische Namen gegeben. Und die Menschen in der Bibel hatten meist keine Nachnamen.

Rubinstein: Aber Jesus hatte doch einen, oder nicht? *(lacht)*

Adam: Ähm, ja. Aber ich und meine Gefährten nicht. Wir trugen alle Apostelnamen.

Rubinstein: Ihre Gefährten?

Adam: Ja, es waren mehrere Neandertaler, die geklont wurden.

Rubinstein: Sehr spannend, Adam. Das werden Sie uns gleich noch genauer erläutern. Adam ist heute Abend auch nicht alleine hergekommen; sein Begleiter heißt Max Stiller. Er ist Neandertaler-Experte an der Freien Universität Berlin.

Zoom auf Max. Seine Miene ist ungeduldig, die Zornesfalte ist sichtbar. Doch man sieht auch, dass er sich beherrscht. Als er merkt, dass die Kamera auf ihn gerichtet ist, nickt er.

Rubinstein: Herr Stiller ist ebenfalls etwas Besonderes. Er ist behindert, weil er nicht hören kann. Er selbst nennt sich gehörlos; die meisten würden sagen: taubstumm. In Deutschland gibt es nur noch wenige seines Schlages. Wir können mit Herrn Stiller trotzdem kommunizieren, weil er von den Lippen ablesen kann. Und er kann auch sprechen. Um die Kommunikation zu erleichtern, wird heute Abend ein Androbot aus Herrn Stillers Sprache, der Gebärdensprache, ins Deutsche übersetzen und umgekehrt. Der Androbot wurde uns freundlicherweise von der Firma Boston Dynamics und dem Verteidigungsministerium zur Verfügung gestellt.

Kamerazoom auf den Androbot, ein weibliches Modell mit langen blonden Haaren, schlanken Gliedmaßen und schmalem Gesicht. Ihre Lippen sind rot geschminkt, die Fingernägel schwarz lackiert. Sie trägt ein dunkles Kleid und nickt lächelnd in die Kamera.

Rubinstein: Weiterhin begrüße ich Miodrag Pavkovic.

Zoom auf einen glatzköpfigen Mann mit kantigen Gesichtszügen, der durch eine Brille ernst in die Kamera blickt. Er ist gut gekleidet, seine Krawatte sitzt perfekt.

Herr Pavkovic ist Gen-Architekt und Gründer der Firma DNAesthetics. Er wird uns mehr über die genetischen Aspekte des Andersseins erzählen.

Pavkovic nickt in die Kamera.

Rubinstein: Und unser letzter Gast heute Abend ist Sandra Paetzold, Unhealthy-Aktivistin und Gründerin der Initiative »Neandertals Welcome«.

Zoom auf Sandra Paetzold. Sie ist Anfang 20, hat ihre langen braunen Haare zu einem Zopf geflochten und ist ungeschminkt. Auf ihrem T-Shirt steht: Mens sana in corpore sano; das »e« in corpore ist rot durchgestrichen und durch »ate« ersetzt.

Kameraschwenk auf Rubinstein, die sich an Adam wendet:

Adam, Sie sind heute Abend vielleicht unser schillerndster Gast, beginnen wir mit Ihrer Geschichte …

Der Androbot fällt Anne Rubinstein ins Wort: Entschuldigung, Frau Rubinstein, aber diese Sendung war im Vorfeld anders angekündigt.

Kameraschwenk auf den Androbot, der sich neben Max gestellt hat und simultan Max' Gebärden übersetzt. Rubinstein wendet sich dem Androbot zu. Sie ist verwirrt. Max fordert sie mit Gesten auf, ihn anzusehen.

Androbot/Max: Ihre Redakteure hatten Adam und mir versprochen, ausführlich über das illegale Klonprojekt der Regierung zu sprechen, in dem Neandertaler zu unlauteren Zwecken wiedererweckt wurden und bei dem Adam und seine Artgenossen jahrelang gefangen gehalten wurden. Von »Hilfe, ich bin anders, was kann ich tun?« war nie die Rede und wir hätten uns auch nicht für so etwas …

Die Kamera schwenkt immer wieder zwischen dem Androbot und Max hin und her. Max' Gebärden sind emotional.

Rubinstein: Herr Stiller … entschuldigen Sie, wenn ich Sie unterbreche …

Sie versucht, Max zu bremsen. Aber es ist schwierig, weil die Übersetzung des Androbots zeitverzögert kommt.

Androbot/Max: … hergegeben. Ihre Redaktion hat uns versprochen, dass er das Hauptthema der Sendung werden würde …

Rubinstein: Herr Stiller! Ich muss hier einhaken.

Androbot/Max: … dass Sie die illegalen Machenschaften der damaligen Regierung beleuchten würden …

Rubinstein: Herr Stiller, mit Verlaub! Entschuldigen Sie,

vielleicht haben Sie etwas missverstanden, möglicherweise gab es ein Problem bei der Übersetzung.

Androbot/Max: Es gab kein Problem, bei den Vorgesprächen war ein Androbot-Dolmetscher dabei!

Rubinstein: Ähm, ja, meine Damen und Herren, ich glaube, hier liegt ein kleines Missverständnis vor. Herr Stiller, ich denke, ich spreche im Namen der gesamten Redaktion und unseres Publikums, wenn ich sage, dass ich mich sehr freue, dass Sie und Adam heute Abend bei uns zu Gast sind. Adams Geschichte ist natürlich derzeit von großem Interesse, aber Frau M.s ist es ebenso. »Gesunde Einstellung« ist eine verbrauchernahe Sendung. Das Thema Anderssein ist für viele unserer Zuschauerinnen und Zuschauer relevant, weil es sie entweder direkt oder indirekt betrifft, daher mussten wir mehrere Gäste bündeln. Ich bin sicher, dass Sie das verstehen, wir nun alles geklärt haben und mit der Sendung fortfahren können.

Kameraschwenk auf Max, der nur verständnislos mit dem Kopf schüttelt und die Hände hebt. Pavkovic blickt genervt in die Kamera. Dann schwenkt sie wieder auf Rubinstein und Adam.

Rubinstein: Herr Adam, ähm, ich meine, Adam. Sie sagen, Sie sind ein Neandertaler. Können Sie uns und unseren Zuschauern genauer erklären, was das ist?

Max *(spricht)*: Oh mein Gott!

Rubinstein und die anderen Gäste zucken zusammen, als sie seine ungewöhnliche Stimme hören. Adam legt eine Hand auf Max' Arm, um ihn zu bremsen.

Adam: Die Neandertaler waren eine andere Menschenart, die vor 40.000 Jahren ausgestorben ist. Sie haben sich parallel zu Homo sapiens im eiszeitlichen Europa entwickelt und sind nicht die Vorläufer von den heute existierenden Menschen, die alle zur Art Homo sapiens gehören. Homo sapiens hat sich unabhängig vom Neandertaler in Afrika entwickelt und ist erst später nach Europa eingewandert, wo er dann auf den Neandertaler traf. Der Neandertaler ist sozusagen der Vetter von Homo sapiens.

Rubinstein: Und man weiß nicht, warum die Neandertaler ausgestorben sind, richtig?

Adam: Die Frage gebe ich an Max Stiller weiter, er ist der Experte.

Androbot/Max (genervt): Nein, das weiß man nicht. Manche vermuten, dass Homo sapiens die Neandertaler damals ausgerottet hat, als er nach Europa kam. Es könnte aber auch einfach sein, dass unsere Vorfahren den Neandertalern die Beute weggejagt haben. Und sie haben sich vermengt, das wissen wir aus Genanalysen.

Rubinstein: Und deswegen haben wir alle noch Neandertaler-Erbgut in uns, Herr Pavkovic, richtig?

Pavkovic: Ja, aber nur noch ganz wenig. Die Regierung sorgt seit Jahrzehnten dafür, dass es immer weniger wird, weil viele Neandertaler-Gene Krankheiten hervorrufen.

Max/Androbot: Das ist meines Wissens überhaupt nicht belegt.

Rubinstein übergeht Max' Einwand.

Rubinstein: Adam, wenn die Neandertaler vor 40.000 Jahren ausstarben – wie kommt es, dass Sie dann heute Abend hier sind? Sind Sie wirklich ein Neandertaler, wie Sie behaupten?

Adam *(lächelt)*: Sie sehen ja, dass ich anders aussehe, und Sie hören, dass ich eine andere Stimme habe, oder?

Max/Androbot: Frau Rubinstein, wir haben Adam Blutproben abgeben lassen. Es wurden Gentests durchgeführt, die belegten, dass Adam ein Neandertaler ist. Die Daten sind öffentlich.

Rubinstein: Sie haben jedoch weitere wissenschaftliche Untersuchungen bislang abgelehnt. Warum?

Max/Androbot: Weil wir um Adams Leib und Leben fürchten müssen. Die deutsche Regierung hat uns bis in die USA verfolgt. Sie haben meine Mitarbeiterin Sarah Weiss ermordet. Wir müssen davon ausgehen, dass sie alles versuchen werden, um Adam in ihren Gewahrsam zu bringen. Wenn er sich einmal in die Hände der Wissenschaftler begibt, könnte es sein, dass er nie wieder freigelassen wird.

Rubinstein: Herr Pavkovic, Sie sind Gen-Fachmann. Wie beurteilen Sie das Ganze?

Pavkovic: Ich habe den Medienrummel der letzten Wochen natürlich verfolgt. Herr Stiller und Herr Adam haben sich schließlich direkt an die Presse gewandt, statt erst einmal an die Wissenschaft. Das hat für mich schon mal einen unangenehmen Beigeschmack. Die Presse hat drei versierte Labore unabhängig voneinander mit Erbgut-Untersuchungen von Adam beauftragt. Es stimmt, Adam ist ein Neandertaler. Unter welchen Umständen er geklont wurde, bleibt aber nach wie vor ungeklärt. Und ich frage mich, was sein Motiv ist. Warum will er die deutsche Regierung angreifen? Haben wir es hier eventuell mit den Propaganda-Aktivitäten ausländischer Regierungen zu tun, die die Wahlen beeinflussen wollen? Wir hören immer wieder davon, dass die Chinesen möglicherweise dahinter stecken.

Max/Androbot: Wir haben das bereits mehrfach erklärt. Können wir jetzt endlich zur Sache kommen, Frau Rubinstein?

Rubinstein: Herr Stiller, ich möchte Sie höflich bitten, sich dem Verlauf der Sendung zu fügen. Adam, wie wurden

Sie als Neandertaler »wiedererweckt«, oder wie sollte man das nennen?

Adam: Ich wurde geklont, zusammen mit elf anderen Neandertalern. Man hat unser Genmaterial aus Erbgut-Analysen alter Knochen rekonstruiert.

Rubinstein: Das heißt, man hat DNA aus Knochen gewonnen, die Tausende von Jahren alt waren?

Adam: Ich bin da kein Fachmann ...

Pavkovic: Wenn ich das kurz erläutern dürfte, Frau Rubinstein ...

Rubinstein: Bitte!

Pavkovic: Die DNA in alten Neandertaler-Knochen ist in viele kleine Stücke zerfallen. Man kann also nicht einfach diese alte DNA nehmen und in eine Eizelle packen. Aber man kann die Erbgut-Stücke auslesen und dann den Code Stück für Stück zusammensetzen.

Rubinstein: Aber dann hat man den Code doch nur im Computer?

Pavkovic: Ja, aber dann könnte man eine befruchtete menschliche Eizelle nehmen und deren Erbgut an all den erforderlichen Stellen in den Neandertaler-Code umschreiben. So viele Erbgut-Buchstaben sind das gar nicht, die bei Neandertalern anders sind als bei uns. Etwa 40.000.

Rubinstein *(verzieht angewidert das Gesicht)*: Und dann würde man Frauen diese Neandertaler-Kinder austragen lassen?

Pavkovic: Äh. Ja. Das ist ethisch natürlich völlig indiskutabel. Aber im Fall von Adam hat das offenbar jemand getan. Ich kann mir einfach nicht vorstellen, dass so etwas in Deutschland möglich wäre.

Adam: Genau das ist aber vor 37 Jahren passiert. Und zwar mindestens zwölf Mal, möglicherweise gab es noch mehr Versuche, die misslangen? Das ist hier in Deutschland gemacht worden.

Rubinstein wendet sich Frau M. zu.

Und hier gibt es eine Verbindung zu dem Fall von Frau M. Sie sind gerade Mutter geworden, allerdings eines Kindes mit Down-Syndrom, einer schweren genetischen Aberration, die heute eigentlich nicht mehr vorkommt, weil sie in Pränatal-Tests rechtzeitig erkannt und korrigiert wird. Was ist bei Ihnen schiefgelaufen, Frau M.?

Frau M.: Die Ärzte und Gen-Architekten haben versagt. In allen Vorsorge-Untersuchungen wurde mir versichert, dass mit meinem Kind alles in Ordnung ist.

Rubinstein: Die Tests waren also unauffällig?

Frau M.: Ja, so jedenfalls haben sie es gesagt. Und jetzt will es keiner gewesen sein, jeder schiebt die Schuld dem anderen zu.

Rubinstein: Jetzt, da das Kind geboren ist.

Die Stimme des Androbots unterbricht sie.

Max/Androbot: Frau Rubinstein, ich muss hier ganz entschieden einhaken. Sie versuchen, Adam mit einem behinderten Kind gleichzusetzen. Das trifft es aber nicht. Adam ist das Ergebnis eines ethisch verwerflichen Klon-Projektes. Frau M.s Kind ist behindert. Das eine hat mit dem anderen überhaupt nichts zu tun.

Rubinstein: Vielen Dank, Herr Stiller, dass Sie diesen wichtigen Punkt ansprechen. Wo hört Anderssein auf, und wo beginnt die Behinderung? Eine äußerst schwierige Frage. Wir alle sind der Meinung, dass ein Kind mit Down-Syndrom behindert ist. Sie sagen nun, Adam sei einfach anders. Und sich selbst, Herr Stiller, bezeichnen Sie doch ebenfalls nicht als behindert, sondern als anders. Ist es wirklich so einfach?

Max/Androbot: Was hat das jetzt damit zu tun?

Rubinstein: Ist es nicht so, Herr Stiller, dass Sie der Meinung sind, Gehörlose seien nicht behindert, sondern vielmehr eine kulturelle Minderheit?

Max: Ja, das ist auch so.

Rubinstein: Das heißt, Sie denken, dass es im Alltag keinerlei Einschränkungen für Sie gibt? Sie können keine Musik hören, hören keine Sirenen, kriegen nicht mit, wenn Sie jemand ruft, Sie können sich nicht unterhalten ... all das sind keine Einschränkungen?

Max: Wenn alle Gebärdensprache beherrschen würden, hätte ich keine Probleme. Wenn Gehörlose unter sich sind, gibt es nicht die geringsten Einschränkungen.

Rubinstein: Aha. Interessante Sichtweise. Herr Pavkovic, aus wissenschaftlicher Perspektive betrachtet. Wie ist das? Ist Herr Stiller behindert?

Pavkovic: Ja, eindeutig. Bei Herrn Stiller ist in der Hörkette irgendeine organische Funktion gestört, wahrscheinlich zurückzuführen auf dysfunktionales Erbgut. Herr Stiller weist also eindeutig eine physische Behinderung auf. Soweit die genetisch-anatomische Perspektive. Die soziale Definition von Behinderung sieht so aus, dass sie als dauerhafte und gravierende Beeinträchtigung an der gesellschaftlichen Teilhabe gesehen wird. Auch das trifft bei Herrn Stiller zu, er ist demnach sowohl physisch als auch gesellschaftlich behindert. Das Gleiche gilt für Frau M.s Kind.

Rubinstein: Und wie ist das mit Adam?

Pavkovic: Interessante Frage. Genetisch gesehen ist Adam als eine andere Menschenart einzustufen. Er weicht also genetisch deutlich von der Norm ab, streng genommen könnte man ihn also als behindert betrachten. Innerhalb des Neandertaler-Genpools hingegen wäre er es nicht. Ob er gesellschaftlich behindert ist? Wahrscheinlich schon. Es ist unklar, ob die Neandertaler mindere Intelligenz besaßen als wir, ob ihre sprachlichen Fähigkeiten unseren ebenbürtig waren, ob ihr Abstraktionsvermögen genauso umfassend war wie unseres. All das könnte ihn gesellschaftlich behindern.

Max/Androbot: Frau Rubinstein, wirklich, ich muss unterbrechen. Wir wollten die Zuschauer aufklären, mit welchen illegalen Methoden die Regierung Jagd auf Adam und seine Kollegen gemacht hat. Er musste sich verstecken, und sie haben ihn bis in die USA verfolgt. Meine Kollegin Sarah Weiss ist dabei ums Leben gekommen. Ihre Familie ist in Gefahr. Und Sie plaudern hier übers Anderssein.

Rubinstein ignoriert ihn und wendet sich an Paetzold.

Rubinstein: Frau Paetzold, Sie sind Unhealthy-Aktivistin. Können Sie uns kurz erklären, was das ist?

Paetzold: Das ist ganz einfach: Ich lebe einfach so, wie ich will, und scheiße auf diesen ganzen Gesundheitswahn – all diese Bevormundung, Ernährungs- und Lebensempfehlungen, mit denen wir zugeschüttet und gesteuert werden.

Rubinstein: Sie tragen keinen Meditracker?

Paetzold: Natürlich nicht.

Rubinstein: Das heißt, Sie bewegen sich, wie Sie wollen? Essen, worauf Sie Lust haben?

Paetzold: Pizza, Pommes, Steak, Burger, Schokolade – so oft ich will. Und ich rauche und trinke Alkohol.

Rubinstein: Nehmen Sie noch andere Drogen?

Paetzold: Klar.

Rubinstein: Welche?

Paetzold: Neben Alkohol und Nikotin noch Marihuana, Speed, Kokain, manchmal auch Jiffy.

Rubinstein: Sie wissen, dass Jiffy im Verdacht steht, die Große Depression auszulösen?

Paetzold: Das halte ich auch für Propaganda. Was Drogen angeht, will ich niemanden dazu überreden, aber jeder Mensch sollte die Freiheit haben, selbst entscheiden zu dürfen, was er mit seinem Körper macht. Und nicht die Krankenkasse.

Rubinstein: Haben Sie keine Angst, dass Ihre Krankenkasse Sie rauswirft?

Paetzold: Das hat sie schon längst.

Rubinstein *(überrascht)*: Das heißt, Sie sind gar nicht krankenversichert?

Paetzold *(lächelt)*: Sieht nicht so aus, nein.

Rubinstein *(verwirrt)*: Und was tun Sie, wenn Sie krank sind?

Paetzold: Wissen Sie, was lustig ist? Seitdem ich mich von diesem ganzen Gesundheitsfaschismus losgesagt habe, werde ich kaum noch krank. Das ist der Beweis. Der Gesundheitswahn macht uns krank. Und er kann uns ja überhaupt nicht vor Krankheit schützen. Wieso gibt es denn sonst immer mehr junge Menschen, die an der Großen Depression erkranken? Das ist doch kein Zufall!

Rubinstein: Warum genau tun Sie das? Wollen Sie einfach anders sein? Wollen Sie einfach rebellieren?

Paetzold: Ich kann es nicht mehr ertragen, wie einförmig die Gesellschaft geworden ist. Die Menschen sehen alle gleich aus. Alle wollen gesund, schön, perfekt sein. Alle hecheln diesen Idealen hinterher, quälen sich beim Sport, verzichten auf schmackhafte Dinge, haben ein permanent schlechtes Gewissen, wenn sie irgendwelche Vorgaben nicht erfüllen. Vorgaben, die ihnen Politiker und die Krankenkassen machen. Und wer das alles nicht schafft, ist ein Plebejer.

Ein Loser. Abschaum. Oder behindert. Oder alles zusammen. Eigentlich sehen die meisten das doch so. Ich will mit meiner Lebensweise ein Zeichen setzen, protestieren gegen den Gesundheitsfaschismus. Lebt ungesund, Leute! Esst, was ihr wollt. Werdet fett! Seid anders!

Rubinstein: Frau M., Sie schütteln mit dem Kopf. Was halten Sie von Sabine Paetzold?

M.: Es macht mich einfach nur wütend, wenn ich sowas höre. Gesundheit ist kein Geschenk. Gesundheit bedeutet für viele Menschen harte Arbeit. Frau Paetzold verhöhnt mit Ihrer Haltung all jene Leute, die auf vieles verzichten, ihre wenige Freizeit opfern, um Sport zu treiben, um gesund zu bleiben, so lange wie möglich. Das ist Mitmenschlichkeit, weil niemand dem Solidarsystem zur Last fallen will. Und was macht Frau Paetzold? Sie sagt, das ist alles Bullshit, sie ruft dazu auf, egoistisch zu sein und das Solidarsystem kaputtzumachen. »Seid anders!« – wie zynisch ist das? So kann nur jemand reden, der gesund ist, dem es gut geht, der gut aussieht. Eine luxuriöse Attitüde eines Wohlstandskindes, das nichts riskiert und eitel herumkräht. Ich aber habe eine behinderte Tochter, die konnte es sich nicht aussuchen, die wäre gerne so wie Frau Paetzold: gesund, privilegiert, gutaussehend.

Paetzold: Nun machen Sie aber mal einen Punkt! Genau für Ihre Tochter tue ich das doch! Ich kämpfe dafür, dass Behinderte nicht mehr ausgegrenzt werden, dass Ihre Tochter nicht ausgegrenzt wird, dass Sie sich nicht für sie schämen müssen und sich hier sogar maskieren, weil Sie wegen ihr gesellschaftliche Nachteile befürchten.

Rubinstein: Frau Paetzold, Sie haben außerdem die Initiative Neandertals Welcome gegründet. Wieso?

Paetzold: Weil ich jede Form von Andersartigkeit begrüße. Es gibt seit Jahrtausenden nur noch eine einzige Menschenart auf diesem Planeten. Adam ist der lebende Vertreter einer anderen Menschenart. Wie großartig ist das? Mehr anders geht nicht.

Rubinstein: Und was wollen Sie mit der Bewegung erreichen?

Paetzold: Ich glaube, Adam ist eine Riesenchance für uns. Wir kommen nicht mal mit unserer einzigen Art klar; ein lächerlich kleiner Unterschied wie eine andere Hautfarbe irritiert uns bereits. Schwarzer, weißer, gelber, roter, grüner Homo sapiens überfordert uns schon. All dieser Rassismus auf der Welt, wegen etwas buchstäblich Oberflächlichem wie der Hautfarbe! Eine andere Menschenart würde uns Demut lehren. Wir können von Adam nur lernen.

Rubinstein: Was zum Beispiel?

Paetzold: Wie man Dinge anders angehen kann. Wie man Dinge anders denken kann. Vielleicht bietet er völlig neue Lösungen für die Probleme unserer Zeit. Ich würde gerne hören, wie er den Nahen Osten befrieden würde. Was er gegen die vielen Hurrikane, Orkane und Sintflut-Regengüsse unternehmen würde. Was sein Ansatz wäre, um mehr Frieden auf dieser Welt zu schaffen. Deswegen wurde Adam ja auch geklont – weil man herausfinden wollte, ob er nicht vielleicht der bessere Mensch ist.

Rubinstein: Adam, was denken Sie, wenn Sie das hören?

Adam: Ähm, ja, es stimmt, das Projekt Neanderthal war damals der Versuch, in den Neandertalern eine womöglich friedlichere und bessere Version des Menschen zu finden. Die Wissenschaftler vermuteten, dass wir ausstarben, weil wir zu gutmütig waren und dem gerissenen und bösartigen Homo sapiens auf den Leim gingen (*lacht*). Tja, keine Ahnung, ob das so war, ich weiß auch nicht, ob ich der bessere

Mensch bin. Ich kann nur sagen, dass ich diese Gesellschaft tatsächlich aggressiv und befremdlich finde.

Rubinstein: Liegt das nicht vielleicht eher daran, dass Sie bei den Amish gelebt haben, einer pazifistischen, isolierten Volksgruppe in den USA, die heute noch lebt wie vor Hunderten von Jahren?

Adam: Gute Frage. Naja, ich musste mich verstecken, es war nicht meine Idee, zu den Amish zu gehen, sondern die der Wissenschaftler, die uns geholfen haben. Die Amish waren eine gute Wahl, niemand hat uns dort gefunden – bis vor Kurzem jedenfalls. Aber es stimmt, ich habe mich bei den Amish sehr wohlgefühlt, ich habe bei ihnen viele Jahre gelebt, meine Frau ist eine Amish, von meinem Selbstverständnis her bin ich einer von ihnen. Ob sie mein Denken und Handeln geprägt haben? Sicherlich. Aber vielleicht war ich vorher schon so? Vielleicht habe ich mich deswegen so wohl bei ihnen gefühlt.

Rubinstein: Werden Sie Frau Paetzold und die Neandertals-Welcome-Bewegung politisch unterstützen?

Adam *(hustet)*: Entschuldigung, ich habe mir eine kleine Erkältung eingefangen, Deutschland ist kalt. Tja, ich weiß ehrlich gesagt nicht so genau, was ich darauf antworten soll. Ich freue mich natürlich über Frau Paetzolds Interesse an mir und den Neandertalern. Ich weiß nicht, ob ich besser oder schlechter bin, schlauer oder dümmer, naiver oder gerissener oder was auch immer. Es ist mir auch egal. Ich sehe allerdings, wie die deutsche Regierung unter dem Vorwand eines Seuchenalarms Leute in Lager sperrt und festhält. Dabei ist der wahre Grund dafür, dass sie Nachkommen von uns aufspüren will.

Rubinstein: Gibt es denn Nachkommen?

Adam (nervös): Dazu möchte ich lieber nichts sagen.

Rubinstein: Haben Sie denn für all diese Behauptungen Beweise, Adam?

Max/Androbot: Sie haben uns entführt und in dieses unterirdische Gefängnis gebracht, Frau Rubinstein! Sie haben mich gefoltert, weil sie herausfinden wollten, wo die Neandertaler sind und was wir über Projekt Neanderthal wissen. In Düsseldorf wurde die Leiche eines Sapiens-Neandertal-Mischlings gefunden. Und im Neandertal bei Düsseldorf können Sie die Überreste von den anderen geklonten Neandertalern bestaunen!

Zoom auf Rubinstein.

Rubinstein: Meine Damen und Herren, sicherlich haben Sie auch schon von dieser ungeheuerlichen Geschichte gehört, die Max Stiller und Adam in den vergangenen Wochen verschiedenen Medien erzählt haben. Wir haben unsere Reporterin Marion Krahmann losgeschickt, um der Sache auf den Grund zu gehen. Also: Zeit für einen Ortswechsel.

Ein Diorama-Film startet und zeigt eine Reporterin vor einer Wiese, mehrere Filmteams haben sich dort aufgebaut. Es ist die Stelle im Neandertal.

Reporterin: Ja, danke, Anne. Meine Damen und Herren, wir befinden uns im Neandertal, der historischen Ausgrabungsstätte der Urmenschen. Nach Angaben von Adam, dem geklonten Neandertaler, soll sich hier ein Massengrab mit Neandertalerknochen aus unserer Zeit befinden. Das eigentlich gesperrte Neandertal wurde kürzlich für die Presse geöffnet, damit sie den Vorwürfen nachgehen kann. Mehrere Reporterteams sind bereits vor Ort gewesen und haben nichts finden können. Auch wir nicht.

Rubinstein: Marion, was ist mit dem Seuchenalarm und den Quarantänelagern, die angeblich nur ein Vorwand waren?

Reporterin: Die Seuchenkontrolle hat die Alarmstufe mittlerweile auf die niedrigste Stufe gesenkt. Offenbar habe es sich um einen Fehlalarm gehandelt, wie es von offizieller Seite heißt. Bei dem vermeintlich gefährlichen, hochansteckenden Virus habe es sich glücklicherweise um eine harmlose Variante des H1N1-Influenza-Virus gehandelt, auch als Spanische Grippe bekannt, ein sehr aggressives Virus, das im 20. Jahrhundert viele Millionen Todesopfer forderte. Die Ministerin für Gesundheit und Glück, Manuela Galina, hat heute Morgen in einer Pressekonferenz bedauert, dass den unter Quarantäne gestellten Menschen dadurch Unannehmlichkeiten entstanden seien. Aber so sähen es die Aktionspläne im Falle eines Seuchenalarms nun mal vor. Galina versicherte, dass mittlerweile alle Menschen entlassen worden seien.

Rubinstein: Da können wir ja froh sein. Marion, vielen Dank für die Informationen.

Rubinstein wendet sich wieder an die Zuschauer.

Rubinstein: Ja, wie Sie sehen, liebe Zuschauerinnen und Zuschauer, können wir Adams Geschichte nicht bestätigen.

Max/Androbot: Es war doch klar, dass sie die Spuren beseitigen würden.

Rubinstein: Fairerweise müssen wir hinzufügen, dass es mehrere Amish-Zeugen gibt, die bestätigen, dass zwei bewaffnete Unbekannte Adam, Max Stiller und seine Kollegin aufgespürt und gejagt haben. Und es stimmt, dass Herrn Stillers Kollegin erschossen aufgefunden wurde. Die beiden Unbekannten sind jedoch verschwunden, sodass wir keine Erklärungen haben, wer die beiden waren und aus welchen Gründen sie agierten. Das amerikanische FBI untersucht den Fall. Nach unseren Informationen besteht derzeit aber auch die Möglichkeit, dass es sich um einen Anschlag mit religiösem Hintergrund handeln könnte, der mit Adam nichts zu tun hat. Die Amish waren in den letzten Jahren immer wieder Zielscheibe von Aggression und Angriffen.

Bleibt natürlich die Frage, wie Adam entstanden ist. Herr Pavkovic, haben Sie dafür vielleicht eine Erklärung?

Pavkovic: Nun, das Prozedere, wie ich es vorhin schilderte, wäre prinzipiell schon vor … wie alt, sagten Sie, sind Sie, Adam?

Adam: Projekt Neanderthal startete vor 37 Jahren, im Jahr 2016.

Pavkovic: Okay. Theoretisch verfügte man damals über die Technologie, um einen Neandertaler zu klonen. Nur halte ich die Annahme, dass dergleichen in einem Geheimprojekt hier in Deutschland stattgefunden haben soll, für haarsträubend. Damals wie heute waren die Klon-Vorschriften sehr strikt. Ich tippe eher auf die Chinesen. Die haben schon damals immer wieder unethische Klonexperimente durchgeführt.

Rubinstein: Schauen wir noch einmal auf das Anderssein, das eigentliche Thema unserer Sendung. Frau Paetzold, wie anders ist Adam wirklich?

Paetzold: Für mich verkörpert Adam die reine, unverfälschte Natürlichkeit.

Zoom auf Adams Gesicht.

Pavkovic *(lacht)*: Ein geklontes Wesen ist für Sie reine Natürlichkeit?

Paetzold *(ignoriert ihn)*: Durch Adams Anderssein haben wir die Chance, zu erkennen, wer wir selbst sind. Indem wir auf ihn schauen und die Unterschiede sehen, erkennen wir, wer und was wir sind, beziehungsweise: wer und was wir mittlerweile geworden sind. Wir brauchen noch viel mehr Adams!

Rubinstein: Sie fordern unter anderem, dass wir noch mehr Neandertaler klonen sollten. Meinen Sie das ernst?

Paetzold: Das wäre eine Maßnahme. Eine andere, viel einfachere wäre, dass wir sofort mit ihm Nachwuchs zeugen. Ich stelle mich hiermit zur Verfügung *(wirft Adam ein Lächeln zu)*. Und ich bin nicht die einzige Frau, die das liebend gerne tun würde, glauben Sie mir.

Adam blickt verlegen in die Kamera.

Max (spricht): Ach du liebe Güte!

Paetzold: Leider haben wir nur Adam. Wenn es stimmt, was er sagt, ist er der einzige Neandertaler, der überlebt hat. Ich bin sicher, dass wir sie damals ausgerottet haben. Wir brauchen so viele von seiner Art wie möglich. Ich will Vielfalt auf diesem Planeten!

Max/Androbot: Es ist überhaupt nicht erwiesen, dass Homo sapiens den Neandertaler ausgerottet hat.

Paetzold: Schauen Sie sich doch nur unsere Geschichte an. Die Europäer haben die Indianer ausgerottet und die Afrikaner versklavt. Überall, wo wir hinkamen, immer nur Mord und Totschlag, bestenfalls Unterjochung. Die einzige Ironie bei dieser Geschichte liegt darin, dass es damals mal andersherum war: Schwarzhäutige Afrikaner waren es, die die weißen europäischen Ureinwohner, die Neandertaler, unterjochten und ausrotteten. Nein, Homo sapiens hat einfach einen Webfehler. Wir haben die Pflicht, unsere Sünden der Vergangenheit wiedergutzumachen.

Rubinstein: Und deswegen wollen Sie Neandertaler klonen lassen? Um diesen Genozid rückgängig zu machen?

Paetzold: Nicht nur klonen. Wir müssen Mischlinge zeugen! Deswegen sage ich: Neandertals Welcome! Sie haben eine zweite Chance verdient. Sie waren besser als wir. Sie können uns heilen. Heilen von all dem Rassismus, all dem

Schlechten, all dieser Aggression und Negativität und Überheblichkeit.

Rubinstein: Herr Pavkovic, was halten Sie von dieser Idee?

Pavkovic: Ich weiß ehrlich gesagt nicht, ob ich über das, was Frau Paetzold da vorschlägt, amüsiert oder entsetzt sein soll. Eben *weil* wir schon mit unserer eigenen Art erhebliche Probleme haben, mag ich mir gar nicht ausmalen, was passieren würde, wenn wir noch eine zweite Menschenart neben uns hätten, mit der wir den Planeten teilen müssten, beziehungsweise Sapiens-Neandertaler-Mischlinge. *Das* würde erst recht Mord und Totschlag nach sich ziehen. Was auch immer vor 40.000 Jahren in Europa passiert sein mag, wir können nicht aus einem falsch verstandenen Gefühl von Political Correctness menschliche Wesen klonen, zumal es ohnehin illegal wäre. Das Klonverbot gilt für alle Menschen, auch für Neandertaler.

Ein weiterer Grund dagegen ist ein genetischer. Die meisten Neandertaler-Gene haben uns nur Nachteile gebracht: Anfälligkeit für Übergewicht, Diabetes, Depression, Sucht. Deutschland arbeitet seit vielen Jahren daran, diese schädlichen Gene zu eliminieren. Wollen wir das alles kaputtmachen, indem wir nun unseren Genpool mit Neandertaler-Genen kompromittieren?

Rubinstein: Sind Neandertaler-Gene möglicherweise auch verantwortlich für die Große Depression?

Pavkovic: Das kann man noch nicht sagen, das wird derzeit beforscht, aber es sieht danach aus. Ich empfehle Adam dringend, sich der Wissenschaft zur Verfügung zu stellen, um genau solche Fragen klären zu können. In seinem Genom könnten wir vielleicht Antworten darauf finden, welche Neandertaler-Gene die Große Depression auslösen;

möglicherweise hat die Forschung da jahrelang etwas übersehen. Außerdem wären vielleicht auch andere seiner Gene interessant, die für seine außergewöhnliche Körpermuskulatur verantwortlichen zum Beispiel. Die Leute würden Unsummen für ein Muskelbooster-Gen bezahlen. Adam könnte richtig reich werden. *(lacht)*

Adam, warten Sie, ich müsste doch eigentlich …ah ja *(Pavkovic zieht ein kleines Döschen aus der Tasche)*. Adam, wären Sie vielleicht so freundlich und würden hier reinspucken? Das wäre großartig.

27

BRIEF AN DEN BUNDESKANZLER

28.07.2053
Die Ministerin für Gesundheit und Glück
Frau Dr. med. Dr. rer. nat. Manuela Galina

An das Bundeskanzleramt
Zu persönlichen Händen des Bundeskanzlers der Bundesrepublik Deutschland, Herr Dr. med. Stefan Braun

– vertrauliches Dokument –

Lieber Stefan,

Ich wollte dich über die neuesten Entwicklungen unterrichten. Den Seuchenalarm haben wir mittlerweile vollständig aufgehoben. Die außerordentlich kritische Berichterstattung darüber, vor allem in der ausländischen Presse, sowie die Enthüllung des Neandertalers Adam haben mich dazu bewogen. Zwar hat seine Darstellung der Dinge in der öffentlichen Wahrnehmung letztlich nicht verfangen. Dennoch stand zu befürchten, dass das Narrativ der Virusbedrohung kollabiert wäre.

Zudem besteht auf Basis der derzeitigen Erkenntnisse nicht mehr die unbedingte Notwendigkeit für eine landesweite Suche. Nach allem, was wir wissen, sind die Hybride mit hoher Wahrscheinlichkeit alle in den USA und nicht in

Deutschland. Aber um sicherzugehen, suchen wir weiterhin nach Hybriden erster und zweiter Generation. Die Beendigung des Seuchenalarms erschwert das natürlich. Meine Mitarbeiter entwickeln gerade eine datenbasierte Strategie, um das Kollektiv der Verdachtspersonen besser einzugrenzen. Ich bin sicher, wir werden diese Personen, auch ohne auf einen langwierigen Brute-force-Ansatz zurückgreifen zu müssen, über kurz oder lang identifizieren und aufspüren – wenn sie sich denn tatsächlich in Deutschland aufhalten sollten. Ich empfehle dann eine sofortige Sterilisation dieser Personen, um eine Kontamination des deutschen Genpools mit minderwertigem Erbgut zu verhindern.

Derweil stehen Adam und Max Stiller unter unserer ständigen Beobachtung. Ich bin sehr froh darüber, dass die Medienberichterstattung sich zu unseren Gunsten entwickelt hat, und das, ohne dass ein Zutun von unserer Seite erforderlich war. Niemand scheint seine Geschichte zu glauben, auch die Amish-Zeugen konnten die Presse nicht überzeugen. Uns spielt in die Hände, dass erst vor Kurzem einige Anschläge von religiösen Extremisten auf die Amish verübt wurden. Die amerikanische Presse ist von Anfang an auf dieses Narrativ aufgesprungen, was einen Ausstrahlungseffekt auf die hiesige Presse nach sich zog.

Diese günstige Medien-Position sollten wir nutzen. Ich empfehle, öffentlichen Druck auf Adam auszuüben. Mit dem Spin, dass er in der Pflicht steht, sich der Forschung an der Lindström-Depression zur Verfügung zu stellen. Die noch lückenhafte Evidenzlage bei der Kausalität Neandertaler-Erbgut/Lindström-Depression, auf die möglicherweise der eine oder andere Journalist verweisen könnte, sollten wir vorbeugend zu unserem Argument machen und von Anfang an offen ansprechen, um die Kontrolle über das Narrativ zu behalten und den richtigen Spin zu setzen.

Die Neandertals-Welcome-Bewegung wächst. Und jeder seiner öffentlichen Auftritte macht sie stärker. Noch scheint es eine Ansammlung von Esoterikern, Romantikern und Querköpfen zu sein. Aber wir wissen, wie schnell so etwas eine Eigendynamik entwickeln kann.

Unsere Experten sagen, dass sich das Problem womöglich auch ganz von selbst lösen wird. Da Adam sich jeder Behandlung verweigert und somit keine Immunbooster verabreicht bekommt, ist damit zu rechnen, dass er sich über kurz oder lang einen Infekt zuziehen wird. Und jetzt kommt der Winter.

Leider habe ich auch noch etwas Unerfreuliches: Nach neuesten Informationen meiner Mitarbeiter, die sich die Daten von »Projekt Neanderthal« noch einmal genau angesehen haben, besteht der Verdacht, dass die damaligen Forschungsleiter des Projekts – hier ist insbesondere Jocasta Weiss zu nennen – Unterlagen und Aufzeichnungen unterschlagen haben, möglicherweise sogar Biomaterial.

Leider steht der ehemalige Vize-Forschungsleiter von »Neanderthal«, David Thompson, nicht für weitere Befragungen zur Verfügung; er hat sich das Leben genommen. Ein vermeidbares Missgeschick, das auf das Konto von Eva-Marie Mercure geht. Dass wir momentan in dieser Situation einen Kontrollverlust haben, ist vor allem ihr Verschulden. Ich hatte mich von Anfang an auf sie und ihre langjährige Expertise verlassen. Wie sich jetzt herausstellt, war das ein Fehler. Für diese Entwicklung übernehme ich selbstverständlich die volle Verantwortung und biete dir meinen Rücktritt an.

Deine Manuela

28

EIN NEUES ZUHAUSE

Sie hatten sie nicht getötet. Doch die Begrüßung fiel frostig aus. Tschuk-Tschak hatte ihn, Sesen, Maruch und Bantur zweifellos wiedererkannt, doch in der Miene des Stammesführers war nicht zu erkennen, wie er ihnen gewogen war.

Die Jäger nahmen ihnen die Waffen ab, die Speere, die Steinäxte, die Faustkeile, und führten Urudim und seine Gefährten in einen Verschlag. Dort mussten sie lange ausharren, streng bewacht. Offenbar berieten die Kalakmang, was mit ihnen zu tun war.

Die Naba wurden nervös. Keiner sprach, aber Urudim spürte, dass sie alle mit dem Schlimmsten rechneten.

Schließlich holte man sie und führte sie Tschuk-Tschak vor. Auch wenn Urudim seine Sprache nicht sprach, verstand er, dass sie im Stamm der Dunklen aufgenommen waren.

Was nicht bedeutete, dass sie sich in Sicherheit wähnen konnten.

Es begann die langwierige Bewährungszeit. Im stammesinternen Sozialgefüge befanden sie sich ganz unten. Das war normal, wenn man einem neuen Stamm beitrat. Aber sie waren Angehörige eines anderen Volkes, sie waren Uluk – und die Dunklen ließen sie das spüren. Es war fraglich, ob sie daran je etwas ändern konnten, sie konnten die Stammesstruktur der Dunklen und ihre Regeln nicht einschätzen. Sie bekamen immer als Letzte zu essen, und kleinere Rationen, weswegen sie perma-

nent Hunger hatten – sie brauchten größere Portionen wegen ihrer vielen Muskeln. Die Naba durften sich nicht frei bewegen, und bevor sie irgendetwas taten, mussten sie um Erlaubnis fragen.

Von Tschuk-Tschak sah Urudim in der ersten Zeit kaum etwas. Wollte er seinen Rang als Führer nicht gefährden? Zeigte er sich deswegen nicht mit ihnen, den Uluks? Hatte er versucht, sie zu schützen, ohne es zu auffällig werden zu lassen?

Die Kalakmang lebten in größeren Gemeinschaften als die Naba. Urudims Stamm bestand aus maximal 50 Personen, die Kalakmang-Gruppe war mehr als dreimal so groß. Es fiel ihm nicht leicht, all diese Gesichter auseinanderzuhalten, zumal sie für ihn ohnehin schwieriger zu lesen waren als die großen Gesichter der Naba. Die Dunklen zeigten feinere mimische Nuancen, die man richtig interpretieren musste, sonst konnte man leicht etwas missverstehen. Sehr schwierig war auch ihre Sprache. Sie sagten vieles nicht direkt, was Urudim nicht gewohnt war und ihm das Verständnis erschwerte.

Er und seine Gefährten wurden verspottet. Die Kalakmang-Männer ahmten ihre großen Nasen nach, und sogar die Kinder lachten über sie. Unter den schlanken Dunklen waren sie, die wuchtigen hellhäutigen Männer mit den glatten Haaren und den großen Augen und Nasen die Sonderlinge. Ein Neuer musste sich seinen Rang erst verdienen, so war es bei den Naba und all den anderen Stämmen seines Volkes auch. Aber hier war es wesentlich schlimmer als sonst. Sie waren nicht bloß Fremde, sie waren die Anderen.

Die Frauen reagierten nicht so. In ihren Blicken sah Urudim zunächst Angst, aber nach und nach überwog die Neugier. Die Frauen musterten sie mit Blicken, die Urudim verwirrten. Es waren Blicke des Begehrens. Und umgekehrt übten die Kalakmang-Frauen auch auf ihn eine starke Wirkung aus. Sie waren zierlicher als die Frauen seines Volkes, sogar noch zierlicher als Irbaka, an die er immer noch oft denken musste. Die Kalakmang-Frauen mit ihren feinen Gesichtern und schlanken Körpern wirkten so zerbrechlich, so schutzbedürftig, so anmutig. Er ertappte sich selbst immer wieder dabei, wie er ihnen Blicke zuwarf, und er sah, dass auch Sesen, Maruch und Bantur von den Frauen fasziniert waren. Die gegenseitige Anziehung war spürbar – und gefährlich, denn den Kalakmang-Männern konnte das nicht gefallen. Am Anfang waren Neulinge in einem Stamm immer vogelfrei. Jeder noch so kleine Grund konnte als Anlass für Gewalt oder Ausschluss dienen. Und das wollte Urudim auf gar keinen Fall riskieren.

Aber es war natürlich auch allen klar, dass die Naba nicht ohne Grund in den Stamm aufgenommen worden waren. Letztlich waren die Dunklen auf frisches Blut angewiesen. Ihnen musste bewusst sein, dass Urudim, Sesen, Bantur und Maruch sich früher oder später mit den Frauen vereinen würden. Wobei Urudim das Gefühl hatte, dass das nicht jeder der Jäger so sah. Vielleicht waren sie nur billige Arbeitskräfte für sie. Bestenfalls Jäger?

Urudim fiel besonders eine Kalakmang-Frau auf, die ihn immer wieder zu beobachten schien. Sie war nicht so groß wie die anderen. Ihr langes Haar hatte sie zu vielen kleinen Zöpfen geflochten, die wild um ihren Kopf baumelten. In manche hatte sie bemalte Muscheln und Schneckenhäuser hineingeflochten. Sie hatte ein freundliches, offenes Gesicht mit einer besonderen Bemalung aus roten und blauen Kreisen auf den Wangen und am Hals. Sie war noch jung, und Urudim hatte den Eindruck, dass sie keine Kinder geboren hatte. Sie schien auch keinem der Kalakmang-Männer zugeordnet zu sein.

Sie sah nicht verschämt weg wie die anderen Frauen, wenn sich ihre Blicke trafen. Sie hielt seinem Blick stand, bis er weg-

schaute, was ihn ärgerte, weil er nur ungern seine Unsicherheit preisgab. Und sie grinste dann auch noch, als würde sie ihn verspotten. Wie die anderen Kalakmang-Frauen betreute sie die Kinder, schabte Felle ab, bereitete Wurzeln und Beeren, damit die Männer nach der langen Jagd in der Kälte sofort etwas Warmes zu essen bekamen. Bei den Kalakmang waren die Rollen deutlicher verteilt, ihre Frauen jagten nicht.

Einmal, als die Frau mit den Zöpfen zusammen mit einer älteren Frau Wurzeln kochte, brachte sie ihm eine Schale – obwohl er noch gar nicht an der Reihe war mit Essen. Sie reichte ihm die Schale mit einem Lächeln, und er nahm sie ihr aus der Hand. Dabei bemerkte er an ihren Händen die Reste von Farben: Blau, Grün, Rot.

Er sah in ihrem Blick, dass sie die Gelegenheit nutzte, ihn aus der Nähe betrachten zu können. Sie schien von seinem Gesicht fasziniert zu sein.

»Merba«, sagte sie und zeigte auf sich. Das war also ihr Name. Ihre Stimme war hell, ganz anders als die der Naba-Frauen.

»Merba«, sagte er, und sie lächelte und nickte mit dem Kopf, sodass ihre Zöpfe wackelten. Er hatte gelernt, diese Geste zu verstehen, die Dunklen benutzten sie oft. Sie bedeutete ja.

Dann zog sie die Augenbrauen hoch und zeigte auf Urudim. »Wie heißt du?«, fragte sie in ihrer Sprache. Er und die anderen Naba waren nun seit einigen Wochen hier, und er beherrschte etwas von der Kalakmang-Sprache.

»Urudim«, sagte er und zeigte auf sich.

»Uru-dim«, wiederholte sie. Es klang schön, wie sie seinen Namen aussprach. Sie sagte es noch einmal: »Uru-dim.«

Urudim sah sich um, ob sie jemand beobachtete, aber die Kalakmang-Männer waren alle auf der Jagd. Seine Gefährten waren in ihren Zelten. Nur die ältere Frau beobachtete sie, in ihrer Miene sah er Besorgnis, denn es war gefährlich, was Merba tat.

»Du Kalakmang«, sagte er. Sie nickte. »Du Uluk.« Dann machte sie eine Geste mit den Armen, die Breite verdeutlichte, zugleich blies sie die Backen auf. »Du bist sehr stark.«

Er nickte. Dann zeigte er auf sie, hielt dann die Handflächen nicht weit voneinander entfernt und fuhr mit ihnen von oben nach unten. »Merba dünn.«

Sie runzelte die Stirn und schüttelte heftig den Kopf. Dann blies sie die Backen auf und spannte ihre Armmuskeln an. »Merba stark!«

Sie lachte, aber er verstand nicht, warum. Er hatte oft Schwierigkeiten damit, das, was die Kalakmang Ikwik nannten, zu verstehen. Seltsame Bemerkungen, nach denen sie anfingen zu lachen.

Dann sah sie wieder sein Gesicht an. Und bevor er wusste, wie ihm geschah, berührte sie seine rechte Augenbraue. Sehr sanft fuhr sie mit ihrem Zeige- und Mittelfinger an ihr entlang. Einen Moment lang hielt er den Atem an und wagte kaum, sich zu rühren. Merbas Finger fuhren über seine Nase, seine Wange, seine Haare. Aus dem Augenwinkel sah er, dass die alte Frau sie beobachtete, nun wirklich besorgt. Denn jeden Moment konnte ein Kalakmang-Jäger kommen und sie sehen.

Dann löste sie die Berührung wieder und sah ihn noch einen Moment an.

Er zeigte auf die Farbreste an ihren Händen und vollführte eine fragende Geste. Weil er nicht wusste, wie er es in ihrer Sprache sagen sollte, fragte er in seiner: »Woher kommt die Farbe?«

Merba verstand. Sie antwortete etwas, es klang wie »Errabana«. Als sie sah, dass er sie nicht verstand, bewegte sie ihre Hand durch die Luft, als schwebe diese. Aber er verstand immer noch nicht, was sie meinte. Dann stand sie auf und gab ihm zu ver-

stehen, dass er warten sollte. Sie lief hinüber zur Kochstelle und holte einen kleinen verkohlten Ast aus dem Feuer. Dann nahm sie Urudim bei der Hand und führte ihn zu einem Felsen. Mit der verkohlten Spitze des Stocks kratzte sie auf den Stein. Die Asche hinterließ eine schwarze Spur. Was tat sie da nur?, fragte Urudim sich. Merba führte die Spitze weiter über den Felsen, in Schwüngen und Bögen. Und dann erkannte er es. Sie hatte eine Hülle geschaffen.

»Umbam«, sagte er. »Umbam!«

»Umbam?«, wiederholte sie. Dann sagte sie: »Mamot« und nickte. »Mamot. Umbam.«

Sie zeigte auf sich, malte mit der Hand in der Luft Linien und sagte wieder das Wort, das wie »Errabana« klang, aber Urudim verstand nicht, was sie damit meinte. Sie begriff, und ihr Blick schien ihm zu sagen: »Ich werde es dir zeigen.«

»Merba!«

Die alte Frau rief sie. Merba drückte kurz seine Hand, bevor sie zurückging, und Urudims Herz schlug schneller.

Sie hatten es schwer, sich den Respekt der Kalakmang-Männer zu erarbeiten. Nach einer Woche nahmen sie Urudim und seine Gefährten das erste Mal mit auf die Jagd. Urudim vermutete, dass sie es Tschuk-Tschak zu verdanken hatten; so abweisend, wie die stolzen Kalakmang-Jäger sich ihnen gegenüber verhielten, hätten sie es bestimmt nicht freiwillig so früh getan.

Tschuk-Tschak führte die Jagd persönlich an. Urudim wusste, dass es eine wichtige Chance war, sich Ansehen im Stamm zu verschaffen.

Wie zu erwarten, ließen die Jäger die Naba zunächst nur die gefährlichen Aufgaben erledigen, solche, die ihnen selbst offenbar zu riskant erschienen.

Etwa die Umbam-Jagd. Die Kalakmang-Jäger wagten es nicht, sich den riesigen Tieren so weit zu nähern wie die Naba-Jäger.

Sie jagten anders als die Naba. Sie stachen ihre Speere nicht in die Tiere, sondern schleuderten sie aus sicherer Distanz, aber nicht mit bloßen Händen, was die Naba immer wieder versucht hatten, jedoch wenig Erfolg gezeigt hatte. Geworfene Speere waren zu schwach, sie konnten den Großen Geist nicht aus der Hülle holen. Die Kalakmang hatten ein Hilfsmittel, das sie Zipa nannten, eine bearbeitete Astgabel, die am Ende mit einem Haken versehen war. Am Haken der Zipa legte man den Speer ein. An seinem Schaft hatten sie eine Vertiefung eingeschnitten, damit der Haken ihn hielt. Mit einer geschickten Wurfbewegung konnte ein Jäger einem Speer auf diese Weise viel mehr Wucht verleihen, als wenn er ihn mit den Händen warf. Die Schleudertechnik war schwierig, doch gute Kalakmang-Jäger trafen damit fast immer ihr Ziel.

Die Zipa war eine Erfindung, die Urudim tief beeindruckte. Sie veränderte die Jagd von Grund auf. Man musste nicht mehr so nahe an große Beute heran und riskierte weniger. Und Tiere, die zu klein und zu schnell waren für Stich- und Wurfspeere, wurden nun dank Zipa lohnende Beute.

Aber die Zipa hatte einen entscheidenden Nachteil: Die Schleuder-Speere waren kurz und dünn, außerdem durften sie keine Steinspitzen haben, weil sie sonst zu schwer wurden und nicht weit genug flogen. Die Kalakmang nutzten Knochenspitzen. Aber die besaßen weniger Wucht und richteten weniger starke Verletzungen an.

Und so war die Zipa gegen die Umbams mit ihrer dicken Lederhaut und dem dichten Fell wirkungslos. Die Schleuder-Speere prallten an ihnen ab. Man musste schon auf die Weichteile zielen, die Augen, den Mund, das Euter, um Schaden anzurichten.

Die kleineren und schwächeren Kalakmang hätten ein Umbam niemals im direkten Kampf mit Stichspeeren erlegen können. Sie hatten eine Strategie, die er kannte: Sie jagten ein Umbam mit mehreren Gruppen und trieben das Tier so vor sich her – meist auf einen Abgrund oder eine große Grube zu, die sie vorher ausgehoben hatten. Dort fiel es hinunter, anschließend töteten die Kalakmang das verletzte Tier.

Die Naba kannten die Strategie des über den Abgrund Hetzens zwar ebenfalls, aber sie galt unter den Naba-Jägern als unehrenhaft und wurde nur praktiziert, wenn es dringend an Nahrung mangelte.

Und hier nun konnten die Naba-Jäger auftrumpfen. Furchtlos stürzten sich Urudim und seine Gefährten mit langen Speeren direkt auf das Umbam. Sie stachen tief in den großen Körper hinein, immer wieder, bis sein Großer Geist es verließ und seine Hülle krachend zu Boden stürzte. Dann stießen die Naba-Jäger ihren Schrei aus und ehrten den Großen Geist, wie sie es schon seit Ewigkeiten getan hatten, lange bevor die Dunklen in ihre Welt gekommen waren. Und die Dunklen beobachteten sie dabei, tief beeindruckt.

Seit sechs Monden waren sie nun bei den Kalakmang. Urudim und seine Gefährten waren akzeptiert, den anderen Jägern aber noch immer nicht gleichgestellt. Sie lernten die schwierige Sprache der Dunklen, aber die Zwischentöne, die Anspielungen, der Humor blieben ihnen schwer verständlich.

Ebenso waren die sozialen Interaktionen im großen Kalakmang-Stamm komplizierter als bei den Naba. Der Klatsch und Tratsch, die Allianzen, die Intrigen, das Kalkül – manchmal wünschte Urudim sich die Schlichtheit und Überschaubarkeit seines kleinen Stammes zurück.

Ansonsten war die Struktur ähnlich: Es gab Hierarchien, bei Männern wie Frauen, nur waren bei den Kalakmang im Gegensatz zu den Naba-Gepflogenheiten die Männer den Frauen übergeordnet. Es gab Zweierbeziehungen, aber die Männer der oberen Ränge hatten Vorzugsrechte und konnten Vereinigungen mit den Frauen rangniederer Männer einfordern. Bei den Naba hatten auch Frauen höherer Ränge die Vereinigung mit rangniederen Männern einfordern können. Frauen konnten bei den Naba sogar Stammesführer werden.

Die Zwangsvereinigungen erzeugten negative Gefühle, Eifersucht, Antipathie, aber es diente letztlich dem Wohl des Stammes – die stärksten Männer sollten sich vermehren und den Großen Geist des Stammes nähren. Und weil niemand genau wusste, wer der Vater welchen Kindes war, kümmerten sich alle um alle Kinder.

Die Spannungen wurden jedoch bei Zusammenkünften offen ausgetragen. Der Kalakmang-Stamm versammelte sich regelmäßig am Feuer, das eigens dafür permanent am Brennen gehalten wurde. Es wurden Geschichten erzählt, gestritten, sich versöhnt, geschlichtet. So etwas kannte Urudim von den Naba nicht.

Und noch einen Unterschied zu den Naba gab es. Der Kalakmang-Stamm war viel flexibler und mobiler, obwohl er größer als ein Naba-Stamm war. Die Kalakmang schickten andauernd Kundschafter aus, die das Umfeld des Stammes aufklären sollten. Dabei wagten sie sich sehr viel weiter vor, als die Naba-Kundschafter es taten. Und wenn sie vielversprechende Nahrungsquellen fanden, zögerte Tschuk-Tschak nicht lange, den Stamm dorthin umzusiedeln.

Urudim verbrachte nun viel Zeit mit Merba, und sie zeigte ihm, was sie mit Errabana gemeint hatte. Sie malte Umbams, Schias und viele andere Tiere an Höhlenwände. Urudim war völlig fasziniert. Die Naba hatten auch gemalt, aber nicht so. Sie hatten Schneckenhäuser und Muscheln und ihre Gesichter verziert. Aber niemals hatten sie Hüllen von Tieren geschaffen.

Er zeigte auf die Tierfiguren an der Wand. »Der Große Geist«, sagte er. »Er fehlt.«

Sie verstand nicht, was er meinte.

»Der Große Geist?«, fragte sie.

Er erzählte ihr von der Kraft jenseits der Punkte am Nachthimmel. Wie sie in die Hüllen der diesseitigen Welt strömte und wieder zurückkehrte.

Ihr gefiel, was er erzählte. Und wie er es erzählte.

»Der Große Geist ist nicht in ihnen«, sagte Urudim und zeigte auf die Tiere, die sie gemalt hatte. Er sah sie an.

»Vielleicht musst du ihn fangen?«, sagte sie.

Bevor Urudim sich wehren konnte, nahm sie seine Hand und tauchte sie in die große Muschel mit Farbe, die vor ihr stand. Dann führte sie seine Hand an der Wand entlang, und er sah die rote Linie, die seine Hand schuf. Langsam bildete sich daraus ein Schiu. Er konnte es kaum fassen.

»Und jetzt du alleine«, sagte Merba und ließ seine Hand los.

Langsam malte er ein weiteres Schiu, während sie ihm zusah. Aber die Hülle gelang ihm nicht gut. Das Schiu sah nicht so aus wie ihres.

»Sehr gut, du hast ein Moch gemalt«, sagte sie. Er verstand nicht, was sie meinte, bis sie anfing, die Nase zu rümpfen und Grunzgeräusche von sich zu geben. Sie lachte, aber er verstand nicht, was daran lustig sein sollte. Es machte ihn traurig, dass er eine schlechte Hülle erschaffen hatte.

»Du brauchst Geduld«, sagte Merba. »Ein Errabana-Meister muss seine Kunst erst lernen, genau wie ein Jäger.«

Ihre Worte brachten ihn auf eine Idee. Vielleicht war es wie die Jagd. Vielleicht musste er den Großen Geist so sehr in sich konzentrieren, wie Meliur es ihn und die anderen Jäger einst gelehrt hatte. Dann gelang es ihm möglicherweise, auch den der Tiere an der Wand zu konzentrieren.

Aber dafür brauchte er ein Gefäß, so wie die Naba-Jäger es bei der Vorbereitung der Jagd nutzten. Er stand auf, ging in der Höhle umher und schaute sich um. Merba sah ihm verwirrt hinterher. Dann hatte Urudim gefunden, was er suchte: die Zähne der Höhle, die von der Decke hingen und vom Boden aufragten. Er brach ein paar davon ab, und als er genügend gesammelt hatte, kehrte er zurück und legte an der Stelle, an der sie malten, die Zähne zu zwei Kreisen aus. Dann gebot er ihr, in einen der Kreise zu steigen. Er stieg in den anderen, und dann gab er ihr ein Zeichen, dass sie sich gleichzeitig setzen sollten. Urudim schloss die Augen und begann in seiner Sprache zu singen. Merba verstand die Worte nicht, aber sie lauschte der Melodie, die für ihre Ohren traurig klang. Sie spürte, dass er beim Singen sehr starke Gefühle zum Ausdruck brachte. Nach einer Weile wurde er still, öffnete die Augen und sah sie an. Sie lächelte und reichte ihm die Hand, und er ergriff sie. Dann beugte er sich zu ihr, und sie küssten sich. In diesem Moment spürte er, dass der Große Geist sehr stark in ihr war und dass ihr gemeinsamer Geist sehr stark sein würde.

Urudim malte noch ein Schiu. Und noch eines. Dieses Mal gelangen ihm die Hüllen gut.

Nach dem Errabana vereinigte er sich mit Merba.

Eines Tages befahl ihnen Tschuk-Tschak den Aufbruch. Die Kundschafter hatten eine gute Stelle an einem Fluss entdeckt. Sie würden fischen können. In der Nähe waren Nussbäume und im nahe gelegenen Wald viele Hirsche. Genug Nahrungsquellen, um über den Winter zu kommen. Aber es war weit, sie würden einen Mond lang marschieren müssen.

Also machten die Kalakmang sich auf den Weg. Nach zwei Tagen Marsch sahen sie in der Ferne menschliche Gestalten. Es war ein Trek. Die Kalakmang-Kundschafter riefen aufgeregt durcheinander und zeigten auf die Fremden.

»Uluk!«, riefen sie. Urudim war wie elektrisiert. Es waren Angehörige seines Volkes. Ein kleiner Stamm, nur etwa zwanzig Personen. Und sie sahen nicht gut aus. Waren sie auf dem Weg ins Reich der Sonne?

29

JESUS NEANDERTHALENSIS

Der Sommer hatte das Land verlassen, und das kalte Berlin fühlte sich noch fremder für ihn an als zuvor. Adam konnte gar nicht fassen, dass er hier in dieser Gegend aufgewachsen war, vor so vielen Jahren, im Bauch einer namenlosen Frau herangezüchtet. Nach und nach kamen die Erinnerungen in ihm hoch, die er so viele Jahre in die hintersten Ecken seiner Seele verbannt hatte. In all den Jahren, in denen er ein sorgenfreies, glückliches Leben geführt hatte. In denen er Abigail geliebt und mit ihr im schützenden Reich der Amish eine Familie aufgebaut hatte.

Adam dachte an die Nacht der Flucht, an die körperliche Begegnung mit Jocasta. Es hatte ihn furchtbar verwirrt. Jocasta Weiss war für ihn immer eine unerreichbare, über allen Dingen schwebende Wissenschaftlerin gewesen. Dieser abrupte Rollenwechsel von der Laborleiterin zur Geliebten hatte ihn danach noch lange beschäftigt. Ihre Hände auf seinem Körper, seine auf ihrem, dieser grazile Körper, der so anders war als sein eigener. Es war sein erstes Mal gewesen. Mit Abigail hatte es sich anders angefühlt; die Amish zelebrierten Sex nicht, für sie war er eher eine Notwendigkeit.

In dieser Nacht war die Saat für Sarah gelegt worden, seine Tochter, von der er bis vor Kurzem noch gar nichts gewusst hatte. Und die nun tot war. Die Tochter, die er wiedergefunden und verloren hatte. Er hatte sie genauso verloren wie seinen Sohn Gabriel, der in diesem unwirtlichen Land gestorben war.

Und nun war er hier, weil er gehofft hatte, das Unrecht, das ihm und den anderen NTs vor so vielen Jahren angetan worden war, sühnen zu können.

Aber es schien, dass sich dieses Ziel nicht erfüllen würde.

Die Medien belagerten ihn. Ein lebender Neandertaler, das war eine Sensation. Aber niemand glaubte seine Geschichte. Die deutsche Regierung hatte die Öffentlichkeit scheinbar derart unter Kontrolle, dass selbst er, ein wiedererweckter Urmensch, ihnen nicht gefährlich werden konnte. Max' Plan war nicht aufgegangen.

Und jetzt wusste er nicht, was er tun sollte. Er fühlte sich verfolgt, auf Schritt und Tritt.

Adam ging in die Küche. Sein Hals schmerzte. Die Erkältung war schlimmer geworden. Die ganze Wohnung war dunkel. Max hatte überall blickdichte Vorhänge vor die Fenster gezogen. Er lüpfte vorsichtig die Ecke eines Vorhangs und sah die Busse unten auf der Straße. Es waren Presse-Teams aus der ganzen Welt. Seit Wochen campierten sie schon vor Max' Haus in Berlin-Zehlendorf. Es war ein Albtraum, und noch immer hoffte Adam, irgendwann daraus zu erwachen. Aber er wusste, dass es kein Traum war. Es war die Realität.

Plötzlich hörte er Klappergeräusche auf der Scheibe. Kleine Beine tappten über das Glas. Ein länglicher Körper, beschuppt, krabbengroß, erschien an der Ecke des Fensters, die Adam freigemacht hatte. Auf ihrem Bauch war das Amazon-A zu erkennen. Die Krabbendrohne hielt inne, und auf ihrer Unterseite öffnete sich eine Lochblende, die zwei dunkelblau leuchtende Diorama-Linsen enthüllte. Sie bewegten sich wie zwei Pupillen. Angelockt von der Krabbe, sirrte eine Libellen-Drohne heran, sie blieb in der Luft stehen und filmte durch das Loch im Fenster. Schnell ließ Adam den Vorhang wieder zurückfallen.

Das Licht in der Küche ging an. Er drehte sich um und sah

Max' müdes Gesicht. Er war in den letzten Wochen um Jahre gealtert.

»Hey.«

Die Kommunikation zwischen ihnen klappte erstaunlich gut. Max konnte Adams Worte gut ablesen, und Adam verstand seine Gehörlosenstimme problemlos, weil sie seiner eigenen Stimmlage ähnlich war.

»Hey.« Adam versuchte, sich ein Lächeln abzuringen.

»Der Zirkus tobt immer noch da draußen, was?«, fragte Max.

Adam setzte sich und vergrub den Kopf in den Händen.

Max legte ihm die Hand auf die Schulter. Er spürte, dass Adams Körper leicht bebte. Er weinte.

»Adam.«

Der Neandertaler blickte auf. Die Trauer gräbt sich in ihre Gesichter tiefer ein als in unsere, dachte Max. Er kannte nur dieses eine Beispiel, aber er dachte mit aufrichtiger Neugier darüber nach, ob Neandertaler womöglich sensibler waren als Homo sapiens.

Aber auch bei ihm selbst hatten die letzten Tage Spuren hinterlassen. Er schlief schlecht, hatte dunkle Augenringe. Und in letzter Zeit zitterten seine Hände permanent.

»Max, ich kann nicht mehr. Sie haben mein Leben zur Hölle gemacht.«

»Wir müssen durchhalten. Wir müssen den Leuten sagen, was passiert ist. Denk an Valerie. Denk an deine Kinder. Sie sind nicht sicher.«

»Aber niemand glaubt mir. Für die bin ich nur eine Kuriosität, ein Exot, wie ein Tier, das sie im Zoo ausstellen können. Ich kann nicht mal nach Hause zurück. Ich habe mit Abigail gesprochen; vor unserem Haus sieht es genauso aus wie hier. Reporter mit Drohnen haben sie umzingelt und richten ihre widerlichen Augen rund um die Uhr auf meine Kinder, meine Frau, mein

Haus. Abigail hat mir erzählt, dass die Amish ihr nahegelegt haben, die Gemeinde zu verlassen.«

Max setzte sich. »Es tut mir leid, Adam.« Er griff die große Hand des Neandertalers. »Adam, wir dürfen nicht aufgeben.« Seine Augen füllten sich mit Tränen. »Das sind wir Sarah schuldig.« Seine Stimme überschlug sich, als er ihren Namen aussprach.

Er dachte an die sterbende Sarah in seinen Armen. Wie sie mit letzter Kraft Valeries Namen gebärdet hatte.

Rette Valerie.

»Sie haben die Konzentrationslager aufgelöst, Adam. Sarahs Familie ist frei. Valerie ist frei.«

»Ich möchte sie so gerne sehen …«, sagte Adam.

Max nickte. »Ich weiß. Aber du weißt auch, warum das nicht geht.«

Es schien, dass Eva-Marie Mercure nicht gewusst hatte, dass Sarah ein Hybrid gewesen war. Sonst hätte sie Valerie nicht unbehelligt gelassen. Und sie hätten dieses Wissen längst medial gegen Adam und ihn in Stellung gebracht. Dieses Geheimnis wollte er nicht aufs Spiel setzen. Er wollte Valerie nicht unnötig in Gefahr bringen.

Aber auch er konnte sie nicht sehen. Max hatte schon mehrfach versucht, mit Robert Kontakt aufzunehmen. Er hatte immer abgeblockt. Und Sarahs Vater hatte nicht auf seine Textnachrichten reagiert.

Sie geben mir die Schuld an ihrem Tod.

»Seit Wochen belagern sie uns«, sagte Adam. »Wenn ich nur aus dem Haus gehen will, muss ich mich durch Reportertrauben kämpfen. Und dann noch diese Spinner. Was wollen die nur von mir?«

Er meinte die Neandertals-Welcome-Bewegung. Mittlerweile nannten sie sich die »NeAnders«, um ihre Anders-Attitüde zu betonen. Sie war innerhalb kürzester Zeit auf Tausende von Mitläufern und Unterstützern angeschwollen und hatte Adam als ihre Galionsfigur auserkoren. Es waren vor allem junge Menschen, die ihr scharenweise beitraten. Sie hatten genug von dem Optimierungswahn, waren verzweifelt von den vielen Depressionsfällen unter jungen Menschen. Sie wollten anders sein. Jeder für sich. Sie waren auf der Suche nach Sinn – und sie glaubten, dass Adam ihnen diesen Sinn geben würde.

Dabei wusste er selber nicht, welchen Sinn das alles noch haben sollte.

»Adam, dieses Interview ist wichtig. Es ist nicht die deutsche Presse.«

Adam wischte sich das Gesicht mit einem Taschentuch ab und nickte. Dann putzte er sich die Nase. Als er das Tuch absetzte, bemerkte er einen feinen roten Film im Schleim. Er knüllte das Taschentuch zusammen. Max hatte es nicht gesehen.

Max kochte Kaffee und schaltete das Diorama an. Das Hologramm entfaltete sich vor dem Gerät wie eine Wolke. Ein Moderator stand in einem Studio an einem Tisch. Neben ihm … Termann.

»Ach, schau an«, sagte Max. »Den gibt's also auch noch.« Max hatte mehrfach versucht, ihn zu erreichen. Er wäre ein wichtiger Zeuge gewesen, um ihre Geschichte zu stützen. Aber Termann hatte nicht auf seine Anrufe reagiert. Max holte sein Smart und legte es neben das Diorama. Das Hologramm des Gebärden-Avatars von Max' Übersetzungsprogramm baute sich in schlechterer Auflösung über dem Smart auf und begann zu übersetzen, was gesprochen wurde.

Moderator: »Herr Professor Termann, herzlich willkommen beim ›Deutschland-Thermometer‹. Sie sind Anthropologe an der Universität Düsseldorf und haben sich Ihr Leben lang mit Neandertalern beschäftigt. Wir alle haben die ungeheuren Nachrichten der letzten Tage verfolgt. Ein lebendiger Neandertaler ist in

Deutschland aufgetaucht und behauptet, er sei in einem Geheimprojekt geklont worden.«

Termann sah müde aus. Er bemühte sich, seine Miene unbewegt zu halten, als der Moderator ihn ansprach. Er wusste, dass in diesem Moment die Kamera auf ihn einzoomte.

Moderator: »Was sagen Sie dazu?

Termann: »Diese Geschichte ist wirklich abenteuerlich. Ein geheimes Klonprojekt? Lächerlich.«

Moderator: »Sie glauben ihm also nicht?«

Termann: »Nein.«

Moderator: »Max Stiller ist ein Kollege von Ihnen. Er stützt Adams Geschichte.«

Termann: »Professor Stiller war ein bislang geschätzter Kollege, wenngleich auch seit jeher reichlich exzentrisch. Es gibt unter den Neandertaler-Forschern einige, die, sagen wir, zuweilen mehr dem Wunschdenken verfallen, als sich an die Fakten zu halten.«

Moderator: »Wie meinen Sie das?«

Termann: »Naja, sie haben die Neandertaler mystifiziert, in sie Eigenschaften hineinprojiziert, für die es einfach keine Belege gab. Dass sie sensibler, gutmütiger waren als wir zum Beispiel.«

Moderator: »Adam und Stiller behaupten, das Ziel des Geheimprojekts sei gewesen, eine Art ›Jesus-Gen‹ im Neandertaler zu finden.«

Termann: Sehen Sie. Das passt sehr gut zu dieser Verklärung des Neandertalers als Gutmensch. Ich glaube, Stiller hat sich da einfach was zusammengesponnen. Ich kann Ihnen erzählen, was wir aus Fossilfunden ableiten können. Es gibt Hinweise darauf, dass die Neandertaler sehr wahrscheinlich genauso intelligent waren wie wir, jedenfalls, was technische und handwerkliche Fähigkeiten anging. Sie hatten sehr wahrscheinlich eine entwickelte Sprache, wenngleich die Frage bleibt, wie komplex ihre Sprache im Vergleich zu der unserer Vorfahren ausfiel. Eine weitere ungelöste Frage ist auch, inwieweit ihr Abstraktionsvermögen und symbolisches Denken ausgebildet war. Es ist nicht bekannt, dass sie komplexe Kunstwerke anfertigten. Wir wissen also nicht, ob sie eine Idee von sich selbst, der Welt und ihrem Platz darin hatten. Die Neandertaler waren zweifellos fähig zur Empathie, sie pflegten ihre Alten und Kranken, und sie beerdigten die Toten. Sie lebten allerdings in kleineren Gruppen als unsere Vorfahren, weswegen ihre sozialen Interaktionen möglicherweise weniger komplex funktionierten. Es könnte sein, dass sie weniger hinterlistig waren und weniger logen, aber nicht, weil sie es nicht konnten, sondern weil solche Verhaltensstrategien in ihren kleinen Gruppen schlicht nicht nötig waren. Manche Forscher haben sie daher zu einer Art Winnetou stilisiert. Dabei haben wir auch Belege für Gewalt und Kannibalismus unter den Neandertalern gefunden.«

Moderator: »Das heißt, die Neandertaler waren nicht besser als wir?«

Termann: »Das ist die große Frage. Nun könnten wir es herausfinden, aber Adam verweigert sich ja der Forschung.«

Moderator: »Wie war ihr Verhältnis zu Max Stiller?«

Termann: »Nun, wir hatten oft Meinungsverschiedenheiten, das will ich nicht leugnen. Nach meinem Dafürhalten hat er sich zu sehr in die Neandertaler hineingesteigert, seine persönlichen Vorstellungen in sie projiziert. Ich fürchte, angesichts des Auftauchens dieses geklonten Neandertalers – wer auch immer ihn geklont haben mag – ist Professor Stillers Fantasie dann endgültig mit ihm durchgegangen. Aber das ist ja auch kein Wunder, er ist gehörlos … Gehörlose sind chronisch misstrauisch, weil sie natürlich weniger von dem mitkriegen, was um sie herum passiert und gesprochen wird. Sie sind eine Minderheit, sie fühlen sich benachteiligt, unterdrückt. Da wundert es mich nicht, wenn sich so jemand in eine Paranoia hineinsteigert.«

Max warf sein Glas durch das Diorama-Hologramm von Termann und dem Moderator. Es zerschellte an der Wand seines Wohnzimmers. Adam erschrak von dem impulsiven Ausbruch des Gehörlosen.

»Dieser verdammte Lügner!«, schrie er, und der Gebärden-Avatar übersetzte. Die Gebärde für Lügner war die Zunge in der Backe und der rechte Zeigefinger, der mehrmals über die Beule in der Backe strich.

Max sprang auf und lief hin und her.

»Termann war mit uns im Verhör«, gebärdete er, und der Avatar sprach mit seiner monotonen Stimme. »Sie haben ihn genauso gefoltert wie mich. Er wäre fast gestorben. Er weiß ganz genau, dass das alles zum Himmel stinkt.«

»Er hat Angst, Max. Sie haben ihn in der Hand.«

Max stand eine Weile still, die Fäuste geballt.

Moderator: »Stiller sagt, dass auch Sie vom Geheimdienst verhört worden seien, wegen dieses ominösen ›Projekt Neanderthal‹.«

Termann: »Das ist Blödsinn. Mich hat niemand verhört. Und mir ist nicht bekannt, dass es ein Projekt Neanderthal je gegeben hat. Ich halte es für viel plausibler, dass Adam das Resultat eines dubiosen chinesischen Experiments ist.«

Moderator: »Wieso glauben Sie das?«

Termann: »Schauen wir zurück: In den 2010er Jahren trat diese neue Genmanipulations-Technologie Crispr ihren Siegeszug in den Labors an, was die Grundlage für unsere moderne Genarchitektur bildete. Die westliche Welt war noch zögerlich, Crispr am Menschen einzusetzen. Die Technologie wies Schwächen auf und war längst noch nicht sicher genug. Aber die Chinesen hatten weniger Bedenken. 2015 klonten sie einen menschlichen Embryo, den sie mit Crispr verändert hatten. Es ist ihnen absolut zuzutrauen, dass sie dann auch noch einen Homo-sapiens-Embryo mit Crispr neandertalifiziert haben. Es wäre der perfekte ›Testlauf‹ gewesen, um herauszufinden, was die Technik kann.«

Max schaltete das Diorama ab.

»Sie haben ihn vor die Kameras gezerrt«, sagte Max. »Damit wollen sie uns eine Nachricht senden.«

»Was ist mit dem Kommissar, von dem du erzählt hast?«, fragte Adam. »Wie hieß er noch gleich? Nix?«

Max hatte nicht nur mit Termann Kontakt aufzunehmen versucht, sondern sich auch erfolglos bemüht, Nix zu erreichen.

»Er ist verschwunden. Keine Ahnung, was mit ihm passiert ist. Wahrscheinlich ist er tot.«

»Adam, wie sind Sie den Chinesen entkommen?«

»Wie viele Kinder haben Sie schon gezeugt, Adam?«

»Werden Sie Ihre Muskelgene patentieren lassen?«

Die Reporter schrien durcheinander. Es war laut und für seine empfindlichen Ohren besonders unangenehm. Er schob sich durch die Menge der Journalisten, was einem Spießrutenlauf gleichkam. Die Gesichter der Menschen erinnerten Adam an Puppen. Sie sahen selbst schon aus wie der Androbot, den Thompson geschickt hatte. Perfekt, glatt, leblos.

»Haben Sie vor, weitere Mischlinge hier in Deutschland zu zeugen?«

»Warum helfen Sie nicht der Depressionsforschung? Warum lassen Sie sich nicht untersuchen?«

»Werden Sie für die NeAnders im Bundestag antreten?«

Adam hasste Ansammlungen. Es machte ihn nervös. So etwas

war er von den Amish nicht gewohnt. Die unkontrollierten Berührungen. Die Aggression. Die Falschheit.

Max versuchte, die Reporter von Adam fernzuhalten, während er sich mit ihm weiter durch die Traube wühlte. Sie wollten zum MSNCNN-Truck.

Aber nach den Reportern kam der nächste Menschenauflauf. Und der war noch schlimmer.

Auch die NeAnders-Bewegung hatte sich vor dem Haus postiert. Als sie Adam sahen, begannen sie hysterisch zu schreien. Sie kreischten seinen Namen wie den eines Messias.

»Adam! Adam! Adam!«

Hunderte junger Leute, die schwarze T-Shirts mit seinem Konterfei trugen. Es war in weißen Schemen angedeutet, die Neandertal-Gesichtsmerkmale überbetont. Und viele hatten sich David Bowies Ziggy-Stardust-Blitz mitten über ihre Gesichter gemalt. Max verzog die Miene, als er das sah.

Die Menge flirrte vor Adams Augen, und sein Blickfeld wurde kurz von einem Ring eingeengt. Dann verschwammen die vielen schreienden Mienen vor ihm zu einem Brei. Ein Summen erklang in seinen Ohren. Er wunderte sich, wie lustig es sich anhörte. Seine Brust kitzelte. Er hustete. Er fühlte sich elend.

»Adam! Adam! Adam!«

Er sah viele demonstrativ rauchen und Alkohol trinken, entschieden und absichtsvoll ungepflegt aussehen – die NeAnders betonten ihre Natürlichkeit und lehnten jegliches Streben nach Perfektion ab. Nach ihrem Verständnis beinhaltete das auch einen Verzicht auf Körperpflege.

Er sah ein Meer aus Plakaten. Auf vielen war sein Antlitz dargestellt, darunter der Schriftzug der NeAnders. Er sah Parolen wie »Schluss mit Gesundheitsfaschismus!«, »Nobody is perfect!«, »Think different, be different!«, »Große Depression? Nein: Große Repression«, »Freie Burger für freie Bürger!«; derjenige, der dieses Plakat hochhielt, hatte sich tatsächlich in ein Burger-Kostüm gepackt, die Käsescheiben aus gelbem Filz wackelten an den Seiten. Und immer wieder: »Clone Adam!«

Dann kamen sie angerannt. Junge Frauen kreischten und stürzten sich auf ihn. Adam fühlte Hände auf seinem Körper, in seinen Haaren, sie legten sich auf sein Gesicht, seine Genitalien. Körper rieben sich an ihm, Brüste pressten sich an ihn. Mehrere der jungen Frauen zogen ihr T-Shirt hoch und entblößten ihre Brüste und drückten sie in sein Gesicht.

Eine Frau drängte sich besonders zielstrebig an ihn. Sie hatte schulterlange schwarze Haare, anders als die anderen NeAnders war sie blass geschminkt und hatte blutrot angemalte, sehr volle Lippen. Sie erweckte den Eindruck, sehr genau um ihre immense erotische Ausstrahlung Bescheid zu wissen. Etwas an ihrer Oberlippe fiel ihm auf, eine Unebenheit, weiß überschminkt, aber bevor er mehr erkennen konnte, pressten sich ihre Lippen auf seine, und ihre Zunge fuhr in seinen Mund. Ihre Zunge rang seine nieder, fuhr seinen Gaumen entlang, erforschte die gesamte Mundhöhle. Es war äußerst befremdend und unangenehm, und er versuchte, die Frau von sich zu stoßen. Aber bevor ihm das gelang, merkte er, wie sie ihm ihren Speichel in den Mund presste. Dann lösten sich ihre Lippen voneinander. Bevor ihr Gesicht in der Menge verschwand, sah er, dass sie grinste. Andere stürzten sich auf ihn.

»Adam! Ich will ein Kind von dir!« – »Gib mir deinen Samen.« – »Gib mir deine Gene!«

Immer mehr kamen. Warfen sich auf die Frauen vor ihnen.

»Adam!«

Max schrie durch die Menschenleiber hindurch, versuchte Adam zu erreichen.

»Adam!«

Er konnte ihn nicht mehr unter dem Berg von Frauenleibern sehen.

Reporter: »Wie fühlen Sie sich, Adam?«

Adam: »Es geht. Dieser Medienrummel überfordert mich. Ich bin sowas nicht gewohnt. Und ich bin ein wenig angeschlagen.« *(hustet)*

Reporter: »Warum haben Sie sich entschlossen, mit einem amerikanischen Sender zu reden?«

Adam: »Weil die deutsche Presse mir nicht glaubt. Oder sie wird manipuliert. Ich weiß es nicht genau.«

Reporter: »Was genau glaubt sie nicht?«

Adam: »Alles. Dass ich und elf weitere Neandertaler in einem Geheimprojekt vor 37 Jahren geklont wurden. Das Projekt Neanderthal …«

Reporter: »Die Geschichte klingt tatsächlich abenteuerlich.«

Adam: »2016 und 2017 waren schlimme Jahre. Die EU stand vor dem Zusammenbruch. *(hustet)*. Entschuldigung. Die Türkei verwandelte sich in eine Diktatur, in Russland und den USA regierten Autokraten … Und es gab so viel Hass im Netz.«

Reporter: »Adam, ich denke, wir alle kennen die Geschichte mittlerweile, Sie haben sie schon so oft erzählt. Ich würde gerne näher darauf eingehen, was Ihrer Vermutung nach der Grund dafür ist, warum man Ihnen nicht glaubt.«

Adam: »Ich denke, dass die Regierung weiterhin versucht, das Projekt zu verschleiern. Sie haben das Gerücht gestreut, dass es die Chinesen waren.«

Reporter: »Aber haben Sie denn Beweise?«

Adam *(hustet)*: »Ich bin der lebende Beweis. Sie haben uns bis in die USA verfolgt. Sie haben eine Kollegin meines Freundes Max Stiller getötet und meine Familie bedroht. Außerdem gab es einen toten Mischling, hier in Deutschland, dessen Leiche die Polizei versteckt. Er war mein Sohn. Möglicherweise haben sie ihn auch auf dem Gewissen.«

Reporter: »Ihr Sohn ist nach Deutschland gekommen?«

Adam: »Ja, er wollte der ganzen Sache auf den Grund gehen, nachdem er davon erfahren hatte, nehme ich an. Es fällt mir schwer … darüber zu reden. Ich habe …«

Eine Hustenattacke überkommt Adam. Er krümmt sich, seine Brust bebt. Der muskulöse Neandertaler beugt sich vor und keucht und hustet mit voller Kraft. Blutiger Schleim landet auf der Jacke des Reporters, der aufspringt. Dann schießt ein kleiner Schwall Blut aus Adams Mund auf den Boden. Er kippt nach vorne und fällt vom Stuhl – in sein eigenes Blut.

»Ein Arzt! Holt einen Arzt!«, schreit der Reporter auf Englisch.

Max springt herbei und rüttelt den Neandertaler, der am Boden liegt und nach Luft ringt.

»Adam! Adam! Was ist los?«

»Ein Arzt! Schnell!«

Adam röchelt. Noch mehr Blut läuft ihm aus dem Mund. Seine Augen sind vor Todesangst weit geöffnet.

30

BRIEF VON VALERIE AN IHRE MUTTER

Absender: Valerie Weiss, Quarantänelager QZ 4/Berlin-Hohenschönhausen, 26.07.2053

An: Sarah Emilia Weiss (Mutter). Aufenthaltsort unbekannt.

Vermerk//geprüft//Weidemann//27.07.2053

Liebe Mami,

Ich wollte dir kurz schreiben. Du machst dir bestimmt Sorgen um uns. Papa hat gesagt, dass du noch länger unterwegs sein wirst, weil Max und du an einer wichtigen Konferenz teilnehmen müsst. Papa hat auch gesagt, dass du uns sicher bald anrufen wirst, weil du im Moment wahrscheinlich wieder in einer abgelegenen Gegend gräbst, wo es kein Netz gibt, und er meinte, ich sollte deswegen nicht traurig sein.

Ich vermisse dich trotzdem. Du bist so oft weg! Ich weiß, du kannst nichts dafür, und du hast mir schon so oft gesagt, dass du lieber bei mir in Berlin bleiben würdest und ich nicht traurig sein soll, weil du immer an mich denkst und mich sehr lieb hast. Aber es tut trotzdem immer so weh. Die anderen Kinder in der Schule erzählen dauernd von ihren Müttern und dass sie miteinander basteln oder malen. Ich sage dann, dass meine Mama sehr viel zu tun hat und Urmenschen ausgräbt und deswegen ganz weit reisen muss.

Aber wenigstens habe ich eine Mama. Ich weiß noch, wie du mir von Oma erzählt hast. Dass du sie gar nicht kennengelernt hast, weil sie bei deiner Geburt gestorben ist und du dich deswegen immer schlecht gefühlt hast. Daher kann ich froh sein, dass ich eine Mama habe. Aber ein bisschen kann ich verstehen, wie du dich gefühlt haben musst als Mädchen, wenn die anderen Mädchen in der Schule von ihren Müttern erzählt haben und du dann sagen musstest, dass du keine Mama hast. Das muss sich scheußlich angefühlt haben.

Ich hätte Oma ja auch gerne kennengelernt.

Im Lager sind sie nett zu uns. Es gibt [redacted], aber die meisten waren am Eingang. Die Leute sollten sich in Schlangen einordnen, [redacted]. (zensiert, V.W.) Aber die haben gesagt, dass es nicht anders gehen würde, weil sonst alles durcheinander gerät. Und die Lage wäre ernst. Ein gefährliches Virus geht um, und immer mehr Menschen stecken sich damit an.

Uns geht es gut. Wir haben heute Opa gefunden, er ist auch hier, was wir nicht wussten. Er hat sich so gefreut, uns zu sehen. Aber er sah gar nicht gut aus. Papa sagt, dass Opa schon länger sehr traurig ist. Er ist krank, hat Papa gesagt.

Wir müssen alle bleiben, weil wir uns vielleicht mit dem gefährlichen Virus angesteckt haben. Nur so kann man verhindern, dass wir noch mehr Menschen anstecken. Alle waren sehr freundlich, besonders die Ärzte. [redacted]. (zensiert, V.W.) Das würde dauern, haben die Ärzte gesagt.

Hier drin ist es gar nicht so schlecht. Im Lager sind viele Kinder und Jugendliche. Viel mehr als Erwachsene. Des-

wegen haben sie auch ganz viele Bücher und Spielsachen, Fernseher und Diorama-Spiele zur Verfügung gestellt.

Ich habe auch schon ein paar Freunde gefunden. Lukas, Emily, Fabian, Gregor, Lisa. Aber am besten verstehe ich mich mit Lisa, sie ist vierzehn. Aber ich sehe ja auch schon älter aus als acht. Lisa hat mir nicht geglaubt, als ich ihr mein wirkliches Alter gesagt habe. Weißt du noch, Mama, wie mich alle immer auf zwölf geschätzt haben, als ich erst sechs war? Und ich dann immer meinte: Ich bin nur die halbe Portion.

Lisa ist hier ganz alleine mit ihrem Bruder Anton. Ihre Eltern wurden nicht in Hohenschönhausen interniert. Ich habe Lisa gesagt, dass sie und Anton mit in unseren Schlafraum kommen sollen. Dann sind sie nicht mehr so alleine, und ich habe endlich eine Schwester und einen Bruder!

Jeden Tag müssen wir uns melden, morgens und abends. Sie wollen wahrscheinlich kontrollieren, dass keiner abhaut. Das wäre aber auch echt schwer. Das Lager wird von Männern in weißen Kitteln bewacht. Sie haben [redacted], aber [redacted] (zensiert, V.W.).

Papa ist nicht gut drauf. Er wirkt so frustriert, du weißt, wie er manchmal ist, wenn er lange nicht gemalt hat. So ist er jetzt. Ich glaube, er vermisst dich auch ganz schrecklich.

Morgen bin ich dran mit Blutabnehmen. Lisa hat es heute gemacht. Sie sagt, es war gar nicht schlimm.

Ich drücke dich ganz doll, Mami! Bitte komm bald nach Hause!

Deine Valerie

31

SCHÜTZENDE GENE

NATURE GENETICS | ARTICLE

Received 11 March; accepted 20 June; published online 1 August 2068; doi:10.1038/ng.9723

Identification of three genetic ›Neandertal‹-loci associated with suppressor function for Lindström depression in individuals of European descent

Valerie Weiss[1], David King[2], Xing Fung[2], Markus Strauff[1]

Abstract: Despite strong evidence supporting the heritability of Lindström depressive disorder (LDD) (a.k.a. ›Great Depression‹) previous genome-wide studies were unable to identify risk loci among individuals of European descent. Here we used self-reported data from 73,304 individuals reporting clinical diagnosis of depression (Germany) and 221,349 individuals (Germany and non-Germany-Europe) reporting no history of depression and carried out meta-analysis of these results with published LDD genome-wide association study results.

1 Max-Planck-Institute of Psychiatry, München, Germany.

2 Center for Human Genetic Research and Department of Psychiatry, Massachusetts General Hospital, Boston, Massachusetts, USA

Results: We identified three independent loci with self-report of clinical diagnosis or treatment for Lindström depressive disorder. These three regions reached genome-wide significance after joint analysis over all data sets. The astounding find is that all of these regions are of Neandertal heritage. The data suggests that they provide suppression-potential for Lindström depressive disorder.

Gemeinsame Pressemitteilung des Center for Human Genetic Research and Department of Psychiatry und des Max-Planck-Instituts für Psychiatrie:

NEANDERTAL-GENE SCHÜTZEN VOR »GROSSER DEPRESSION«

Europäer und Asiaten tragen bis heute Erbgut von Neandertalern in sich. Diese Gene galten bislang als Krankheitsverursacher. Wissenschaftler haben nun in einer bahnbrechenden Studie herausgefunden, dass sie vor einer der schlimmsten Volkskrankheiten unserer Zeit schützen.

Die Lindström-Depression, umgangssprachlich auch »Große Depression«, ist eine der gravierendsten Formen der Depression. Diese neue noch immer rätselhafte Form der Erkrankung hat in den letzten zwanzig Jahren in der europäischen Bevölkerung und insbesondere in Deutschland epidemische Ausmaße angenommen. Mittlerweile ist jeder dritte Deutsche unter 30 Jahren an der Lindström-Depression erkrankt. Eine Heilung existiert nicht. Neue Antidepressiva wie Beatitudon® oder Eftychtopran® zeigen bescheidene Erfolge in der Behandlung der Krankheit, ziehen jedoch schwere Nebenwirkungen nach sich (temporäre Lähmungen, Nierentoxizität, erhöhtes Schlaganfallrisiko, Libido-Verlust).

Die genetischen Ursachen für die »Große Depression« waren bislang unbekannt. Im Fokus der Wissenschaftler standen vor allem Gene, die sich nach der Vermischung von Homo sapiens und Neandertalern vor rund 100.000 Jahren im Erbgut gehalten haben. Dass sich die beiden Menschenarten vermischten, weiß man seit über 50 Jahren. Seit der Entdeckung der »Neandertaler-Gene« (NT-Gene, auch Nt-Gene) ist bekannt, dass sie eine Rolle bei der Entstehung zahlreicher Volkskrankheiten spielen: Diabetes, Adipositas, Schizophrenie – und Depression.

In den EU-Staaten wurden daraufhin verschiedene Genpool-Hygiene-Programme aufgelegt, die diese Gene gezielt aus dem Erbgut eliminieren sollten, um die Volkskrankheiten ein für alle Mal zu besiegen. In Deutschland wurde dieses Programm besonders hartnäckig verfolgt.

»Als die ersten Fälle von Lindström-Depression auftraten, lag der Verdacht natürlich nahe, dass auch sie auf NT-Gene zurückzuführen war«, sagt Dr. Valerie Weiss, Wissenschaftlerin am Max-Planck-Institut für Psychiatrie in München und Lead-Autorin der neuesten Studie – einer Kooperation des Max-Planck-Instituts und des Center for Human Genetic Research and Department of Psychiatry des Massachusetts General Hospital.

Die Genpool-Hygiene wurde weiter verschärft. »Es blieb jedoch rätselhaft, warum die Fallzahlen der Lindström-Depression weiter zunahmen«, sagt Dr. Weiss.

In ihrer Studie haben die Wissenschaftler um Valerie Weiss nun gemeinsam mit David King und Xing Fung vom Center for Human Genetic Research and Department of Psychiatry erstmals Beweise dafür gefunden, dass NT-Gene nicht Auslöser der Lindström-Depression sind, sondern offenbar im Gegenteil vor ihr schützen.

»Wir haben das Erbgut Betroffener in Deutschland mit dem von Gesunden aus anderen europäischen Ländern verglichen«, sagt Dr. Weiss. »Wir konnten nach und nach drei Gene eingrenzen, die bei Lindström-Patienten häufig nicht vorhanden sind, bei Gesunden jedoch immer. Zu unserer großen Überraschung stammen diese Gene von Neandertalern.«

In der riesigen Populationsstudie an insgesamt rund 300.000 Personen konnten Weiss, King et al. eine starke Korrelation herstellen. Viele Erkrankte besaßen kein einziges dieser NT-Gene, die die Wissenschaftler wegen ihrer hemmenden Wirkung aLDD-Gene (Anti-Lindström Depressive Disorder) getauft haben. Schon das Vorhandensein eines einzigen der aLDD-Gene verminderte das Erkrankungsrisiko bereits um zwanzig Prozent. Bei Anwesenheit zweier aLDD-Gene sank es noch stärker. »Dennoch konnten wir nicht zeigen, dass die Präsenz aller Gene die Krankheit verhindert«, so Weiss. »Es muss also noch mehr Auslöser geben.«

Wie die von Weiss und ihren Kollegen identifizierten Gene im Körper genau wirken, ist noch unbekannt. »Sie müssen in irgendeiner Weise die Gehirnaktivität beeinflussen. Aber wie, wissen wir nicht.« Weiss will nun die aLDD-Gene genauer erforschen.

Dies könnte ein erster Schritt hin zu einer Therapie sein, bei der Adult-Edits an den Nervenzellen Betroffener die Krankheit zumindest lindern könnten.

»Unsere Untersuchung zeigt, dass wir das Neandertaler-Erbgut zumindest teilweise falsch eingeschätzt haben«, sagt Dr. Weiss. »Es kann auch vor Krankheit schützen.« Weiss fordert daher einen sofortigen Stopp aller Genpool-Hygiene-Programme.

Zur Person:
Dr. Valerie Weiss (Jahrgang 2045) begann ihr Studium der Medizin und Genarchitektur an der Freien Universität Berlin als jüngste Studentin aller Zeiten (Abitur mit 14 Jahren). Bereits in ihrer Doktorarbeit widmete sie sich der Erforschung der Lindström-Depression (»Cognitive vulnerability to depression: genetic and environmental influences«, vorgelegt im Jahr 2065). Dr. Weiss kam als Postdoktorandin an das Max-Planck-Institut für Psychiatrie in München, wo sie jüngste Leiterin der Max-Planck-Nachwuchsgruppe »Labor für Genomik der Depression« wurde. Dr. Valerie Weiss ist Wissenschaftliches Mitglied der Max-Planck-Gesellschaft (MPG).

32

ERBLASTEN

Solch eine Hinterhältigkeit hätte sie Strauff nicht zugetraut. Aber klar, er wollte Gruppenleiter werden, und sie war im Weg.

Eben hatte Strauff ihr Büro verlassen. Sie dachte nach. Darüber, wie sie damit umgehen sollte, dass er sie erpresste. Solch einen Move hätte sie ihm nicht zugetraut.

Sie wusste, dass Markus insgeheim der Meinung war, er hätte die Gruppenleitung verdient und nicht sie, die Newcomerin, der Eindringling, das gehypte Wunderkind, das schon mit 23 habilitierte. Die nur dank des berühmten Namens ihrer Großmutter hier war. Oh, das hatte er natürlich nie gesagt. Nur gedacht. Sie hatte vermutet, dass er sich arrangiert hatte und seinen Vorteil in der Kollaboration mit ihr suchte. Und jetzt witterte er seine Chance. Sie blickte auf den Bogen mit dem Ausdruck ihrer Genanalyse. Sie konnte es einfach nicht fassen.

Sie und Markus hatten ihre eigenen Proben eigentlich eher aus Neugierde analysieren lassen. Für das Paper waren die Daten nicht wichtig. Sie hatte mit Markus noch gewitzelt, dass sie wahrscheinlich alle drei aLDD-Gene in sich tragen würde. Schließlich waren bei ihrer Geburt keinerlei Edits vorgenommen worden; ihre Mutter hatte nicht einmal einen Erbgut-Scan erstellen lassen.

Strauff war spätabends in ihr Büro gekommen. Im Labor war niemand mehr, sie waren allein. Er hatte ihr wortlos den Bogen mit der Auswertung auf den Tisch gelegt.

Valerie hatte sofort die grüne Markierung gesehen, der das Vorhandensein der Anti-Lindström-Gene abbildete. Grün hieß: alle drei vorhanden. Aber dann hatte sie die Grafik darunter in Augenschein genommen. Das Tortendiagramm, das den allgemeinen Neandertaler-DNA-Anteil im Erbgut des Probanden zeigte. Das rot eingefärbte Stück mit dem Neandertaler-Anteil war bei den meisten Menschen sehr schmal, eigentlich nur ein Strich.

Bei ihr war das Tortenstück riesig.

Sie las die Angabe darunter: 26 Prozent NT-DNA.

Sie hatte Markus Strauff von Anfang an nicht besonders sympathisch gefunden. Dafür war er ihr zu sehr der Typ Streber gewesen. Hatte es Professor Valenku zu sehr recht machen wollen. Und er sah auch so aus, wie er war: brav, blond, bemüht. Aber sie hatte nicht unfair sein wollen. Na klar, sie konnte das verstehen, die Konkurrenz war hoch, der Druck enorm: Publish or perish. Und Markus hatte sich hochgearbeitet in der MPI-Mühle. Sie wusste, dass er einer armen Plebejer-Familie entstammte. Das einzige Kind, das es auf die Uni geschafft hatte. Sie respektierte das; nicht jeder war Spross einer Wissenschaftler-Familie wie sie. Und ja, es stimmte, Valerie wusste, dass sie vom Namen ihrer Großmutter zehrte. Jocasta Weiss, die Legendäre. Die Geniale. Die Viel-zu-früh-Gestorbene. Ihre Mutter Sarah hatte sich richtig verhalten – sie war mit der Anthropologie auf ein anderes Spielfeld gewechselt und damit dem langen Schatten von Jocasta Weiss entflohen.

»Das muss ein Fehler sein«, hatte sie zu Strauff gesagt. »Hast du die Messung wiederholt?«

Strauff sah sie an. »Es ist kein Fehler, Valerie. Laut Genom-Analyse bist du eine Viertel-Neandertalerin.«

Sie war fassungslos.

Normal waren ein bis zwei Prozent, jedenfalls in der deutschen Bevölkerung. In Italien und Spanien lag er noch bei drei

Prozent. Es war ein Durchschnittswert. Jüngere Menschen wie sie hatten noch weniger, unter einem Prozent, denn der Neandertaler-Anteil war durch die Genhygiene-Projekte in den letzten Jahrzehnten gesunken. Aber 26?

In ihrem Kopf ratterten die Gedanken, suchten Antworten, analysierten.

Strauff setzte sich und beobachtete sie. War da der Anflug eines Lächelns in seinem Gesicht?

Sie war müde, erschöpft. Sie hatte schlimme Tage hinter sich.

Anfangs hatten sie noch gefeiert. *Nature,* das Fachmagazin aller Fachmagazine, hatte ihr Paper angenommen. Na schön, es war *Nature Genetics,* aber *Nature* war *Nature*. Für sie war es die Krönung, nach ihrem Paper für *Science* – die andere Publikationsgröße – war ihr das Double gelungen. Das hatte ihr den Job als Gruppenleiterin verschafft.

Aber es war auch für Markus ein Erfolg. Er war immerhin gleichrangiger Ko-Autor. Sie hatte jedenfalls geglaubt, dass er es so sehen würde. Dass er nun auf ihrer Seite war.

Valenku hatte bei der Paper-Annahme durch *Nature* der gesamten Arbeitsgruppe Champagner spendiert. Und er hatte sie schon zum MPI-Kolloquium eingeladen. Es war eine große Ehre für eine so junge Wissenschaftlerin, bereits mit 23 Jahren vor all den alten Platzhirschen vortragen zu dürfen. Es war der Ritterschlag, mit dem sie nicht nur formell, sondern wirklich in der ehrenwerten Max-Planck-Gesellschaft angekommen wäre.

Aber sie hatte nicht damit gerechnet, dass ihr Paper solch eine politische Sprengkraft barg. Valenku offenbar auch nicht. Man hatte sie von höchster Ebene zurechtgestutzt. Wahrscheinlich hatte sich die Politik eingemischt und beim MPG-Vorstand direkt interveniert. Anders konnte sie es sich nicht erklären. Die gemeinsame Pressemitteilung mit den Bostonern war nur in den USA erschienen, nicht in Deutschand.

Ihr Paper war eine schallende Ohrfeige für die jahrzehntelange Politik der Genhygiene gewesen. Ihr Paper belegte deren Totalversagen.

Wie hatte sie nur so naiv sein können? Was war mit ihr los? War sie nicht fähig, solche Missgunst vorherzusehen? Wie bei Strauff?

Sie hatten noch darüber diskutiert. Hatten die »Conclusions« extra weich formuliert, die Ungewissheiten betont, Konjunktive verwendet. Und natürlich fehlte auch nicht der übliche offene Schluss: »Weitere Studien müssen nun den genauen protektiven Wirkmechanismus der aLDD-Gene aufklären.«

Aber das war bereits zu viel. Der Maulkorb war zweifellos von höchster Stelle verpasst worden. Mindestens GuG-Ebene. Wahrscheinlich sogar von Bundeskanzlerin Galina persönlich.

Keine Pressemitteilung. Kein Kolloquiumsvortrag. Kein Champagner.

Valenku duckte sich weg. »Ich kann nichts machen, Valerie.« Das war alles, was er ihr auf dem Gang zugeflüstert hatte.

Sie fühlte sich verraten. Die MPG hatte sie im Stich gelassen. Und sie hatte sich gewehrt. Die Bostoner, mit denen sie für die Studie kooperiert hatten, waren nicht so politisch korrekt. Kein Wunder, die USA hatte die EU-Politik der Genpool-Hygiene seit Langem kritisiert, insbesondere die deutsche Linie. Präsident DiCaprio war schon immer ein ausgesprochener Gegner gewesen, und seine Nachfolgerin Sasha Obama hatte diese Politik fortgesetzt. In der Bostoner Pressemitteilung hatte Valerie sich ihre Wut von der Seele geredet. Hatte einen Stopp der Hygiene-Programme gefordert. Sie riskierte damit ihre Karriere in der MPG, aber das war ihr egal. Die war wahrscheinlich sowieso beendet.

»Wie kann das sein, Valerie?«, fragte Strauff. Er sah sie an wie eine Außerirdische.

Sie schüttelte den Kopf.

»Eine Kontamination, ein Messfehler, irgendwas.«

Aber sie wusste, dass das eine Ausrede war. Gedanken flogen heran wie Wolken, formten sich langsam zu Mustern. Es gab eine Verbindung. Eine Möglichkeit. Sehr dünn, sehr fern.

Sie dachte an Adam, den geklonten Neandertaler, der vor Jahren plötzlich aufgetaucht war und für enormes Aufsehen gesorgt hatte. Sie war noch jung gewesen, hatte alles noch nicht ganz verstanden. Sie dachte an das Quarantänelager. An ihre tote Mutter, von der es hieß, dass deren Tod irgendwie mit dem Neandertaler zusammenhing. Aber inwiefern, hatte sie nicht verstanden, konnte sie auch nicht verstehen, weil ihr Vater sie vor Max abgeschirmt hatte. Auch Max' Geschichte hing mit der des Neandertalers zusammen, sie hatte ihn im Diorama mit ihm zusammen gesehen.

Sie wusste nicht, was er jetzt machte, wo er lebte. Nach der Affäre hatte er sein altes Leben verloren. Soweit sie wusste, hatte die Uni ihn gefeuert. Und er war in Depressionen und Alkohol versunken.

Aber wie erklärte all das ihr Neandertaler-Erbgut?

Sie fühlte sich auf einmal fremd im eigenen Körper. Und wenn sie ehrlich war, kannte sie dieses Gefühl schon lange. Ihre Turbo-Entwicklung war schließlich nicht normal gewesen. Die Ärzte hatten immer nur Symptome erkannt. Abweichende Hormonspiegel, ausgeprägte Wachstumsfaktoren. Sie entwickelte sich im Zeitraffer, ja, aber trotz alledem noch nicht so schnell, dass es beispiellos gewesen wäre. Es gebe solche Fälle von Frühreife, hatte es geheißen. Sie hatten ihr ein paar Tabletten gegeben, die die Entwicklung bremsen sollten.

Für die Wissenschaftlerin in ihr war die Schlussfolgerung klar. Ein Viertel Neandertaler-Erbgut bedeutete, dass sie der Nachkomme eines Neandertalers in der zweiten Generation war. Und das könnte ihre anormale Entwicklung erklären. Und es bedeutete: Einer ihrer Großeltern musste ein Neandertaler gewesen sein, einer ihrer Eltern ein Hybrid, ein Mischling.

Sie dachte an ihre Großeltern, die Eltern ihres Vaters. Sie hatte sie nur wenige Male gesehen. Ihr Vater hatte kein gutes Verhältnis zu ihnen, zudem lebten sie in der Nähe von Stuttgart, also weit weg von Berlin. Neandertaler?

Dann die Großeltern mütterlicherseits. Ihr Großvater Pascal war vor Kurzem gestorben. Er war definitiv kein Neandertaler gewesen. Ihre Oma Jocasta? Auf gar keinen Fall.

»Das ist wirklich ein Hammer«, sagte Markus und riss sie aus ihren Gedanken. Er schüttelte den Kopf. »Lass mich überlegen. War das etwa dieser Adam, der damals durch das Land getingelt ist mit dieser verrückten Geschichte? Hat der mit den NeAnders-Spinnern doch noch Kinder gezeugt? Aber Moment, kommt das zeitlich hin? Wie auch immer, 26 Prozent ist ein Fakt. Das könnte für dich jetzt erst recht sehr unangenehm werden.«

Sie sah ihn an.

»Wie meinst du das?«

»Dazu braucht es nicht viel Fantasie. Stell dir vor, wenn der MPG-Vorstand das erfährt: Valerie Weiss, die Enkelin der berühmten Jocasta Weiss, Top-Nachwuchswissenschaftlerin, die gerade mit ihrem Nature-Paper für einen politischen Skandal gesorgt hat. Die die Ansicht vertritt, die Hygiene-Politik der Regierung sei komplett gescheitert und sogar verantwortlich für die Depressions-Epidemie. Valerie Weiss, die belegt haben will, dass das bislang als ungesunder Schrott angesehene Neandertaler-Erbgut schützt, eben diese Frau ist selbst zu einem Viertel Neandertalerin. Nicht nur eröffnet dies die Möglichkeit, dass deine berühmte Großmutter vielleicht etwas mit einem Urmenschen hatte. Das wäre lediglich der peinliche Part. Der politische Skandal für die MPG bestände darin, dass sie an ihrem Institut offenbar eine Aktivistin sitzen haben. Eine NeAnders-Verrückte, die ihre bizarren Thesen mit wissenschaftlicher Seriosität zu adeln versucht.«

Valeries Kopf surrte. Gedanken zuckten umher.

Strauffs blaue Augen glitzerten auf einmal sehr kalt hinter seiner Brille.

In ihr machte sich ein Gefühl der Übelkeit breit. Kater plus Angst. Keine gute Mischung.

»Wer hat diese Daten gesehen?«, fragte sie. Ihre Stimme hatte auf einmal einen leicht schrillen Klang.

»Niemand, Valerie. Nur ich. Deine Ergebnisse sind außerdem nicht gespeichert. Du hast Glück, dass Janet deine Probe nicht mit den ersten Batches mitlaufen ließ. Sonst wäre das vermutlich schon viel früher aufgefallen. Mach dir keine Sorgen. Niemand wird etwas davon erfahren.«

Sie wusste nicht, was sie sagen sollte. Sie sah ihn an. Sah seine runde Brille. Sein schmales Gesicht mit der spitzen Nase.

»Natürlich müssen wir jetzt eng zusammenarbeiten. Müssen uns aufeinander verlassen können.«

Sie war verwirrt, dass er das so betonte.

»Was willst du damit andeuten?«

Er holte tief Luft. Seine Stimme klang leicht angespannt, als er sagte:

»Valerie, ich denke, dass du mir die Laborleitung übergeben solltest. Es wäre das Beste. Du hast schon genug Ärger und Druck, jetzt nach der *Nature*-Veröffentlichung. Du wärst aus der Schusslinie und hättest Zeit, dich neu zu sortieren.«

Sie starrte ihn an.

»Ich denke sogar, dass du sie mir übergeben musst. Schließlich hängt mein Name mit drin. Es geht auch um meine Zukunft.«

»Und eine Viertel-Neandertalerin und mögliche NeAnders-

Aktivistin wäre natürlich alles andere als karriereförderlich für dich.«

»Valerie, versteh doch. Du bringst mich in einen enormen Gewissenskonflikt. Ich fürchte, wenn du nicht handelst, werde ich es tun müssen.«

Er stand auf.

»Ich gebe dir bis Montag Zeit, eine Entscheidung zu treffen. Sonst gehe ich zu Valenku.«

Sie blieb sitzen und starrte auf die Tür, die sich soeben geschlossen hatte.

Es war spät. Freitagabende waren ohnehin schrecklich; sie war alleinstehend und hatte in den letzten heißen Jahren ihrer Mega-Karriere nichts anderes gehabt als ihre Arbeit. Keine Zeit für Männer oder Liebe. Jetzt drohte all das zerstört zu werden, was sie sich aufgebaut hatte.

Sie hatte die ganze Zeit an ihrem Tisch gesessen und nachgedacht, hatte sich den Kopf darüber zerbrochen, was eigentlich los war und was sie nun tun sollte. Sie drehte den Schlüssel in der Tür herum. Das Licht der Neonleuchte an der Decke flackerte und ließ die spitzen, scharfzackigen Sukkulenten, die sie so mochte, surreale Schatten auf ihren riesigen Schreibtisch werfen. Er war übersät mit Ausdrucken, Papieren, Labor-Berichten.

Sie hatte ein Waschbecken in ihrem Büro. Sie wusch sich das Gesicht, und dann brach es aus ihr heraus. Ihre Schultern begannen zu zucken, und Tränen rannen ihr das Gesicht herab. Sie weinte selten, eigentlich so gut wie nie. Aber der Druck der letzten Tage war zu groß gewesen. Sie weinte, und dennoch gelang es ihr nicht, die Kontrolle über sich vollständig abzulegen. Sie versuchte, lautlos zu weinen, weil sie nicht riskieren wollte, dass sie doch irgendjemand hörte.

Nach einer Weile sah sie auf, in den Spiegel über dem Waschbecken, und strich sich die nassen Strähnen aus der Stirn. Die Leute sagten, sie sehe ihrer Mutter überhaupt nicht ähnlich. Auf den ersten Blick stimmte das auch. Valerie hatte die Locken ihres Vaters geerbt. Das Haar ihrer Mutter war fein und dunkelbraun gewesen. Und Valeries Gesicht war runder, nicht so schmal wie das ihrer Mutter. Und vor allem war sie auch nicht so groß. Sie war acht Jahre alt gewesen, als ihre Mutter starb. Seltsamerweise hatte ihre Turbo-Entwicklung erst danach so richtig begonnen. Es war, als wenn sie nach dem Tod ihrer Mutter so schnell wie möglich hatte erwachsen werden wollen. Groß, stark und unverwundbar.

Aber sie war verwundbar.

Sie fühlte sich gehetzt wie ein Tier. In die Ecke gedrängt.

Sie musste Strauffs Behauptungen überprüfen, auch wenn sie sich sicher war, dass er nicht bluffte. Sie trocknete sich das Gesicht. Dann schloss sie die Tür wieder auf und ging zum Sequencer.

Sie nahm den Block mit den Probenmarken aus dem Materialschrank. Sie zog eine ab, befreite sie von der sterilen Umhüllung und leckte kurz darüber. Dann klebte sie die Marke auf die Probenhalterung des Sequencers. Es war das neueste Novogene-Gerät, ein Seventh-Generation-Modell, äußerlich ein unauffälliger schwarzer Kasten, klein wie ein Schuhkarton, aber teurer als ein Hybrid-Jet. Er war gerade vor ein paar Tagen aus Beijing gekommen, leider zu spät für das letzte Paper, denn er hätte ihnen eine Menge Zeit ersparen können. Der Nanopore-Sequencer arbeitete zehnmal so schnell wie herkömmliche Erbgut-Sequenzierer. Und seine Datenqualität war um den Faktor zehn verlässlicher.

Sie schaltete das Gerät ein und drehte an der Kontrolle für die Qualität. Sie begann bei 75 Prozent, dem Minimum, eigentlich eher für vorläufige Draft-Sequenzen geeignet, die Quick-and-Dirty-Option. Beim Sequenzieren war Zeit proportional zur Qualität. DNA war ein sehr kleines Molekül, gerade mal zwei Nanometer breit. Da kamen Messfehler vor. Neben der Qualitätsanzeige kalkulierte der Sequencer die benötigte Zeit. Die schnellste Sequenzierung der drei Milliarden Genbuchstaben eines menschlichen Erbguts schaffte das Gerät in nur drei Minuten, allerdings war diese Analyse stark fehlerbehaftet. Valerie drehte auf 85 Prozent Sequenzier-Qualität hoch und sah die Zeitanzeige auf 17 Minuten klettern. 95 Prozent benötigten fünfunddreißig Minuten. Die letzten Prozente trieben die Zeit exponentiell hoch: Das Maximum, 99,99 Prozent Sequenzierqualität, benötigte einen ganzen Tag, weil der Sequencer dann mehrere Durchgänge mit Verifizierung durchlief. 95 Prozent reichten für ihre Zwecke. Sie presste den Startknopf, das Gerät begann zu summen, und die Sequenzierung begann.

Ihre Mundschleimhautzellen in der Probe wurden nun mit Femto-Lasern beschossen, aufgebrochen und das Erbgut in ihnen in die Lösung freigegeben. Enzyme kauten dann daran herum, brachen die Eiweißstrukturen auf. Die DNA in einer Zelle war in 46 kompakte Chromosomen komprimiert. Entwirrte man das Ganze, hatte man am Ende einen zwei Meter langen nackten DNA-Strang, der in der Probe schwamm wie eine Seeschlange. Eine Doppelschlange streng genommen. Andere Enzyme fraßen sich dann wie Schneepflüge durch die Basenpaare in der Mitte des Doppelstrangs und rissen sie auf wie einen Reißverschluss. Die DNA-Kette war eine Abfolge von nur vier verschiedenen chemischen Basenmolekülen, den Buchstaben des DNA-Codes: A, C, G und T. Jeder von ihnen wies eine unterschiedliche Leitfähigkeit auf. Der Sequencer presste die beiden Erbgut-Einzelstränge wie eine Perlenkette durch eine einen Nanometer kleine Graphen-Öffnung und maß dabei kontinuierlich den Strom, der über das Graphen floss. Die Stromstärke war der Fingerabdruck jedes Buchstaben. Am Ende hatte man Buchstabe für Buchstabe die gesamte Sequenz, den Code eines Menschen.

Sie spürte die Müdigkeit in sich wachsen. Valerie holte sich einen Kaffee und ließ sich in den Laborstuhl fallen. Fünfunddreißig Minuten. Nein, nur noch zweiunddreißig Minuten. Dann würde sie Gewissheit haben.

Ihr Blick schweifte über die gegenüberliegende Wand. Sie war behangen mit zahlreichen Ausdrucken, Karikaturen, Sprüche, Witze – Laborhumor. Viele waren schon fleckig von Kaffee und vor allem von den Chemikalien. An einem Blatt blieb ihr Blick hängen: Es zeigte eine dicke weiße Katze, die aufrecht auf einem Stuhl vor einer Tafel mit lauter chemischen Formeln saß. Die Katze trug eine schwarze Hornbrille und eine rote Fliege. Auf dem Tisch standen mit Chemikalien gefüllte Erlenmeyer-Kolben neben einem vollgekritzelten Labornotizbuch. Der Spruch unter dem Cartoon lautete: »Summary of organic chemistry: Carbon is a whore«. Valerie musste schmunzeln. Dieser Witz war ihr noch nie aufgefallen. Bestimmt hatte Chen Lu ihn dort angepinnt. Es war genau ihr Humor.

Neben dem Sequencer stand ein weiteres High-Tech-Gerät: ein Structurizer. Es war ein weißes, rundliches Ding und deutlich größer als der Sequencer. Chen Lu nannte es manchmal die Thermoskanne, und es sah tatsächlich so aus, nur eben aufgeblasen auf Kühlschrankgröße. Nur kostete es so viel wie zwei Hybrid-Jets. Der Structurizer konnte die räumliche Struktur der DNA in der Zelle darstellen. Für Genarchitekten war nicht nur wichtig, welche Gene im Erbgut vorhanden waren. Entscheidend war auch, wie sie reguliert wurden und wie aktiv sie waren. Ein gesundes Gen, das nicht aktiv war, konnte genauso schädlich sein wie ein kaputtes Gen. Die Zelle hatte viele Möglichkeiten, Genaktivität zu regulieren; eine davon war, wie sie die DNA verpackte. Diese epigenetischen Erkenntnisse waren für die Depressionsforschung enorm wichtig geworden

Valerie hatte vorgehabt, als nächsten Schritt die DNA von Lindström-Patienten mit dem Structurizer zu untersuchen; möglicherweise fanden sich Unterschiede zu Gesunden. Auf die Idee waren auch schon andere gekommen, ohne auf irgendetwas zu stoßen, was die Krankheit erklären konnte. Aber sie wusste ja jetzt, an welchen drei Stellen im riesigen Erbgut sie suchen musste.

Dreißig Minuten. Die Wissenschaftlerin in ihr war zum Leben erwacht. Wenn ihr Erbgut schon so viel Nt-DNA enthielt, dann konnte sie es auch gleich räumlich analysieren. Wer weiß, vielleicht fand sie etwas Interessantes. Sie leckte ein weiteres Probenplättchen an und platzierte es auf dem kleinen Objektträger im Inneren des Structurizers. Dabei fiel ihr Blick auf die Kaffeetasse, die sie neben dem Structurizer abgestellt hatte. Erst jetzt bemerkte sie den Spruch darauf. Noch mehr Laborhumor: »Lab Rule #7: If you don't know what a button does, don't press it.« Sie seufzte und drückte den Startknopf des Structurizers. Er würde nur wenig länger als der Sequencer benötigen, bis er die DNA schrittweise entwirrt und dreidimensional gescannt hatte. Am Ende würde sie ein detailliertes Diorama ihres Erbgutmoleküls erhalten, wie es in ihren Zellen vorlag – jedenfalls in ihren Mundschleimhautzellen.

Dann setzte sie sich und wartete. Mehr konnte sie im Augenblick nicht tun.

Die Minuten zogen sich hin. Währenddessen ließ sie ihre Gedanken schweifen und versuchte, sich nicht von negativen Gefühlen vereinnahmen zu lassen.

Dann ertönte ein Bing – der Sequencer war fertig.

Mit einem Fünkchen Resthoffnung auf die Möglichkeit eines Irrtums zog sie den Analysebogen heraus.

»Scheiße«, sagte sie leise.

Das rote Tortenstück war immer noch riesig. 27,7 Prozent NT-DNA. Sogar noch mehr als bei Strauffs Messung. Es lag im Bereich der Messvarianz.

Strauff hatte nicht geblufft. Und es war tatsächlich wahr: Sie war der Abkömmling eines Neandertalers.

Wieder das Gefühl, in ihrem eigenen Körper plötzlich fremd zu sein. Das hatte sie als Teenager manchmal erlebt, nachdem sie besonders ausgeprägte Phasen ihrer Turbo-Entwicklung hinter sich hatte, vor dem Spiegel stand und neue Überraschungen an sich entdeckte. Dass ihre Herkunft auf einmal ein Geheimnis war, berührte sie tief, und es war ein unheimliches Gefühl. Sie wehrte sich dagegen und versuchte sich aufs Hier und Jetzt zu konzentrieren. Auf die Daten. Denn das war das Einzige, worauf sie sich momentan verlassen konnte.

Ein weiteres Geräusch erklang, drei Töne, eine kleine Melodie, Ding-Dong-Dang. Der Structurizer war ebenfalls fertig.

Sie aktivierte seine Diorama-Anzeige. Das Gerät projizierte aus dem Nichts mehrere handgroße Gebilde auf eine Ebene vor ihr, als würden sie auf einer unsichtbaren Scheibe mitten im Raum schweben. Um sie besser zu sehen, schritt Valerie durch das Diorama hindurch und dimmte das Licht im Labor.

Nun war besser zu erkennen, was sich dort auf der unsichtbaren Scheibe befand.

Es war ein Gewimmel von leuchtenden, X-förmigen Gebilden verschiedenster Größe und Form, die auf einem unordentlichen Haufen lagen. Es waren ihre Chromosomen, wie der Structurizer sie in ihrer Mundschleimhaut-Zelle vorgefunden und gescannt hatte. Das Gerät begann, sie in der höchsten Verdichtungsstufe anzuzeigen, den Chromosomen. Aber es hatte die DNA in jedem Komprimierungsstadium gescannt, bis hinunter zum Doppelstrang.

»Ordnen zu Karyogramm«, sagte Valerie.

Wie von Zauberhand löste sich der Haufen auf, und die Chromosomen sortierten sich paarweise nebeneinander. Eine menschliche Zelle besaß 46 Chromosomen, jedes war doppelt vorhanden, eines kam vom Vater, eines von der Mutter. Im Karyogramm wurden sie einfach nebeneinander sortiert: Chromosomenpärchen 1, das größte Chromosom der Zelle, links oben, daneben die Chromosomen 2 und so weiter. Die ersten fünf Chromosomen in der ersten Reihe, Chromosom 6 bis 12 in der zweiten – bis hin zu dem kleinen Chromosom 22 in der letzten Reihe. Rechts daneben in der untersten rechten Ecke schwebten die zwei X-Chromosomen, die das Geschlecht eines Menschen bestimmten. Frauen hatten zwei X-Chromosomen, Männer ein X und ein Y.

Zytogenetik des 20. Jahrhunderts.

»Karyotyp normal, 46, XX« zeigte der Structurizer an. Es war das Karyogramm einer normalen Frau mit zwei X-Chromosomen.

Einer fast normalen Frau.

Valerie betrachtete ihre Chromosomen, zoomte einzelne heran, drehte sie mit Handgesten herum. Sie sahen unauffällig aus. Nichts, was auf ihre Neandertaler-Abstammung hinweisen würde. Aber sie hatte nicht wirklich erwartet, auf dieser Ebene bereits Auffälligkeiten ausmachen zu können. Homo sapiens und Neandertaler trennten nur 500.000 Jahre Evolution. Sie hatten gemeinsam fruchtbaren Nachwuchs produziert. Valerie wusste, dass sich Neandertaler in nur rund 40.000 Erbgut-Buchstaben von Homo sapiens unterschieden. Angesichts der drei Milliarden DNA-Buchstaben eines Menschen war das viel zu wenig, als dass man es in der hochverdichteten Chromosomenstruktur hätte sehen können. Es war mit an Sicherheit grenzender Wahrscheinlichkeit zu erwarten, dass Neandertaler und Homo sapiens die gleiche Anzahl Chromosomen hatten und dass sie auch identisch von der Struktur her waren. Die letzte große Veränderung auf Chromosomenebene hatte während des Übergangs von Menschenaffe zu Mensch stattgefunden. Chromosom 2 des Menschen war eine Fusion von zwei kleineren Affen-Chromosomen, weswegen Menschenaffen 48 und Menschen 46 Chromosomen besaßen. Aber solche fundamentalen Änderungen brauchten lange. Schimpansen und Menschen – inklusive Neandertaler – trennte fünf Millionen Jahre Evolution.

Die Chromosomen besaßen ein Bandenmuster. Dunkle Banden waren Bereiche mit dicht gepackter DNA. Sie war weniger aktiv als die DNA in hellen Bändern.

Valerie griff sich willkürlich Chromosom 4 mit Handgesten heraus. Zugleich blendete der Structurizer die Daten ein: Chromosom 4. 1000 Gene, 191.263.063 Basenpaare. Daneben die Größenangabe des Chromosoms: 1400 Nanometer. Es war eins der größten der Zelle. Aber immer noch unvorstellbar klein. Chromosomen waren 100-mal kleiner als ein menschliches Haar.

Sie zoomte mit Handgesten auf das rechte Bein des Chromosoms, die Größenangabe sprang auf 700 Nanometer. Der Structurizer blendete den Ort auf dem Chromosom ein: Chr 4, 4q11. Die Internationale Standard-Chromosomen-Nomenklatur war noch immer gültig. Q stand für das Bein. P für den Arm. Dann wurden die Bänder angegeben. Subbänder kamen nach dem Punkt.

Sie tastete sich langsam am Bein des Chromosoms herab. Der Structurizer zählte die Bänderung 4q11, 4q12, 4q13.1, 4q13.2 bis zum Ende 4q35, qtel – Band 35 war das letzte auf dem unteren Teil des Chromosoms, das Telomer.

Sie zoomte mit Handgesten tiefer in das Chromosom hinein.

500 Nanometer.

Die Struktur des Beins zerfaserte wie ein Wollsocken, an dessen lockerem Faden man zog. Was zuvor wie eine kompakte Wurst gewirkt hatte, offenbarte nun feinere Details, filigran wie ein Drahtgitter. Das gesamte Chromosom glich einer unglaublich komplexen Origami-Figur. Und seine Basis war der millionenfach ineinander verschlungene DNA-Strang.

Dieser ganze Verpackungsmechanismus der DNA war ein Wunder. Zwei Meter Faden wurden in Strukturen gefaltet und geknäuelt, die eine Million mal kürzer waren. Und dieses Wunder spielte sich soeben hier direkt vor ihren Augen ab.

Sie zoomte weiter: 400 Nanometer, 200 Nanometer.

Jetzt sah sie das Chromatin, der Komplex aus DNA und ihren Stütz-Proteinen.

Als sie bei einer Auflösung von 30 Nanometern angekommen war, sah Valerie endlich die Gebilde, die das Skelett der DNA waren: die Nukleosomen, runde Proteinkomplexe, auf die der DNA-Doppelstrang gewickelt war wie auf Jo-Jos. Der Diorama-Projektor stellte die Nukleosomen weiß dar, der DNA-Faden, der um sie gewickelt war, glänzte silbrig darauf und zwischen ihnen.

All die Zahlen, die sie im Studium mühselig hatte lernen müssen, schossen ihr wieder durch den Kopf: Auf jedes Nukleosom-Jo-Jo waren exakt 146 DNA-Buchstaben gewickelt, das entsprach 1,67 Umwicklungen. Die Abschnitte zwischen den einzelnen Jo-Jos waren nackte DNA, kürzer, nur bis zu 80 Buchstaben lang.

Sie zog das Diorama noch weiter auf. Bei 15 Nanometern sprang die dreidimensionale Anzeige mit einer simulierten Gummireaktion zurück, und das Gerät beschwerte sich mit einem Bong-Laut. Das war das Maximum der Auflösung.

Ein einzelner Chromatin-Faden war nun von unten nach oben eingezoomt. Abwechselnd liefen rechts und links die Nukleosomen an ihm entlang; es erinnerte Valerie an eine Perlenkette, nur waren die Abstände zwischen den Perlen größer als bei einer Kette.

Sie betrachtete den Chromatin-Faden, drehte ihn um seine Achse, fuhr daran hoch und wieder hinab. Sie zog ihn auseinander, woraufhin er mit einer Gummiband-Animation wieder zusammenfuhr. Spielereien von Programmierern.

Alles sah normal aus. Aber was hatte sie auch erwartet? Um tatsächlich mögliche Neandertaler-Spezifika aufzuspüren, würde sie mit geballter Rechenpower die Gesamtstruktur feinanalysieren lassen müssen.

Sie zoomte lustlos mit Handgesten wieder aus.

100 Nanometer. 200 Nanometer. 300 Nanometer. Die Nukleosomen-Perlen wurden kleiner und verschwanden, die Chromatin-Fäden falteten sich wieder in Schlaufen zusammen, bildeten wieder das hochkomplexe Origami.

Dann hielt sie an. Sie hatte keine Lust mehr auszuzoomen. Was hatte sie erwartet in ihrem Erbgut zu finden? Sie trat durch das Diorama aus Schlaufen hindurch an den Structurizer heran und hatte die Hand schon auf dem Ausschaltknopf des Geräts, als sie merkte, dass sie zögerte.

If you don't know what a button does, don't press it.

Sie zog die Hand zurück.

Etwas piesackte sie. Störte. Wie ein Krümel in einer Socke. Ein sehr kleiner Krümel, dennoch da. Dennoch spürbar.

Irgendetwas war mit dem Muster.

Sie trat zurück. Wie die verrückte Spur einer Schlange lag das in Schlaufen verästelte Chromatin-Seil in der Luft vor ihr. Die Anzeige zeigte 300 Nanometer. Immer noch befand sie sich in der letzten Bande von Chromosom 4, der Structurizer gab den genauen Ort in der exakten Nomenklatur an: Chr4, 4q35 qtel.

Da war etwas. Etwas, das sie nicht direkt gesehen hatte. Etwas, das wie unbewusst nur im äußersten Augenwinkel existierte, fast unsichtbar. Wie ein Huschen. Ein Wischen. Irgendetwas. Kleines.

Was war es?

Sie zoomte wieder ein.

200 Nanometer.

Die Schlaufen erschienen, lösten sich in die Chromatin-Fäden auf. Und die Nukleosom-Perlen wurden langsam wieder sichtbar.

100 Nanometer.

50 Nanometer.

Valerie zoomte, bis sie in ihrem Ausschnitt etwa 15 Nukleosomen-Perlen hatte. Sie fuhr den Chromatin-Faden von oben nach unten ab. Nukleosomen wechselten sich hübsch gleichmäßig ab, links, rechts, links, rechts. Alles sah ordentlich aus. Beinahe kristallin.

Was war es bloß, verdammt nochmal?

Vielleicht ein Mangel an Ordnung. Ihr fiel auf, dass die Abstände zwischen den Perlen nicht ganz gleichmäßig waren. Aber auch das war nichts Ungewöhnliches. Sie wusste, dass die Abstände zwischen den Nukleosomen variieren konnten.

Was war es dann, was sie störte, das sie aber nicht greifen konnte?

Links, rechts, links, rechts, links …

Sie zoomte stärker auf den Faden, so stark, wie der Structurizer es konnte. Immer wieder zappelte der Faden in seiner Gummi-Animation. Sie zoomte aus. Und so fuhr sie Nukleosomen-Perle für Perle ab.

Bei einigen Nukleosomen schien der silberne Schimmer des Fadens ein klein bisschen anders als bei den anderen auszufallen.

Sie drehte jedes Nukleosom um alle Achsen des Raumes. Sie sah den DNA-Faden darum gewickelt.

Etwas war anders. Aber sie war sich nicht sicher, was es war.

»Structurizer.«

Das Gerät antwortete mit einem Bing. Es erwartete ihre Eingabe.

»Analysiere Nukleosomen, Chromosom 4, 4q35 Telomerregion.«

Nach einem Moment sagte eine angenehme Frauenstimme:

»Histon-Oktamerstruktur aus zwei mal H2A-Histonen, zwei mal H2B-Histonen, zwei mal H3 …«

Die Histone waren die Protein-Untereinheiten des Nukleosoms.

»O. k. Stopp. Irgendwelche Auffälligkeiten in den Histonen?«

»Außerhalb des Auflösungsmaximums«, gab der Structurizer zurück.

Die Histon-Proteine waren zu klein.

»Scheiße.«

»Eingabe ungültig.«

»Ja, ja«, murmelte sie. »Gibt es Auffälligkeiten im DNA-Strang?«

»In welchem Bereich?«, fragte der Structurizer.

»Beginne beim letzten Nukleosom vom Telomer ausgehend.«

»Keine Auffälligkeiten im Strang. Geometrie normal.«

»Wie sicher ist diese Analyse?«, fragte Valerie vorsichtshalber. Auch hier bewegte sie sich an der Grenze des Auflösungsmaximums.

»70 Prozent.«

Das war nicht besonders toll, aber besser als nichts.

»Nächstes Nukleosom?«

»Keine Auffälligkeiten im Strang. Geometrie normal.«

Sie ging 15 Nukleosomen durch. Der Structurizer meldete keine Auffälligkeiten.

Mist.

»Structurizer. Gehe zurück zu Nukleosom eins, ausgehend vom Telomer.«

»Nukleosom eins fokussiert.«

Valerie sah sich die weiße Struktur an.

»Wie viele Windungen?«

»Außerhalb des Auflösungsmaximums.«

Sie seufzte.

»Auffälligkeiten in der DNA-Wickelung?«

»Links-Wickelung. Keine Auffälligkeiten.«

»Geh zu Nukleosom zwei.«

»Nukleosom zwei fokussiert.«

»Auffälligkeiten in der Wickelung?«

»Links-Wickelung. Keine Auffälligkeiten.«

»Nächstes Nukleosom.«

Das dritte. Bei diesem erschien ihr irgendetwas anders. Aber sie konnte es nicht beschwören.

»Auffälligkeiten in der Wickelung?«

»Rechts-Wickelung.«

Valerie hielt inne.

»Structurizer. Wiederhole Wickelungs-Analyse.«

»DNA auf Nukleosom drei von Chromosom 4, 4q35 Telomer ist rechts gewickelt.«

Rechts-Wickelung? Wieso rechts? Sie war keine Spezialistin in Sachen Histon-Aufbau und DNA-Komprimierung. Aber nach allem, was sie wusste, war die DNA immer links um die Nukleosomen herumgewickelt, also entgegen des Uhrzeigersinns.

»Structurizer. Wie sicher ist die Analyse?«

»70 Prozent.«

Sie zoomte mit den Händen noch einmal auf das Nukleosom ein. Sie zog und zog das weiße Ding auseinander wie einen Hefeteig. Aber es stoppte abermals mit einer Gummi-Animation an der Auflösungsgrenze. Sie drehte es um seine Querachse, um den DNA-Faden besser betrachten zu können. Es war schwer zu erkennen, weil die Nukleosomen so dicht beieinanderlagen und der Faden so fein war. Aber sie glaubte zu erkennen, dass er tatsächlich andersherum um das Nukleosom gewickelt war.

Ein falsch gewickelter DNA-Faden. Was hatte das zu bedeuten? Hatte es überhaupt etwas zu bedeuten? Oder war das einfach ein Fehler? Die Natur war nie perfekt. Sie beging ständig Fehler.

»Structurizer. Analysiere Wickelung der 15 Nukleosomen, ausgehend von Nukleosom 1 Telomerregion.«

»Nukleosomen 1, 2, 4, 5, 6, 7, 8, 9, 10, 11, 12, 13, 15 Links-Wickelung. Nukleosomen 3, 14 Rechts-Wickelung.«

Zwei Fehler? In dieser kleinen Region? Chromosom 4 besaß rund eine Million Nukleosomen.

»Structurizer. Finde Nukleosomen mit Rechts-Wickelungen auf Chromosom 4 gesamter q-Arm.«

Der Structurizer analysierte. Es dauerte eine Weile.

»73 Nukleosomen mit Rechts-Wickelung gefunden.«

Das waren viele. Zu viele. Sie ging zum Rechner und wühlte sich in die Fachliteratur zur Wickelung von Nukleosomen hinein. Nukleosom-Chiralität war der Fachbegriff. Und schon nach einer Weile rauchte ihr der Kopf. Es gab Theorien dazu, warum rechtsgewickelte Nukleosomen instabiler waren, schlechter für das Ablesen der genetischen Information, und weswegen sie vermutlich im Laufe der Evolution verschwunden waren. Eine Menge vages Zeug. Aber was Valerie wirklich interessierte, war nur eine Information: Nukleosomen waren links gewickelt. Immer.

Was war hier los?

Ihr Erbgut stammte nicht nur zu einem Viertel von einem Urmenschen. Es zeigte außerdem eine seltsame Anomalie.

Wieder dieses Gefühl, in einem fremden Körper zu stecken. In etwas, das sie bisher zu kennen und zu verstehen geglaubt hatte. Und nun verstand sie gerade gar nichts.

War nur ein Chromosom betroffen?

»Structurizer. Analysiere alle Nukleosomen auf Rechts-Wickelungen.«

Ein Warnton erklang, der stark an das Quaken eines Frosches erinnerte. Chinesischer Humor, dachte Valerie.

»Umfangreiche Operation. Voraussichtlich benötigte Zeit: drei Stunden, elf Minuten.«

Sie seufzte.

Es würde eine lange Nacht werden.

Ding-Dong-Dang.

Der Dreiklang riss sie aus wirren Träumen. Sie hatte zu schlafen versucht, einen Stuhl herangerollt und die Füße hochgelegt. Sie hatte von etwas Großem, Dunklem geträumt. Es war ihr nicht möglich gewesen, es zu identifizieren. Ein Schemen. Vielleicht ein Tier. Oder ein Ungeheuer.

Als sie die Augen aufschlug, schwebten ihre Chromosomen in Reih und Glied vor ihr. Und auf jedem dieser 46 Xe glitzerten Punkte. Und jeder Punkt war ein falsch gewickeltes Nukleosom. Aber- und Abertausende. Wie ein fremdartiger Sternenhimmel, den sie noch nie gesehen hatte. Ihre Blicke zuckten von Punkt zu Punkt, von Chromosom zu Chromosom, fanden keine Ruhe, konnten nicht anhalten, aber auch nirgends beginnen.

Was war es? Oder: Wer war sie? Oder besser: Was war sie?

Der Structurizer würde ihr heute Nacht keine Antworten mehr liefern.

Es gab nur einen, der das konnte.

33

WIEDERSEHEN NACH LANGER ZEIT

Sie hatte Robert nach seiner Adresse gefragt, aber er kannte die aktuelle natürlich nicht. An der Uni erreichte sie niemanden. Aber wie auch, es war Nacht.

Schließlich war Valerie das Melderegister eingefallen. Behinderte mussten sich amtlich erfassen lassen. Vordergründig, um den Leuten Unterstützung anzubieten. Hintergründig, um Ehrenmordabsichten abzuschrecken. Und wahrscheinlich auch, um ihre Fortpflanzung kontrollieren zu können und moralischen Druck auf sie auszuüben. Als Wissenschaftlerin hatte sie Zugriff auf diese Datenbank.

Sie war noch in der Nacht mit dem Auto-Auto von München nach Berlin gefahren. Die Autobahn war frei, und dementsprechend hatte die Fahrt nur drei Stunden gedauert. Sie hatte die Zeit zum Schlafen genutzt.

Bei Sonnenaufgang kam sie in Berlin-Marzahn an. Der Hochhaus-Komplex an der Ecke Märkische Allee und Trusetaler Straße war heruntergekommen. 30-geschossige Wohnblöcke, Anfang des Jahrtausends erbaut, leider noch nicht von der Gnade der Abbruch-Drohnen erlöst, ragten in den dämmernden Himmel Berlins. Taubenscheiße konkurrierte mit Graffitis um die Fassaden-Vorherrschaft. Satellitenschüsseln flehten nach Anweisungen von oben. Das Skelett eines heruntergekommenen Spielplatzes stand vor dem Haus. Es gab kaum noch Kinder, die dort spielen konnten. Die Große Depression hatte sie an ihre Betten gefesselt.

Wer hier wohnte, hatte nichts anderes mehr als seine vier Wände und die Diorama-Dauerberieselung. Hier wohnten sie, die Plebejer. Und sie würden für immer hier wohnen. Hier mochte die depressive Stimmung besonders ausgeprägt sein, aber sie war überall, auch in den reichen Gegenden des Landes. Die Große Depression unterschied nicht zwischen arm und reich.

Eine S-Bahn rauschte knapp neben den Hochhäusern mit viel Lärm ein. Max würde der Krach nicht stören, dachte sie. Einer der Vorteile, gehörlos zu sein.

Sie suchte die lange Reihe der Klingelschilder ab und fand seinen Namen, fast ganz oben. Die Haustür stand offen. Sie war froh, als der knarzende und ruckelnde Aufzug endlich im 29. Stock ankam und sie aussteigen konnte. Durch das schmutzige Flurfenster sah sie die Lichter Berlins im Morgengrauen ausgebreitet wie irre Landebahnen, die ein Betrunkener gezogen hatte. Sie suchte die Klingelschilder auf dem Stockwerk ab. Auf allen außer einem standen Namen, in Krakelschrift, kaum leserlich: Petkovic, Nuradin, Aldan, Karakush. Sie klingelte an der Tür ohne Namen. Die Klingel läutete mit einem schrecklich schrillen Ton, aber sie sah unter dem Spalt der Tür Lichtblitze aufzucken. Bingo.

Sie erinnerte sich an Besuche im Labor ihrer Mutter, als sie noch ein Kind gewesen war. Das waren die Anlässe, wo sie Max begegnet war. Sie erinnerte sich an seine komische Stimme und an sein Erstaunen darüber, dass sie ihr nicht die geringste Angst einflößte. Max hatte immer versucht, mit ihr zu sprechen, aber er hatte gleichzeitig auch gebärdet, was sie fasziniert hatte. Ein paar Gebärden hatte sie von ihm aufgeschnappt, zum Beispiel jene für Knochen, weil sie die witzig fand. Es war eine sehr ikonische Gebärde, die eine Art Grusel-Skelett nachahmte. Max hatte sie für Valerie außerdem noch theatralisch ausgeschmückt. Sie musste lachen, als Max den Unterkiefer vorschob und die Zähne klappern ließ, während er gleichzeitig die Arme verschränkte und über den Rippen auf und ab zucken ließ. Und sie erinnerte sich auch daran, wie stolz sie auf ihre Mutter gewesen war, als diese lautlos mit Max Unterhaltungen geführt hatte.

Je älter sie wurde, desto seltener waren die Besuche im Labor geworden. Heute war ihr klar, woran das gelegen hatte. Ihr Vater und Max hatten sich nicht ausstehen können. Und nach dem Tod ihrer Mutter war er der Meinung, dass Max mindestens eine Mitschuld trug.

Valerie war jetzt 23 Jahre alt. Sie hatte Max das letzte Mal vor 15 Jahren gesehen. Und sie hatte ihn fast schon vergessen. Aber jetzt war er die einzige Person, die ihr Antworten geben konnte.

Niemand öffnete, und sie wollte schon wieder gehen, als sich doch noch die Tür bewegte.

Er sah aus, als hätte ihm jemand einen Eimer Tränen ins Gesicht geschüttet. Die Gesichtszüge hingen schwer und nass herab. Er war massiv gealtert. Max trug einen Morgenmantel, der dringend eine Wäsche nötig hatte.

Im ersten Moment war sie schockiert. Im zweiten Moment begriff sie, dass er sie nicht erkannte. Sein Blick war eine Mischung aus Resignation, Indifferenz und Verwunderung. Sie setzte an, wollte etwas sagen. Und dann wurde ihr klar, dass sie sich überhaupt keine Gedanken gemacht hatte, wie sie eigentlich mit ihm kommunizieren sollte.

Sie überlegte wild, welche Gebärden sie noch kannte. Es war so lange her.

Hallo war einfach. Ein Winken mit der Hand, so wie es Hörende auch tun.

Sein Gesicht blieb ausdruckslos.

Ihre Namensgebärde! Wie ging sie noch gleich? Ein Bild ihrer Erinnerung. Sie ist vier Jahre alt. Max' jüngeres Gesicht, sehr groß, er zu ihr heruntergebeugt, als sie noch nicht in die Höhe geschossen war.

Sein Zeigefinger weist auf sie. Dann ballen sich seine Hände zu Fäusten und fahren in einem Bogen über seine Brust. Das Mädchen lächelt und ahmt die Gebärde nach. Sie erinnert sich an das Gefühl, die Hände zu Fäusten zu ballen und ihre Brust stolz zu erweitern. Sie fühlt sich auf einmal stark. Und stolz.

Er nickt. Dann spricht er: »Valerie, du bist die Heldin«.

Er hatte sie getauft.

»Heldin«, hatte sie mit nachgesprochen und Max hatte genickt.

Es hieß, dass gehörlose Menschen einen anderen Blick hatten, direkt in die Seele sehen konnten. Das hatte sie mal irgendwo gelesen, viel später. Und Max hatte sofort gesehen, worin Valeries Kern bestand: in ihrer Stärke, die so groß war, dass sie ihre Sensibilität niemals zu verstecken brauchte.

Die große, erwachsene Valerie, die vor dem müden Mann im Morgenmantel in einem Hochhaus in Berlin-Marzahn stand, ballte nun die Fäuste. Sie ließ sie in einem Bogen über ihre Brust fahren. Sie fühlte sich nicht stark. Sie fühlte sich ängstlich. Aber sie sah sein Gesicht erwachen.

»Valerie.« Diese seltsame Stimme, die schepperte wie eine verstimmte Gitarrensaite.

Sie zögerte einen Moment. Nach und nach fielen ihr nun all die Gebärden wieder ein, die er und ihre Mutter ihr einst beigebracht hatten. Es waren Wörter aus einer längst vergangenen Kinderwelt: Eiscreme, Schokolade, Dinosaurier, Kuh, Wellensittich, Honig. Aber die halfen ihr jetzt nicht.

Sie wusste, dass Max das Lippenlesen hervorragend beherrschte. Und doch hatte sie Hemmungen, einfach zu ihm zu sprechen – weil es ihr respektlos erschien. So als würde man mit einem Amerikaner stur und rücksichtslos Deutsch sprechen.

Seine Namensgebärde fiel ihr ein. Die Zornesfalte, die noch immer da war, wenn auch ein wenig verblasst in Traurigkeit und Alter.

Sie harkte mit ihren Fingern in die Luft zwischen ihren Augenbrauchen. »Max.« Sie sprach seinen Namen gleichzeitig laut aus.

Er umarmte sie. Ihr fiel auf, wie dünn er war. Und er roch nicht gut, muffig, nach Schweiß.

»Schön, dass du hier bist«, sagte er in ihr Ohr. Er flüsterte, weil er wusste, dass es sonst unangenehm für sie war.

Seine Wohnung war düster, kaum ein Licht brannte, aber es war vielleicht auch besser so. Alles war heruntergekommen. Schmutzig. Abgenutzt. Eine Installation aus Bierdosen und Pizza-Kartons, fast schon filmklischeeartig, wären da nicht die vielen Knochen gewesen, die verstreut auf dem Schreibtisch lagen. Auf einigen klebten beschriftete Schildchen. Daneben ein Stereoskop. Offenbar arbeitete Max noch als Anthropologe.

Er schämte sich, als sie die Unordnung sah.

»Ich kann dir gar nichts anbieten«, sagte er.

Sie schüttelte den Kopf. »Ist schon gut.« Sie bemühte sich, ihn anzusehen, während sie sprach, damit er gut von ihrem Mund ablesen konnte.

Sie setzte sich auf eine abgewetzte Couch. Ihr war etwas unwohl wegen der Kommunikation. Max nahm ihr gegenüber auf einem Sessel Platz, der aussah, als würde er gleich zusammenbrechen. Aber er sprang sofort wieder auf.

»Warte«, sagte er. Er holte sein Smart und legte es auf den kleinen Wohnzimmertisch zwischen ihnen, nachdem er zuvor achtlos ein paar kleinere Knochen zur Seite gewischt hatte. Dann startete er ein Programm, und ein Diorama erschien. Es schien altertümlich, schlecht aufgelöst und zu transparent im Vergleich zu aktuellen Dioramen, die lebensnatürlich erschienen. Ein

Avatar erschien, der zu übersetzen begann, als Max mit seinen Gebärden startete.

»Ist bequemer so«, sagte die leicht künstlich klingende Avatar-Stimme. »Du sprichst einfach ganz normal weiter, okay?«

»Okay«, sagte Valerie.

Sie beobachtete ihn beim Gebärden.

»Es ist so lange her«, übersetzte der Avatar.

Sie merkte, wie fasziniert sie noch immer war von seiner Gebärdensprache. Ein altes Gefühl, das sie als Mädchen empfunden hatte, als sie ihn und ihre Mutter hatte gebärden sehen. Für einen Moment fühlte sie sich in der Zeit zurückversetzt. Aber es kamen auch negative Erinnerungen zurück.

Deine Mutter benutzt Zeichensprache. Deine Mutter ist ein Affe. Valerie ist ein Affe.

Ihre Mutter hatte manchmal mit ihr gebärdet, wenn sie sie zur Schule gebracht hatte. Gedankenlosigkeit? Oder hatte sie gewollt, dass Valerie Max' Sprache lernte? Manche Kinder, die es sahen, hatten sie damit aufgezogen.

»Ja, allerdings«, sagte sie und beobachtete den Avatar dabei, wie er ihre Worte in Gebärden übersetzte.

Max nickte. Seine Mimik war noch immer wie ein offenes Buch, obwohl sie schwächer ausfiel als in ihrer Erinnerung.

»Du arbeitest noch als Anthropologe?«, fragte sie und zeigte auf die Knochen.

»Ach ja, ein bisschen. Die Uni hat mich damals rausgeschmissen. Niemand wollte noch etwas mit mir zu tun haben … nach der ganzen Sache. Aber irgendwann haben sie gemerkt, dass keiner so gut im Knochen-Bestimmen ist wie ich.« Er lachte. Obwohl auch sein Lachen grundsätzlich seltsam klang für Hörende, entging ihr der verbitterte Unterton nicht. Sie erkannte die Gebärde für Knochen wieder, aber Max ließ sie nicht so lustig und überschwänglich aussehen wie damals.

»Der neue Lehrstuhl-Inhaber ist ein alter Freund von mir. Er schiebt mir immer mal wieder Jobs zu. Inoffiziell, weil er sonst Ärger bekäme. Aber es reicht, um mich über Wasser zu halten. Wenn man das hier so bezeichnen möchte. Aber so ist das. Ich komme klar.«

Sie sah Scham in seinem Gesicht aufflackern. Er versuchte das Thema zu wechseln.

»Warum bist du zu mir gekommen, Valerie? Jetzt, nach all den Jahren? Doch nicht, um mit mir über meine Lebenssituation zu plaudern, oder?«

Sie konnte seinen Blick kaum aushalten. Dieser verdammte Gehörlosen-Blick, dachte sie. Er spürte, dass sie innerlich erschüttert war. Er ahnte, was sie wollte.

»Max, wer bin ich wirklich?«

Er seufzte und saß eine Weile regungslos da.

»Wie hast du es herausgefunden?«, gebärdete er.

»Ich habe eine Erbgut-Analyse erstellt.«

Er nickte.

»Ist es wahr?«, fragte sie.

Er nickte noch einmal.

»Deine Mutter ... Sarah. Sie war ein Mischling.«

Obwohl sie Wissenschaftlerin war, die Daten des Sequencers gesehen hatte und diese keineswegs anzweifelte, war seine Bestätigung noch einmal ein heftiger Schlag.

»Wie ist das möglich?«

»Adam war Sarahs Vater.«

Max erzählte ihr die vollständige Geschichte, von Anfang an, und der Avatar mit seiner monotonen Stimme übersetzte all die Unglaublichkeiten. Max erzählte ihr von Projekt Neanderthal, von ihrer Großmutter Jocasta und deren führender Rolle bei dem Projekt. Sowie von Jocastas eigenmächtigem Plan, mit Adam ein Kind zu zeugen. Er erzählte ihr, wie sie in Düsseldorf auf die Spur der geklonten Neandertaler gelangt waren. Wie sie von Eva-Marie Mercure und Bruno Viira verhört und gejagt wurden. Wie sie Adam bei den Amish aufgespürt hatten. Und dann erzählte er ihr, wie ihre Mutter gestorben war.

»Wusste sie es, Max? Wusste meine Mutter, dass sie eine Hybridin war?«

»Adam hat es ihr kurz vor ihrem Tod selbst gesagt.«

»Wie hat sie es aufgenommen?«

Er überlegte lange. Dann schüttelte er den Kopf.

»Ich weiß es nicht. Wir hatten kaum Zeit. So wie ich Sarah kannte, war es für sie sicher eine Erleichterung. Aber es war auch eine Last.«

»Wie meinst du das?«

»Sie kam sich immer fremdartig vor. Hat mit ihrem Aussehen gehadert. Sie hat sich geschämt für ihre … Mängel. Ich konnte das nie so richtig verstehen. Ich meine, schau mich an. Ich glaube, es war leichter für sie, als sie eine Erklärung für alles hatte.«

Valerie dachte an ihre Mutter. An ihre kleinen körperlichen Anomalien. Schon als Kind hatte sie ihre Mutter nach ihrem deformierten Ohrläppchen gefragt.

»Das waren Mäuse, Valerie. Die hatten Hunger und haben ein bisschen an Mama genagt.« Valerie kichert. Dann kitzelt Sarah Valerie an ihrem Ohr. »Und wenn du weiter so niedlich bist, werden sie dich auch anknabbern.« – »Mama, ich will auch einen Ohrring! So wie du!«

Tatsächlich hatte Valerie schon als Mädchen lange Zeit einen ebensolchen Ohrring getragen, einfach nur, weil sie ihrer Mutter ähnlich sein wollte.

»Und ihr Bild wurde zerstört«, sagte Max. »Das Bild, das sie sich von ihrer Mutter konstruiert hatte.«

Valerie dachte an das Bild der Frau, die sie – genau wie ihre Mutter – niemals kennengelernt hatte. Es war eine alte Urlaubsaufnahme, die ihre Mutter aufbewahrt und aufgestellt hatte. Sie zeigte ihre Großmutter als junge Frau, im ungefähr gleichen Alter wie ihre Mutter, als sie starb. Eine schöne Frau, die neben ihrem Großvater Pascal stand, den sie nur als traurigen Menschen kannte. Er war vor wenigen Jahren gestorben, und es war für sie alle eine Erleichterung gewesen. Auf dem Bild war er glücklich, genau wie ihre Großmutter.

»Warum hat meine Großmutter so etwas getan?«

»Ich weiß es nicht. Adam hat erzählt, dass es eine schnelle sexuelle Begegnung war, in der Nacht seiner Flucht. Ich vermute, wissenschaftliche Neugier war der Hauptgrund. Sie wollten das Projekt gegen ihren Willen stilllegen. Ich denke, Jocasta wollte nicht einfach aufgeben. Und so hat sie auf eigene Faust weitergemacht.«

»Ist sie deswegen bei der Geburt meiner Mutter gestorben?«

»Ich glaube, deine Großmutter ist an einer Embolie gestorben. Es muss ihr klar gewesen sein, dass es eine Risiko-Schwangerschaft werden würde. Ich will nicht wissen, was mit den Frauen passiert ist, die die Neandertaler-Klone ausgetragen haben.«

Valerie schüttelte den Kopf.

»Meine Mutter war also ein … Experiment. Und? Was kam dabei heraus? Hatte sie das ›Jesus-Gen‹?«

Die Frage überraschte ihn. Darüber hatte er noch nie so recht nachgedacht.

»Deine Mutter war ein guter Mensch«, sagte er. Ein trauriger Schatten fiel auf einmal über sein Gesicht. »Hätte ich gewusst, dass Sarah …«

Er gebärdete ihren Namen mit einer zärtlichen Bewegung, die zwei langen Haarsträhnen, die zu beiden Seiten des Gesichts herabfielen. Sie erinnerte sich an diese Namensgebärde. Er stockte, und Valerie sah, wie ihm plötzlich Tränen aus den Augen strömten und über seine unrasierten Wangen rollten.

Plötzlich sprach er, und seine Stimme war ein Wimmern:

»Ich wollte es nicht, Valerie. Ich wollte ihren Tod nicht! Es tut mir so leid!«

Er weinte. Sie stand auf und ging zu ihm, nahm ihn in den Arm. Sie spürte seinen Körper zittern.

»Bitte verzeih mir«, flüsterte er. »Verzeih mir.«

Sie streichelte seinen Kopf. Seine zerzausten Haare fühlten sich unter ihren Händen an wie Fell. Wie Pony-Fell, und sie dachte an die zahlreichen Wochenenden, die sie als Kind auf dem Reiterhof verbracht hatte.

Sie dachte an das schreckliche Gefühl der Sehnsucht und der Einsamkeit, wenn ihre Mutter nicht da gewesen war.

Sie drückte ihn ein Stückchen von sich, damit er sie ansehen konnte. Sie sprach langsam: »Weißt du was, Max? Es gab eine Zeit, in der ich fast so etwas wie Hass dir gegenüber empfand. Weil Mama immer weg war. Du warst der Mann, für den sie gearbeitet hat. Du warst für mich der Mann, der mir meine Mama weggenommen hat. Und dann war sie tot. Und selbst bei ihrem Tod warst du dabei und nicht wir.«

Er verstand und nickte.

»Aber das ist längst vorbei«, sagte Valerie. »Ich weiß, wie nahe ihr euch standet. Das war mir damals schon klar.«

»Sie fehlt mir jeden Tag«, sagte er. »Warte …« Das »Warte« nun wieder in Gebärdensprache, Zeige- und Mittelfinger gespreizt, der Daumen tippte mehrfach an die rechte Brust. Er lief in die Küche und wühlte dort eine Weile herum. Schranktüren gingen auf, wurden wieder zugeschmissen. Dann kam er zurück und drückte ihr etwas in die Hand. Es war ein Ohrclip. Schwarz, glatt und hart lag er in ihrer Hand. Es war der Ohrclip ihrer Mutter, und sie konnte es kaum fassen, dass dieses Objekt aus ihrer Erinnerung nach all diesen Jahren wirklich an diesem Ort war und eine haptische Verbindung zu ihrer

Mutter herstellte. Sie sah Max an und war außerstande, etwas zu sagen.

»Das ist alles, was mir von ihr geblieben ist«, gebärdete er, und der Avatar übersetzte. »Sie hätte gewollt, dass du ihn bekommst.«

Jetzt füllten sich ihre Augen mit Tränen. Sie stemmte sich dagegen an. Aber eine Träne machte sich dennoch frei und rollte ihre Wange herab. Sie umklammerte den Ohrclip fest mit ihrer rechten Faust.

»Mama, ich will auch einen Ohrring! So wie du!«

»Was hat sie gesagt, als sie starb?«, hörte sie sich fragen. Es fühlte sich an, als spräche jemand anderes die Worte.

Max schloss die Augen und atmete tief durch. Die Erinnerungen liefen auf der Leinwand seines inneren Auges ab wie ein schrecklicher Film. Einen, den er lange in der untersten Schublade seines Bewusstseins vergraben hatte.

»Eva-Marie Mercure hat uns gejagt. Wir haben hinter einer Mauer Schutz gesucht. Sie kam so schnell, wir hatten kaum eine Chance. Mercure hat sie erschossen.«

»Wusste sie, dass Mama eine Hybridin war?«

Max dachte einen Moment lang nach. »Ich weiß es nicht.«

Er zögerte einen Moment, dann fuhr er fort.

»Wir haben uns geküsst. Und sie sagte deinen Namen. In Gebärdensprache.«

Er wiederholte ihre Namensgebärde. Valerie. Heldin. Unwillkürlich musste sie lächeln, als ihre Kindheitserinnerung sich damit überlagerte. Sie vollführte die Bögen mit beiden Fäusten über der Brust, in der rechten den Ohrclip ihrer Mutter.

»Ich habe deine Mutter geliebt, Valerie.«

Sie erkannte die Gebärde für lieben. Die Hände legten sich auf das Herz wie die Flügel eines Schmetterlings. Sie hatte sie als Kind oft selbst gemacht, allerdings in anderen Kontexten.

»*Mama, ich liebe Alistair*«. Alistair war ihr Lieblingspony gewesen.

Weitere Tränen liefen ihr nun übers Gesicht. Max wischte sie ihr behutsam von den Wangen.

»Was ist mit Adam passiert?«

»Sein Immunsystem hat versagt. Die Neandertaler hatten Probleme mit der Immunabwehr, sie verfügten nicht über die erforderlichen Gene, um …«

Valerie nickte. »Ich weiß«, sagte sie, und er hielt inne.

»Richtig, du bist ja jetzt selbst Expertin auf diesem Gebiet. Adam überlebte am längsten, bei den Amish war er nur mit wenigen Menschen in Kontakt gewesen. Aber hier haben sie ihn gejagt wie ein Tier. All die Reporter und diese verrückten NeAnders. Jemand muss ihn mit einem Keim infiziert haben.«

»Das heißt, er wäre vielleicht noch am Leben, wenn er bei den Amish geblieben wäre?«, fragte Valerie.

Max' Gehörlosen-Blick mochte nichts verborgen bleiben, aber seine Mimik konnte ihrerseits nichts verbergen.

»Soll ich mich jetzt schuldig fühlen?« Seine Zornesfalte feierte ein plötzliches Comeback. »Adam war einverstanden mit uns zu kommen. Nur so konnten wir beweisen, dass Projekt Neanderthal real war. Sie hatten bereits die Hetzjagd auf die Hybride eröffnet. Ihr alle wart in Gefahr, Valerie! Vor allem du. Sie hatten euch schon ins Lager gesperrt. Es war nur eine Frage der Zeit, bis Mercure dich in die Finger bekommen hätte. Und dann hätte sie dich aus dem Verkehr gezogen oder für immer in ein Labor gesperrt wie eine Ratte. Mich wundert, dass sie euch laufen ließen, als sie die Lager auflösten. Vielleicht wollten sie einfach warten, bis der Medienrummel sich gelegt hatte.«

Valerie dachte an die Zeit im Lager. Ironischerweise hatte sie diese als gar nicht besonders negativ in Erinnerung. Da waren all die Kinder, mit denen sie viel Spaß gehabt hatte. Es war aufregend gewesen, durch die vielen Räume zu stromern. Alle waren sehr freundlich zu ihr gewesen. Für sie war das Quarantänelager ein großer Abenteuerspielplatz gewesen. Jetzt wurde ihr klar, in welcher Gefahr sie sich befunden hatte. Sie entschied, endlich zur Sache zu kommen.

»Max, ich bin in Schwierigkeiten. Sie wollen mich als Mischling outen, wenn ich nicht zurücktrete und mich von meiner Forschung distanziere.«

Sie erzählte ihm von ihrer Forschung, von Strauff und von den Anomalien in ihrem Erbgut.

»Wie kann ich dir helfen?«, fragte er.

»Ich muss mit der Kanzlerin sprechen und sie von den Fakten überzeugen. Könntest du mir helfen, an Mercure ranzukommen? Über sie könnte ich vielleicht direkt an Galina gelangen.«

Max sah sie verwirrt an.

»Glaubst du wirklich, dass du die Kanzlerin überreden kannst?«

»Sie kann die Fakten nicht ignorieren. Und ist nicht ihr Sohn auch von der Großen Depression betroffen? Sie mag eine hartherzige Politikerin sein, aber sie ist auch eine Mutter.«

Max schüttelte den Kopf. »Das ist keine gute Idee, Valerie. Du bist ihnen einmal entkommen. Und nun willst du direkt in die Höhle des Löwen gehen? Sie werden dich einsperren. Oder dir Schlimmeres antun.«

»Es ist meine einzige Chance, Max.«

»Warum gehst du nicht in die USA? Dort kannst du in Ruhe weiterforschen.«

Sie überlegte einen Moment. Er hatte recht. Das wäre eine Option. Die Bostoner würden sie mit Kusshand aufnehmen. Aber würde sie wirklich einfach weitermachen können? Selbst wenn sie an einem anderen Labor arbeiten würde – Strauff würde sie als Neandertaler-Abkömmling diffamieren. Es war ungewiss, wie die Forschungsgemeinschaft damit umgehen würde. Irgendjemand würde ihr immer vorwerfen, nicht neutral zu sein.

Und etwas in ihr sträubte sich dagegen, einfach wegzulaufen. Ihre Großmutter hatte ein furchtbares Experiment gestartet. Ihr Großvater war deswegen gestorben. Ihre Mutter war deswegen gestorben. Und nun diffamierten sie das Erbe, das auch in ihren Genen steckte, wollten sie diffamieren, behandelten sie wie eine Nestbeschmutzerin, die Dreck auf ihre ach so großartige Hygienepolitik schleuderte. Dabei sprachen die Fakten dafür, dass *sie* die Menschen krankmachten und das Erbe ihres Großvaters die Heilung versprach.

Nein, sie konnte nicht einfach davonlaufen.

»Ich muss es versuchen«, sagte sie.

Max sah sie prüfend an, und seinem scharfen Gehörlosen-Blick wurde klar, dass sie es absolut ernst meinte.

34

EINE ALTE FEINDIN

Sie hatte sie sich anders vorgestellt. Wie man sich das Böse eben vorstellt. Aber als Valerie vor Eva-Marie Mercure stand, empfand sie hauptsächlich Mitleid. Vor ihr stand eine gebrochene Frau. Eva-Marie Mercure war jetzt 71 Jahre alt, aber sie sah aus wie 91. Von ihrer Schönheit, ihrem Stolz war nur eine Ahnung übriggeblieben, wenngleich auch diese Ahnung noch immer Ehrfurcht gebot.

Eva-Marie Mercure war in den letzten fünfzehn Jahren im Zeitraffer gealtert. Ab dem Moment, in dem sie von Manuela Galina kaltgestellt worden war, war alles ganz schnell gegangen. Wer einmal in Geheimdienstkreisen tätig gewesen war, hatte jegliche Rechte als freier Mensch abgegeben. Die Liste der Vorwürfe gegen sie war lang: Missbrauch von Geheimdienstinformationen, Missbrauch staatlicher Einrichtungen, vorsätzliche Täuschung, Erpressung, Vaterlandsverrat. Genug, um sie bis ans Ende ihrer Tage hinter Gitter zu bringen.

Die Alternative lautete: Unterschreiben und alles zugeben – das Virus, die Seuchenbedrohung, die Quarantäne, all das, was sie vorgetäuscht hatte, um ihre eigenen Zwecke zu verfolgen. Sogar den Mord an Adam hatten sie ihr anlasten wollen. Diese Drecks-Galina. Dabei war das mit Sicherheit auf ihrem Mist gewachsen.

Mercure unterschrieb. Das entsprechende Dokument wurde an einem sicheren geheimen Ort deponiert – es war ihre Fußfessel. Dafür entließ man sie unverzüglich in die Freiheit. Eine sehr relative Freiheit, denn sie blieb Gefangene des Staates, gezwungen, jede Drecksarbeit zu erledigen, die zu erledigen war.

Als Eva-Marie Mercure ihre Tür in Berlin-Hohenschönhausen öffnete – nicht weit entfernt von dem einstigen Quarantänelager – und die junge hübsche Frau vor ihr stand, war sie nicht wirklich überrascht. Sie erkannte sie sofort. Sie hatte ihre erstaunliche Karriere schließlich genauestens verfolgt.

»Valerie.«

Und nach einer kurzen Pause:

»Ich habe damit gerechnet, dass Sie eines Tages kommen würden.«

Ihre Stimme war brüchig, klang aber stolz.

Durch den Türspalt spähte Valerie in ihre einfache Wohnung. Es roch nach Mittagessen. Irgendwas Gesundes.

Valerie war nicht überrascht, dass Mercure sie erkannt hatte. Sie sah die Frau an, die ihre Mutter getötet hatte, und sie fragte sich, was sie empfand. Im Moment war da nichts. Keinerlei Emotion.

»Kommen Sie rein.«

Ihre Wohnung war klein. Ein Backsteinbau im Nichts. Valerie wusste nicht, dass Mercure inzwischen eine Gefangene war. Darin lag die Ironie der Sache. Ausgerechnet an dem Ort, wo Valerie vor vielen Jahren Mercures Gefangene gewesen war.

Mercure lebte in zwei Zimmern mit wenig Möbeln. Vor den Fenstern waren die Vorhänge zugezogen. Obwohl die Sonne sich ihren Weg durch die Wolkendecke gebahnt hatte, war es düster in Mercures Wohnung. Eine der wenigen Lichtquellen bildete das Diorama, das fahl in der Mitte des Wohnzimmers leuchtete. Eine Unterhaltungssendung. Was sonst? Es gab kaum noch ernsthafte Sendungen. Es galt, die depressive Stimmung im Land wegzulachen.

Die Wände waren weiß. Mercure hatte kein einziges Bild aufgehängt. Jetzt fühlte Valerie etwas. Beklemmung.

Dann fiel ihr Blick auf das einzig Schöne in dieser Wohnung. Allerdings waren die Objekte von trauriger Schönheit. Zwei schmale Metallfiguren standen im Wohnzimmer. Sie stellten sehr schlanke, große Menschen dar, die, leicht vornübergebeugt, mitten in einem großen Schritt eingefroren waren.

»Gefallen Sie Ihnen?«, fragt Eva-Marie Mercure, als sie sah, wie Valeries Blick an ihnen hängenblieb. »Giacometti. Ich liebe seine Arbeiten. Es sind die einzigen, die sie mir gelassen haben.«

Ein paar Fotos standen auf einer Kommode. Eines zeigte eine jüngere Eva-Marie Mercure, mächtig, stolz und Furcht einflößend, an ihren Schreibtisch gelehnt. Sie nahm das Bild und betrachtete es. Sie hätte so etwas normalerweise nicht getan, wenn sie bei jemand Fremdem zu Besuch war, aber dieser Frau konnte sie keinerlei Respekt oder Scheu entgegenbringen.

Ja, sie trug nach wie vor die gleichen gescheitelten Haare, die nun jedoch weiß und strohig waren. Ihre geschwungenen Wangen lagen unter Augenringen. Das einst markante Kinn stach jetzt knochig hervor. Sie war immer noch groß, aber hatte sich in ihrer Haltung Giacomettis traurig gebeugten Läufern angenähert.

Andere Fotografien zeigten Mercure mit augenscheinlich offiziellen Personen, überwiegend Männer in Anzügen. Politiker, nahm Valerie an. Sie erkannte niemanden von ihnen. Oder doch? War das dort nicht der letzte Bundeskanzler?

»Wie haben Sie mich gefunden?«

Valerie ignorierte ihre Frage.

»Oh, lassen Sie mich raten«, sprach Mercure weiter. »Max Stiller. Wahrscheinlich hat er einige seiner alten Kontakte reaktiviert. Forscher. Klüngeln ständig herum, netzwerken, tratschen. Wahrscheinlich hat er irgendwie die Verbindung zum Seuchenschutz hergestellt.«

»Wer ist diese Frau?«, fragte Valerie und zeigte auf das Foto eines Mädchens. Sie hatte sehr helle Haut, fast porzellanartig. Die Haare fielen glatt in einem Mittelscheitel zu beiden Seiten herab. Sie blickte an der Kamera vorbei. Das Foto musste spontan aufgenommen worden sein, denn es war nichts Gestelltes an ihrem Ausdruck. Sie hatte etwas Trauriges an sich, etwas, das Valerie plötzlich berührte. Es war ein Gesicht, das man nicht so schnell vergaß.

Mercure schwieg. Sie mied Valeries Blick, als sie schließlich sagte:

»Jemand, der mir einmal sehr viel bedeutet hat.«

»Ist sie tot?«

Valerie glaubte ein Zucken in Mercures rechtem Auge zu erkennen.

»Wie ist sie gestorben?«, fragte Valerie. »Haben Sie ihr auch eine Kugel durch die Brust gejagt?«

Ihre Stimme klang völlig ruhig, als sie das sagte, und sie war selbst überrascht, dass auf einmal diese Worte aus ihrem Mund kamen. Denn noch immer fühlte sie keinerlei Aggression, kein Rachebedürfnis.

Mercures rechter Zeigefinger begann plötzlich unkontrolliert zu zucken. Mit ihrer anderen Hand griff sie danach und versuchte es zu verbergen.

»Was wollen Sie, Valerie? Sind Sie hier, um mich anzuklagen? Dann tun Sie es. Sagen Sie es einfach. Was in der Vergangenheit war, ist nun einmal geschehen. Es war meine Pflicht. Wenn Sie Rache wollen, kann ich das verstehen. Wenn Sie mich jetzt umbringen wollen, kann ich auch das verstehen. Dann tun Sie es.«

»Den Gefallen werde ich Ihnen nicht erweisen«, sagte Valerie.

»Wollen oder können Sie nicht?«, fragte Mercure. »Sie sehen nicht so aus, als wären Sie in der Lage, jemandem Gewalt anzutun. Wie auch, Sie tragen schließlich auch das ›Jesus-Gen‹ in sich, nicht wahr? So wie Ihre Mutter.« Sie lachte. Es klang eher verzweifelt.

Eine Welle der Wut stieg jetzt in Valerie auf.

Sie will, dass ich wütend werde. Sie ist zu schwach, um sich selbst umzubringen. Zu narzisstisch, um dieses große Ego auszulöschen.

Aber so sehr sie es auch wollte, sie konnte diese Frau nicht hassen. Sie wollte hassen, damit es ihr leichter fiel, abzuschließen. Aber da war kein Hass. Das Erstaunen, das Mitleid in ihr war stärker. Valerie verstand nicht, wie ein Mensch sich nur auf einem solchen Irrweg befinden konnte?

Mercures Lachen verstummte schnell, als sie sah, dass ihr Plan nicht aufging. Und Valerie versuchte nicht, ihr Mitleid zu verstecken. Sie hatte es nicht nötig, ihre Empfindsamkeit zu verbergen. Das hatte sie Zeit ihres Lebens nicht getan. Es war der richtige Weg gewesen.

Mercure ging zum Sofa und setzte sich.

»Was wollen Sie von mir?«

Valerie setzte sich ihr gegenüber.

»Sie reden von Pflicht. Meine Pflicht als Wissenschaftlerin ist es, diesen fatalen Irrsinn endlich zu stoppen, den Sie mit zu verantworten haben. Ich gehe davon aus, dass Sie meine Forschungen verfolgt haben. Und nicht nur meine, sondern auch die zahlreicher Arbeitsgruppen in den USA, Großbritannien und China. Sie wissen, dass Sie mitverantwortlich sind für die Epidemie, die unser Land seit Jahren plagt und Tausende von jungen Menschen befallen hat. Es sind Kinder, Frau Mercure. Sie wissen, dass es die von Ihnen so verhassten Neandertaler-Gene sind, welche die Krankheit verhindern. Die uns seit Jahrtausenden geschützt haben, seitdem sich unsere Art mit den Neandertalern vermischt hat. Sie wissen es, und ich frage Sie: Wie können Sie mir in die Augen schauen und allen Ernstes von Pflicht sprechen?«

»Als Ihre Mutter … starb, war die Datenlage noch eine andere«, erwiderte Mercure, »es war noch überhaupt nicht klar …«

»Die Zweifel gab es schon damals.«

Valerie sagte es mit lauter und unnachgiebiger Stimme. »Die Korrelationen zwischen der Prävalenz der Großen Depression und der Dauer der Hygiene-Maßnahmen waren damals schon bekannt!«

Mercure seufzte.

»Valerie.«

»Sie tragen erhebliche Mitschuld an der Verbreitung der Großen Depression. Sie und all die Politiker, die diese verrückte Genhygiene seit Jahrzehnten betreiben.«

Eva-Marie Mercure verzog keine Miene und schwieg abermals.

»Ich weiß, dass Sie denken, lediglich Ihre Pflicht getan zu haben. Wahrscheinlich waren Sie völlig von Ihrem Tun überzeugt. Aber jetzt wissen wir mehr, Frau Mercure. Jetzt wissen wir, dass es falsch war, die Neandertaler-Gene zu eliminieren. Dass genau das die Leute krankgemacht hat und weiter krankmacht. Es ist an der Zeit, diesen Fehler zu korrigieren.«

»Selbst falls Sie recht haben sollten, Valerie – was interessiert mich das jetzt noch?«

»Mir ist klar, dass Sie nicht daran beteiligt waren, mein letztes Paper zu unterdrücken, dafür sind Sie offenbar nicht mehr mächtig genug. Ich nehme an, dass es von höchster Ebene angeordnet wurde. Dem Ministerium für Gesundheit und Glück. Vielleicht sogar der Kanzlerin selbst. »

»Ich bin nicht die Kanzlerin.«

»Die wollen mich fertigmachen. Weil ich drei Neandertaler-Gene aufgespürt habe, die das Risiko für Lindström signifikant senken.«

»Ich kenne Ihr Paper …«

»Dann wissen Sie, dass ich recht habe. Sie sind Wissenschaftlerin, Sie haben Medizin studiert. Wie können Sie schweigen?«

»Ich bin niemand mehr.«

Valerie wurde wütend. »Vielleicht denken Sie ein einziges Mal nicht nur an sich selbst. Helfen Sie mir. Es ist die beste Chance, die wir gegen die Große Depression haben!«

»Was wollen Sie? Dass ich die Hygiene-Zentren sabotiere? Wollen Sie, dass ich im großen Stil Neandertaler-Gene in den Genpool einschleuse? Möchten Sie, dass ich im Gesundheitsministerium dafür Lobbyarbeit betreibe? Entschuldigen Sie, Herr Minister, könnten Sie bitte verordnen, dass wir alles rückgängig machen und Eltern ab jetzt dazu verpflichten, in ihre ungeborenen Babys ein paar Neandertaler-Gene einbauen zu lassen? Glauben Sie im Ernst, dass derlei Aussicht auf Erfolg hat?«

»Mir geht es nicht darum, Politiker vorzuführen. Von mir aus sollen sie die Gene heimlich einschleusen, wenn sie ihr Gesicht wahren möchten. Mir geht es darum, eine Heilung für die Große Depression zu entwickeln.«

»So weit sind Sie doch noch längst nicht«, sagte Mercure. Ihr rechter Zeigefinger zuckte wieder. Sie sah es und sah auch, dass Valerie es sah. Aber dieses Mal versuchte sie nicht, es zu verbergen. Das Zucken griff auf ihre komplette rechte Hand über, erfasste den Unterarm. Nun packte Mercure mit ihrer Linken den rechten Arm, drückte ihn in das Sofakissen und versuchte, ihn stillzuhalten. Sie kämpfte gegen ihren eigenen Körper, und Valerie kam es wie eine Projektion ihres inneren Kampfes vor.

»Was ist mit Ihnen?«, fragte Valerie. »Leiden Sie an Parkinson?«

Mercure schüttelte den Kopf. »Ich bin Epileptikerin.« Sie spürte, wie eine tonnenschwere Last von ihr abfiel, als sie es aussprach. »Ich habe Epilepsie«, sagte sie noch einmal. Dann flüsterte sie: »Angélique wusste es.«

Valerie spürte die emotionale Erschütterung, die die alte Frau durchfuhr.

»Wer ist Angélique?«

»Das Mädchen … auf dem Foto.«

Valerie sagte nichts. Sie beobachtete, wie sich Mercure weiterhin Mühe gab, ihren zuckenden Arm zu bändigen. Die alte Frau hatte die Augen zusammengepresst, ihr Atem ging schwer. Sie konzentrierte sich, stemmte sich gegen das ungezügelte Feuer, das in ihrem Gehirn tobte. Ihre Lider zitterten. Es kostete sie enorme Kraft.

»Kann ich etwas für Sie tun?«, fragte Valerie. »Haben Sie Medikamente gegen Ihre Epilepsie? Soll ich einen Arzt holen?«

Mercure schüttelte den Kopf. Mit trockener Stimme sagte sie: »Nein, es ist gleich vorbei. Wenn ich rechtzeitig genug gegensteuere, kann ich den Anfall stoppen.«

Sie saßen ein paar Minuten lang still da. Nur manchmal stöhnte Mercure leise auf. Nun fühlte Valerie etwas. Und sie war über sich selbst erstaunt, als sie erkannte, was es war. Sie fühlte Mitleid mit der Frau. Und sie wunderte sich über sich selbst.

Du hast Mitleid mit der Mörderin deiner Mutter.

Gab es doch ein »Jesus-Gen«? Hatte sie es von ihrem Neandertaler-Großvater geerbt?

Dann hörte das Zucken schlagartig auf. Erschöpft sah Mercure Valerie an. Schweiß stand auf ihrer Stirn.

»Alles wieder in Ordnung?«, fragte Valerie.

Mercure nickte. Dann setzte sie sich auf und räusperte sich. Sie war außer Atem. Nach einer Weile hatte sie sich gefangen.

»Sie wollen keine Rache. Schade, bin ich fast zu sagen geneigt. Die hätten Sie haben können. Wenn Sie die Große Depression heilen wollen, dann tun Sie es einfach. Überzeugen Sie die Welt, dass Sie recht haben.«

Valerie schwieg. Sie traute ihr nicht, wollte ihr nicht sagen, dass Strauff sie erpresste. Wollte ihr nicht sagen, dass sie die Tochter einer Hybridin war.

»Sie haben Zugang zum Ministerium«, sagte Valerie. »Sogar zur Kanzlerin. Helfen Sie mir, sie persönlich zu überzeugen.«

Mercure sah sie an.

»Was versprechen Sie sich davon? Die kennen Ihr Paper. Für die sind Sie eine Bedrohung.«

»Helfen Sie mir, mit Galina zu sprechen. Sie kann nicht derart verbohrt sein, dass ihr politisches Vermächtnis ihr wichtiger ist als das Schicksal ihres eigenen Kindes.«

»Sie bringen sich nur in Gefahr.«

»Ich habe keine andere Wahl«, sagte Valerie.

Mercure sah die Entschlossenheit im Gesicht der jungen Frau.

»Ich kann Ihnen nicht versprechen, dass ich das arrangieren kann. Galina und ich unterhalten eine ... schwierige Beziehung.«

»Versuchen Sie es. Das ist alles, worum ich Sie bitte. Ich kann Ihnen nicht die Chance geben, den Mord an meiner Mutter wiedergutzumachen. Aber ich gebe Ihnen die Chance, Ihren Lebensirrtum zu korrigieren.«

Mercures Blick wurde nachdenklich. Valerie vermutete, dass sie blitzschnell ihre Optionen abwog. Diese Frau würde nichts tun, ohne einen Vorteil für sich herausschlagen zu können. Und Valerie hatte kein Druckmittel, nichts in der Hand, um Eva-Marie Mercure in die Enge zu treiben. Mercure konnte einfach nein sagen. Sie hatte nicht viel Hoffnung, dass Mercure ihr helfen würde.

Doch dann wurde sie überrascht.

»Na schön. Ich werde Ihnen helfen. Sie haben mich zwar nicht davon überzeugt, dass die Genhygiene ein Irrweg war. Aber Ihre Arbeit wirft Zweifel auf. Und ich sehe, dass es Ihnen ernst ist, das imponiert mir.«

Das ging Valerie nun wiederum etwas zu schnell. Für einen

Moment war sie unsicher, wie sie reagieren sollte. Lockte Mercure sie in eine Falle?

Sie hatte keine andere Wahl. Mercure war ihre einzige Chance, an die Kanzlerin heranzukommen. Sie entschloss sich, ihr zu vertrauen.

Und bevor sie nachdenken konnte, was sie tat, sagte sie: »Da ist noch etwas. Etwas, das ich nicht verstehe.«

Valerie hatte das Licht im Labor erneut gedimmt. Eva-Marie Mercure blickte fasziniert auf die Diorama-Wolke. Die markierten Nukleosomen glitzerten wie Sterne am Nachthimmel.

Sie waren zusammen in Berlin aufgebrochen und in Valeries Auto-Auto zu ihr ins Max-Planck-Institut gefahren. Es war früher Abend an diesem Samstag, und Valerie lief die Zeit davon. Am Montag würde Strauff sie ausliefern. Sie wusste, dass sie sich auf das Gespräch mit Galina vorbereiten, ihre Argumentation auf Basis ihrer Ergebnisse wasserdicht machen sollte. Aber irgendetwas sagte ihr, dass diese Nukleosomen-Spur wichtig sein könnte.

Eva-Marie Mercure war müde von der langen Fahrt. Valerie hatte ihr erzählt, dass Sarah Adams Tochter war. Dass sie selbst der Abkömmling eines Neandertalers war. Mercure wirkte überrascht. Valerie konnte nicht sagen, ob es echte Überraschung war oder ob Mercure eine Show abzog. Es spielte jetzt ohnehin keine Rolle mehr. Sie hatte sich entschlossen, der Mörderin ihrer Mutter zu vertrauen.

Sie berichtete ihr, wie sie auf die Spur der falsch gewickelten Nukleosomen gekommen war.

»Was vermuten Sie, was das zu bedeuten hat?«, fragte Eva-Marie Mercure. Das Streulicht der Punkte warf seltsame Schatten auf ihr Gesicht.

»Ich hatte gehofft, dass Sie mir das sagen könnten. Keiner weiß mehr über Projekt Neanderthal als Sie.«

Die Punktewolke glitzerte vor ihnen. Dunkel waren die Umrisse der Chromosomen in der Luft erkennbar.

»Wie viele sind es?«

»Structurizer. Wie viele rechtsgewickelte Nukleosomen im Genom VW2045?«, fragte Valerie.

Sie hatte ihre eigene Probe direkt mit ihren Initialen und ihrem Geburtsjahr gekennzeichnet. Leichtsinnig, dachte sie. Und im nächsten Moment wurde ihr bewusst, dass das am Montag sowieso keine Rolle mehr spielen würde.

»14.556 rechtsgewickelte Nukleosomen in Genom VW2045 gefunden.«

Die alte Frau betrachtete die Chromosomen, drehte sie, zoomte sie ein.

»Und es ist artifiziell, sagen Sie?«

»Es gibt in der Natur keine rechtsgewickelten Nukleosomen. Warum, weiß niemand. Aber es ist so.«

»Könnten die Neandertaler nicht vielleicht andere Nukleosomen besessen haben als wir?«

»Es ist höchst unwahrscheinlich. Aber mit absoluter Sicherheit können wir diese Möglichkeit nur ausschließen, wenn wir Neandertaler-DNA in den Structurizer eingeben. Aber die haben wir nicht.«

»Adam wurde verbrannt«, sagte Mercure. »Man wollte nach seinem Tod sichergehen, dass die NeAnders-Bewegung keine Chance bekommen würde, ihn zu klonen.«

»Was ist mit den Knochen aus dem Massengrab?«

»Wurden vernichtet.«

»Tja, dann kommen wir auf diesem Weg wohl nicht weiter.«

»Ich denke doch. Denn ich besitze ein paar Bioproben von den Klonen«, sagte Mercure.

Valerie sah sie entgeistert an. »Was?«

»Die Knochen aus dem Massengrab im Neandertal habe ich damals vernichten lassen. Aber ich habe vorher ein paar Proben sichergestellt.«

Mercure dachte an Danilo Formin. An die Proben, mit denen sie ihn damals gelockt hatte, weil er seinen Pleistozän-Park um ein paar Neandertaler erweitern wollte. Mit seiner Hilfe war sie auf die Fährte von Thompsons Sohn und damit von Sarah und Max gekommen. Aber das verschwieg sie Valerie. Sie dachte daran, wie Formin sie begrabscht hatte, wie er sich an ihr sexuell ausgetobt hatte. An den Hass, den sie dabei auf ihn verspürt hatte. Der Gute hatte nicht mehr viel von seinem Park gehabt. Formin war kurz nach ihrem Treffen vorzeitig aus dem Leben getreten. Viira hatte sich um ihn gekümmert und ihr die Knochenproben zurückgebracht.

»Wo sind sie?«

»An einem sicheren Ort«, sagte Mercure. »Allerdings in Berlin.«

»Waren sie als Ihre Absicherung gedacht?«

»Es ist immer gut, einen Trumpf in der Hinterhand zu haben.«

Valerie sah sie an. Hatte sie auch jetzt wieder einen Trumpf in der Hinterhand?

»Ich werde sie testen lassen«, sagte Valerie. »Aber ich erwarte keine rechtsdrehenden Nukleosomen. Ist Ihnen irgendetwas von Projekt Neanderthal bekannt, was das hier erklären könnte?«

Sie zeigte auf die leuchtende Punktwolke.

Die alte Frau schüttelte den Kopf. »Nein. Tut mir leid.«

»Könnte es ein Artefakt sein? Eine Nebenerscheinung der Rekonstruktion der Neandertaler-DNA?«, fragte Mercure.

Valerie überlegte.

»In Ordnung, man hatte die damalige Gentechnologie Crispr noch nicht so sehr verfeinert, dass Off-Target-Cuts gänzlich ausgeschlossen werden konnten. Und damals hatte man noch keine Structurizer, man konnte die Nukleosomen nicht so analysieren wie heute. Aber: Wenn es ein Artefakt der Klonierung ist, dann müssten wir es auch in Adams DNA finden. Und auch in der der anderen Klone.«

»Sie vermuten also, dass jemand die Nukleosomen manipuliert hat, Valerie?«

Valerie zögerte. Wollte Mercure sie aushorchen? Wieviel sollte sie ihr sagen? Wieder entschloss sie sich, ihr zu vertrauen.

»Vielleicht ist es eine Botschaft.«

»Eine Botschaft? Mit welchem Inhalt? Und von wem?«

»Überlegen Sie, Frau Mercure. Ich bin die Enkelin eines der geklonten Neandertaler. Vielleicht hatten die Klone eine Art Wasserzeichen in ihrem Erbgut. Vielleicht hat einer der an Projekt Neanderthal beteiligten Forscher eine Botschaft in ihnen hinterlassen und in der Anordnung der Nukleosomen versteckt. Mir ist zwar völlig rätselhaft, mit welcher Technologie er das gemacht haben könnte. Aber wer weiß? Teile dieser Botschaft könnten so in mein Erbgut gelangt sein. Aber ich habe keine Ahnung, was eine mögliche Botschaft beinhalten könnte. Aber ich bin für so etwas nicht qualifiziert. Damit kennen Sie sich sicher besser aus.«

»Ich?«

»Sie sind doch beim Geheimdienst gewesen.«

Mercure lachte. »Ich glaube, Sie hegen da eine leicht falsche Vorstellung von meiner Tätigkeit.«

»Okay, meinetwegen. Aber fällt Ihnen denn überhaupt nichts auf? Irgendwas?«

Mercure sah eine Weile auf die Punktewolke.

Schließlich zeigte sie auf Chromosom 5, das die rechte obere Ecke des Karyogramms ausmachte. »Sehen Sie hier, in der Ecke?«

Valerie sah genau hin. Die Stelle, die Mercure meinte, war

heller als der Rest der Punktewolke. In den kurzen Armen des Chromosoms glitzerten besonders viele vom Structurizer markierte Nukleosomen.

»Es sieht fast aus wie eine regelmäßige Struktur«, sagte Mercure.

»Ja, das ist mir auch schon aufgefallen. Structurizer: Chromosomen ausblenden, Nukleosomen-Markierungen vor schwarzem Hintergrund darstellen und verstärken.«

Der Raum hinter der Projektion verschwand hinter einer schwarzen Wand. Auch die Xe verschwanden; übrig blieb nur noch die Punktwolke. Sie wurde langsam heller.

Die Punkteanhäufung in der rechten oberen Ecke war nun deutlich zu sehen.

»Das sieht fast aus wie ein Quadrat, das nochmals von einem Quadrat eingerahmt ist«, sagte Valerie. Ihr war die Anhäufung der Punkte aufgefallen, aber nicht, dass es eine geometrische Figur darstellen könnte. Vielleicht war sie zu müde gewesen, um es zu bemerken.

»Und hier auch.«

Mercure zeigte auf die linke obere Ecke des Karyogramms, über Chromosom 1. Dann auf die linke untere Ecke, wo Chromosom 19 war. »Es ist nicht so regelmäßig. Können Sie es erkennen?«

Valerie ging näher an das Diorama heran und betrachtete die beiden Ecken, die Mercure meinte.

»Ehrlich gesagt, nein«, sagte sie. »Aber ich habe eine Idee. Structurizer: Nukleosomen-Zählung für jedes Chromosom durchführen und als Balken anzeigen.«

Ein Balkendiagramm erschien. Es gab drei Balken, die länger waren als die restlichen. Chromosom 5 war das hellste. Die Helligkeitsbalken von Chromosom 1 und 19 waren deutlich schwächer, aber noch immer länger als die übrigen.

»Sie haben recht. An diesen drei Stellen sind Häufungen.«

»Warum ausgerechnet in diesen drei Ecken?«, fragte Mercure.

Valerie nickte. »Das ist merkwürdig, ja.«

Sie starrten auf die Punktewolke. Versuchten verzweifelt, weitere Muster zu erkennen, aber außer diesen drei Konzentrationen konnten sie nichts finden. Die Punkte sahen für Valerie immer noch gleichermaßen unordentlich verteilt aus. Wie willkürliches Rauschen. Vor allem die beiden Quadrate rechts oben bestätigten sie darin, dass es keine Artefakte waren. Sie war fest davon überzeugt, dass sich in der Punktewolke eine Botschaft verbarg.

Mercure lächelte kurz und schüttelte den Kopf.

»Was?«, fragte Valerie.

»Irgendwie erinnert mich das Ganze ein bisschen an eine Sache aus meiner Kindheit. Aber es ist absurd.«

»Sagen Sie schon. Es spielt keine Rolle, ob es Ihnen absurd erscheint.«

»Das ist schon so lange her. Als ich ein Kind war, begann die Digitalisierung der Gesellschaft, mit den ersten Vorläufern unserer heutigen Standardtechnologie. Die Vorläufer der Smarts nannte man noch Smartphones. Jedenfalls, als ich jung war, gab es eine kurze Zeit lang diese Mode, Internetadressen und andere kleine Texte in zweidimensionalen Grafiken zu verschlüsseln. QR-Codes. Ich erinnere mich daran, dass ich in Magazinen aus Papier geblättert habe, und dort waren sie abgedruckt. Man konnte sie mit einem Smartphone scannen und wurde dann auf eine Internetseite geleitet. Das Quadrat in der Ecke erinnert mich ein bisschen daran. Aber die QR-Codes hatten drei Quadrate. Und wir haben hier nur eines.«

Valerie war an einen der Rechner gehetzt und hatte bereits das Diorama-Display und die Spracheingabe aktiviert. »Suche nach QR-Codes«, sagte sie.

Sofort tauchten im Diorama mehrere Darstellungen von QR-Codes auf, natürlich zweidimensional abgebildet. Sie drehten sich langsam um ihre Querachse, um anzuzeigen, dass es flache Gebilde waren.

Was sie mit ihrer Wolke gemein hatten, war, dass es sich ebenfalls um Punktansammlungen handelte. Aber sie waren viel gröber. Und da waren die drei eingerahmten Quadrate in den drei Ecken. Links oben, links unten und rechts oben.

Die Ecken stimmten überein. Doch die Quadrate links oben und links unten fehlten.

Sie rief Hintergründe über QR-Codes ab. 1994 von der Firma Denso Wave erfunden. In den 2000er- und 2010er-Jahren populär. Dann aus der Mode gekommen. Zeitlich würde es passen, dachte Valerie.

Sie suchte ein Programm zur Dekodierung eines QR-Codes. Sie fand keines, aber dafür eine Seite, auf der man Grafik-Dateien hochladen konnte.

»Structurizer. Bildausgabe der Punktewolke. Senden an Postfach von Valerie Weiss.«

»Sie glauben, dass es ein QR-Code ist?«, fragte Mercure.

»Keine Ahnung, aber einen Versuch ist es wert.«

Ihr Smart vibrierte. Die Nachricht war angekommen. Valerie lud die Bild-Datei hoch.

Die Fehlermeldung kam fast umgehend: »QR-Code nicht erkannt.«

»Mist!«

»Valerie. Die Punkte sehen nicht wirklich wie ein QR-Code aus. Sie haben mich nur daran erinnert.«

»Was, wenn er vielleicht unvollständig ist?«, sagte Valerie.

»Ich bin die zweite Generation, ich besitze lediglich ein Viertel der DNA von Adam, statistisch verteilt über mein gesamtes Erbgut. Also sind meine rechtsdrehenden Nukleosomen nur ein zufälliger Ausschnitt von seinen. Wir müssen seine Proben analysieren. Vielleicht finden wir dort die vollständige Botschaft.«

»Das könnte sein, Valerie, aber von Adam besitze ich keine Probe.«

Valerie sah sie an.

»Wie bitte?«

»Ich sagte, ich habe Proben der Knochen aus dem Massengrab im Neandertal. Das sind aber nur die sechs frühzeitig verstorbenen Klone.«

Valerie überlegte. Vielleicht hatte derjenige die Botschaft in allen Neandertalern implementiert. Vielleicht besaß auch jeder nur einen Teil der Botschaft.

»Fahren Sie nach Berlin zurück und schicken Sie mir die Proben per Drohne.«

Die Proben waren steril in kleine Plastikhülsen verpackt. Darauf standen Namen: Bartholomäus, Thaddäus, Philippus, Simon, Jakobus, Andreas. Die Knochenstücke selbst waren jeweils nur so groß wie eine Fingerspitze. Für die Analyse würde Valerie einen guten Teil verbrauchen. Sie entschied sich für Philippus' Knochen. Dann zog sie sich Gummihandschuhe, eine Atemmaske und eine Haarhaube über und ging mit der Probe in den Reinraum. Dort leuchteten starke UV-Lampen, um jegliche DNA-Spuren von ihr oder ihren Labormitarbeitern zu zerstören, die die Probe kontaminieren konnten.

Valerie drang mit einem kleinen Bohrer in den Knochen ein und fräste etwas Pulver heraus. Das überführte sie vorsichtig in einen Eppendorf-Tube mit dem Standard-Lösungskit für DNA-Extraktion, mischte den Tube mit einem Vibrationsgerät durch, nahm die in der Lösung enthaltene befreite DNA mit einer

Pipette auf und träufelte die Probe auf ein steriles Plättchen, das sie dann in den Structurizer legte.

»Structurizer. Analysiere Probe auf rechtsgewickelte Nukleosomen.«

»Voraussichtliche Dauer der Analyse: drei Stunden fünfundvierzig Minuten.«

Valerie seufzte und zog sich die Haarhaube und die Handschuhe aus.

Das war die eine der Möglichkeiten, die sie prüfen musste – vielleicht besaßen Neandertaler wirklich andersdrehende Nukleosomen. Die andere Möglichkeit erforderte Max' Hilfe. Sie nahm ihr Smart und drückte seinen Kontakt. Als das Freizeichen ertönte, wurde ihr bewusst, dass er gehörlos und das, was sie gerade tat, ziemlich töricht war. Zudem war es ein Uhr nachts, sie würde ihn wecken. Doch er nahm ab und blinzelte verschlafen in die Kamera, sein Haar war völlig durcheinander. Er hatte auf Videoübertragung gestellt. Sie sprach so deutlich, wie sie konnte. »Max, ich brauche deine Hilfe. Ich schicke dir gleich eine Nachricht.« Er nickte, und sie legte auf. Dann schrieb sie ihm: »Besitzt du eine Bioprobe von Adam, die du mir schicken kannst? Irgendetwas, was ich für eine DNA-Analyse verwenden könnte?«

Er antwortete umgehend: »Ich kümmere mich drum.«

»Schick es mir per Drohne«, schrieb sie.

Danach setzte sie sich mit einer Tasse Kaffee hin und rief Mercure an. Sie schaltete das Gespräch auf Diorama-Darstellung, und das Hologramm der alten Frau erschien in ihrem Labor.

»Die Analyse läuft«, sagte Valerie. »Bald wissen wir mehr.« Sie nahm einen Schluck von ihrem Kaffee. Es würde wieder eine lange Nacht werden.

»Haben Sie schon Manuela Galina kontaktiert?«

Eva-Marie Mercure nickte.

»Es sieht gut aus. Wahrscheinlich am späten Nachmittag. Ich sage Ihnen Bescheid.«

»Sehr gut.«

Es war schon Sonntag und ihr lief die Zeit davon. Morgen würde ihr bisheriges Leben vorbei sein. Und sie musste sich noch auf das Treffen mit der Kanzlerin vorbereiten. Aber sie spürte, dass sie etwas Wichtigem auf der Spur war.

»Valerie, sind Sie sicher, dass Sie das tun wollen? Galina weiß nicht, dass Sie die Enkelin von Adam sind. Sie begeben sich in große Gefahr«, sagte Mercure. »Und ich werde nichts für Sie tun können.«

»Ich weiß. Aber ich habe keine Wahl.«

Sie schwiegen einen Moment. Valerie versuchte, ruhig zu bleiben, aber ihr war klar, dass nach diesem Gespräch nichts mehr so sein würde wie vorher. Nur wie, das wusste sie nicht.

»Wie schaffen Sie das eigentlich?«, fragte Mercure.

Valerie sah sie überrascht an.

»Was meinen Sie?«

»Sie müssen mich hassen. Wie schaffen Sie es, sich mit mir zu unterhalten und ganz entspannt Ihren Kaffee zu trinken?«

Valerie überlegte einen Moment, ob sie mit ihr diese Art von Gespräch führen wollte. Aber sie hatten Zeit. Und sie hatte auch nicht das Gefühl, dass Mercure mit Hintergedanken fragte.

»Ich fühle Ihnen gegenüber keinen Hass. Eher Mitleid.«

»Ich tue Ihnen leid?«

»Sie wirken wie ein Mensch, der niemals wirklich frei war. Sie haben Böses getan, um Ihre Verletzungen zu verstecken. Oder um sie vielleicht zu heilen.«

Mercure war überrascht. Mit solch einer Antwort hatte sie nicht gerechnet. Sie dachte darüber nach, wie sie sich als Kind das Muttermal über ihrer Vulva herausgeschnitten hatte, mit einem Messer, das sie aus der Küche geholt hatte. Sie erinnerte sich daran, wie lange sie sich selbst dafür gehasst hatte, dieses Muttermal zu tragen. Und sie erinnerte sich an ihre Angst, deswegen die Liebe ihrer Mutter zu verlieren. Diese Liebe, die immer nur als Belohnung zu haben war. Nie war sie gut genug. Eva-Marie, die zu Dicke. Die zu Langsame. Die zu Faule. An allen diesen Zus hatte sie hart gearbeitet. Nur eines konnte sie nicht kontrollieren. Sie war auch Eva-Marie, die Epileptikerin.

»Ich habe sie geliebt«, sprach Mercure mit leiser Stimme, mehr zu sich selbst als zu Valerie. Aus den Lautsprechern des Smarts war sie kaum zu verstehen. Valerie, die neben der Unterhaltung am Rechner die Einträge zu QR-Codes überflogen hatte, hielt inne und wagte kaum zu atmen, als sie spürte, wie emotional bewegt die alte Frau plötzlich war. Sie sah, dass Eva-Marie Mercure mühsam ein Weinen unterdrückte.

»Angélique war der einzige Mensch, den ich jemals geliebt habe. Nicht meine Eltern, nicht meine Schwester oder meinen Bruder. Auch nicht meinen Mann. Nur sie.«

»Sie waren ein Paar?«

Mercure nickte.

»Es war eine Liebe, die es nicht geben durfte. Und auch von meiner Epilepsie wusste niemand. Wir waren in einem Elite-Internat untergebracht. Ich hatte solche Angst, dass jemand mein Geheimnis und unser Geheimnis entdecken würde. Sie hätten uns sofort der Schule verwiesen und alles unseren Eltern erzählt.«

»Was ist aus Angélique und Ihnen geworden?«

»Ich hätte ihr vertrauen müssen. Aber ich konnte es nicht. Ich habe niemals jemandem vertraut.«

»Was ist aus ihr geworden?«, fragte Valerie nochmal.

Eva-Marie Mercures Lippen zitterten.

»Sie hat sich umgebracht.«

Valerie beobachtete sie gebannt. Mercure bat sie, das Gespräch zu beenden, da ihr nun wirklich die Tränen kamen.

Valerie erkannte, dass sie das Gegenteil von Eva-Marie Mercure war. Sie schenkte anderen zu freigiebig ihr Vertrauen. Und vielleicht würde auch Eva-Marie Mercure es enttäuschen. Diese Frau war so gerissen, dass sie vielleicht spürte, via Emotionalität bei Valerie schnell Nähe und Vertrauen herstellen zu können.

Sie glaubte nicht, dass es sich bei Angélique um eine Lügengeschichte handelte. Aber möglicherweise war es eine strategisch eingesetzte Wahrheit.

Sie würde es herausfinden.

Ihr Smart läutete. Eine Nachricht von Max. »Drohne ist unterwegs.«

Während der Structurizer lief, dämmerte Valerie ein, bis das Läuten ihres Smarts sie weckte. Der Lieferdienst bat sie, den Empfang der Drohne zu autorisieren. Das tat sie und öffnete dann das Fenster, um sie einzulassen. Die Lieferung von Max bestand in einem offenbar hastig mit Papier umwickelten Päckchen. Darin lag etwas in Folie. Es war eine schwarze Weste. Ein Teil von Adams Amish-Outfit. Sie nahm die Weste vorsichtig aus der Folie heraus und legte sie unter das Stereoskop. Sie suchte nach Hautschuppen und wurde fündig. Mit einer Pinzette nahm sie sie auf und legte sie auf ein Probenplättchen. Der Structurizer konnte mehrere Analysen parallel durchführen.

Sie legte sich auf die Couch, die im Labor stand, und döste vor sich hin. An Schlaf war nicht zu denken. Sie war viel zu aufgekratzt. Und sie war nervös angesichts ihres Treffens mit Galina.

Die Zeit kroch dahin.

Ding-Dong-Dang. Der Structurizer riss sie aus dem Halbschlaf. Die Anzeige zeigte kurz vor fünf. Sie rieb sich das Gesicht, um die Müdigkeit zu vertreiben. Dann fragte sie die Maschine mit klopfendem Herzen nach dem Ergebnis: Der Structurizer hatte kein einziges rechtsgewickeltes Nukleosom in Philippus' Erbgut gefunden.

Das schloss eine systematische Besonderheit des Neandertaler-Erbguts aus. Und auch die Möglichkeit, dass die andersartigen Nukleosomen Artefakte der damaligen Gentechnik waren. Aber damit war auch klar: Die Botschaft war nicht über mehrere der Neandertaler-Genome verteilt.

Wenn es denn überhaupt eine Botschaft war.

Aufgeregt wartete sie auf das Ende der Analyse von Adams Erbgut. Nach einer halben Stunde war sie da.

Null rechtsdrehende Nukleosomen.

Mist.

Sie war sehr müde. Konnte kaum noch klar denken. Aber ihr Wissenschaftler-Gehirn funktionierte noch.

Es blieb nur eine Möglichkeit. Wenn es eine Botschaft war, dann musste der- oder diejenige sie im Erbgut ihrer Mutter versteckt haben. Und das wiederum bedeutete, dass es sich bei der unbekannten Person mit großer Wahrscheinlichkeit um ihre Großmutter handelte.

Sie benötigte Erbgut ihrer Mutter. Sie dachte an Robert. Er würde wahrscheinlich Kleidungsstücke von ihr aufbewahrt haben. Aber dann kam ihr eine bessere Idee.

Im Ohrclip ihrer Mutter hatten sich an der Innenseite etliche abgeschabte Hautzellen gefunden. Nachdem sie das Erbgut von Sarah in den Structurizer gegeben hatte, begannen die längsten drei Stunden und fünfundvierzig Minuten in Valeries Leben.

Wieder versuchte sie etwas Schlaf zu finden. Die Couch war extrem unbequem. Aber sie musste dringend schlafen. Das Summen des Structurizers wog sie in eine Mischform aus Dösen und Schlafen. Es war ein dauerndes Auf- und Abtauchen in verschiedene Bewusstseinszustände. Sie träumte komischerweise von ihrem Vater. Im Traum war Robert sehr hilflos und traurig. Sein

Gesicht war müde und eingefallen. »Valerie, wir sehen uns so selten. Warum?« Seine langen Wimpern verliehen ihm ohnehin schon einen melancholischen Blick. Nun sah er aus wie ein Häufchen Elend. Sie dachte noch im Traum, dass Robert in Wirklichkeit nicht so traurig aussah. Und sie fragte sich noch im Traum, weswegen ihr Unterbewusstsein ihn derart überzeichnete, ob das der Ausdruck ihres schlechten Gewissens war.

Sie wollte ihm antworten, zurufen, dass sie ihn liebte, aber diese Liebe momentan nur mit Abstand atmen konnte, weil er sie überfordert hatte nach dem Tod ihrer Mutter. Sie riss den Mund auf, aber es kam kein Ton heraus. Und sie dachte noch im Traum, dass sie vielleicht deswegen so unglaublich schnell gereift war, weil sie möglichst bald auf eigenen Beinen hatte stehen wollen. Aber noch im Traum sagte ihr Verstand ihr, dass es biologische Gründe waren, die ihre Turboentwicklung erklärten, keine psychologischen.

Ding-Dong-Dang.

Sie erwachte mit dem unangenehmen Gefühl schlechten Gewissens und blickte in eine glitzernde Wolke, die vor ihr im Raum schwebte. Sie war viel dichter als ihre.

Bingo.

Der Structurizer hatte über 30.000 rechtsgewickelte Nukleosomen im Erbgut ihrer Mutter gefunden. Doppelt so viele wie bei ihr. Es passte. Sie hatte nur die Hälfte der Chromosomen von ihrer Mutter und damit auch nur die Hälfte ihrer modifizierten Nukleosomen geerbt.

Doch was ihr fast die Tränen in die Augen trieb, waren die drei Quadrate, die in der Wolke leuchteten: links oben, links unten und rechts oben.

Mercure hatte richtig gelegen. Es war ein QR-Code.

Valeries Hände zitterten, als sie ihn in den Decoder einfütterte.

Er brauchte eine Weile, um ihn zu entschlüsseln. Die Seite spuckte ihr exakt 4294 Buchstaben aus. Es war eine Abfolge von Cs, Gs, As und Ts. Die Botschaft war ein Text, abgefasst in der Sprache der DNA, die sie nur zu gut kannte. Es war die Sequenz eines Gens.

35

DAS JESUS-GEN

Für Valerie war der Fund aufregend und schockierend zugleich. Ihre Großmutter hatte ihr eigenes Kind nicht nur zu einem Experiment gemacht, sie hatte sie auch als Daten-Tresor benutzt. Selbst wenn sie Jocasta als Genarchitektur-Expertin zutraute, dass sie wusste, was sie tat – immerhin war es ihr gelungen, die Nukleosomen mit der damaligen Technologie zu manipulieren, wie auch immer sie das geschafft hatte. Sie hatte die Zellen von Sarahs Embryo irgendwie manipuliert. Valerie wurde unwohl bei diesem Gedanken. Ihre Großmutter war ein Risiko eingegangen, denn sie hatte sich nicht sicher sein können, dass die Manipulation der Nukleosomen keinerlei Nachteile für ihre Tochter haben würde. Forschungen hatten gezeigt, dass rechtsgewickelte Nukleosomen weniger stabil waren, wenngleich in sehr geringem Ausmaß. Sie war ein Risiko eingegangen, eines, das im Zweifel ihre Tochter und ihre Nachkommen ausgebadet hätten. So besaß auch sie, Valerie, veränderte Nukleosomen. Und auch an ihre Kinder würde sie diese weitergeben.

Die Botschaft war ein Gen. War es überhaupt eine Botschaft? Hatte Jocasta am Ende doch das Jesus-Gen gefunden? Es musste ihrer Großmutter jedenfalls wichtig genug gewesen sein, um es im Erbgut ihrer Tochter zu verstecken – wahrscheinlich, weil sie wusste, dass sie nach ihrem Verrat und der Flucht der Neandertaler vom Geheimdienst bis aufs letzte Haar untersucht werden würde. Sie hatte offenbar nicht gewollt, dass jemand das Gen fand. Die umständliche Art und Weise, mit der sie es versteckt hatte, zeigte, in welch paranoidem Zustand sie sich befunden haben musste.

Valerie hatte die Sequenz des Jesus-Gens in die verschiedensten Datenbanken gefüttert – in der Hoffnung, irgendwelche Hinweise auf seine Funktion zu erhalten. Die Müdigkeit zog an ihren Lidern und Gliedmaßen. Es war fast zehn Uhr. Sie musste sich bald auf den Weg nach Berlin machen.

Sie suchte zuerst in der Humangenom-Datenbank – und bekam keinen einzigen Treffer. In allen bislang sequenzierten menschlichen Genomen, egal ob Afrikaner oder Inuit, tauchte dieses Gen nicht auf. Es war also kein menschliches Gen, oder genauer: Es war kein Homo-sapiens-Gen. Und doch fand sie etwas. Die Suche ergab, dass das Gen Motive besaß, die denen bekannter Steuergene ähnelten. Genen also, die andere Gene in ihrer Aktivität herauf- oder herunterregelten. Dazu passte, dass es mit rund 4300 Buchstaben relativ klein war.

Im Reinraum nahm sie zwei weitere Proben, diesmal von Thaddäus und Andreas, und dieses Mal für den Sequencer; auch dieses Gerät konnte mehrere Proben gleichzeitig laufen lassen. Sie stellte wieder auf 95 Prozent Genauigkeit, startete und der Timer des Sequencers begann von 35 Minuten herunterzuzählen.

In der Zwischenzeit ließ sie den Rechner die Sequenz noch einmal wild im Netz suchen – ohne Ergebnis. Dann startete sie eine Metasuche über alle Genom-Datenbanken aller bislang sequenzierten Organismen. Jetzt endlich landete sie ein paar Treffer. Das Jesus-Gen wies eine evolutionäre Vergangenheit auf und war in Vorformen bereits bei Tieren zu finden. Sie entdeckte mehrere partielle Übereinstimmungen, und zwar ausschließlich bei Primaten: Koboldmakis und Meerkatzen zeigten eine Variante, die zu etwa 30 Prozent mit dem Jesus-Gen übereinstimmte. Weitere Treffer mit größerer Übereinstimmung fand Valerie im Stammbaum der Affen. Je höher sie im Stammbaum des Lebens hinaufging, desto größer war die Konsensus-Sequenz. Der höchste Match fand sich mit rund 70 Prozent Übereinstimmung beim Orang-Utan.

Das Gen, das ihre Großmutter in den Neandertalern aufgespürt hatte, schien also ein Gen zu sein, das sich im Zuge der Menschwerdung gebildet hatte. Es hatte Motive eines Steuergens. Aber was es steuerte, war unbekannt.

Ob ihre Großmutter mehr gewusst hatte?

Die Zeit verflog, und Valeries Gehirn arbeitete auf Hochtouren, trotz des Schlafmangels. Es war wie ein Puzzle, und sie spürte, dass nicht mehr viele Teile fehlten, bis sie an dem Punkt anlangte, ab dem der Rest sich wie von selbst ineinander fügen würde.

Der Sequencer war mit den Neandertaler-Proben durch. Hektisch suchte Valerie in den beiden Neandertaler-Sequenzen nach dem Gen.

Treffer! Im Erbgut beider Neandertaler wurde sie fündig. Der Locus des Jesus-Gens lag im kurzen Arm von Chromosom 12, die genaue Angabe war 12p12.2. Jocasta musste das Gen im Erbgut der Neandertaler-Klone entdeckt haben.

Aber die Sache blieb dennoch rätselhaft. Das Gen trat in einer frühen Form erstmals bei Primaten auf, also jenen Lebewesen, deren Linie bis zum Menschen führte. Es blieb während der ganzen Evolution der Primaten erhalten und veränderte sich, was darauf hindeutete, dass es mit der Gehirnentwicklung zu tun haben könnte. Nur bei der höchsten noch lebenden Entwicklungsstufe der Primaten, dem Homo sapiens, war es nicht vorhanden. Sein Vetter aber, der Neandertaler, hatte das Gen besessen. Doch nach der Vermischung der beiden Menschenarten in der Urzeit war das Gen im Genpool verlorengegangen.

Sehr rätselhaft.

Es musste irgendeinen negativen evolutionären Druck auf das Gen gegeben haben, sodass es aussortiert worden war.

Oder vielleicht war es auch einfach Pech gewesen. In der Frühzeit waren die relativ kleinen menschlichen Populationen immer wieder durch evolutionäre Flaschenhälse gezwungen worden – Naturkatastrophen, Hungersnöte, Krankheiten hatten ihre Zahlen immer wieder drastisch reduziert. Es war möglich, dass ein Gen einfach so aus dem Genpool verschwand, weil all seine Träger durch Schicksal umkamen.

Valerie durchsuchte nun ihre eigene Erbgutsequenz auf das Gen.

Treffer.

Sie war Träger des Jesus-Gens. Oder was auch immer es war. Und es befand sich an der exakt gleichen Stelle wie bei den Neandertalern: Chromosom 12, kurzer Arm, Bande 12.2. Zur Sicherheit sequenzierte sie auch noch einmal das Erbgut ihrer Mutter. Auch dort fand sie es.

Sie grübelte. Es schien ein Steuerungsgen zu sein. Wenn es das Verhalten beeinflusste, wirkte es wahrscheinlich im Gehirn. Wenn es wirklich eine Art Jesus-Gen war, steuerte es vielleicht eine Region im Gehirn, die zu mehr Empathie befähigte? Vielleicht sorgte es für erhöhte Oxytocin-Ausschüttung, dem Hormon, das Vertrauen in andere erhöht. Vielleicht hemmte es auch Aggressionen? Machte dieses Gen die Neandertaler vielleicht doch zu den besseren Menschen?

Ihre Gedanken wurden wirrer. Sie rieb sich die Augen. Mittlerweile war es nach zwölf. Und sie war schrecklich müde.

Ihr Smart hatte eine Nachricht empfangen. Eva-Marie Mercure war erfolgreich gewesen und hatte ihr einen Termin bei Kanzlerin Galina organisiert. Um 18:00 Uhr. Sie würde genau fünf Minuten Zeit haben.

Fünf Minuten, um sie davon zu überzeugen, dass ihre Politik ein einziger Irrweg gewesen war. Und dass sie, Valerie, möglicherweise den Schlüssel zu Heilung der Großen Depression in der Hand hielt.

Nichts leichter als das.

Sie hatte sich eine Strategie überlegt. Sie wollte Galina einen Deal anbieten. Sie würde auf weitere Veröffentlichungen verzichten, um die deutsche Politik nicht bloßzustellen. Sie bot ihr also an, auf alle Meriten zu verzichten, wenn Galina ihr im Gegenzug freie Hand ließ, eine somatische Gentherapie gegen die Große Depression zu entwickeln. Und wenn Galina ihr zusicherte, die drei schützenden Neandertaler-Gene künftig nicht mehr im Zuge der Genpool-Hygieneprogramme eliminieren zu lassen.

Valerie hatte keinerlei Erfahrung mit Politikern. Möglicherweise ging sie viel zu naiv und vertrauensselig an die Sache heran. Wie so oft.

Würde ihre Studie Galina überzeugen? Immerhin waren ihre bisherigen Ergebnisse gefährlich genug gewesen, um zu veranlassen, dass sie aus dem Verkehr gezogen werden sollte.

Und irgendetwas sagte ihr, dass das Jesus-Gen möglicherweise auch damit zusammenhing. Es war nicht mal eine Ahnung, sie hatte keinerlei Anhaltspunkte, es war mehr wie eine Witterung, ein Duft, etwas Urtümliches, das ihren Instinkt geweckt hatte.

Sie hörte Geräusche. Lief jemand den Flur entlang? Wer war es? Chen Lu? Ihre medizinisch-technische Assistentin kam manchmal am Wochenende ins Labor. Sie war fleißig, obwohl sie das nie raushängen ließ.

Valerie schaltete das Structurizer-Diorama ab, löschte die QR-Codeseiten, raffte alle ihre Ergebnisse zusammen. Nun hörte sie Geräusche an der Tür. Das Retina-Schloss wurde aktiviert, aber die Bolzen lösten sich nicht, die Tür war ja schon offen. Aber das wusste Chen Lu nicht.

Die Tür ging auf, und Valerie sah in das erstaunte Gesicht ihrer MTA.

»Oh! Valerie! Guten Morgen. Was machst du denn hier?«

»Hey, Chen Lu.«

Ihre MTA war reingekommen, um ein paar Sachen für Montag vorzubereiten. Chen Lu nahm an, dass Valerie ihren Kolloquiums-Vortrag ausarbeiten würde, und sie selbst hatte die Daten für sie anschaulich aufbereiten wollen. Chen Lu wusste noch nichts von den neuesten Entwicklungen innerhalb der Max-Planck-Gesellschaft, wusste nicht, was sich gegen Valerie gerade zusammenbraute. Aber sie würde es bald wissen – morgen lief Strauffs Ultimatum ab.

Ja, es war eine lange Nacht gewesen, sagte Valerie. Es war nicht mal gelogen. Diese drei aLDD-Gen-Loci ließen sie nicht los, sagte sie. Sie wollte einfach wissen, was es mit ihnen auf sich hatte. Und ja, Chen Lu hatte recht, sie brauchte dringend einen Freund, damit sie nicht immer so lange arbeitete, und schon gar nicht am Sonntag, das wusste sie selbst.

Während sie mit Chen Lu plauderte, überlegte Valerie fieberhaft, was sie jetzt tun sollte. Jetzt, da ihre MTA bei ihr war, konnte sie nicht mehr ungestört danach forschen, was es mit dem Jesus-Gen auf sich hatte. Und vielleicht sollte sie das auch besser nicht tun, denn sie hatte nur noch wenige Stunden Zeit für ihre viel wichtigere Aufgabe. Sie beschloss, Chen Lu direkt einzuspannen.

»Könntest du mir einen Gefallen tun? Ich habe da dieses Gen, und ich wüsste gerne, in welcher Verbindung es zu den drei aLDD-Genen steht. Könntest du dir das mal anschauen? Ich fürchte, ich bin zu müde … ich kriege nichts mehr hin.«

Sie wusste nicht, ob es überhaupt eine Verbindung gab. Aber

da war diese Witterung, die sie aufgenommen hatte. Und sie hatte nichts zu verlieren.

»Na klar, Chef. Mach ich.«

»Danke, Chen Lu. Ich lege mich kurz hin. Wenn ich nicht wach werden sollte – könntest du mich in spätestens drei Stunden wecken?«

Das musste reichen, um rechtzeitig nach Berlin zu kommen. Sie würde im Auto-Auto ihre Argumente vorbereiten.

Diesmal fiel sie in einen tiefen Schlaf. Und sie träumte von Manuela Galina. In ihrem Traum litt die Kanzlerin selbst an der Großen Depression, nicht ihr Sohn. »Heile mich«, sagte sie zu Valerie. »Bitte, heile mich.«

Chen Lu musste sie nicht wecken. Valerie schreckte von alleine hoch, mit einem bedrückenden Gefühl im Magen. Sie würde sich bald auf den Weg machen müssen. Warum nur hatte sie das Gefühl, dass es vielleicht nicht klappen würde?

Doch die Nachrichten, die ihre MTA für sie hatte, verbesserten ihre Aussichten schlagartig.

Sie hatten ihr ein Auto-Auto mit einem Chauffeur geschickt – üblich bei offiziellen Anlässen, denn man wollte sichergehen, dass kein Hacker sich in die Auto-Autos einklinkte und die Politiker in den Gegenverkehr oder den nächsten Fluss steuerte.

»Sind Sie sich wirklich sicher, dass Sie das machen wollen?«, fragte Mercure sie über das Smart.

»Ja.«

»Sie wissen, dass Sie sich damit in Gefahr bringen?«

»Das sagten Sie bereits.«

»Ich werde Sie nicht schützen können, Valerie.«

»Auch das sagten Sie bereits.«

Sie dachte an ihre Mutter. Die gestorben war, weil sie die

Wahrheit über das Geheimprojekt enthüllen wollte. Obwohl sie wusste, dass sie damit ein hohes Risiko einging. Obwohl sie eine Tochter hatte. Ihre Mutter musste eine höhere Verantwortung empfunden haben. Vielleicht, weil ihr klargeworden war, dass diese Gesellschaft, diese Lebensrealität sich in einen einzigen Kreuzzug gegen alles Andersartige verwandelt hatte – und damit auch gegen sie selbst. Ihre Mutter hatte Verantwortung gespürt für einen Mitmenschen einer anderen Art, einen Menschen, der das Andersartige verkörperte wie kein anderer – und damit zugleich das, was das Menschsein eigentlich im Kern ausmachte: die Vielseitigkeit und die Veränderbarkeit.

Auch sie empfand in diesem Moment eine solche Verantwortung. Nicht nur, weil auch sie andersartig war. Valerie wusste, dass sie der Ursache der Großen Depression auf der Spur war. Sie hatte Beweise dafür, dass die bisherige Politik verantwortlich dafür war. Sie konnte nicht mehr umkehren.

Der Chauffeur trug eine Sonnenbrille, worüber sie sich wunderte, weil die Sonne gar nicht schien. Er nickte ihr wortlos zu, als sie einstieg. Mit seinem strengen Scheitel und seinem Nadelstreifenanzug sah er aus wie ein gut gekleideter Mann aus einer anderen Zeit. Ein schwarzer Fedora lag auf dem Beifahrersitz. Dabei war die Hutmode längst erloschen.

Sobald sie auf der großen Rückfläche Platz genommen hatte, legte sie die Beine hoch. Noch immer hielt sie den Ohrclip ihrer Mutter in der linken Hand fest und spürte, wie das Metall und das Plastik in das Fleisch ihrer Hand drückten. Mit der rechten hielt sie die Tasche, in der sich ein Injector und drei Eppendorf-Tubes befanden. Sie enthielten Lösungen, die Viren enthielten, in denen das Jesus-Gen und die drei aLDD-Gene verpackt waren. Valerie würde nur einen Schuss haben, und den wollte sie nutzen.

Der Chauffeur sah, dass sie es sich bequem gemacht hatte, und er dämmte das Licht, was sie ziemlich schnell müde machte.

Sie war immer noch furchtbar erschöpft. Die intensive Arbeit der letzten Wochen steckte ihr in den Knochen. Sie alle hatten das Nature-Paper fertig kriegen wollen. Kurz bevor sie einschlief, sah sie, wie der Chauffeur die Sonnenbrille abnahm. Im Rückspiegel erkannte sie, dass irgendetwas mit seinen Augen nicht stimmte. Aber sie war sich nicht ganz sicher, ob sie nicht schon träumte.

Kurz vor Berlin erwachte sie, nicht sonderlich erholt. Sie sah die leer gefegten Straßen der Hauptstadt. Die Große Depression hatte das Land ausgezehrt, nirgendwo wurde das deutlicher als in den Metropolen. Alte Menschen prägten mittlerweile das Straßenbild. Die vielen Jungen, die von der Krankheit befallen waren, verließen ihre Häuser kaum noch. Schulen mussten schließen, weil es zu wenig Kinder gab, die man unterrichten konnte. Die Wirtschaft litt unter dem enormen Ausfall an Nachwuchs.

Das öffentliche Stadtleben hingegen hatte sich, so zynisch das klang, zum Positiven entwickelt. Alles war ruhiger, heruntergedrosselt, nicht mehr so laut, man hatte wieder Platz in der Stadt. Aber es war eine Stadt, ein Land der Alten geworden. Freudloser, statischer, zukunftsloser.

Der Chauffeur steuerte das Auto-Auto auf das Regierungsviertel zu. Sie sah in der Ferne die gläserne Kuppel des Reichstags glitzern. Das Regierungsviertel war erst vor zehn Jahren einer gründlichen Sanierung unterzogen worden. Die einstmals strahlend hellen Großbauten, die in der Hauptstadt-Umzugs-Euphorie der 90er-Jahre des 20. Jahrhunderts errichtet worden waren, hatten enorm an Glanz eingebüßt – bis sich ihre Farbe irgendwann in einem verwaschenen Grauton eingependelt hatte. Vielleicht war das Bemühen, die hellen Farben von einst wiederherzustellen, Sinnbild der deutschen Politik insgesamt. So viele

Jahrzehnte lang hatte sie die Begriffe Reinheit, Frische und Gesundheit zur Leitkultur erkoren, nun war sie bestrebt, das auch selbst zu verkörpern.

Die Nachmittagssonne stand strahlend über der deutschen Hauptstadt. Ihr Licht ließ die wuchtigen Regierungsbauten kantige, strenge Schatten werfen. Nur die gläserne Kuppel des Reichstags glänzte fröhlich vor sich hin, als wollte sie zeigen, um wie vieles leichter als der Beton unter ihr sie sich ausnahm. Wollte eine Transparenz darstellen, die es schon längst nicht mehr gab. Sie verkörperte eher die Leere der Demokratie: Politische Entscheidungen wurden in Hinterzimmern gefällt, der Bundestag war nur noch die PR-Bühne.

Als Valerie die Bauten sah, schlich sich plötzlich eine Melodie in ihren müden Geist. Ein Lied, das sie als Kind hatte lernen müssen. Leise begann sie vor sich hin zu singen:

Gesundheit, Glück und Heil und Reinheit
Für Körper, Gene und Verstand
Erhalte dieses Glück ein jeder,
Denn nur Du hast's in der Hand.
Gesundheit, Glück und Heil und Reinheit
Sind des Volkes engstes Band
Gedeih im Antlitz dieses Glückes
Gedeihe, deutsches Vaterland!

Sie war erstaunt, was sie da sang. Ein antrainierter Automatismus. So oft hatten sie die deutsche Nationalhymne in der Schule singen müssen.

Vor allem diese Strophe, die vor dreißig Jahren neu hinzugekommen war. Man wollte die zuvor lange auf eine einzige Strophe reduzierte Hymne ergänzen um eine zweite, politisch natürlich höchst korrekte und singbare. Nun wurde fast nur noch diese Strophe gesungen – im Bundestag, bei Fußball-Weltmeisterschaften, den Olympischen Spielen und in den Schulen. Nur dass es kaum noch Kinder gab, die sie jetzt in den Schulen singen konnten.

»Ein schönes Lied«, sagte der Chauffeur. Erst jetzt wurde ihr bewusst, dass er ihr zugehört hatte. Es war ihr unangenehm. Im Rückspiegel erschien die schwarze Sonnenbrille. Diesmal berechtigt, denn die Abendsonne blendete.

»Sind Sie die ganze Zeit durchgefahren?«, fragte Valerie, um etwas Konversation zu führen. »Oder haben Sie auch mal auf Autopilot geschaltet?«

Als er sah, dass sie ihn beobachtete, nahm er die Brille ab, mit übertrieben langsamen Bewegungen. Es war eine Inszenierung. Als sie seine Augen im Tageslicht sah, dachte sie im ersten Moment, dass er einer dieser Leute war, die ihren eigenen Körper umformen ließen, einer dieser Bodmods, die aussehen wollten wie ein Superheld, ein Insekt oder eine Waffe.

Aber seine Augen waren zu wild, zu unstrukturiert, als dass sie einer Vorlage folgten. Seine Iriden waren unregelmäßige Kreise aus schwarzen Tröpfchen. Ein Anblick, der im ersten Moment verstörte, und er wusste das. Er lächelte, als er ihre Reaktion sah.

»Ich bin durchgefahren. Aber danke für Ihre Sorge, Valerie.«

Sie konnte sich über die übergriffige Geste, sie beim Vornamen zu nennen, nicht aufregen, weil diese Augen sie zu sehr verstörten.

»Bitte entschuldigen Sie. Ich hatte mich nicht vorgestellt: Bruno Viira. Sie können mich gerne Bruno nennen.«

Sie wusste nicht, was sie sagen sollte. Er schien mehr zu sein als nur ein Chauffeur.

Sie waren am Kanzleramt angekommen, der Waschmaschine, wie es im Volksmund manchmal genannt wurde. Auch wenn

Waschmaschinen schon lange von Nano-Trockenreinigern abgelöst worden waren. Aber sinnbildlich passte es sehr gut zur Hygiene-Politik, dachte Valerie.

Wuchtige Bremsschwellen versperrten die Zufahrt, die nicht mit einem Tor verschlossen war. Lediglich zwei Pfosten ragten links und rechts davon auf. Eine Warnleuchte zeigte rot. Es war ein Sperrkraftfeld.

Drei bewaffnete Security-Androbots kamen auf sie zu, zwei männliche und ein weibliches Modell. Die Männer in eleganten Anzügen, die Frau in einem schwarzen, knielangen Kleid, das ihre aufregenden Körperformen betonte. Ihr langes, schwarzes Haar hatte sie straff zurückgebunden.

Die männlichen Modelle blieben ein paar Schritte vor dem Auto-Auto stehen und richteten ihre Gewehre auf Viira. Soweit Valerie sehen konnte, waren es Kombinationswaffen, die sowohl Strom als auch Projektile verschießen konnten. Das weibliche Modell trug nur eine kleine Umhängetasche. Sie näherte sich jetzt dem Wagen.

Viira senkte die Scheibe und reichte ihr ein münzgroßes Token. Der Androbot legte es kurz auf seine Handfläche und betrachtete es. Valerie vermutete, dass er einen quantenkryptographisch verschlüsselten Code einlas, der sie legitimierte.

Sie gab das Token zurück und sagte: »Wir machen eine Kontrolle.«

Viira nickte.

Dann griff der Bot in seine Tasche und warf etwas auf das Auto-Auto. Es sah aus wie schwarzer Sand oder Erde. Es prasselte auf das Metall der Karosserie und über die Scheibe, hinter der sie saß. Es war etwas Dunkles, das Valerie reflexartig zurückzucken ließ. Bevor sie sich darüber wundern konnte, was es war, setzten die Geräusche ein. Ein Scharren und Krabbeln, als würden Scharen von kleinen Insekten über das Auto-Auto laufen –

nur dass kein Insekt schwer genug war, als dass man dessen Beine auf dem Metall hätte hören können. Das Geräusch wanderte über das ganze Auto-Auto. Und dann sah sie Schatten über die Scheibe huschen. Sie waren klein, nicht größer als Ameisen. In Strömen wuselten sie über die Windschutzscheibe und die anderen Sichtfenster. Aber zu schnell, um einen genaueren Blick auf sie werfen zu können.

Sie spürte, wie Angst in ihr hochkroch.

»Was ist das?«, fragte sie Viira.

Er drehte sich zu ihr um. In seine zersplitterten Iriden zu sehen, war ein kaum zu ertragender Anblick.

»Sie werden gleich reinkommen, Valerie. Dann ist es wichtig, dass Sie nicht in Panik geraten. Es wird nicht lange dauern.«

Jetzt bekam sie richtig Angst.

»Was kommt hier gleich rein?«, fragte sie, aber Viira hatte sich bereits umgedreht.

Sie spürte, wie sich ihre Muskeln verkrampften. Sie griff nach dem Öffnungsmechanismus der Tür, riss daran, aber nichts passierte. Das Auto-Auto war abgeriegelt.

»Lassen Sie mich raus! Sofort!«

Viira rührte sich nicht.

Sie schrie. »Ich will hier raus!«

Im Rückspiegel sah sie wieder die Sonnenbrille. Bewegungslos waren ihre schwarzen Gläser auf sie gerichtet.

Die Krabbel-Geräusche veränderten nun ihre Tonhöhe, sie schienen sich zu entfernen.

Und dann waren sie im Inneren.

Schnelle Bewegungen über den Sitzen. Dem Leder. Dem Stoff. Wie Ströme von Flüssigkeit. Dickflüssig, zäh, wie schwarzes Quecksilber.

Es waren viele, schwer zu sagen, wie viele. Sie waren viel zu schnell, um sie auseinanderhalten zu können.

Plötzlich waren sie auf ihrer Hand, ihrem Arm. Die Berührung erinnerte sie im ersten Moment an Insektenbeine, aber es fühlte sich schwerer und härter an. Wie feine Nadeln und weniger insektoid; der Ekeleffekt wie bei einer Spinne oder einem Käfer blieb daher aus. Dennoch hielt sie vor Schreck die Luft an, und Viiras Ermahnung, nicht in Panik auszubrechen, drang in ihren Geist.

Sie sah im Rückspiegel, dass schwarze Punkte auf Viiras Gesicht erschienen.

»Wehren Sie sich nicht, Valerie, wenn sie in Sie eindringen«, sagte er.

Es blieb nicht genug Zeit, dass seine Worte ihre Angst verstärken konnten. Schon spürte sie die Nadeln über ihr Gesicht krabbeln. Dann waren sie in ihren Haaren. Gleichzeitig spürte sie sie unter ihrer Kleidung. Die metallischen Spitzen drückten sich auf die feine Haut ihrer Brüste, in ihren Bauch, auf ihre Oberschenkel, drangen zwischen ihre Beine. Und dann waren sie in ihr, in ihrem Mund, in ihrer Nasenhöhle, in ihrer Vagina, in ihrem Anus. Panik überflutete sie wie eine Woge eiskalten Wassers. Sie hörte auf zu atmen, als sie einen metallischen Geschmack auf ihrer Zunge wahrnahm. Sie musste einen Würgereiz unterdrücken. Gleichzeitig ein unangenehmes Stechen in ihrer Vagina und in ihrem Enddarm.

Ihr Herz raste, und sie hielt es nicht mehr länger aus. Sie schrie.

»Es ist notwendig«, sprach Viira mit völlig ruhiger Stimme gegen ihr Schreien an. Und sie sah, dass sein Gesicht von schwarzen Strömen überzogen war. Sie waren auch in ihm.

»Manche Terroristen haben Bomben in ihren Zähnen versteckt. Andere haben Giftkapseln in der Vagina oder unter einer Schleimhaut implantiert. Lassen Sie sie ihren Job machen.«

Sie würgte. Und sie war überzeugt, dass sie sich gleich übergeben würde. Aber sie bezweifelte, dass das helfen würde, die Ameisendrohnen loszuwerden.

Jetzt sah sie im Rückspiegel, wie die Ameisen in Viiras kaputte Augen krochen.

Dann war es vorüber. So schnell wie es begonnen hatte. Aus den Augenwinkeln sah sie, dass die Ameisen in ihre Tasche flossen.

Fast gleichzeitig registrierte Valerie draußen Bewegungen. Der weibliche Androbot, der während der Kontrolle neben dem Auto-Auto gewartet hatte, drehte sich zu den beiden männlichen Bots um. Sie hielten die ganze Zeit über ihre Gewehre auf das Auto-Auto gerichtet. Der Bot sagte nichts, aber Valerie wusste, dass die Maschinen wortlos miteinander kommunizieren konnten.

Auf einmal stürmten die Männer-Bots auf den Wagen zu. Gleichzeitig spürte Valerie die Ameisen wieder auf ihren Händen. Sie blickte an sich hinab und sah, wie sie sich um ihre Handgelenke sammelten und diese wie Manschetten umschlossen. Es ging blitzschnell. Dann wurden ihre Hände zusammengedrückt, bis sich die Manschetten berührten und miteinander verschmolzen. Die Ameisendrohnen hatten sie gefesselt. Eine Fraktion der Ameisen floss ihren Körper hoch und bildete mit der gleichen Geschwindigkeit um ihren Hals eine Fessel. Sie zwangen sie, das Kinn zu heben. Das geschlossene Metall der Ameisenleiber fühlte sich kalt auf ihrem Kehlkopf an, und die Panik kehrte zurück. Dann begannen die Drohnen die Halsfessel langsam zusammenzuziehen, bis sie Druck auf ihrem Kehlkopf spürte. Nicht stark, sie konnte noch gut atmen, aber das Signal war unmissverständlich: Gehorche!

»Aussteigen. Ganz langsam«, befahl einer der männlichen Androbots.

Viira drehte sich zu ihr um. Er lächelte nicht mehr.

»Was für ein Spielchen versuchen Sie hier abzuziehen, Valerie?«, sagte er.

Sie sagte nichts. Sie hatte Angst, sich zu bewegen, zu sprechen, weil sie glaubte, in diesem Fall erdrosselt zu werden.

»Tun Sie genau, was die sagen. Sonst haben Sie heute nur noch einen Termin wahrzunehmen: Ihre eigene Beerdigung.«

Viira stieg mit langsamen Bewegungen aus und öffnete Valeries Tür. Die Androbots hielten ihre Gewehre auf sie beide gerichtet.

Mit angehobenem Kopf und den gefesselten Händen voraus stieg sie vorsichtig aus. Sofort griff der weibliche Androbot sie am Arm und führte sie zur Vorderseite des Auto-Autos. Die beiden Männer-Androbots holten Valeries Tasche vom Rücksitz, öffneten sie und kippten den Inhalt auf der Motorhaube aus.

Ihr Smart, ihre Geldbörse, Taschentücher, der Ohrclip ihrer Mutter, die Eppendorf-Tubes und der Injector knallten auf das Metall. Der Injector sah aus wie eine Pistole, aber das schien den Androbot nicht zu interessieren. Offenbar hatten die Drohnen das nicht als Waffe identifiziert. Wohl aber die Eppendorf-Tubes.

»Was ist in den Ampullen?«, fragte der Bot.

Die Mündung seines Gewehrs war nun auf ihr Gesicht gerichtet. Die Drohnen-Fesseln um ihren Hals und ihre Hände hatten sich keinen Millimeter gelockert. Viira stand abseits und beobachtete die Szene. Die Gewehre der Bots waren nicht mehr auf ihn gerichtet.

Valerie schwieg. Sie wog ihre Optionen ab. Wenn sie die Wahrheit sagte, riskierte sie einen strategischen Nachteil im Gespräch mit Galina. Wenn sie log, riskierte sie, erschossen zu werden. Sie entschloss sich für die Wahrheit.

»Es ist ein Heilmittel.«

»Was für ein Heilmittel? Wogegen?«, fragte der Androbot.

»Das werde ich der Kanzlerin erklären.«

»Sie erklären es mir. Jetzt«, sagte der Bot, und für eine Sekunde wurde seine Mimik vollkommen reglos. Übertrug er ein Signal? Valerie sah, wie der weibliche Androbot eine Bewegung mit der Hand vollführte, und sofort merkte sie, wie die Drohnen-Manschette um ihren Hals ein kleines bisschen enger wurde. Ein Hustenreiz überkam sie, und sie verspürte den plötzlichen Drang, nach Luft zu schnappen. Sie gab dem allerdings nicht nach, weil sie keine Schwäche zeigen wollte. Im gleichen Moment war sie sich jedoch bewusst, wie albern das war. Einen Androbot konnte man mit psychologischen Manövern nicht beeindrucken.

»Es ist ein Heilmittel gegen die Große Depression«, stieß sie hervor. Das Sprechen war erheblich schwieriger geworden.

Die Androbots blieben ungerührt, aber bei Viira lösten ihre Worte etwas aus. Seine Splitter-Augen weiteten sich, und ein Anflug von Überraschung legte sich auf seine Miene. Es war nur ein Moment, dann hatte er sich wieder im Griff und erneut sein Pokerface aufgesetzt. Aber sie wunderte sich über seine Reaktion, denn sie hatte ihm nicht viel mehr Emotionalität als den Maschinen zugetraut.

»Welche Inhaltsstoffe enthält es?«, fragte der Androbot.

Sie schluckte. Es tat weh, weil die Drohnenmanschette zu eng war.

»AAV-Vektoren, beladen mit einem C5C5-Targeting-Plasmid und vier Nukleotiden.«

Es sah abermals so aus, als hätte der Androbot einen Aussetzer. Kontaktierte er eine übergeordnete Stelle? Prüften sie ihre genarchitektonischen Angaben?

Dann ein Nicken zu dem weiblichen Bot. Eine Handbewegung, und Valerie spürte, wie sich die Halsmanschette und ihre Handfesseln lösten. Sie sah, wie die Minidrohnen an ihren Armen herabflossen, sich sammelten und in einem Bogen durch die Luft in die ausgestreckte Hand des weiblichen Androbots flogen.

Sie hustete, rieb sich die Handgelenke und den Hals. Dann atmete sie mehrmals tief durch und sammelte die Sachen von der Motorhaube wieder ein.

»Sie können passieren«, sagte der männliche Androbot.

Viira und sie stiegen wieder ein. Die Androbots öffneten die Absperrung. Die unüberwindbaren Schwellen fuhren in die Erde, das unsichtbare Sperrfeld schaltete sich ab – man konnte es daran erkennen, dass die Sicherheitsanzeige auf grün schaltete. Viira fuhr in die Zufahrt des Kanzleramtes und steuerte den Wagen dann rechts eine Abfahrt hinunter.

Im Aufzug gab es keine Steuerung, keine Anzeige, noch nicht mal einen Spiegel. Valerie spürte nur, dass sie von der Tiefgarage nicht nach oben, sondern noch weiter hinunterfuhren. Als der Aufzug endlich anhielt, wurden sie von drei weiblichen Androbots in Empfang genommen, auch sie wieder unglaublich schöne Modelle, die in die gleichen schwarzen Kleider gekleidet waren wie der Androbot am Eingang. Alle Bots waren unbewaffnet. Und sie trugen keine Umhängetaschen.

Es war düster auf dem Stockwerk, die einzigen Lichtquellen bildeten kleine Lampen in regelmäßigen Abständen an der Decke. Die metallen beschlagenen Wände schimmerten im Zwielicht. Die Androbots führten sie einen langen Flur entlang, von dem viele Türen abgingen, die aber alle verschlossen waren.

Auf dem Flur passierten sie mehrere Stellen, an denen ein dünner dunkler Rahmen ringsherum an der Wand, der Decke und am Boden verlief. Die Androbots mahnten sie zur Vorsicht, nicht darüber zu stolpern.

»Mikrodrohnen-Scanner«, sagte Viira, als er Valeries verwundertes Gesicht sah.

Der Flur endete an einer Tür, die zu einem Raum führte, der etwa fünf mal fünf Meter groß war, erleuchtet von einer einsamen Lampe an der Decke. Ihr Licht wurde von den komplett schwarzen Wänden geschluckt. In dem Raum standen nur ein paar metallene Stühle. Auf einem davon saß Eva-Marie Mercure. Sie lächelte, als sie Valerie erblickte. Aber ihr Lächeln verschwand sofort wieder, als sie Viira sah. »Oh«, sagte sie. »Bruno.«

Viira ignorierte sie.

»Nehmen Sie Platz, die Kanzlerin wird gleich kommen«, sagte eine der Androbot-Frauen zu Valerie.

»Wieso sind wir hier in diesem Loch?«, fragte Valerie. »Warum nicht im Empfangsraum des Kanzleramts?«

»Sicherheitsvorkehrungen«, sagte der Androbot. »Dieser Raum ist abhör- und drohnensicher.«

Und er war außerdem blicksicher. Vielleicht wollte Galina nicht mit ihr gesehen werden?

Valerie setzte sich neben Mercure. Viira stellte sich neben die Androbots an die Wand.

Auf einmal kamen ihr Zweifel. Was, wenn es eine Falle war? Hatte Mercure sie verraten? Hatte sie Galina erzählt, dass sie eine Hybridin war? Und wer war dieser Viira? Wieso kannte er Mercure?

Sie hatte auf einmal ein sehr schlechtes Gefühl. Sie könnten sie jetzt einfach umbringen. Niemand würde es mitbekommen. Dann wären sie eine hartnäckige kritische Stimme los. Und zugleich die letzte potenzielle Genpool-Verunreinigerin.

»Was macht er hier?«, fragte Valerie Mercure leise und wies in Richtung Bruno Viira. »Wer ist das?«

»Ein alter Bekannter. Ich hätte nicht damit gerechnet, dass er hier auftauchen würde.«

»Ist das gut oder schlecht?«

»Eher schlecht.«

»Was haben Sie der Kanzlerin erzählt?«, fragte Valerie.

»Dass Sie ihr ein Angebot unterbreiten wollen.«

»Ist das alles?«

»Ja.«

Sie war unsicher, ob sie Mercure glauben konnte.

Die Kanzlerin rauschte mit festem Schritt herein. Sie trug ein helles Kostüm und hatte ihre blondierten Haare hochgesteckt.

Manuela Galina war mittlerweile Anfang 60, aber sie hatte den Kampf gegen das Altern nie aufgegeben. Überwiegend mit Erfolg. Sie war noch immer eine attraktive Frau, wenngleich auf eine konventionelle Art, wie Valerie befand – insofern war sie die perfekte Kanzlerin, weil sie genau das Normativ verkörperte, das sie und andere vor ihr stets gepredigt und mit ihrer Politik angestrebt hatten.

Und sie hatte deutlich an Gewicht verloren, seit Valerie sie das letzte Mal im Diorama gesehen hatte. Eva-Marie Mercure wusste, dass das nicht nur auf die dauernden Fastenkuren zurückzuführen war, zu denen sich Galina immer wieder zwang, um für ihren heimlichen Tortengenuss zu büßen. Es war der nun schon seit vielen Jahren anhaltende Kummer um ihren depressiven Sohn, der sie fertigmachte. Und die desaströse Lage insgesamt, in welche die Große Depression das Land gebracht hatte. Galina stand unter Beschuss, ihre Wiederwahl war keinesfalls gesichert. Sie brauchte einen Erfolg. Dringend. Das war wohl auch der Grund, weswegen sie dem Treffen zugestimmt hatte, statt Valerie einfach festnehmen zu lassen. Aber Galina war geschickt genug, es nicht zu zeigen. Und Mercure behielt diesen potenziellen Trumpf Valeries erst einmal für sich. Vielleicht konnte sie ihn in einen Trumpf für sich selbst verwandeln.

Manuela Galina setzte sich, ohne zu grüßen.

»Der einzige Grund, warum ich Sie persönlich empfange und meine kostbare Zeit opfere, ist der, dass ich Sie gerne persönlich von Ihrer baldigen Sterilisation unterrichten wollte.«

Manuela Galina sagte diese Worte mit einer Warmherzigkeit in der Stimme, als würde sie Valerie gerade zu einer Beförderung beglückwünschen. Der Effekt des Kontrasts zwischen dem, was sie sagte und der Art, wie sie es sagte, war unheimlich. Aber bevor bei Valerie der Schock einsetzen konnte, redete sie weiter.

»Ich könnte es durchführen lassen, ohne dass Sie es merken würden. Ein paar modifizierte HPV-Viren in Ihr Trinkglas geschmuggelt, und beim nächsten Scan würde die Diagnose Eierstockkrebs lauten. Leider bereits zu fortgeschritten für eine Gentherapie, denn dieser induzierte Krebs ist sehr aggressiv, glauben Sie mir. Und dann würde es bedauerlicherweise heißen: Adieu, Eierstöcke. Ich will, dass Sie wissen, warum Sie diesen Krebs bekommen und weswegen Sie Ihre Eierstöcke verlieren werden.«

Valeries Mund wurde trocken. Sie hatte damit gerechnet, dass Manuela Galina ihr drohen würde. Schließlich hatte sie die Politik der Kanzlerin, ihr Lebenswerk, die Hygienepolitik, kritisiert. Aber nun war klar: Galina wusste alles. Sie wusste, dass Valerie eine Hybridin war.

Valerie drehte sich zu Mercure. Also hatte sie sie ausgeliefert. Um sich einzuschmeicheln vermutlich. Es war ein Fehler gewesen, ihr zu vertrauen.

Galina bemerkte Valeries Blick und begriff. »Oh, wie tragisch. Habe ich etwa die zarten Bande einer neuen Freundschaft zerstört? Falls das ein Trost für Sie ist: Der Bösewicht war Bruno. Sie können die Mörderin Ihrer Mutter ruhig weiterhin mögen – bis sie Sie irgendwann enttäuschen wird. Nicht wahr, Eva-Marie? So, wie du mich damals enttäuscht hast.«

Mercure ging nicht darauf ein. Sie blickte zu Boden.

Valerie versuchte sich zu beruhigen und die persönlichen Drohungen an sich abprallen zu lassen. Sie ergriff das Wort. »Frau Kanzlerin, ich weiß nicht, ob Sie meine Forschung verfolgt haben. Ich habe drei Gene entdeckt, die die Wahrscheinlichkeit für Lindström-Depression drastisch verringern.«

Galina hob die Hand. »Oh, ja. Natürlich. Danke für die Aufklärung, Frau Weiss. Aber wir können das hier abkürzen. Ihre Forschung habe ich verfolgt. Und ich kann Ihnen sagen: Ich bin nicht überzeugt. Sie haben lediglich eine Korrelation zwischen der Lindström-Depression und drei Neandertaler-Genen hergestellt. Was nichts, aber auch gar nichts aussagt darüber, ob diese Gene irgendetwas mit der Krankheit zu tun haben.«

»Wir haben mehrere statistische Standardtests laufen lassen«, entgegnete Valerie. »Der Zusammenhang ist hochsignifikant. Alles, worum ich Sie bitte, ist: Lassen Sie mich weiter daran forschen und legen Sie mir keine Steine mehr in den Weg. Mir geht es nicht um mich oder meinen Namen. Ich werde meine Ergebnisse nicht publizieren, ich will Sie nicht bloßstellen. Mir geht es nur um ein Heilmittel.«

Galina lachte.

»Die Tochter eines Neandertaler-Bastards will die deutsche Kanzlerin bloßstellen? Ich glaube, Sie verfolgen eine ganz andere Agenda, Frau Weiss. Ihre sogenannten Anti-Lindström-Gene sind Neandertaler-Gene. Und Sie selbst sind eine Viertel-Neandertalerin. Sie wollen Ihre Herkunft reinwaschen. Womöglich sind Sie sogar eine NeAnders-Aktivistin. Wir haben diese kranken Schrott-Gene mühselig über Jahrzehnte hinweg eliminiert. Millionen Deutsche haben davon profitiert, sind endlich gesünder geworden. Und Sie wollen, dass ich die Hygiene-Politik beende? Wegen ein paar Neandertaler-Genen, von denen Sie glauben, dass sie vor Großer Depression schützen?«

»Ich kann verstehen, dass Sie sich um Ihr politisches Erbe sorgen …«

»Mein politisches Erbe? Sie glauben, mir geht es nur um mich? Für wie selbstsüchtig halten Sie mich?«

Für sehr selbstsüchtig.

Galina redete sich in Rage. Sie spürte, dass ihr das Gespräch entglitt.

»Es geht hier um viel mehr als nur mein politisches Erbe. Die Hygiene-Politik ist ein Jahrhundertprojekt, ein Meilenstein, vergleichbar mit der Marslandung. Abgesehen davon, dass sie sich als wesentlich sinnvoller und nützlicher für die Menschheit erwies als teure Technik-Abenteuer im Weltall. Ich stehe in einer gesundheitspolitischen Tradition, die unser Volk besser und stärker gemacht und den Menschen gedient hat! Und Sie kommen daher und klagen mich an. Um Ihre degenerierte Herkunft zu rehabilitieren …«

Valerie überlegte fieberhaft, wie sie das Gespräch drehen konnte. Sie erkannte, dass diese Frau zu eitel war, um Fehler zuzugeben, zu eitel, um sachliche Argumente gelten zu lassen.

Sie entschloss sich, aufs Ganze zu gehen.

»Ich kann Ihren Sohn heilen.«

Galina verstummte. Mit diesem Vorstoß hatte sie offenbar nicht gerechnet. Sie guckte Valerie überrascht an, aber schnell fing sie sich wieder.

»Okay, das reicht.« Galina stand auf. »Bruno, kümmere dich um Frau Weiss.«

Dann blickte sie Mercure an. »Und du, Eva-Marie, hast mich leider aufs Neue enttäuscht.«

Valerie sprach weiter: »In diesem Eppendorf-Tube habe ich Vektoren mit den drei Genen, die Ihr Sohn wahrscheinlich nicht mehr besitzt. Aber das Entscheidende ist, dass ich außerdem ein Steuerungs-Gen entdeckt habe. Es scheint sehr wichtig zu sein, weil es die depressionshemmenden Gene noch um ein Vielfaches verstärkt. Dieser Befund ist ganz neu, er war kein Teil meiner Veröffentlichung.«

Sie hatte nur die In-vitro-Daten von Chen Lu. Das Jesus-Gen kodierte ein Protein, welches an die drei aLDD-Gene andockte und ihre Aktivität massiv hochregelte und damit ihre antidepressive Wirkung verstärkte. Und damit nicht genug. Das Jesus-Protein band noch an weitere Gene, die sie bislang noch nicht identifiziert hatte. Valerie hatte keine Zeit mehr gehabt, um eine saubere Analyse all dieser Gene durchzuführen, aber die meisten schienen ebenfalls Neandertaler-Gene zu sein. Und Valerie wettete darauf, dass auch diese Gene eine Rolle bei der Entstehung der Großen Depression spielten. Oder wer weiß, was sie noch taten. Vielleicht bewirkten sie auch Verhaltensänderungen? Vielleicht machten sie sanftmütiger? Sie wusste es nicht. Und sie wusste auch überhaupt nicht, ob das, was Chen Lu im Reagenzglas beobachtet hatte, auch in einem lebenden Menschen stattfinden würde. Geschweige denn, ob sie Galinas Sohn damit heilen könnte. Niemals würde man aufgrund nur dieses Laborbefundes einen Eingriff am Menschen erlauben. Sie fühlte sich schlecht dabei, so hoch zu pokern. Aber es war ihre allerletzte Chance, die Kanzlerin zu überzeugen.

»Ich kann Ihrem Sohn diese Gene spritzen. Eine Injektion in seinen Rückenmarkskanal, und er wäre ein für alle Mal von der Großen Depression geheilt. Er und viele andere junge Menschen könnten wieder gesund werden. Geben Sie mir nur diese eine Chance. Was haben Sie zu verlieren? Wenn es nicht wirkt, können Sie mit mir immer noch machen, was Sie wollen.«

Galina sah sie an. Und für einen Moment, einen kurzen Moment lang bröckelte ihre herablassende Fassade, die sie sich über die Jahre antrainiert hatte. Fiel in sich zusammen. Sie dachte an Erik, ihren mittlerweile 18-jährigen Sohn, der fast sein gesamtes junges Leben lang an dieser Krankheit gelitten hatte. Sie dachte an sein ausdrucksloses Gesicht, wenn sie ihn in den Arm nahm und küsste. Dachte daran, wie er tagelang apathisch im Bett lag und sich schlicht weigerte, aufzustehen. Dachte daran, dass sie ihn das letzte Mal vor fünfzehn Jahren hatte lachen sehen. Dieses unbeschwerte Kinderlachen hatte sie nie vergessen. Es war so wunderbar und rein gewesen. Diese verdammte Krankheit hatte ihm seine Kindheit geraubt. Hatte ihr ihre Ehe geraubt. Hatte ihr ihre beiden anderen Kinder geraubt, die es nicht mehr ertragen hatten, mit einem Zombie, einem Phantom von Bruder tagtäglich zusammenleben zu müssen, der schon mehrere Selbstmordversuche unternommen hatte. Und nun drohte sie, ihr auch noch die Kanzlerschaft zu rauben.

»Wie können Sie es wagen«, zischte sie. »Wie können Sie es wagen, meinen kranken Sohn für Ihre intriganten Spielchen zu benutzen!«

Valerie sah sich verlieren.

Heile mich. Bitte heile mich.

Ihr Traum kam Valerie in den Sinn. Galinas verzweifeltes Gesicht, das sich ihr Unterbewusstsein gewünscht hatte. Es war nur ein Traum gewesen, der mit der Realität nichts zu tun hatte. Die Kanzlerin würde sie vernichten.

»Manuela«, sagte Eva-Marie Mercure. »Denk an die Wahlen. Ein Heilmittel gegen die Große Depression – das würde dir Deutschland zu Füßen legen.«

Mercure hatte recht. Ihre Kanzlerkandidatur für die Bundestagswahlen wackelte. Da waren die vielen parteiinternen Feinde, die Galina sich mit ihrem kalten Regierungsstil über die Jahre gemacht hatte. Und da waren die Zweifler an der Hygiene-Politik, die immer zahlreicher wurden. Sie konnte die stetig zunehmenden wissenschaftlichen Hinweise, die einen Zusammenhang zwischen der Hygiene-Politik und der Großen Depression nahelegten, vielleicht hierzulande unterdrücken. Nicht aber im Ausland. Valerie Weiss' Studie war der letzte, harte Schlag in diese Kerbe gewesen.

Galina dachte nach. Konnte sie es sich leisten, diese Chance auszuschlagen? Eine Heilung für die Große Depression wäre auch eine Heilung für ihre kränkelnde politische Karriere.

Und natürlich für ihren Sohn.

Manuela Galina wohnte in Potsdam. Das Haus war ein großer Altbau, umrahmt von einem Garten, der von hohen, blickdichten Hecken eingefasst war. In den Ecken ragten hinter der Hecke vier schmale Pfeiler auf. An ihren Spitzen befanden sich silberne Schüsseln, aus deren Mitte eine Antenne nach oben stach. Es waren EMP-Strahler, die Drohnen zum Absturz bringen konnten.

Vor dem Haus patrouillierten Androbots. Als sie das gepanzerte und blickdichte Auto-Auto der Kanzlerin erkannten, öffneten sie sofort die elektromagnetische Sperre.

Es roch muffig im Haus. Und es war düster. Valerie fühlte sich beklommen, als sie eintrat. Und man konnte spüren, dass es Manuela Galina unangenehm war, sie alle hineinzubitten.

Eine Haushälterin begrüßte die Kanzlerin, offenkundig überrascht vom Gefolge ihrer Arbeitgeberin.

»War irgendetwas Besonderes, Susanne?«, fragte Galina.

»Er war den ganzen Tag in seinem Zimmer.«

Galina nickte. »Gut, Sie können dann Feierabend machen. Ich bin jetzt da.«

Die Haushälterin nickte und ging.

»Er durchlebt gerade wieder eine sehr passive Phase«, erklärte Manuela Galina.

Sie gingen die Treppe hoch und stoppten vor einer geschlossenen Tür.

Galina klopfte vorsichtig an. Sie horchte eine Weile, aber niemand rief, um sie hineinzubitten.

»Geben Sie mir einen Moment«, sagte sie und trat ein.

Valerie, Viira und Mercure blieben vor der Tür stehen. Alle schwiegen. Mercure warf Valerie einen Blick zu, den sie nicht leicht zu lesen wusste. Er war fragend und voller Skepsis. »Haben Sie wirklich ein Heilmittel, oder ist das hier nur ein Bluff?«, schien er zu sagen.

Valerie wurde nervös. Ja, es war ein Bluff. Und selbst wenn die Gentherapie anschlagen würde. Sie hatte überhaupt keine Ahnung, wie schnell das passieren würde. Es konnte Wochen, Monate dauern, bis Eriks Symptome sich besserten. Würde Galina soviel Geduld haben?

Es war ein Bluff, der darauf hoffte, keiner zu sein.

Sie bemerkte, dass Bruno Viira sie musterte. Valerie wurde in diesem Moment bewusst, dass er Galina nicht mitgeteilt hatte, was die Androbots in ihrer Tasche gefunden hatten. Er hatte ihr diesen Überraschungs-Vorteil gelassen. Warum? Hatte er ihr eine Chance geben wollen? Oder hatte er einfach Spaß daran, diesem Schauspiel beizuwohnen – weil er fest damit rechnete, dass sie bluffte und scheiterte? Nach einer Weile kam Galina zurück und bat Valerie, Mercure und Viira herein.

Eriks Zimmer roch nach Schweiß. Hier war tagelang nicht richtig gelüftet worden. Er lag bäuchlings auf dem Bett, der rechte Arm hing schlaff an der Seite der Matratze herunter. Er blickte nicht auf, als die Gruppe eintrat. Er drehte sich auch nicht um. Manuela Galina beugte sich über ihren Sohn und gab ihm einen Kuss auf die Wange.

»Erik, mein Schatz, sag doch wenigstens Hallo.«

Jetzt raffte sich Erik Galina im Bett auf und drehte sich auf den Rücken. Er war ein hübscher junger Mann, aber die Traurigkeit drang ihm aus jeder Pore. Seine Gesichtszüge hingen kraftlos herab und verrieten nichts über sein Innenleben. Erik sah sie an, aber er sagte nichts.

Valerie sah, dass er gepflegt wurde. Von Großer Depression Betroffene sahen normalerweise anders aus. Seine schwarzen Haare waren geschnitten und ordentlich frisiert. Er trug Jeans und einen Pullover, alles war frisch gewaschen. Aber an seinen tiefdunklen Augenringen sah sie, dass er unter massiven Schlafstörungen leiden musste. Und er war sehr dünn. Valerie wusste, dass manche Betroffene zwangsernährt werden mussten, weil sie nicht mehr essen wollten. Soweit schien Erik nicht zu sein, denn er hatte keinen Magen-Port.

Aber er trug das Lebens-Band am Handgelenk – eine unauffällige, versiegelte Manschette, die man nicht selbst entfernen konnte. Es war ein Warnsystem, das permanent die Vitalwerte maß, einen Selbstmordversuch erkannte und dann sofort beim Depressions-Notdienst Alarm schlug. Das Wort Selbstmord war schon lange verpönt, daher sprach das GuG-Ministerium nur vom Lebens-Band. Es immobilisierte bei Verdacht auf einen Suizid per Strominjektion den Patienten und rief sofort den Notdienst herbei. Mittlerweile waren es meistens Androbots, weil es nicht mehr genügend Notärzte gab, um die vielen Einsätze rund um die Uhr abzudecken.

Manuela Galina stand wieder auf und trat an Valerie heran.

»Was brauchen Sie?«, fragte sie Valerie leise.

»Ich muss an seinen Rückenmarkskanal. Eine Injektion im Lendenwirbelbereich. Es geht ganz schnell.«

Galina nickte. Sie wandte sich an ihren Sohn.

»Erik, Schatz, das ist Valerie. Sie ist hier, um dir zu helfen. Aber dafür muss sie dir etwas injizieren. Es wird nicht lange dauern. »

Erik zeigte keine Reaktion. Er starrte Valerie nur an.

»Könntest du dich kurz auf den Bauch drehen?«, fragte sie.

Erik gehorchte. Er war völlig indifferent.

Valerie holte den Injector aus ihrer Tasche. Das Gerät sah pistolenartig aus, hatte aber rundere Formen. Sie steckte eines der Eppendorf-Tubes in den Griff. Der Injector war für mehrere verschiedene Anwendungen geeignet. Sie drückte »intrathekal«, also die passende Einstellung für eine Injektion in den Rückenmarkskanal. Der Injector würde zuvor per Ultraschall eine Gewebsmessung vornehmen und die Einstichtiefe individuell anpassen. Aber für diese Injektionsart musste die Nadel ungefähr neun Zentimeter tief in die Wirbelsäule eindringen, um die Rückenmarksflüssigkeit zu erreichen.

Valerie hatte adeno-assoziierte Viren als Genfähren gewählt. Diese waren klein genug, um die Blut-Hirn-Schranke passieren zu können – die feine zelluläre Barriere des Körpers zwischen Gehirn und Blutkreislauf. Diese schützte das Denkorgan vor gefährlichen Infektionen und Giften, die ins Blut gelangten. Weil die Viren durch sie hindurchdrangen, hätte sie Erik die Genfähren also auch einfach in die Armvene injizieren können. Aber Valerie wollte sichergehen, dass nicht möglicherweise doch einige der Viren ausgefiltert wurden. Außerdem würde die Wirkung schneller eintreten, wenn sie es direkt in seine Rückenmarksflüssigkeit spritzte, die nicht nur die Nerven der Wirbelsäule umspülte, sondern auch das Gehirn selbst.

Valerie war nicht besonders geübt in solchen Injektionen, obwohl sie sich natürlich im Rahmen ihrer medizinischen Ausbildung damit vertraut gemacht hatte. Aber dieses Gerät konnte fast schon ein Laie bedienen. Es besaß eine Diorama-Navigation, die einem genau zeigte, wo man wie ansetzen und die Injektion setzen musste.

Als der Injector mit einem Piepsen Bereitschaft angab und der Diorama-Schriftzug »Lumbar Spine« darüber aufleuchtete, trat Valerie ans Bett und setzte sich neben den Jungen. Sie nickte

Galina zu, die auf der anderen Seite des Bettes saß. Galina zog Eriks Pullover und Hemd bis zu den Schulterblättern hoch, bis der knochige Rücken des Jungen nackt vor ihr lag.

Valerie nahm einen tiefen Atemzug, leise und unauffällig, damit die anderen nicht bemerkten, wie nervös sie war. Sie tat dabei so, als suche sie die beste Stelle, dabei würde das Gerät sie ohnehin leiten. Sie wollte einfach einen Moment Zeit gewinnen, um sich zu beruhigen.

Sie versuchte Sicherheit auszustrahlen, was ihr nicht leichtfiel, denn das hier war alles andere als sicher. Zwar war Gentherapie tausendfach erprobt und genauso sicher oder unsicher wie eine medikamentöse Therapie. Zudem wurde jedes eingebrachte Gen mit einem Kill-Switch ausgestattet. Sobald auch nur die leisesten Anzeichen einer Gesundheitsbedrohung auftraten, konnte es sofort per Folgeinjektion molekular ausgeschaltet werden. Aber ein Restrisiko gab es immer.

»Achtung, Erik, ich setze jetzt an«, sagte sie.

Sie setzte die Kanüle des Injectors im Lendenwirbelbereich auf. Der Junge zuckte kurz, als er das kalte Metall auf seiner Haut spürte.

Valerie beobachtete den Injector. Eine Signalleuchte oben am Gerät brannte rot. Es bedeutete, dass die Zielstelle noch nicht erreicht war. Zugleich beobachtete sie das Diorama, das über ihrer Hand erschien. Es war ein Pfeil, der nach rechts oben wies. Er pulsierte schwach und war sehr dünn, was bedeutete, dass sie der Zielposition bereits sehr nahe war.

Sie hätte Erik liebend gerne vorher auf die drei aLDD-Gene getestet. Da er krank war, ging sie davon aus, dass er wohl keines der Gene besaß. Aber ohne die aLDD-Gene war auch das Jesus-Gen wirkungslos. Deswegen hatten Valerie und Chen Lu diese drei Gene mit in die Genfähre gepackt. Falls Erik sie doch besaß, wäre das nicht schlimm. Die Gentechnik war so sicher, dass sie erkannte, wenn Gene schon vorhanden waren. In diesem Fall würde sie die Gene nicht einbauen.

Sie schob das Gerät vorsichtig über Eriks Rückenwirbel in die gewünschte Richtung. Der Pfeil wurde kleiner und kleiner. Dann verschwand er, und die Signalleuchte am Gerät wechselte auf grün. Das Diorama, das über Eriks Wirbelsäule schwebte, zeigte den Schriftzug »Ready to Inject« an.

»Es wird nicht weh tun«, sagte Valerie. Das war kein unaufrichtiger Beruhigungsspruch – die Nadel war tatsächlich so dünn, dass die Schmerzrezeptoren sie kaum registrierten.

Sie sah noch einmal Manuela Galina an, die ihr mit entschlossener Miene zunickte. Dann warf sie Eva-Marie Mercure und Bruno Viira einen Blick zu, die die ganze Zeit über nichts gesagt und sie nur von der Ecke des Zimmers aus beobachtet hatten. Viiras Miene war wie immer ausdruckslos. Aber in Mercures Gesicht sah sie so etwas wie Hoffnung.

Seltsame Empfindungen überkamen Valerie. Sie dachte an ihre Mutter. Eine Mischung aus Stolz und Trauer erfüllten sie. Und das Gefühl, in einer Art Kontinuität zu stehen. Auf einmal fühlte sie sich verbunden mit ihr und auch mit ihrer Großmutter, deren Motive sie zwar nicht verstanden hatte, die aber letztlich dazu geführt hatten, dass sie in diesem Moment das Entscheidende und Richtige tun konnte. Dass sie, der Abkömmling einer ausgestorbenen Menschenart, die Rettung brachte für diejenige, die als einzige auf dem Planeten überlebt hatte.

Das Andersartige würde das vermeintlich Normale retten.

Das hoffte sie jedenfalls.

Sie drückte den Auslöser des Injectors.

36

DIE ZUKUNFT DER MENSCHHEIT

Es waren harte Zeiten. Das weiße Wasser, das Meliur vorhergesehen hatte, war gekommen. Alles änderte sich. Der Winter kam, aber er verschwand nicht mehr. Es blieb kalt, und die Sonne schaffte es nicht mehr, das weiße Wasser zurückzutreiben.

Tschuk-Tschak, der noch immer ihr Anführer war, sorgte sich um die Zukunft des Stamms. Und so beschloss er, dass die Kalakmang weiterziehen mussten, wieder einmal. Doch dieses Mal würde es ein sehr langer Marsch werden.

Viele Monde waren vergangen, seitdem man Urudim und seine Gefährten im Kalakmang-Stamm aufgenommen hatte. Er war jetzt ein respektierter Jäger, genauso wie seine Gefährten Bantur, Sesen und Maruch. Und doch waren sie immer noch die Uluk und nicht vollständig im Stamm integriert. Urudim spürte es immer dann, wenn die Kalakmang Rat hielten und Entscheidungen besprochen wurden. Tschuk-Tschak war zwar der Anführer, aber er versammelte jedes Mal alle Stammesmitglieder um sich, um seine Entscheidung zu verkünden. Jeder konnte dann offen seine Meinung sagen. Nur Urudim und seine Gefährten hatten das Gefühl, dass das nicht für sie galt.

Merba war noch immer Urudims Gefährtin. Sie war seine Vereinigte im Großen Geist, und daran änderte auch nicht, dass Urudim sich mit anderen Kalakmang-Frauen vereinigt hatte. Er hatte insgesamt fünf Kinder gezeugt – vier Söhne mit mehreren Frauen und eine Tochter mit Merba. Anders als die Kalakmang-

Männer wusste er genau, welche Söhne von ihm stammten, denn man sah Elbur, Inkedam, Trantur und Aschkam an, dass sie halbe Uluk waren. Sie waren stark, und ihre Haut war heller als die der Dunklen, wenn auch nicht so hell wie die von Urudim und seinen Gefährten. Und seine Söhne hatten Merkmale seines Gesichts geerbt, vor allem die starken Kiefer. Auch die Söhne von Sesen, Maruch und Bantur zeigten Merkmale beider Völker.

Elbur, der älteste von Urudims Söhnen, war bereits ein Jäger und hatte in Albaka eine Gefährtin gefunden. Er hatte sich mit ihr auch schon vereinigt. Nur wurde Albaka nicht schwanger, worunter Elbur litt. Und Urudim sorgte sich, dass er als halber Uluk, genau wie seine Brüder, nicht voll integriert war bei den Kalakmang. Wenn es Elbur nicht gelang, Nachwuchs zu zeugen, würde er niemals den Respekt der anderen Männer erlangen.

Noch waren seine anderen Söhne Inkedam, Trantur und Aschkam nicht so weit, noch hatten sie ein paar Jahre vor sich, aber des Nachts, wenn er bei Merba lag, verschaffte Urudim seinen Sorgen Luft. Würden auch sie Probleme haben, Nachwuchs zu zeugen? Was, wenn die Vereinigung der beiden Völker doch nicht im Sinne des Großen Geistes war? Es war für seinen Glauben eine harte Prüfung.

Aber ein wenig Hoffnung besaß Urudim noch. Sesens Sohn Lelo war genauso alt wie Elbur und auch schon ein Jäger. Er hatte sich keine feste Gefährtin gesucht, aber er hatte sich bereits mit einigen Frauen vereinigt. Und eine von ihnen, Zanu-Zan, trug nun ein Kind. Nur war Lelo nicht der Einzige gewesen, mit dem sich Zanu-Zan vereinigt hatte.

»Urudim, warte es ab«, sagte Merba, als sie in ihrem Zelt lagen. »In wenigen Monaten wird Zanu-Zan ihr Kind zur Welt bringen. Dann wirst du sehen, ob es von Lelo ist oder nicht. Jedenfalls, wenn es ein Junge wird.«

Sie kuschelte sich an ihn, legte ihren Kopf auf seine breite

Brust, deren Haare inzwischen teilweise grau geworden waren. Er spürte ihre Zöpfe auf seiner Haut, spürte ihre weichen Brüste auf seinen Brustkorb drücken. Seine Liebe zu ihr war tief. Sie war immer seine Geistes-Gefährtin gewesen.

Eine Erinnerung kam ihm in den Sinn. Er sah sich und Merba bei ihrem allerersten Errabana. Wie sie ihm gezeigt hatte, wie man die Hüllen der Tiere an der Wand erschuf. Er dachte an seinen allerersten missglückten Versuch, ein Schiu zu malen.

»Du brauchst Geduld, Urudim. Ein Errabana-Meister muss seine Kunst erst lernen, genau wie ein Jäger.«

Das waren ihre Worte gewesen.

Was, wenn Elbur und seine anderen Söhne es nicht lernen konnten, eine neue Hülle zu erschaffen? Was, wenn sie es einfach nicht konnten? Weil der Geist in ihnen zu schwach war?

»Hast du gesehen, wie Tschek-Tschek Suman heute angesehen hat?«, fragte Merba. Er spürte ihren warmen Atem auf seiner Brust. Tschek-Tschek war Tschuk-Tschaks Sohn.

»Ich glaube, unsere Tochter gefällt ihm«, sagte sie und lächelte.

Urudim war überrascht. Für ihn war Suman immer noch ein kleines Mädchen. Sie war so schnell groß geworden.

»Glaubst du?«

»Das sieht ein Blinder, Urudim. Es geht auch schon das Wort im Stamm herum. Tschek-Tschek ist fast ein Mann und Suman fast eine Frau. Gib ihnen noch ein Jahr, dann werden sie sich vereinigen.«

Urudim sah Merba an. War er so blind gewesen? Suman, die kleine Suman, würde vielleicht die Gefährtin von Tschuk-Tschaks Sohn werden? Die Zeit verging schnell.

»Ich glaube nur, Suman ist die Einzige – außer dir –, die das noch nicht bemerkt hat«, sagte Merba. »Sie ist immer noch unsicher.«

»Deswegen? Immer noch?«, fragte Urudim.

»Sie trägt fast immer Muscheln, um ihre Ohren zu verbergen.«

Urudim überlegte. Im Gegensatz zu ihren Brüdern sah Suman vom Gesicht her aus wie eine Kalakmang-Frau. Aber ihre Ohren hatten eine seltsame Form. Und ihre Fingerspitzen sahen auch ein wenig anders aus.

»Sie fällt ohnehin auf, weil sie so groß ist. Sie ist fast größer als Tschek-Tschek«, sagte Merba. »Ich werde mit Suman reden und versuchen, ihren Geist zu stärken. Außerdem wird sie bald den blutenden Mond bekommen – wenn sie ihn nicht schon hat.«

Urudim lachte. »Euer Kalakmang-Glaube«, sagte er. »Wieso sollte der Mond bluten?«

Merba seufzte. »Nicht schon wieder, Urudim. Du weißt, wie die Geschichte geht. Arr hackt dem Mond sein Fleisch heraus. So ist es nun einmal.«

Die Kalakmang glaubten, dass Arr der Wächter der Nacht war. Wenn Err, die Sonne, ging, kam Arr und herrschte über die Welt. Und Arr mochte den Mond nicht, weil er ihn an seine Rivalin Err erinnerte. Also wollte Arr den Mond schwächen und hackte ihm Fleisch heraus. Aber was er nicht wusste: Err half dem Mond und fütterte ihn heimlich, damit er wieder zunahm. Die Kalakmang glaubten, dass, wenn Arr den Mond hackte und er dünner und dünner wurde, sein Blut in die Frauen floss und aus ihnen heraus in die Erde. Urudim glaubte das nicht. Die Naba hatten in seinen Augen eine bessere Erklärung für das regelmäßige Bluten.

»Es sind die Tränen des Großen Geistes in den Frauen, Merba. Nicht der Mond.«

»Ach ja? Und warum weint der Große Geist dann einmal im Monat? Und warum nur der in den Frauen?«

Jetzt seufzte Urudim. Insgeheim mochte er Merbas Widerspenstigkeit, hatte sie von Anfang an gemocht. Sie war eigenwilliger als die anderen Frauen. Das schätzte er. Wenn es auch nicht immer einfach mit ihr war.

»Es ist der Glaube meines Volkes, Urudim. Und du weißt, dass ich den Großen Geist immer geachtet habe.«

Das tat sie wirklich. Urudim hatte ihr viel von dem Glauben der Naba erzählt, und Merba war immer fasziniert von den Geschichten seines Volkes gewesen. Sie hatte mit ihm zusammen auch einiges davon in die Errabana aufgenommen.

»Rede mit ihr, Merba. Suman ist eine halbe Kalakmang. Sie hat keinen Grund, sich zu schämen.«

»Es ist eher …«

»Was?«

Merba zögerte. Sie war sich nicht sicher, ob sie es ihm sagen sollte.

»Was ist, Merba?«

»Ich glaube, die Frauen haben Angst vor ihr«, sagte sie. »Sie sprechen vor mir nicht offen darüber, weil ich ihre Mutter bin. Aber ich glaube, sie fürchten Suman. Sie spüren, dass sie anders ist.«

Das weiße Wasser kam schneller als gedacht. Und so waren die Kalakmang auf dem Weg ins Reich der Sonne, dorthin, wo auch Urudims Volk einst hingegangen war. Nur hatte er schon seit sehr langer Zeit nichts mehr von den Naba oder den anderen Stämmen seines Volkes gehört oder gesehen. Die anderen Dunklen-Stämme, die ihnen unterwegs begegneten, hatten keine Uluk-Stämme gesehen. Es war rätselhaft. Wohl aber hatten einige Dunklen-Stämme wie die Kalakmang Uluks aufgenommen, Männer wie Frauen.

Schließlich fanden die Kalakmang Unterschlupf in einer großen Höhle. Hier würden sie den Winter über bleiben. Bevor sie weiterzogen.

Aber das Schicksal schlug abermals zu. Eines Tages kehrten Kalakmang-Kundschafter von einer langen Expedition zurück. Sie hatten andere Stämme der Dunklen besucht, um Nachrichten auszutauschen. Und die waren nicht gut. Eine seltsame Krankheit wütete unter den Stämmen. Raffte die Menschen hin wie die Fliegen. Sie nannten sie das innere Feuer, weil die Kranken heiß wurden und nahezu verbrannten.

Und es traf auch die Kalakmang. Wahrscheinlich war die Krankheit mit den Kundschaftern gekommen.

Die Alten traf es zuerst. Sie begannen zu husten. Im Laufe der Tage und Wochen wurde der Husten schlimmer und ging nicht mehr weg. Die Kalakmang pflegten die Kranken anfangs. Aber es wurden immer mehr. Irgendwann konnten die Kranken nicht mehr aufstehen und glühten vor innerem Feuer. Kurze Zeit später waren sie tot.

Tschuk-Tschak beschwor den Schamanen, etwas zu tun. Der tat, was er konnte. Er bereitete Schwitzzelte vor, in denen er heiße Steine auftürmte und Kräuter verbrannte. Dort ließ er die Kranken schwitzen, bevor ihr inneres Feuer entzündet war. Der Schamane glaubte, dass er das innere Feuer mit Feuer bekämpfen konnte. Sie starben dennoch. Dann ließ Tschuk-Tschak die Priester Opferrituale veranstalten. Tiere wurden dargebracht, um die Mächte zu versöhnen, welche die Kalakmang offenbar strafen wollten.

Aber es half alles nichts. Die Menschen starben weiter.

Dann traf es auch die Jüngeren. Und irgendwann sogar die Kinder.

Innerhalb von drei Monden starben zwei Drittel der Stammesmitglieder.

Es traf auch Merba. Und als sie starb, dachte Urudim, dass ein Teil seines Geistes für immer verloren war.

Nur er starb nicht. Und auch nicht Sesen, Bantur und Maruch. Und auch nicht die Kinder der Naba.

Auch Suman widerstand dem inneren Feuer.

Aber das Unglück verschonte auch sie nicht ganz. Zanu-Zans Kind war zwar Lelos Sohn und Lelo somit erwiesenermaßen nicht unfruchtbar. Das Kind überlebte die Seuche auch. Aber Sesens andere Söhne konnten keine Kinder zeugen. Urudim verlor die Hoffnung. Suman jedoch war fruchtbar und trug Tschek-Tscheks Kind. Und auch die Töchter von Sesen und Bantur trugen Kinder.

Am Ende befiel das innere Feuer auch Tschuk-Tschak, den Führer der Kalakmang. Der einst stolze und große Stamm der Kalakmang umfasste nur noch fünfzig Personen. Der todkranke Tschuk-Tschak ließ eine besondere Versammlung einberufen. Die verbliebenen Stammesmitglieder versammelten sich in seinem Zelt, um den von der Krankheit schwer gezeichneten Stammesführer. Er würde nicht mehr lange leben, das konnte man sehen.

Tschuk-Tschak winkte Urudim zu sich heran. Dann seinen Sohn Tschek-Tschek und die hochschwangere Suman.

Als er sprach, war seine Stimme schwach, aber er bemühte sich, laut zu seinem Stamm zu sprechen. Immer wieder schüttelten ihn Hustenanfälle.

»Meine stolzen Kalakmang. Es sind schwere Zeiten. Die beiden Herrscher der Welt, Arr und Err, prüfen die Kalakmang. Aber ich bin sicher, dass das innere Feuer irgendwann erlöschen wird. Und dann werden die Kalakmang zu alter Stärke finden.

Ich werde nicht mehr lange euer Anführer sein. Das Feuer in mir brennt bereits. Doch bevor ich in die Erde zurückkehre, habe ich noch einiges zu sagen.

Eines ist mir besonders wichtig. Ich habe ihm nie gedankt, aber ihm verdanke ich mein Leben. Urudim.«

Tschuk-Tschaks schwache Augen richteten sich auf Urudim, der von den Worten des Stammesführers völlig überrascht war.

»Urudim hat mich damals vor einem Orok beschützt, obwohl er nicht wusste, ob er mir vertrauen konnte. Ohne ihn wäre ich schon damals in die Erde zurückgekehrt und nicht erst so viele Monde später. Dank sei dir dafür, Urudim.«

Urudim war gerührt. Damit hatte er nicht gerechnet. Er und Tschuk-Tschak hatten sich immer mit Respekt behandelt, und er hatte nie daran gezweifelt, dass der Stammesführer ihn achtete. Aber Tschuk-Tschak hatte gespürt, dass es Zeit brauchte, bis sich die Haltung seiner Leute gegenüber den Naba ändern würde.

»Ich danke dir, dass du uns damals bei den Kalakmang aufgenommen hast, Tschuk-Tschak«, sagte Urudim. »Das war sehr gütig von dir.«

»Urudim. Bantur. Sesen. Maruch.« Nacheinander blickte Tschuk-Tschak die Naba an, die um sein Krankenbett standen. »Ich habe es euch nie gesagt, weil ich euch nicht verletzen und auch kein böses Blut im Stamm haben wollte. Aber ich nahm euch auf gegen den Willen meines Volkes. Und wie wir jetzt sehen, meine Kalakmang-Brüder und -Schwestern«, Tschuk-Tschak blickte in die Gesichter der überlebenden Stammesmitglieder, »war es die beste Entscheidung meines Lebens. Denn ihr Uluk, so nennen wir euch, obwohl euer Name Naba lautet, ihr und eure mit den Unseren gezeugten Kinder, ihr habt die Kraft, dem inneren Feuer zu trotzen. Ihr, meine stolzen Naba, ihr seid nun unsere Rettung. Ihr habt diese Welt bewohnt, lange bevor die Urväter der Kalakmang aus dem Reich der Sonne hierherkamen. Euch kann das Feuer nichts anhaben. Wir haben euch

Naba nie den Respekt entgegengebracht, den ihr verdientet. Dabei seid ihr die besten Jäger, die wir je hatten. Unzählige Male habt ihr euer Leben für uns riskiert. Unzählige Male habt ihr Mamots erlegt. Wir verdanken euch sehr viel. Ihr seid nun unsere Rettung, denn unsere gemeinsamen Kinder haben eure Kraft geerbt, dem inneren Feuer zu trotzen. Sie sind die Zukunft unserer beiden Völker!«

Ein Hustenanfall unterbrach Tschuk-Tschak. Urudim sah, dass seine Gefährten tief bewegt waren von den Worten des Stammesführers. Banturs roter Bart, der von vielen grauen Strähnen durchzogen war, zitterte. Aus Maruchs großen Augen rollten Tränen. Die Söhne und Töchter der Naba waren verlegen. Sie spürten die Blicke der Kalakmang, die nun auf sie alle gerichtet waren. Sie spürten den Neid derer, dessen vollen Respekt sie nie bekommen hatten.

Tschuk-Tschak streckte seine Hand nach Urudim aus. Er ergriff sie, und Urudim spürte, wie schwach der alte Mann war. Dann streckte Tschuk-Tschak seine andere Hand nach Suman und seinem Sohn aus. Die beiden nahmen sie und drückten sie fest.

Dann sah er Suman an, die keine Muscheln mehr am Kopf trug und stolz ihr deformiertes Ohr zeigte. Tschuk-Tschak sah ihren großen Bauch, der das ungeborene Kind seines Sohnes trug. Dann wandte er sich an seinen Sohn.

»Tschek-Tschek, du wirst die Kalakmang nun führen. Vergiss nie, was wir den Naba verdanken. Naba und Kalakmang sind ein Volk. Und wir werden uns alle behandeln wie Gleiche unter Gleichen. Du hast dich mit Suman vereinigt, was mich sehr glücklich macht. Eure Kinder werden es sein, die diese Welt bald beherrschen.«

Und so sollte es sein. Suman und Tschek-Tschek hatten noch viele Kinder miteinander. Sie alle trotzten dem inneren Feuer. Und sie waren alle fruchtbar.

37

HELDEN

Die Spätsommer-Sonne wärmte Berlin. Kinder spielten. Lachten. Spritzten sich im Planschbecken nass.

Jemand hatte sein Smart laut gestellt. Er konnte es nicht hören, aber als sie Max sagte, dass es zufällig sein Lieblingssong war, der soeben hier auf dem Spielplatz in Berlin-Friedrichshain erklang, da lächelte er. Seine Augen schlossen sich, und seine Hände begannen zu singen.

I, I will be king

Die Königsschärpe über seiner Brust.

Sie hatte es sich von ihrer Mutter behalten. Dass es dieses Lied gewesen war, das sie und Max verbunden hatte.

Seine Augen öffneten sich und sahen Valerie an.

Er zeigte auf sie.

And you, you will be queen

Gleichzeitig mit ihm vollführte Valerie die Gebärde für Queen. Mit nach unten gerichtetem Daumen und Zeigefinger zog die Hand die Schärpe der Königin quer über den Oberkörper.

Und beide lachten.

Ja, sie waren König und Königin. Sie waren Helden.

Schon nach wenigen Tagen hatte sich Erik Galinas Zustand dramatisch verbessert. Die Kanzlerin hatte Valerie angerufen. Galina hatte geweint, als ihr Sohn nach 15 Jahren erstmals wieder lachte. Sie hatte Valerie dafür gedankt, ihr den verlorenen Sohn wiedergegeben zu haben.

Im ganzen Land erwachten Kinder und Jugendliche aus ihrem Dornröschenschlaf.

Die Große Depression war überwunden. Valeries Gentherapie hatte gewirkt.

Und Manuela Galina begnügte sich nicht damit, die Verfehlungen ihrer Hygiene-Politik heimlich und still und leise zu korrigieren. Sie rehabilitierte Valerie, erkannte offiziell ihre Forschung an, revidierte die Hygiene-Vorschriften. Jedes Gen, das im Zuge der Genpool-Hygiene eliminiert worden war, sollte neu geprüft werden. Für die Neandertaler-Gene galt dies im Besonderen. Man werde künftig eine gesündere, skeptischere Einstellung zur Genpool-Hygiene entwickeln, versprach Galina. Man werde das Glück im Ministerium für Gesundheit und Glück künftig stärker in den Blick nehmen.

Valerie ballte die Fäuste. In ihrer linken spürte sie den Ohrclip ihrer Mutter.

Mit beiden Fäusten fuhr sie in einem Bogen über ihre Brust. Sie fühlte sich stark dabei.

We can be Heroes.

Just for one day.

Es war ein guter Tag. Weitere würden folgen.